Michael Feldhaus

Kinder und ihre Kontexte

FAMILIE UND GESELLSCHAFT

Herausgegeben
von

Friedrich W. Busch   Karsten Hank   Johannes Huinink
Bernhard Nauck   Rosemarie Nave-Herz
Norbert F. Schneider   Heike Trappe

Band 33

———————————

ERGON VERLAG

Michael Feldhaus

Kinder und ihre Kontexte

Eine sozialökologische Betrachtung identitätsrelevanter
Eigenschaften am Ausgang der Kindheit

———————————

ERGON VERLAG

Bibliografische Information der Deutschen Nationalbibliothek
Die Deutsche Nationalbibliothek verzeichnet diese Publikation in der
Deutschen Nationalbibliografie; detaillierte bibliografische Daten sind
im Internet über http://dnb.d-nb.de abrufbar.

www.ergon-verlag.de

ISBN 978-3-95650-115-9
ISSN 1863-9127

Für meine Großeltern,
Josefa und Ferdinand

Vorwort

Die vorliegende Arbeit wurde an der Universität Bremen als Habilitationsschrift angenommen. Ich möchte mich auch auf diesem Weg bei denen bedanken, die zur Realisierung dieses Vorhabens beigetragen haben. Vor allem möchte ich mich bei Prof. Dr. Sabine Walper und Prof. Dr. Johannes Huinink bedanken; nicht nur für die fachliche Unterstützung, sondern auch für die langjährige stets offene und freundschaftliche Zusammenarbeit. Ein weiterer Dank gilt Prof. Dr. Michael Windzio, der als dritter Gutachter bereit stand, sowie auch den übrigen Mitgliedern der Habilitationskommission (Ilona Bartkowski, Dr. Petra Buhr, Prof. Dr. Karin Gottschall, Prof. Dr. Olaf Groh-Samberg, Richard Preetz, Anastasia Selischew). Danken möchte ich auch meiner Frau, Andrea Feldhaus, für all die zusätzliche Unterstützung und das Verständnis, was man braucht, um heutzutage in Forschung und Lehre zu arbeiten. Schließlich ein Dank an Benjamin und Jonathan Feldhaus für all die wohl eher nicht intendierte geistige Zerstreuung, die Voraussetzung dafür ist, um zu sehen, dass gelebte Kindheit vielleicht doch noch etwas spannender ist als der theoretisch-empirische Zugang.

Michael Feldhaus

Inhalt

Kap. 1 Einleitung

Theoretische und empirische Arbeiten zur Analyse kindlicher Entwicklungsprozesse liegen inzwischen in einer hohen, nahezu nicht mehr überschaubaren Ausdifferenziertheit vor. Die vorliegende Arbeit greift sich hier einen kleinen, aber wichtigen Aspekt heraus. Es geht um kindliche Persönlichkeitsfaktoren am Ausgang der Kindheit (Alter 10-12 Jahre), die zum einen zentrale Ergebnisse der ausgehenden Kindheitsphase darstellen und zum anderen wesentliche Prädiktoren der sich anschließenden Jugendphase und der damit einhergehenden Identitätsarbeit sind. Um diese bevorstehenden identitätsrelevanten Entwicklungsschritte bewältigen zu können, sind spezifische Kompetenzen und Fähigkeiten notwendig, die bereits in der vorangehenden Kleinkind- und Kindheitsphase ausgebildet werden. Die Phase der mittleren Kindheit ist dementsprechend in hohem Maße prägend für weitere Entwicklungsschritte und wurde bisher im Vergleich zur Säuglings- und Kleinkindphase sowie zur Jugendphase eher unzureichend analysiert (Huston & Ripke 2006; Alt 2005a). Es ist das Ziel dieser Arbeit, einige wesentliche Persönlichkeitseigenschaften von Kindern zu fokussieren, die später als identitätsrelevante Fähigkeiten und Eigenschaften bedeutsam für die weitere Bewältigung zukünftiger Entwicklungsschritte sind. Analysiert werden das kindliche Selbstbild, Empathie, Selbstwirksamkeit, Internalisierung und Externalisierung. Dies heißt selbstverständlich nicht, dass diese identitätsrelevanten Merkmale und Kompetenzen lediglich für die Phase der Jugend eine herausragende Rolle spielen: "Daß die späte Kindheit, die hochaktive Phase vor der 'Zeit der Leidenschaften' (Rousseau), eine biographisch wichtige Zeit darstellt, in der Kompetenzen erlernt werden, auf die die späteren Erwachsenen zurückgreifen, ist naheliegend. Spätere soziale Unterschiede und Ungleichheiten haben zum Teil hier ihren Ursprung" (Fuhs 1996: 157).

Der theoretische und methodische Ansatz, der hier zur Umsetzung des genannten Zieles gewählt wird, ist der sozialökologische Zugang, wie er insbesondere von Urie Bronfenbrenner und Kollegen (1976), basierend auf den frühen Arbeiten Kurt Lewins, herausgearbeitet worden ist. Stark verkürzt gesagt, betont der sozialökologische Ansatz, dass hinsichtlich der Erklärung von Entwicklungsprozessen in möglichst umfassender Weise einflussrelevante Kontexte zu berücksichtigen sind. Nicht nur die zentralen sozialen Beziehungen und die beteiligten Personen sollten einbezogen werden, sondern auch weiter entfernt liegende, sogenannte distale Faktoren, wie Schule, Erwerbsleben der Eltern, Wohnumgebung, Infrastruktur usw. Der sozialökologische Ansatz ist in theoretischer Hinsicht zwar oftmals als ein geeigneter und vielversprechender Zugang postuliert worden, seine empirische Umsetzung ist jedoch nur bedingt erfolgt. In den allermeisten Studien werden Kontexte nur bruchstückhaft betrachtet, oder man könnte auch sagen: eben aus den weiteren Kontexten herausgerissen. Es werden – etwas anschaulicher und überspitzt formuliert – einzelne Stücke gleichsam wie aus einer Torte herausgeschnitten, ohne sich jemals das Ganze angesehen zu haben. Das Ziel der vorliegenden Arbeit ist es, identätsrelevante Faktoren am Ausgang der Kindheit eben aus dieser sozialökologischen Perspektive möglichst ganzheitlich zu betrachten.

In einem ersten Schritt werden zunächst identitätstheoretische Konzepte besprochen, mit dem Ziel, die zentralen identitätsrelevanten Persönlichkeitsfaktoren und Dispositionen herauszuarbeiten. Einige dieser herausgestellten identitätsbezogenen Prädiktoren stehen dann im Fokus der folgenden Betrachtungen (Selbstbild, Empathie, Selbstwirksamkeit sowie relevante Verhaltensweisen wie Internalisierung und Externalisierung). Die genannten Eigenschaften sind in vielerei Hinsicht bereits einzeln, einige auch gemeinsam analysiert worden. Hier werden sie als ein Bündel abhängiger Variablen gesehen. Die Begründung für diese Vorgehensweise und für diese Auswahl wird im anschließenden Kapitel erfolgen. Die angesprochenen Merkmale sind nicht nur aus identitätstheoretischen Überlegungen heraus relevant, sondern sie stellen zentrale Kompetenzen und Verhaltensweisen dar, die im Lebenslauf eine bedeutsame Rolle spielen, z.B. hinsichtlich des Bildungserfolgs und der Ausgestaltung sozialer Beziehungen sowie für das Interaktionsverhalten in sozialen Kontexten (Huston & Ripke 2006).

Der Aufbau der Arbeit folgt einem klassischen Muster: Im weiteren Verlauf wird der Forschungsstand hinsichtlich der genannten Persönlichkeitsfaktoren in theoretischer und empirischer Hinsicht aufgearbeitet. Es schließt sich dann ein Überblick über den hier zugrunde liegenden sozialökologischen Zugang an. Hierbei werden die einzelnen Kontexte, wie Mikro-, Meso-, Exo- und Makrokontexte eingeführt und erläutert. Im weiteren Verlauf werden die einzelnen wesentlichen Einflussfaktoren und unterschiedlichen Kontextbezüge stärker theoretisch ausgedeutet, Hypothesen generiert und schließlich empirisch überprüft.

Für die empirischen Analysen werden hier die letzten beiden Wellen des DJI-Kinderpanels (Alt 2005c) herangezogen. Diese repräsentativen Daten sind explizit aus einer sozialökologischen Perspektive erhoben worden. Es gibt bis dato keinen weiteren Datensatz in Deutschland, der für diese Fragestellung nach bisherigem Stand besser geeignet wäre (siehe Kapitel 5.1) – trotz all der zusätzlichen Itemwünsche, die man natürlich noch weiterhin hätte. Obgleich das DJI-Kinderpanel extensiv und eindrucksvoll ausgewertet wurde (Alt 2005a, 2005b, 2007, 2008), ist dies für die hier vorliegende Fragestellung, die stärker einen ganzheitlichen Zugang vornimmt, noch nicht umfassend geschehen. Diese Arbeit ist demnach ein Versuch, auf der Basis einer repräsentativen Stichprobe für die hier fokussierten abhängigen Prozesse ein sozialökologisch möglichst ganzheitliches Bild darzustellen.

Dies ist keine "rein" psychologische oder soziologische Arbeit. Die Standards der psychologischen Forschung können hier nicht in dem Maße (z.B. hinsichtlich der Itemzahl und internationale Vergleichbarkeit von Skalen), wie man sich das wünschen würde, eingehalten werden. Dies hat seinen Grund in der Komplexität der Fragestellung und damit auch in der Datenbasis, wie noch ausführlicher zu erläutern sein wird. Es ist eine Arbeit, die stark interdisziplinär ausgerichtet ist und deren Ziel in dieser Hinsicht darin besteht, Erkenntnisse aus angrenzenden Disziplinen zusammen zu führen. Dies mag mit einigen fachspezifischen strengen Standards negativ korrelieren, ein Versuch ist es trotzdem wert, wenn man die Vorteile der sozialökologischen Zugangsweise bedenkt: Diese bestehen verkürzt gesagt zum einen darin, in möglichst umfassender Form einflussreiche proximale und distale Faktoren aus unterschiedlichen Kontexten zur Erklärung heranzuziehen, und zum anderen darin, kontextuelle Interdependenzen herauszuarbeiten.

Kap. 2 Kindliche Persönlichkeit und Identität

Obgleich das Thema der Identität vor allem innerhalb der Jugendphase eine hohe Bedeutung einnimmt und als Entwicklungsschritt ansteht, werden die dazugehörigen Kompetenzen und Fähigkeiten bereits in der vorangehenden Kindheitsphase ausgebildet. Um die Kompetenzen und Eigenschaften, das Bündel abhängiger Variablen, um das es hier geht, inhaltlich näher zu begründen, soll es daher in einem ersten Schritt darum gehen, die Aspekte Identität, Identitätsarbeit sowie identitätsfördernde Kompetenzen und Eigenschaften zu erläutern.

Eine disziplinenübergreifende Definition von Identität und damit einhergehender theoretischer Konstruktionsarbeiten liegt – wie nicht anders zu erwarten war – nicht vor, sondern einzelne Vertreter legen gemäß ihrer Schwerpunkte unterschiedliche Nuancierungen (vgl. Abels 2006; Eikelpasch & Rademacher 2004). Für Straub wird bspw. von Identität dann gesprochen, wenn der Lebensprozess, die Handlungs- und Interaktionspraxis eines Subjektes und dessen psychische Binnenstruktur einen einheitlichen Zusammenhang bilden, der als solcher durch die formaltheoretisch bestimmbaren „Formelemente" der Kontinuität, der Konsistenz oder Kohärenz und schließlich durch ‚Autonomie' charakterisiert wird (1991: 59). Abels (2006) erweitert diese Definition und betont stärker den damit zusammenhängenden Interaktionsbezug. Er definiert Identität als das „Bewusstsein, ein unverwechselbares Individuum mit einer eigenen Lebensgeschichte zu sein, in seinem Handeln eine gewisse Konsequenz zu zeigen und in der Auseinandersetzung mit anderen eine Balance zwischen individuellen Ansprüchen und sozialen Erwartungen gefunden zu haben" (Abels 2006: 254). Identität kreist demnach um Aspekte der personellen Einheitlichkeit, der Kontinuität und der Kohärenz, als auch um eine relativ stabile Persönlichkeitsstruktur, die wiederum handlungsrelevant wird und in sozialen Handlungsbezügen „ausgehandelt" werden muss. In aktuellen Ansätzen wird betont, dass man sich den Aspekt der Kohärenz nicht zu statisch, als einen abgeschlossenen Prozess vorstellen soll, d.h. Kohärenz kann durchaus offene Strukturen und Kontingenzen oder Verweigerungen für bestimmte Commitments enthalten.

Allgemeiner Konsens ist, dass eine Person eine Identität entwickelt, indem sie ihr Wissen und ihre Erfahrungen über sich selbst verarbeitet. Diese Erfahrungen können vom Individuum selbst stammen, wie z.B. die Berücksichtigung emotionaler Zustände und persönlicher Ziele oder aus den Rückkopplungen über das eigene Selbst aus der Perspektive anderer Bezugspersonen. Um zu verdeutlichen, was ich bin, muss ich wissen, wer ich bin und das hängt wiederum davon ab, „was ich bislang aus meiner Umwelt erfahren habe über mich und wie ich diese Erfahrung über mich selbst zu einem Bild über mich zusammenfüge" (Frey & Hauser 1987: 6). Giddens (1991: 74ff.) hebt diese Reflexivität von Ich-Identität stark hervor und fragt danach, wie das Individuum in der modernen Gesellschaft „the trajectory of the self" leisten kann und wo von gesellschaftlicher Seite aus Restriktionen und Opportunitäten vorliegen.

Identität wird in den Sozialwissenschaften als notwendige Voraussetzung für die Handlungsfähigkeit des Individuums im Besonderen sowie für das gesellschaftliche Zusammenleben im Allgemeinen gesehen. Die Intersubjektivität möglicher Verständigung untereinander und überdauernde Interaktionsbeziehungen sind nur möglich, wenn die Individuen untereinander davon ausgehen können, wer sie sind und – sofern keine Interaktionsbeziehungen vorliegen – wie sie zueinander in Beziehung treten können. Identität ist eine strukturelle Voraussetzung dafür (Döbert, Habermas & Nunner Winkler 1980).

Identität, Identitätsarbeit und daran anschließende Analysen zur Persönlichkeitsentwicklung sind seit einigen Jahrzehnten zu Dauerthemen in den Sozialwissenschaften geworden (Brunner 1987: 63: Eikelpasch & Rademacher 2004). Die ungebrochene Aktualität dieses Themas ist aus soziologischer Perspektive neben einem rein wissenschaftlichen Interesse insbesondere darauf zurückzuführen, dass identitätstheoretische Argumentationen im Zusammenhang mit einer kritischen Zeitdiagnose diskutiert werden, die sich aus kulturkritischen und individualisierungstheoretischen Debatten ergeben (Habermas 1981; Keupp 1996; Giddens 1991; Eikelpasch & Rademacher 2004; Abels 2006). Debatten über Pluralisierung, Individualisierung, Mobilisierung, Ausdifferenzierung und Flexibilisierung betonen, dass das gegenwärtige Leben sich nicht in ein einheitliches Modell bringen lässt, d.h. die Desintegration der Lebenswelt hinterlässt seine Spuren im Innern des Subjekts (Beck 1986; Barkhaus et al. 1998: 316f.). Gegenwärtig ist das Suchen nach Identität daher zu einem Hauptproblem der Hoch- und Spätmoderne geworden (Giddens 1991). Der Prozess der Identitätsarbeit und der Identitätsbehauptung (Schimank 2002) gewinnt mit diesen strukturellen Veränderungen erheblich an Bedeutung. Das Subjekt muss nicht nur die Entscheidungen, die sein Leben betreffen umsetzen und Verantwortung dafür übernehmen, sondern es muss zunächst einmal wissen, wie es sein Leben führen möchte. Welche individuellen Ziele liegen zugrunde? Das Individuum wird zum Architekten und Baumeister des eigenen Lebensgehäuses (Keupp et al. 2006: 55). Um dies alles tun und bewältigen zu können, bedarf es jedoch spezifischer Kompetenzen, die jedoch nicht (mehr) vom Himmel fallen, sondern erworben, erlernt werden (müssen).

Kap. 2.1 Identität und Identitätsarbeit

Folgt man Abels (2006) und definiert Identität allgemein als relativ stabile Persönlichkeits- und Charakterstruktur, denen subjektive Wahrnehmungsschemata zugrunde liegen, die wiederum in individuelle Erwartungen und Handlungen eingehen und schließlich gegenüber anderen *situativ vertreten, abgestimmt oder ausgehandelt werden müssen,* wird deutlich, dass identitätstheoretische Analysen einen breiten interdisziplinären Bogen aufspannen. Neben stärker auf die psychischen Bedingungen abzielenden Analysen sind sozialpsychologische und soziologische Ansätze relevant, wenn es darum geht, zu erklären wie Individuen Identität für sich selbst und in der Auseinandersetzung mit anderen aufbauen. Im Folgenden seien einige zentrale theoretische Konzeptionen in ihren wesentlichen Umrissen dargestellt, die aus unterschiedlichen Perspektiven die Mehrdimensionalität von Identität und Identitätsarbeit ansprechen und einen Hinweis auf zugrunde liegende identitätsrelevante Eigenschaften und Kompetenzen liefern.

Die Identitätsforschung wurde vornehmlich ausgelöst und verbreitet durch die klassischen Arbeiten von Erik H. Erikson (1973; 1971). Ausgehend von psychoanalytischen Ansätzen entwickelt Erikson einen Grundplan menschlicher Entwicklung bis hin zur Ausbildung einer „gesunden Persönlichkeit". Unter einer gesunden Persönlichkeit versteht Erikson in Anlehnung an Marie Jahoda eine Persönlichkeit, „die ihre *Umwelt aktiv meistert,* eine *gewisse Einheitlichkeit zeigt* und imstande ist, *die Welt und sich selbst richtig zu erkennen"* (vgl. Erikson 1973: 57). Jedes Individuum muss nach Erikson mehrere Entwicklungsphasen bzw. Krisen durchlaufen. In jeder Phase, die bewältigt wurde, bildet das Individuum spezifische Fähigkeiten heraus, die von Erikson als Ich-Stärken, als Grundstärken (1973) bezeichnet werden. Gelingt es dem Individuum, die individuelle Entwicklung und die Anforderungen und Herausforderungen der Umwelt in ein Gleichgewicht zu bringen, werden Stärken und Tugenden in das Ich integriert und damit Voraussetzungen geschaffen, die Anforderungen der nunmehr nächsten Stufe zu bewältigen (Abels 2006: 274). Neben dem Ur-Vertrauen als Eckstein der gesunden Entwicklung (Erikson 1973: 70; 1971: 241ff.; Grossmann & Grossmann 2003) schließen sich die Phasen Autonomie vs. Scham/Zweifel, Initiative vs. Schuldgefühl, die Phase des *Werksinns* und schließlich als fünftes Stadium, das der *Identität bzw. der Identitätsdiffusion* an (Erikson 1973: 103). Zeitlich fällt dieser Prozess, der auch als Moratorium umschrieben wird, in die Phase der Adoleszenz. Erikson erläutert: „Das Gefühl der Ich-Identität ist also das angesammelte Vertrauen darauf, dass der *Einheitlichkeit* und *Kontinuität,* die man in den Augen anderer hat, eine Fähigkeit entspricht, eine innere Einheitlichkeit und Kontinuität (also das Ich im Sinne der Psychologie) aufrechtzuerhalten". Und weiter heißt es: *„Das bewusste Gefühl, eine persönliche Identität zu besitzen, beruht auf zwei gleichzeitigen Beobachtungen: der unmittelbaren Wahrnehmung der eigenen Gleichheit und Kontinuität in der Zeit, und der damit verbundenen Wahrnehmung, dass auch andere diese Gleichheit und Kontinuität erkennen"* (Erikson 1973: 107). Der zentrale Punkt bei Erikson ist demnach, Ich-Identität zu entwickeln, die die Fähigkeit bezeichnet, Einheitlichkeit und Kontinuität gegenüber sich selbst und gegenüber anderen aufrechtzuerhalten. Ich-Identität wird demnach eher als Fähigkeit und Kompetenz gesehen, eine Synthese gemachter innerer und äußerer Erfahrungen vornehmen zu können (Krappmann 2005: 77; Erikson 1973: 112).[1]

Die psychologisch orientierte Identitätsforschung ist in vielerlei Hinsicht weiterentwickelt worden (Marcia 1980; Marcia et al. 1993; Leary & Tangney 2005).[2] Während sich die psychologische Identitätsforschung vornehmlich

---

[1] Das Konzept von Erikson ist nicht ohne Kritik geblieben, da es die empirische Identitätsforschung vor große Probleme gestellt hat, weil es kein kohärentes Modell bietet, das einer empirischen Prüfung zugänglich wäre (Keupp et al. 2006: 25ff.). Ohne dies hier näher auszuführen, sagt sein Identitätsmodell wenig zum Prozess der Identitätsbildung aus. Erikson führt die Bedingungen seiner Stufentheorie nicht näher aus. Es fehlen Rückbezüge zwischen den einzelnen Stufen, inwieweit das eine das andere bedingt und es werden nicht näher die kindlichen Kompetenzen sowie die strukturellen kindlichen Entwicklungsbedingungen spezifiziert, die die erfolgreiche Ausbildung und Bewältigung einer Stufe begünstigen oder erschweren. Erikson wurde kritisiert, da er Identität als relativ stabile Basis ansieht, welche zwar durch die Erfahrungen des Erwachsenenalters noch ausgebaut wird, sich aber nicht mehr wesentlich verändert werden kann (Erikson 1973: 141).

[2] Die Kritik an Erikson aufgreifend ist eine stärker empiriebezogene Modellierung von Identität und Identitätsdiffusion von James E. Marcia (1993, 2002; Marcia et al. 1993; Archer 1982; Bischof-Köhler 2011) erfolgt. Marcia entwickelt ein Konzept reversibler, differenzierterer und lebensweltbezogener Identitätszustände, wobei er im Gegensatz zu Erikson nicht von altersgebundenen Phasenthematiken und irreversiblen Krisenlösungen ausgeht, sondern vier Identitätszustände in den Mittelpunkt der Betrachtungen rückt und diese durch extra entwickelte Erhebungsdesigns empirisch untersucht. Er unterscheidet zwischen einem zielgerichteten Explorationsverhalten über mögliche Alternativen einerseits und einem sich daran anschließenden Commitment auf diese Festlegung andererseits: „If an individual is committed, he or she may be classified as *Identity Achievement* if the commitments are preceded by exploration, and as *Foreclosure* if no exploration has been undertaken. If an individual is deficient in commitment, he or she may be classified as *Identity Diffusion* if little or no commitment is present and not much concern is evinced, or as *Moratorium* if his or her commitments are vague and he or she is struggling to form them" (Marcia 1988). Wer sich im ersten Zustand einer *übernommenen Identität* (Foreclosure) befindet, ist eine klare innere Verpflichtung zum Beispiel in beruflicher Hinsicht eingegangen, orientiert sich dabei aber stark an den Auffassungen seiner Eltern oder anderer Autoritätspersonen. Es erfolgte keine eigenständige „Krise", deren Durchleben zu einer eigenständigen inneren Verpflichtung geführt hätte. Der zweite Identitätsstatus ist die Identitätsdiffusion. Akteure mit einer *diffusen Identität* (identity diffusion) sind desorientiert, sie besitzen keine innere Verpflichtung einem bestimmten Gegenstandsbereich gegenüber (z.B. berufliche Ziele). Diejenigen, die sich im dritten Stadium, dem *Moratorium* befinden, sind in einer krisenhaften Situation, in einem „Kampf" zwischen verschiedenen Al-

auf die internen psychischen Prozesse, die Erfassung spezifischer Identitätszustände und die Erhebung beeinflussender personaler und sozialer Faktoren konzentriert, ist es offenkundig, dass es neben der psychischen Betrachtungsweise, um eine soziologische Ergänzung bedarf, die stärker die Interak-
tionssituationen, die Aushandlungen, Abstimmungen und Umsetzungen in
den Mittelpunkt stellt.

In dieser Hinsicht sind immer noch die diesbezüglichen Arbeiten von Georg Herbert Mead zentral. Dieser baut auf sprachtheoretischen Überlegungen
auf und argumentiert, dass der Mensch über symbolvermittelte Kommunikation sich selbst ebenso wie andere „reizen" und auf diese selbst gesetzten
Stimuli sowie auf die Reize der anderen reagieren kann (Mead 1987: 239).
Soziale Reize bestehen in den reflektierten Haltungen von Alter gegenüber
Ego, was Mead das „me", das „mich" nennt. Die Organisation der Identität
ist die Organisation einer Reihe von Haltungen, die das Individuum gegenüber seiner Umwelt und gegenüber sich selbst aus der Sicht dieser Umwelt
einnimmt (Mead 1934: 131), wodurch das Individuum für sich selbst dadurch
zum Objekt wird. Die Haltung, die Ego als Reaktion auf die Haltung von Alter annimmt, wird für Ego selbst ein Reiz, seine eigene Haltung zu verändern: Individuen nehmen in Bezug auf sich selbst die Rolle des anderen ein:
„taking the role of the other" (Mead 1934: 113). Durch die Rollenübernahme
versuchen Akteure die Reaktionen des anderen auf geplante Handlungen
vorwegzunehmen. Die wechselseitige Perspektivenübernahme in der Interaktion ist ein inneres Geschehen und die jeweiligen Vorwegnahmen möglicher
Reaktionen von Ego und Alter ermöglichen es, sich selbst und seine Handlungen und Kommunikationen zum Objekt der Beurteilung zu machen.
Selbst in Einzelhaft ist es noch möglich, mit sich selbst zu sprechen (Mead
1934: 182): „Unser Denken ist ein Selbstgespräch, in welchem wir uns selbst
gegenüber die Rollen ganz bestimmter Personen einnehmen, die wir kennen.
Gewöhnlich aber sprechen wir mit dem von mir so genannten ‚generalisierten
Anderen' und gelangen so auf die Ebene abstrakten Denkens und zu jener
Unpersönlichkeit, die wir als sogenannte Objektivität besonders schätzen"

---

ternativen und sie müssen sich für die eine oder andere entscheiden (Marcia 1980:
162). Als vierten Identitätsstatus nennt Marcia die „erarbeitete Identität" (identity
achievement). Individuen sind zu einer inneren Verpflichtung, zu einem eigenständigen Ziel gekommen und wissen, wie sie Handeln in spezifischen Bereichen gestalten
wollen (Marcia 1966; 1980). Prinzipiell ist für Marcia der Weg für die Individuen offen, von jedem Identitätszustand in einen anderen zu wechseln bzw. zu gelangen
(Marcia 1988; Straus & Höfer 1997: 290f). So kann ein kritisches Lebensereignis eine
erarbeitete oder eine übernommene Identität auflösen und wieder in Frage stellen.
Das Konzept bzw. die Systematisierung von Marcia ist entsprechend gegenüber dem
von Erikson wesentlich flexibler, weil es keinen gradlinigen Verlauf voraussetzt. Die
empirischen Instrumente zur Erfassung der Identitätsstatus sind inzwischen für eine
Vielfalt von Fragestellung eingesetzt worden (siehe Marcia et al. 1993).

(Mead 1987: 323). Dieser Hinweis auf den „generalisierten Anderen" bedeutet für Mead, dass wir uns nicht nur entlang konkreter Personen oder für einen persönlich wichtigen „signifikanten Anderen" abarbeiten, sondern dass wir im Verlauf der Sozialisation auch die Ansichten eines abstrakt vorgestellten, generalisierten Anderen einnehmen, der eher den normativen Aspekt und das normenorientierte Handeln betont, was auch zum Aufbau eines Selbst-Bewusstseins führt: „Insofern der Einzelne in sich selbst jene organisierten Reaktionen auslösen und somit die Haltung der anderen gegenüber sich selbst einnehmen kann, entwickelt er ein Selbst-Bewusstsein, eine Reaktion des Organismus auf sich selbst" (Mead 1934: 366).

Die bis hierher beschriebenen Analysen von Mead legen zwei verschiedene Seiten des Ichs zugrunde, die er als das „Ich" und das „me" umschreibt. Das „Ich" ist vorsozial und unbewusst. Durch dieses Ich kommen sinnliche und körperliche Bedürfnisse spontan ins Bewusstsein und verlangen nach Befriedigung. Abels nennt dieses ich daher auch das *„impulsive Ich"* (Abels 2006: 265). Es ist vergleichbar mit dem Es von Freud, hat aber auch eine konstruktive Funktion und bringt immer wieder Neues und Schöpferisches hervor. Das andere Ich, das me, reflektiert die Bilder, die andere mit mir verbinden. Es spiegelt die Identifikation des Individuums durch andere wider, es ist das „Spiegelselbst" (Cooley 1902: 184). Abels bezeichnet es trefflich als das *„reflektierte Ich"* (Abels 2006: 266). Da wir uns in verschiedenen Situationen und Beziehungsstrukturen aufhalten, gibt es auch verschiedene me's. Jedes *reflektierte Ich* beinhaltet das Bild, was andere von mir haben und besteht aus Erinnerungen, wie andere mich gesehen, auf mich reagiert haben sowie aus der aktuellen Situation und den darin vorliegenden Erwartungen. Das *reflektierte Ich* ist somit sowohl Bewertungsinstanz für die Strukturierung der spontanen Impulse wie auch Element eines entstehenden Selbstbildes (Joas 1991: 139). Mead selber vergleicht das *reflektierte Ich* mit der Über-Ich-Instanz bei Freud, der Zensur-Instanz. Es kommt im reflektierten Ich die Kontrolle des generalisierten Anderen zum Ausdruck.

Dadurch, dass das Individuum immer neue Erfahrungen mit Anderen macht, differenzieren sich die *reflektierten Ichs* aus. Diese müssen schließlich zu einem einheitlichen Selbstbild synthetisiert, organisiert werden (Abels 2007: 36; Joas 1991: 139). Die verschiedenen *reflektierten Ichs* müssen, wenn konsistentes Verhalten überhaupt möglich sein soll, zu einem *einheitlichen Selbstbild* synthetisiert werden. Ansonsten droht die Gefahr einer Identitätslosigkeit, eines beliebigen Spielballs. Gelingt jedoch die Synthese zwischen dem *reflektierten* und dem *impulsiven Ich*, dann entsteht das, was bei Mead das „self" genannt wird (Joas 1991: 139). Dieses Self lässt sich schließlich mit dem Begriff Identität bzw. Ich-Identität übersetzen (Abels 2006: 268). Das stimmt mit Erikson überein, wenn dieser darauf hinweist, dass das, was er als Identität bezeichnet von Mead als „self" (Mead 1934) oder als Selbst-Repräsentanz umschrieben wird.

Bezeichnet Identität die objektive und relativ dauerhafte Form der Vermittlung des impulsiven mit dem reflektierten Ich, betont der Begriff der *Ich-Identität* bei Mead stärker den ständigen Dialog des Ichs mit Alter und somit die Aufgabe, dass Identität in der Interaktion immer wieder *neu vertreten, behauptet, entworfen* werden muss: „Die Ich-Identität handelt in Bezug auf andere und ist sich der Objekte ihrer Umgebung unmittelbar bewusst. In der Erinnerung stellt sie die handelnde Identität ebenso wieder her wie die anderen, denen gegenüber sie handelte" (Mead 1987: 244). In diesem reflexiven Bewusstsein vollzieht sich der Prozess der Evaluation und Reflexion, dahingehend dass sich Ego noch einmal seine Handlungen und Entscheidungen verdeutlicht, „kritisiert, zustimmt, Vorschläge macht und bewusst plant" (Mead 1987: 244). Wenn dem Individuum bewusst wird, warum es wie in welcher Situation gehandelt hat, erst dann kann man von reflexiver Identität oder Ich-Identität, von dem „self" sprechen. Identität wird demzufolge verstanden als *selbstreflexive Handlungskontrolle* (Krappmann 1985: 161).

Aus den Ausführungen wird deutlich, dass Identitätsbildung nie als ein vollständig abgeschlossener Prozess angesehen werden kann, sondern dass immer wieder die eigene Identität zur Diskussion steht, eingebracht werden muss oder auch eingefordert wird von Dritten. *Identitätsbildung* ist daher ein ständig zu leistender individueller kreativer Akt des Individuums, weshalb Krappmann von *balancierender Identität* spricht (Krappmann 2005:11) oder Keupp et al. von zu leistender *Identitätsarbeit* (2006: 30). Balancierend ist diese Identität, weil sie im Kontext umgebender Interaktions- und Beziehungsstrukturen mit anderen daran beteiligten Akteuren absolviert werden muss. Vor allem die Arbeiten von Erving Goffman (1973, 1975, 2001) und Lothar Krappmann (2005) haben dazu beigetragen, die sozialen Bedingungen von Interaktionsstrukturen für gelingende Identitätsarbeit herauszuarbeiten. Vor diesem Hintergrund erläutert Goffman die Strategie der Rollendistanz, mit der es gerade ermöglicht werden soll, Identität zu behaupten. Rollendistanz bedeutet nicht ein Zurückziehen aus der Außenwelt, sondern die Kompetenz, souverän mit einer Rolle umzugehen, Störungen und Zumutungen, die aus dem Befolgen von Rollen hervorgehen, zurückzuweisen, um zu zeigen, dass man mehr ist, als das, was Rollen vorgeben. Rollendistanz ist eine Strategie, soziale Erwartungen neu zu definieren (Abels 2006: 330).

Die identitätstheoretischen Grundlagen im Kontext interaktionstheoretischer Überlegungen werden von Lothar Krappmann (2005) weiter vertieft. Identität ist für ihn nicht mit einem starren Selbstbild zu verwechseln, vielmehr stellt sie eine immer wieder neue Verknüpfung früherer und anderer Interaktionsbeteiligungen des Individuums mit den Erwartungen und

Bedürfnissen, die in der aktuellen Situation auftreten, dar (Krappmann 2005: 9). Eine gelungene Identitätsbildung liegt dann vor, wenn es dem Individuum gelingt, einen biographischen Zusammenhang, zwischen den vorhergegangenen Ereignissen und den gegenwärtigen Handlungssituationen, herzustellen (siehe auch Giddens 1991). Wenn das Individuum frühere Handlungsbeteiligungen und außerhalb der aktuellen Situation bestehende Anforderungen in seine Bemühung um Identität aufnimmt, wird das Individuum ein höheres Maß an Konsistenz zeigen, denn es schafft sich auf diese Weise einen beständigeren Rahmen von Handlungsorientierungen. Identität ist daher ein in jeder Situation angesichts neuer Erwartungen und im Hinblick auf die jeweils unterschiedliche Identität von Handlungs- und Gesprächspartnern zu leistender, kreativer Akt (Krappmann 2005: 11). Krappmann verschiebt den Prozess der Identitätsbalance in den Raum zwischenmenschlicher Interaktionen und es liegt den Ausführungen seiner Identitätsbalance implizit das Bild eines Aushandlungsprozess vorliegender, divergierender Normensysteme und Erwartungshaltungen zugrunde. Dies mag in den meisten Fällen so sein, muss aber nicht. Und so formuliert Krappmann dann folgerichtig, dass eine völlige Übereinstimmung von Normen, Interpretationen und Bedürfnissen aller Interaktionspartner dem von ihm vertretenem Identitätskonzept die Grundlage entzieht, eine balancierende Identität dann nicht notwendig ist (Krappmann 2005: 28ff.). Wichtiger ist jedoch, dass „diese Fähigkeit zur Balance nicht angeboren (ist), sondern Produkt eines Sozialisationsprozesses, der schon das Kind mit Erwartungsdiskrepanzen konfrontierte, die es nicht überforderten, so dass es sich mit ihnen auseinandersetzen konnte" (Krappmann 2005: 68).[3]

Neuere soziologische und sozialpsychologische Ansätze bauen auf den klassischen Arbeiten von Erikson, Mead und Goffman auf. Mehr und mehr wird eine Flexibilisierung von Identität und eine Patchwork-Identität (Keupp 1997) angesprochen. „Wer sich in wechselnden Sinnsystemen bewegen, sich unter divergenten Lebensaspekten bewähren muss, der darf sich

---

[3] Es ließen sich einige kritische Einwände gegen das Konzept von Krappmann vorbringen. Mit seiner Betonung der Identitätsarbeit als kreativer Akt, unterstellt er, dass das Individuum bereits konkrete Vorstellungen über sich und seine Identität besitzt. Er unterstellt das Vorhandensein einer „erreichten" oder „übernommenen" Identität, setzt man die Identitäts-Status von Marcia (1980) zu Grunde, denn mit Identitätsarbeit meint er nämlich auch „eine Interpretation der Situation durchsetzen" oder „Autonomie gegenüber sozialen Zwängen zu bewahren", die „Identität, die ein Individuum aufrechtzuerhalten versucht" (Krappmann 2005: 12), was darauf schließen lässt, dass schon konkrete, gefestigte Vorstellungen vorliegen. Gegen das Bild einer balancierenden Identität ist ferner eingewendet worden, dass sie eine ständig formbare Plastik-Identität zum Ideal erhöhe, die sich allen Gegebenheiten anpasst, immer einen Mittelweg sucht und sich auf keine Kriterien von Gut und Böse, wahr und falsch einlässt (Lenzen 1985).

nicht mit zuviel ‚Identität' belasten, das heißt, er darf sich nicht festlegen, sondern muß beweglich bleiben, offen und anpassungsfähig. Deshalb misstraut er der Gravitationen der Ideen und Ideale, der Gedanken und Gefühle, der Tugenden und Theorien" (Keupp 1997: 17; Keupp et al. 2006; Straus & Höfer 1997). „Gelingende Identität" liegt entsprechend dann vor, wenn das Subjekt das ihm eigene Maß an Kohärenz, Authentizität, Anerkennung und Handlungsfähigkeit realisieren kann (Keupp et al. 2006: 274). Dies erreicht zu haben liegt jedoch in der Beurteilung des einzelnen Subjekts. Entsprechend sind flexiblere Modelle von Identitätsarbeit notwendig, was hier jedoch nicht weiter ausgeführt werden soll.

Kap. 2.2 Zwischenfazit: identitätsfördernde Kompetenzen

Die Erläuterungen zum Konzept der Identität und der damit zusammenhängenden Identitätsarbeit verdeutlichen, dass mit diesem Konzept ein höchst anspruchsvoller psychischer und sozialer Entwicklungsschritt angesprochen wird, der insbesondere in der Jugendphase zu einer ersten bedeutsamen individuellen Aufgabe wird, wenn sich körperliche Veränderungen durch die Phase der Pubertät ergeben, sich die umgebenden Beziehungsstrukturen ausweiten und neu strukturieren sowie gesellschaftliche Teilbereiche und darin eingebettete biographische Entscheidungsprozesse (Schule, Ausbildung usw.) an Relevanz gewinnen.

Es ist deutlich geworden, dass Identitätsarbeit kein voraussetzungsloser Prozess ist, sondern an eine Reihe von Kompetenzen und Fähigkeiten gebunden ist (Keupp 1997: 34). Die notwendigen Kompetenzen bilden sich jedoch nicht erst in der Jugendphase aus, sondern werden bereits in der Phase der Kindheit gebildet und entwickeln sich erfahrungsbedingt. Das ist der Fokus und Ausgangspunkt dieser Arbeit. Es geht um einige dieser sozialen Kompetenzen und wie sie sich in der Phase der Kindheit herausbilden und dann von erheblicher Bedeutung für den weiteren, späteren Entwicklungsverlauf werden. Aus den bisherigen identitätstheoretischen Erörterungen lassen sich folgende zentrale Dimensionen, die für eine gelingende Identitätsarbeit eine bedeutsame Rolle spielen, herausstellen:

a) kognitiv-emotionale Dispositionen, die das zugrundeliegende Selbstkonzept und die subjektive Befindlichkeit zu sich Selbst und zur Umwelt beschreiben;

b) Kompetenzen und Eigenschaften, die die Teilhabe an Interaktions- und Aushandlungsprozessen ermöglichen oder behindern;

c) Handlungskompetenzen, die die Umsetzung von eigenen Ansprüchen und Zielen fördern sowie

d) materielle und soziale Ressourcen.

a) kognitiv-emotionale Dispositionen des Selbstkonzeptes und der subjektiven Befindlichkeit: Bezugnehmend auf die Stufentheorie von Erikson (1973) ließe sich als ein erster Indikator das angesprochene Ur-Vertrauen, das Gefühl des „in Ordnung seins" und die damit einhergehende Grundstärke der Hoffnung hervorheben. Das Gefühl eines Ur-Vertrauens lässt sich nur schwer empirisch messen. Jedoch können Indikatoren wie das Bindungsverhalten oder das subjektive Selbstbild als Proxy-Angaben fungieren. Bindungsverhalten und damit auftretende Bindungsstile (Grossmann & Grossmann 2008) vermitteln ein subjektives Gefühl darüber, wie „angenommen" und wie „sicher" sich Subjekte in dieser Welt und in ihrem Umkreis fühlen und bezeichnen dadurch so etwas wie ein Gefühl des Vertrauens. Ergänzend dazu sind Befragungsinstrumente verfügbar, die ein subjektives Selbstbild von Kindern messen können. Sie erheben, wie Kinder sich selbst sehen und beurteilen: Sehen sie sich gegenwärtig eher positiv, sind sie mit sich zufrieden, oder liegt eher ein negatives Selbstbild vor. Ein positives Selbstbild oder das Gefühl einer sicheren Bindung sind Folgen früherer kindlicher Entwicklungsprozesse. Sie stellen kognitiv-emotionale Dispositionen dar und zeigen ein Gefühl von Vertrauen und Sicherheit in dieser Welt an. Diese Eigenschaften bieten ein mehr oder weniger gesichertes Fundament für zukünftige identitätsrelevante Entwicklungsschritte. Kinder mit einem positiven Selbstbild, einer sicheren Bindung und dem Gefühl des Angenommen-Seins vertrauen stärker auf sich selbst, haben weniger Angst vor der Umwelt und bringen dies Gefühl der Sicherheit in Interaktionen und zukünftigen Entscheidungen mit hinein. Derartige Ausprägungen sind eine Vorbedingung für positiv verlaufende Identitätsarbeit. Eine sichere Bindung bietet ferner die Grundlage für exploratives Erkunden der Lebenswelt, für die Ausprägung einer spezifischen kindlichen Neugierde, die wiederum zentral dafür ist, sich und seine Umwelt zu erkunden und sich nicht zu „verstecken". Dazu zählt auch das *Selbstwert-Gefühl* von Kindern (Grundmann 2000).

b) Fähigkeiten und Eigenschaften zur Teilhabe an Interaktionsprozessen
Kognitive und sprachliche Kompetenzen. Sprachliche und kognitive Kompetenzen sind Voraussetzungen von Kommunikation und Identitätsarbeit. Sie tragen vor allem auch dazu bei, die Komplexität und die Differenziertheit sozialer Situationen zu erkennen. Sie fördern damit nicht nur den Wahrnehmungsraum und die Optionsspielräume von Interaktionen, sondern auch die Möglichkeiten von Empathie, indem sie durch vorhandene sprachliche Kompetenzen die Gefühlswelt anderer zu erschließen helfen. Sie tragen aus der Perspektive Egos dazu bei, sich im Rahmen eigener Identitätsarbeit gegenüber anderen adäquat entsprechend ihrer Gefühlslage artikulieren zu können und sind Grundbedingung für den narrativen Identitätsprozess. Akteure müssen in dieser Gesellschaft ihre Interessen artikulieren kön-

24

nen. Kognitive und sprachliche Kompetenzen sind schließlich Voraussetzung für den Prozess der Selbstreflexion, dafür, aus den gemachten Erfahrungen ein für sich stimmiges, sinnvolles, kohärentes Bild zu entwerfen, was vor allem durch die narrative Psychologie betont wird (Bruner 1997).

Emotionale Kompetenzen/Empathie. Eine zentrale Voraussetzung für zu leistende Identitätsarbeit ist die Fähigkeit, sich in Andere hineinzuversetzen können, d.h. in die vorliegende soziale Situation und die Erwartungshaltungen und die Gefühlswelt von Anderen. Um die Erwartungen von Alter zu entschlüsseln ist die Fähigkeit zum Perspektivenwechsel notwendig: das „taking the role of the other" (Mead) als notwendige Kompetenz zur Identitätsarbeit (Krappmann 2005: 39). Bei Mead klingen Aspekte von Empathie bereits in seinen Ausführungen zum Mitgefühl an: „Gleichwohl ist dies (das Mitgefühl, MF) die Art und Weise in der sich eine Person mit einer anderen identifiziert (...) Eine spezifisch menschliche, das heißt bewusste gesellschaftliche Haltung gegenüber einem anderen Individuum einzunehmen oder sich dieses Individuums bewusst zu werden, heißt sich durch Mitgefühl mit ihm zu identifizieren, indem man seine Haltung zu und seine Rolle in der jeweiligen gesellschaftlichen Situation einnimmt und dadurch implizit auf diese Situation reagiert, wie der andere explizit darauf reagiert oder reagieren wird" (Mead 1934: 348). Für Mead ist Mitgefühl und Empathie nicht nur eine notwendige Voraussetzung von Identitätsarbeit und wechselseitiger Anerkennung, sondern es spielt auch eine sehr gewichtige Rolle in der Gewissensbildung und leistet einen Beitrag zur Herausbildung einer moralischen Persönlichkeit (Lepenies 1999; Saarni 2002).

Rollendistanz. Die Bildung von Identität erfordert die Fähigkeit, sich über die Anforderungen von Rollen zu erheben, um auszuwählen, zu negieren, zu modifizieren, zu interpretieren. Diese Fähigkeit ist eine Voraussetzung zur Teilnahme an Interaktionsprozessen und wird als Rollendistanz beschrieben (Goffman 1973, 2001). Wenn das Individuum allein aus dem „me", dem reflektierten Ich besteht, also der Summe der Erwartungen anderer, ist eine erfolgreiche Teilnahme an Interaktionen nicht möglich und damit auch nicht der Aufbau von Identität. Hervorgehoben wird die Rollendistanz, um sich zu bestehenden Normen und Erwartungen anderer in "Stellung zu bringen", um sich darüber zu erheben, sie auszuwählen, zu negieren und interpretieren. Eng daran schließt sich die Ambiguitätstoleranz an.

Ambiguitätstoleranz. Aus den theoretischen Erläuterungen geht ebenfalls hervor, dass Interaktionen und Akteure vielfältig mit widersprüchlichen Erwartungen konfrontiert werden. Es ist daher davon auszugehen, dass die ausgehandelten Kompromisse nicht mehr zu hundert Prozent den eigenen Bedürfnissen entsprechen und sich daher aus der Interaktion heraus Unzufriedenheiten ergeben können. Diese Ambivalenzen zu ertragen und auszuhalten wird als Ambiguitätstoleranz beschrieben (Krappmann 2005). Ambiguitätstoleranz ist eine für die Identitätsbildung wichtige Eigenschaft, weil Identitätsbildung immer wieder verlangt, konfligierende Identifikationen zu synthetisieren. Das Individuum kann sich auf drei Wegen einer ambivalenten Situation entziehen: durch Verdrängung eigener Erwartungen, wodurch die Gefahr des Auftretens neurotischer Störungen sich erhöht, durch den Abbruch/ Rückzug aus sozialen Beziehungen und eine damit einhergehende stärkere Orientierung nach innen oder durch das Anpassen von eigenen Ansprüchen und Erwartungen, um die ambivalente Situation schließlich aufzulösen.

Verhaltenseigenschaften. Zu den Verhaltensweisen, die die Identitätsarbeit negativ beeinflussen zählt zum einen Internalisierung, welches ein ängstliches, unsicheres Verhalten sowie traurige Verstimmung und Einsamkeit bezeichnet. Internalisierendes Verhalten ist vergleichbar mit einem sozialen Rückzug von anderen (Gloger-Tippelt & Lahl 2008: 65). Der inhaltliche Gegenpol dazu ist Externalisierung, ein eher nach außen gerichtetes, auffälliges Verhalten wie Aggressivität, Störung anderer, häufige Wut und Launenhaftigkeit. Beide Verhaltensweisen wirken auf Interaktionsprozesse ein und können die Identitätsarbeit beeinflussen. Hier ließen sich weitere Persönlichkeitseigenschaften anführen, wie z.B. Gewaltbereitschaft, Formen von Depressivität usw. Wir konzentrieren uns hier auf Internalisierung und Externalisierung, weil sich diese Konstrukte mit den hier zur Verfügung stehenden Daten umsetzen lassen.

c) Handlungskompetenzen zur Umsetzung eigener Ansprüche und Ziele
Selbstwirksamkeit/Agency. Hinsichtlich der konkreten Umsetzung in der sozialen Situation sind folgende Handlungskompetenzen notwendig: Eine zentrale Komponente liegt in der Ausbildung einer zunehmenden Autonomie und Selbstständigkeit, mit der die Ausbildung eines eigenen Willens und individueller Zielstrebigkeit als Grundstärken einhergeht. Heute spricht man in Bezug auf dieses Konstrukt von subjektiv empfundener Selbstwirksamkeit sowie wahrgenommener Kompetenzgefühle. Es geht letztlich um eine subjektive Einschätzung darüber, wie man vor dem Hintergrund gegebener individueller und sozialer Ressourcen seine eigenen Ziele artikulieren, durchsetzen und Bedürfnisse befriedigen kann. Es ist eine zentrale Kompetenz im Rahmen zu leistender Identitätsarbeit, wenn es darum geht, die eigenen Erwartungen an die soziale Situation auch anderen gegenüber zu vertreten, um seine Ziele zu verfolgen. Eng damit zusammen hängt auch das Konzept der Selbst-Regulation (Maddux & Gosselin 2003; Krewer & Eckensberger 1998). Wenn modernisierungstheoretische und individualisierungstheoretische sowie poststrukturalistische Arbeiten betonen, dass es neben einigen wenigen Grundwerten keine festen Werthaltungen und Erwartungshorizonte mehr gibt, dann müssen Regeln, Verfahrensweisen, sprich

mehrheitlich das soziale Handeln stärker als bisher situationsspezifisch ausgehandelt, begründet und überzeugend dargelegt werden.

Gestaltungskompetenz und Kreativität/Neugierde. Eine weitere Grundbedingung für Identitätsarbeit wird von Keupp (1997: 20; Dollinger et al 2005) in
der Kreativität gesehen. Die durch die Individualisierung stattgefundene
Erweiterung des Optionsspielraums, die durch eine Theorie der Bastel-
Mentalität (Gross 1995) gekennzeichnet ist, bietet dem Individuum überhaupt erst die Möglichkeit, selbstentworfene Identitätsprojekte zu leben. Es
bietet sich ein „Möglichkeitssinn", eine „Freude aus Verunsicherung" zu
ziehen (Wolf 1983; Keupp 1997: 21). Mit dieser in sozialen Situationen gegebenen Handlungsvielfalt umzugehen, erfordert jedoch eine gewisse Gestaltungskompetenz und Kreativität, vor allem wenn es darum geht, die eigenen Bedürfnisse in die umgebenden sozialen Strukturen und Erwartungshaltungen anderer zu integrieren.

d) Ressourcen
Materielle Ressourcen. Materielle Ressourcen sind immer noch ein entscheidender Faktor. Identitätsarbeit und die Erprobung eigener Identitätsprojekte
ist oftmals ohne eine gewisse materielle Grundlage nicht möglich umzusetzen. Materielle Ressourcen sichern den Lebensunterhalt und strukturieren
in weiten Teilen den Möglichkeitsspielraum von zielgerichteten, identitätsrelevanten Handlungen. Hier ließen sich vielfältige Beispiele anführen, be-
ginnend mit der materiellen Ausstattung von Bildungsressourcen bis hin
zur Finanzierung von Auslandsaufenthalten, längeren Auszeiten, sorgen-
freies Studieren usw. usw., die die Teilhabechancen unterschiedlich gestalten
und soziale Ungleichheiten fortführen.

Soziale Ressourcen. Als ein weiterer wesentlicher Faktor spielen die sozialen Ressourcen, die Freundeskreise, die familialen Beziehungen zu Eltern,
Großeltern und Geschwistern, kurz der gesamte soziale Beziehungskontext
eine Rolle. Soziale Beziehungen erhöhen das für die eigene Zielverwirklichung einsetzbare Kapital, gleich ob es sich um immaterielles (Informationen, Ratschläge, Beratungen, Gespräche) oder um materielles Kapital handelt. Soziale Beziehungen sind aber vor allem auch deshalb identitätsrele-
vant weil – wie in Primärbeziehungen der Fall – sie wesentliche Bestim-
mungsfaktoren der individuellen Entwicklung sind und einen starken Sozia-
lisationsfaktor darstellen (wie bei Eltern-Kind-Beziehungen), aber auch weil
sie einen Erwartungs- und einen Erfahrungshorizont aufbauen, vor dem das
Subjekt sich positioniert und worauf es antworten muss.

Die Ausführungen verdeutlichen, dass eine ganze Reihe von Fähigkeiten
und Kompetenzen vorliegen, die sich für zukünftige zu bewältigende Iden-
titätsarbeiten als relevant herausstellen. Den kulturkritischen Arbeiten

postmoderner Theoretiker folgend, hat ein Konzept von Identität, welches auf Einheitlichkeit, Kontinuität und Kohärenz abzielt, seine Funktionalität für die gegenwärtige moderne Gesellschaft verloren. In einer pluralisierten und widersprüchlichen Alltagswelt, einer „zerrissenen Welt des Sozialen" (Honneth 1999) wird vehement eine „Dezentrierung des Subjekts" gefordert und das Individuum wird durch die Vielzahl sich z.T. widersprechender Rollen- und Funktionsbezüge zum „Dividuum" (Fuchs 1992: 199ff.): „Das In-dividuum ist durch Teilbarkeit definiert ... Es benötigt ein musikalisches Selbst für die Oper, ein strebsames Selbst für den Beruf, ein geduldiges Selbst für die Familie. Was ihm für sich bleibt, ist das Problem seiner Identität (Luhmann 1994: 193). Begriffe wie „Patchwork-Identität" (Keupp 1987), „Bastelexistenz" (Hitzler & Honer 1994) oder die Bezeichnung der Akteure als „Touristen und Vagabunden" (Bauman 1997) widersprechen immer mehr dem Bild einer einheitlichen Identität. Vielmehr wird Identität als ein nie abgeschlossenes und stets riskant bleibendes Unterfangen beschrieben und es wird gerade der Prozess der individuellen Identitätsarbeit, der Prozess der Selbstkonstitution in den Mittelpunkt gerückt (Keupp & Höfer 1997; Bauman 1995). Wenn diese Analysen zutreffen, dann gewinnen identitätsrelevante soziale Kompetenzen, die stärker prädiktiv für zu leistende Identitätsarbeit sind, nochmals an Bedeutung.

Es sei jedoch bereits an dieser Stelle angemerkt, dass nicht alle hier aufgeführten identitätsrelevanten Konstrukte aufgrund der bestehenden Datenlage gleichzeitig analysiert werden können. Es wird eine datenbedingte Beschränkung erfolgen müssen. Die folgenden Analysen konzentrieren sich entsprechend auf das kindliche Selbstkonzept, auf Empathie als Teil emotionaler Kompetenz, auf die kindliche Selbstwirksamkeit als Teil individueller Handlungskompetenzen und auf internalisierende und externalisierende Verhaltensweisen, die allesamt, die Teilhabemöglichkeiten an Interaktionen und zukünftigen Entwicklungsprozessen beeinflussen.

Diese Fokussierung auf soziale Kompetenzen begründet sich nicht nur aus einer identitätstheoretischen Perspektive. Mit den Ergebnissen der PISA-Studien und der IGLU-Untersuchung wurde in der Kindheitsforschung durch den Bildungswettbewerb und die dadurch ausgelösten Restrukturierungen nationaler Bildungssysteme zunehmend der Aspekt des Humankapitals stärker berücksichtigt. „Frühkindliche Bildung darf hierbei nicht auf die Vermittlung und Aneignung von Wissen und Fertigkeiten, die dem späteren schulischen und beruflichen Erfolg dienen, reduziert werden. Angesichts der zunehmenden Komplexität der gesellschaftlichen Verhältnisse, der rasanten kulturellen und technischen Entwicklungen, der fortschreitenden Zunahme von Wissen und des beschleunigten Wandels von Lebensbedingungen muss ein umfassender Bildungsbegriff umgesetzt werden, der lernmethodische, reflexive und soziale Kompetenzen mit einschließt und auf die Förderung kindlicher Autonomie und sozialer Mitverantwortung abzielt" (BMFSFJ 2003: 28). Vorschulische Bildungsprozesse zielen auf die Vermittlung lernmethodischer Fähigkeiten und Basiskompetenzen ab, die es den Kindern ermöglichen, im sozialen und schulischen, beruflichen Kontext verantwortlich zu handeln. Dazu zählen eben auch soziale Kompetenzen, wie die Fähigkeit zum Aufbau von Beziehungen zu Erwachsenen und anderen Kindern, Empathie und Kommunikations- und Kooperationsbereitschaft. Ferner zielen Bildungsprozesse darauf ab, die kindliche Autonomie, das Selbstwertgefühl, die Selbstwirksamkeit und Selbstregulation sowie die Entwicklung von Neugierde und Kreativität zu stärken (BMFSFJ 2003: 6).

Die hier fokussierten abhängigen Prozesse kindlicher Entwicklung sind entsprechend nicht nur aus identitätstheoretischer Perspektive bedeutsam, sondern ebenso aus einer stärker humankapitaltheoretischen Perspektive heraus. Darin liegt die Begründung, sich gerade dieses Set an abhängigen Variablen – soweit sich dies mit vorhandenen Daten umsetzen lässt – anzuschauen.

Kap. 3 Stand der Forschung: Ausgewählte Persönlichkeitseigenschaften von Kindern

Die einführenden identitätstheoretischen Erläuterungen begründen die Auswahl von Persönlichkeitseigenschaften. Hinsichtlich der Persönlichkeitsfaktoren, die das Selbstkonzept von Kindern ansprechen, konzentriert sich die Aufarbeitung des Forschungsstandes auf das kindliche Selbstbild sowie das thematisch damit zusammenhängende Bindungsverhalten, welches insbesondere von Erikson im Rahmen des Ur-Vertrauens thematisiert wurde. In Bezug auf Kompetenzen und Eigenschaften, die die Teilhabe an Interaktionsprozessen ermöglichen und mitbedingen, konzentrieren wir uns auf Empathie als zentrale emotionale Kompetenz sowie auf vorliegende internalisierende und externalisierende Verhaltensweisen. Hinsichtlich der Handlungskompetenzen, die die Umsetzung von eigenen Ansprüchen und Zielen erfassen, wird das Konstrukt der wahrgenommenen kindlichen Selbstwirksamkeit mit aufgenommen. Diese Auswahl begründet sich durch den Fokus auf Eigenschaften, die in der anstehenden Jugendzeit im Kontext des Identitätsprozesses stärker in den Fokus rücken und die sich vor allem auch später mit Daten gleichzeitig und vergleichend operationalisieren lassen. Dies heißt selbstverständlich nicht, dass nicht auch weitere Eigenschaften für die kindliche Entwicklung von hoher Bedeutung sind.

Kap. 3.1 Bindung in der frühen und mittleren Kindheit

Obgleich wir in den späteren empirischen Analysen das Bindungsverhalten aufgrund nicht verfügbarer Daten nicht einbeziehen können (wir beschränken uns auf das damit zusammenhängende positive Selbstbild von Kindern), erfolgt hier ein Blick auf den gegenwärtigen Forschungsstand, weil das Bindungsverhalten und deren Einflussfaktoren von zentraler Bedeutung sind und sie eng mit den hier analysierten Persönlichkeitseigenschaften zusammenhängen.

Die Bindungstheorie ist in den letzten Jahrzehnten zu einem umfassenden Forschungsgebiet geworden. Die grundlegenden theoretischen Argumente basieren auf den Arbeiten von John Bowlby (1987, 2009). Obgleich die Bindungstheorie ihren Ausgangspunkt in der frühen Kindheit hat, insbesondere angestoßen durch die empirischen Arbeiten von Mary D. Ainsworth, haben sich bindungstheoretische Fragestellungen inzwischen auf die gesamte Lebensspanne ausgedehnt (Grossmann & Grossmann 2003). "Unter Bindungsverhalten wird kurz gesagt jede Form des Verhaltens verstanden, das dazu führt, dass eine Person die Nähe irgendeines anderen differenzierten und bevorzugten Individuums, das gewöhnlich als stärker und/ oder klüger empfunden wird, aufsucht oder beizubehalten versucht. Wenngleich das Bindungsverhalten während der Kindheit besonders deutlich sichtbar ist, ... ist es besonders offenkundig, wenn eine Person unglücklich, krank oder ängstlich ist" (Bowlby 2009: 159).

Um das Aufrechterhalten von Nähe zu konzeptualisieren hebt die Bindungstheorie folgende Merkmale als bedeutsam hervor (Bowlby 1987; 2009): 1) *Besonderheit*: das Bindungsverhalten ist gerichtet auf ein Individuum oder auf wenige besondere Individuen, meist nach einer klaren Folge der Präferenz; 2) *Dauer*: Eine Bindung dauert meistens über einen langen Zeitraum innerhalb des Lebenslaufs; es werden vor allem während der Adoleszenz Bindungen aufgelöst und neue gebildet, aber frühere Bindungen werden nicht leicht aufgegeben; 3) *emotionales Engagement*: Die Gefühlsarbeit bezieht sich auf die Ausbildung, den Erhalt und die Unterbrechung sowie die Erneuerung von Bindungsbeziehungen, wobei die Ausbildung einer Bindung als „sich verlieben" beschrieben wird, die Aufrechterhaltung als „jemanden lieben" und ein Verlust löst Angst und Trauer aus; 4) *individuelle Entwicklung*: Bei Kindern entwickelt sich erstes Bindungsverhalten bereits während der ersten neun Monate; 5) *Lernen*: Konventionelle Belohnungs- und Strafanreize spielen hinsichtlich der Bindung eine geringere Rolle; selbst bei wiederholter Bestrafung kann sich eine starke Bindung entwickeln; 6) *Organisation*: Anfänglich wird Bindungsverhalten durch einfache Interaktionsmuster vermittelt, die im Laufe der Entwicklung zunehmend komplexer werden; Bindungsverhalten wird aktiviert, wenn das Kind Fremdheit, Hunger, Müdigkeit oder Angst verspürt, dann sucht das Kind insbesondere die Hauptbindungsperson auf. Es dient dafür, Nähe und Kontakt herzustellen und dazu gehören Verhaltensweisen wie Annäherung, Nachfolgen, Anklammern oder Signalverhalten wie Lächeln, Weinen und Rufen; 7) *biologische Funktion*: Bindungsverhalten tritt bei nahezu allen Säugetieren auf, obgleich es viele Unterschiede gibt, ist es die Regel, dass ein Jungtier die Nähe zu einem bevorzugtem Erwachsenen – fast immer zur Mutter – sucht, woraus innerhalb der Ethologie auch geschlossen wird, dass ein solches Verhalten einen Überlebensvorteil mit sich bringt und Schutz und Nahrung der zugrunde liegende Mechanismus ist (Bowlby 1987).

Die Bindungstheorie verbindet psychoanalytische Hypothesen mit einer Theorie der Psychodynamik zu einem Konzept emotionaler Kohärenz und Integrität. Die Entwicklung einer sicheren Organisation von Emotionen ist schließlich der Beginn der Entwicklung des Selbst und von Selbstwertgefühlen (Bowlby et al 2006; Bowlby & Nosbüsch 2006; Bowlby & Scheidt 2006). Wie bei Erikson gesehen, entsteht kein Urvertrauen, wenn sich nicht jemand zuverlässig und liebevoll um den Säugling kümmert. So hat auch die Bindung die Funktion, dem Kind ein Gefühl von Sicherheit und Vertrauen zu vermitteln. Im Zusammenhang mit der Bindungstheorie ist es wichtig, zu unterscheiden zwischen Bindung und Bindungsverhalten. Bindung ist ein hypothetisches Konstrukt, welches so nicht unmittelbar beobachtet werden kann. Dagegen ist das Bindungsverhalten, wie z.B. weinen, anklammern, nachrufen, protestieren usw., ein äußerlich sichtbares Verhalten, welches einen Hinweis darauf gibt, wie die Bindung zur Bindungsperson beschaffen ist. Diese Unterscheidung ist insofern wichtig, als dass dieses Signalverhalten im Sinne der Bindung nur dann geäußert wird, wenn das Bindungsverhalten aufgrund einer Verunsicherung des Kindes, Angst usw. aktiviert ist. Besonders intensives Bindungsverhalten ist ein Anzeichen einer starken Bindung, verstanden als ein Anzeichen einer gefühlten Unsicherheit, also als Angst um die eigene Sicherheit (Grossmann & Grossmann 2003). Explorationsverhalten hingegen passt nicht mit Bindungsverhalten zusammen, d.h. Explorationsverhalten tritt nur dann auf, wenn das Bindungsverhalten nicht aktiviert ist.

Emotionale Bindung zur Bezugsperson ermöglicht bereits dem Säugling, sein Gleichgewicht zwischen dem Drang, die Umwelt zu erkunden (Exploration) und sein Bedürfnis nach Sicherheit auszubalancieren. Bowlby (1987) geht davon aus, dass sich beim Kind aufgrund gemachter Erfahrungen mit seinen Bezugspersonen Erwartungen darüber entwickeln, ob eine bestimmte Person für ihn verfügbar ist oder nicht und wie sie wohl auf ihn reagieren wird. Aus diesen Erwartungen entstehen später generelle Erwartungshaltungen oder *interne Arbeitsmodelle*. Diese internen Arbeitsmodelle entwickelt das Kind in Bezug auf seine Umwelt, seine Bindungspersonen und sich selbst. Interne Arbeitsmodelle enthalten demnach Gefühle, Wissen und Vorstellungen über sich und die Bindungsperson, inklusive der Erwartungen, wie die Bindungsperson auf die eigenen Bindungs- und Explorationsversuche reagieren wird. Interne Arbeitsmodelle dienen als Konstrukte zur Steuerung des Bindungs- und Explorationsverhaltens und auch zur Steuerung von Verhaltensweisen, Kognitionen und Emotionen in emotional belastenden Situationen. Diese individuellen Erfahrungen sind mit spezifischen Attributionen und Affekten versehen und führen zur Bildung eines internen Arbeitsmodells. "Ein Kind, dessen Eltern verfügbar und unterstützend sind, konstruiert sich ein klares, kohärentes Arbeitsmodell von sich selbst als tüchtig (able to cope), und wert, unterstützt zu werden (worthy to help), in dem die Eltern als zugänglich und hilfsbereit abgebildet sind" (Grossmann & Grossmann 2008: 422).

Während Bowlby (1987; Bowlby et al 2006; Bowlby 2009) sehr stark theoretisch arbeitete, gestützt durch seine praktischen Erfahrungen in der Kinderpsychiatrie, erfolgte die empirische Fundierung insbesondere ab den 1970er Jahren durch die Arbeiten von Mary Ainsworth, Mary Main, Alan Sroufe (in Deutschland Grossmann & Grossmann 2003; Bischof-Köhler 2011).

Zentral im Rahmen der Bindungsforschung war die Generierung und Analyse spezifischer Bindungsmuster durch Ainsworth (1964). Sie untersuchte zunächst an einem Sample afrikanischer Kinder die Qualität der Bindung des Kindes an die Mutter und die Reaktionen von Kindern in Bezug auf eine Trennung von der Mutter. Die dort gemachten Erfahrungen gingen in die Entwicklung eines standardisierten Verfahrens zur Erhebung von Bindungsverhalten und Bindungsmuster ein, der sogenannte „Fremde Situation Test" (Ainsworth & Wittig 1969; Ainsworth et al 1971). Ainsworth et al (1971) fand drei Bindungsmuster, ein Befund, der in zahlreichen Studien repliziert wurde. Zum einen die „sichere Bindung", bei der ein Kind weiß, dass, wenn es nötig ist, eine Person verfügbar ist. Mit dieser Gewissheit, in der Mutter oder einer anderen Hauptbetreuungsperson eine sichere Basis zu haben, kann es nunmehr die „Welt erkunden". Dieses Muster einer sicheren Bindung wird gefördert durch eine Bindungsperson, die leicht verfügbar ist, feinfühlig gegenüber den Signalen des Kindes reagiert und liebevoll ist, wenn es Schutz oder Beistand sucht. Innerhalb des Fremde Situation Tests von Ainsworth (Ainsworth & Wittig 1969) spielen die Kinder bei Anwesenheit der Mutter und erkunden ihre Umwelt, mit zwischenzeitlicher Rückversicherung, ob die Mutter noch da ist. Entfernt sich die Mutter reagieren die Kinder mit negativem Stress und lassen sich auch nicht durch eine fremde Person beruhigen. Wenn die Mutter wieder den Raum betritt, suchen die Kinder die Nähe zur Mutter, um getröstet zu werden und setzen dann ihr Spiel wieder fort. Ein zweites Muster lässt sich als *unsicher-vermeidend* beschreiben. Kinder, die dieses Bindungsverhalten aufweisen, sind indifferent im Hinblick darauf, wo sich die Mutter im Raum befindet, sie sichern sich nicht ständig ab. Kommt die Mutter wieder, dann wenden sie sich nicht unbedingt der Mutter zu. Das dritte Muster umfasst die *unsicher-ambivalenten* Bindungsmuster. Hier zeigen die Kinder bereits am Anfang des Tests ein problematisches Verhalten. Sie reagieren sehr negativ darauf, wenn die Mütter den Raum verlassen, streben aber nicht zu ihnen, wenn sie den Raum wieder betreten und sie reagieren auch negativ darauf, wenn die Mütter sie auf den Arm nehmen wollen und wehren sich evtl. vehement dagegen. Das vierte Bindungsmuster, das der *Desorganisation*, wurde später von Main & Solomon (1986) ergänzt und umfasst all jene Kinder, die widersprüchliche Bindungsmuster aufweisen, z.B. sehr stark den Kontakt suchen, dann eher wiederum kontaktvermeidend, oder Angst vor den Erwachsenen zeigen (Thompson 2006). Dieses Muster war vorher, weil es oft sehr kurz auftrat und nicht ins Konzept passte, übersehen worden (Lightfood et al. 2009). Untersuchungen weisen für Europa darauf hin, dass ca. 2/3 der Kinder sicher gebunden sind, weitere 25-30% eine unsicher-vermeidende Bindung haben und ca. 5% eine ambivalente Bindung aufweisen. In den USA finden sich ähnliche Verteilungen, mit etwas weniger unsicher-vermeidende, dafür mehr ambivalente Bindung (Lightfood et al. 2009; Bischof-Köhler 2011).

Im Laufe der Jahre wurden in vielerlei Hinsicht empirische Forschungen zu einzelnen Fragestellungen unternommen. Zu den wichtigsten Ergebnissen in unserem Kontext gehört, dass sicher gebundene Kinder geistig beweglicher und im Umgang mit ihren Gefühlen flexibler waren als diejenigen, die eine ängstliche Bindung hatten. Sicher gebundene Kinder hatten eine höhere Selbstachtung und mehr Selbstwertgefühl (Ainsworth 1985), sie zeigten eine bessere emotionale Gesundheit, weniger Problemverhalten und Verhaltensanomalien, waren sozial kompetenter, hatten mehr Freunde, zeigten weniger emotionale Abhängigkeit und wiesen höhere Werte von Empathie auf (Grossmann & Grossmann 2008; Thompson 2006).

Die Analyse von Bindungsmuster und -verhalten für die hier interessierende Phase der mittleren Kindheit (7-12 Lebensjahr) ist erst später zum Thema psychologischer Forschung geworden. Bowlby (1987) erläutert, dass in dieser Altersphase das Ziel von Bindung sich verändert und weniger von der Nähe zur Hauptbezugsperson getragen wird, sondern eher von der Verfügbarkeit der Bezugsperson auch über längere Phasen der Abwesenheit hinweg. Entscheidender wird, auch in den internen Arbeitsmodellen, das Wissen darum, dass im Bedarfsfall jemand da ist, der Sicherheit, Trost und Verständnis bieten kann – das muss nicht, wie noch in der frühen Kindheit, sofort sein. Kinder entwickeln kognitive Modelle von sich und Relationen zu relevanten anderen Bezugspersonen (Kerns 2008). Von Bedeutung ist, dass Kinder auch sekundäre Bindungsbeziehungen entwickeln, z.B. zu Großeltern, Geschwistern, oder evtl. auch zu Peers.

Mit dem Eintritt in das Schulsystem verbringen Kinder bereits viele Stunden auch außerhalb des elterlichen Haushalts und müssen lernen, mit einer Vielzahl von neuen Situationen und neuen Bezugspersonen umzugehen. Eine wichtige Entwicklungsaufgabe für dieses Alter besteht darin, eigene Erkenntnisse, Wünsche und Ziele sprachlich umzusetzen. Das, was später auch innerhalb der Identitätsarbeit eine wichtige Voraussetzung sein wird, nämlich seine Interessen gegenüber anderen artikulieren zu können, gewinnt bereits hier an Bedeutung. Hierbei zeigt sich, dass die internen Arbeitsmodelle ein einflussreiches Konstrukt bilden: „Das zentrale Merkmal eines sicheren inneren Arbeitsmodells von Bindung, d.h. einer Vorstellung von sich als liebenswert und von anderen als unterstützend, bildet im Alter von 6 Jahren die Grundlage für die geistige Freiheit und Flexibilität, mit Herausforderungen und emotionalen Belastungen konstruktiv und ohne Einschränkungen im Bindungs- wie im Explorationsbereich umgehen zu können. Diese geistige Freiheit und Flexibilität, die wir psychische Sicherheit nennen, verlässt sich zunächst auf die bereits erworbenen Fähigkeiten und vertraut auf die Unterstützung anderer, wenn die eigenen Ressourcen zu erschöpfen drohen" (Grossman & Grossmann 2008). Eine derartige psychische Sicherheit unterstützt eine differenziertere Wahrnehmung der Wirklichkeit, ermöglicht eine realitätsnahe Motivklärung und Interpretation von eigenen Gefühlen, Absichten und Verhalten sowie das von anderen.

Entscheidende Einflussfaktoren zur Entwicklung sicheren Bindungsverhaltens ist die Sensitivität / Feinfühligkeit der Hauptbetreuungsperson, in den meisten Fällen die Mütter. Zu solchen Verhaltensweisen zählen eine entsprechende Aufmerksamkeit auf kindliche Signale, eine richtige Interpretation ihrer Bedeutungen, geeignete und prompte Reaktionen in Bezug auf das kindliche Vertrauen und ein warmherziger Umgang, d.h. eine kindzentrierte Kommunikation. Empirische Analysen in Bezug auf den Einfluss des Vaters zeigen, dass dieser im Vergleich zu der Mutter geringer ist (de Wolff & Ijzendoorn 1997; Thompson 2006; Belsky & Pasco Fearon 2008). Durch eine hohe elterliche Feinfühligkeit lernt das Kind mit seinen eigenen Gefühlen, Motiven und Handlungen entsprechend feinfühlig umzugehen. Im Laufe der Sprachentwicklung wird ein Kind in einem Elternhaus, in dem Gefühle, einschließlich Bindungsgefühle angemessen thematisiert werden, auch zunehmend die passenden Worte für seine eigenen Gefühle und die der anderen entwickeln und einsetzen (Grossmann & Grossmann 2008). Dies zeigt nochmals die hohe Bedeutung der Bindungstheorie für die identitätsbezogenen Prozesse.

Weitere Einflussfaktoren kindlicher Bindung sind die Persönlichkeitseigenschaften von Müttern und Vätern. Depressive Väter oder Mütter mit höheren Werten in der Neurotizismus-Skala haben eher Kinder mit unsicheren Bindungen, während die geistige Aufgesschlossenheit von Eltern einen positiven Einfluss hat. Diese Ergebnisse, die zunächst für die frühe Kindheitsphase nachgewiesen werden konnten, sind auch in der mittleren Kindheit zentrale Einflussfaktoren geblieben (Kerns et al. 1996; Kerns et al. 2000; Kerns 2008). Auch die Bindungsmodelle der Eltern haben einen signifikanten Einfluss darauf, wie sie selbst mit ihren Kindern umgehen. Sichere Bindungsrepräsentationen der Mutter gehen mit höheren Werten hinsichtlich der Feinfühligkeit im ersten Jahr des Kindes einher. Sie haben eine höhere Kooperation mit den Kindern, mehr Verständnis, höhere Spielfeinfühligkeit und hatten seltener das Weinen ihres Kindes ignoriert. Ähnliche Ergebnisse ließen sich auch für den Vater finden. Sichere Bindungsrepräsentationen des Vaters gehen mit höherer Fürsorge und mehr Spielfeinfühligkeit in Bezug auf das Kind einher (Thompson 2006; Grossmann & Grossmann 2008). Hierbei zeigen sich langfristige Effekte. So haben die internen Arbeitsmodelle der Mütter, gemessen vor der Geburt, noch einen signifikanten Einfluss auf das Bindungsverhalten ihrer 11-jährigen Kindern (Amaniti et al. 2005).

Auch die Beziehung zwischen den Eltern ist ein Einflussfaktor auf die Bindungssicherheit der Kinder. Je höher die Zufriedenheit und je weniger Konflikte, desto stärker ist eine sichere Bindung ausgeprägt (Belsky 1999;

Harold et al. 2004; Belsky & Pasco Fearon 2008). Diese Ergebnisse werden ergänzt durch empirische Resultate von Davies & Cummings (1994), die herausfanden, dass unter Kontrolle elterlicher Einflussfaktoren ebenfalls das emotionale Familienklima einen Einflussfaktor auf sichere kindliche Bindung hat. Es finden sich darüber hinaus Hinweise, dass mit einem niedrigen sozioökonomischen Status und finanziellen Schwierigkeiten sich negative Einflüsse auf das Bindungsverhalten zeigen. Angenommen wird diesbezüglich, dass sich die finanziellen Schwierigkeiten auf die elterliche Sensitität niederschlagen oder auch verstärkt diesbezüglich Konflikte in der Familie auftreten (de Wolff & Ijzendoorn 1997; Thompson 2006), d.h. es zeigen sich eher indirekte Effekte. Darüber hinaus gibt es empirische Hinweise, dass soziale Unterstützung durch das Netzwerk einen Einfluss auf sichere Bindungen zwischen Müttern und Kindern hervorbringt. Hier lassen sich zwar keine direkten Effekte finden, aber indirekte. So hat die Unterstützung aus dem Netzwerk einen Einfluss auf die mütterliche Zufriedenheit, sie hilft, stressige Situationen zu lindern und ermöglicht, dass Eltern sich zeitlich intensiver um ihre Kinder kümmern können, was sich wiederum insgesamt auf die mütterliche Feinfühligkeit und ihrem Verhalten gegenüber dem Kind äußert (Isabella 1994). So hat auch die Unterstützung durch Großmütter einen signifikanten Effekt auf die Entwicklung eines sicheren Bindungsstils bei Kindern, und zwar vermittelt über den entlastenden Effekt auf die Eltern, was sich dann positiv wiederum auf deren Umgang mit den Kindern auswirkt. Ferner ergeben sich Zusammenhänge zwischen einer sicheren Bindungsrepräsentation von Großmüttern und der Feinfühligkeit, mit denen Mütter ihre Kinder behandeln (Howes & Spieker 2008).

Bindungsmuster sind nicht stabil. Wartner et al (1994) stellten in einer Längsschnittstudie eine Übereinstimmung von 82% im Bindungsstatus zwischen dem 1. und dem 6. Lebensjahr fest, wobei jedoch einschränkend hinzugefügt werden muss, dass die an der Studie teilnehmenden Familien als sehr stabil eingestuft werden müssen, d.h. es gab kaum Scheidungen oder Trennungen und es liegt die Vermutung nahe, dass die Bindungsstabilität auf die Stabilität des gesamten familialen Umfeldes zurückgeführt werden kann. Waters et al. (2000) fanden in einer 20 Jahre lang andauernden Studie heraus, dass 72% die gleichen Bindungsmuster zeigten, die sie auch schon als Kind gehabt haben. Eine entscheidende Variable für diese Stabilität sind die herausgebildeten internalen Arbeitsmodelle von Kindern und wie gut sie über die Zeit hinweg funktionieren. Kritische Lebensereignisse hingegen, wie die Trennung von einem Elternteil, oder Tod eines Elternteils, psychische Störungen oder lebensbedrohliche Krankheiten sowie physischer und sexueller Mißbrauch tragen dazu bei, dass bspw. eine sichere Bindung zunehmend unsicher wird. Obgleich demnach eine gewisse Stabilität vorherrscht und es als gesicherte Erkenntnis gilt, dass die Bindungsbeziehung eine bedeutende

Rolle bei der Entwicklung einer Psychopathologie spielt, wird das Kind durch eine frühe sichere Bindung weder unverletzlich gemacht noch durch eine unsichere Bindung zur Psychopathologie verdammt (Ainsworth 1985; Thompson 2006; Kerns 2008). Es zeigte sich auch, dass das Bindungsmuster von Kindern mit 13 Monaten noch prädiktiv dafür ist, ob man im Alter von 10 Jahren Probleme damit hat, Freunde zu haben und mit ihnen auskommt (Grossmann & Grossmann 2008: 375). Bowlby et al. (2006) hatte mit Bezug auf die Herausbildung internaler Arbeitsmodelle ausgeführt, dass es eine starke kausale Beziehung zwischen den Erfahrungen des Individuums mit seinen Eltern und der Kompetenz gibt, wiederum später emotionale Bindungen einzugehen. Dies bestätigen spätere empirische Untersuchungen. Vor allem durch die Minnesota Study of Risk and Adaptation konnten über einen Zeitraum von über 20 Jahren hinweg die Auswirkungen früherer Bindungen untersucht werden. Es zeigten sich signifikante Zusammenhänge zwischen frühkindlicher Bindung und Persönlichkeitseigenschaften während der Kindheit und Jugend im Hinblick auf emotionales Wohlbefinden, Selbstwertgefühle, Selbstwirksamkeit, Selbstvertrauen, Empathie, Freundschaftsbeziehungen, Umgang mit Lehrern (Sroufe et al. 2005 a,b; Raikes & Thompson 2006; Thompson 2008).

Insgesamt zeigen die empirischen Studien, dass Kinder mit einem sicheren Bindungsmuster mehr soziale Kompetenzen aufweisen, mehr Freunde haben, über ein größeres Selbstvertrauen berichten und eher über ihre Emotionen sprechen, entsprechend auch mehr emotionale Kompetenz haben (Sroufe et al. 2005 a,b), was nicht nur wesentlich ist für ein positives kindliches Wohlbefinden, sondern auch für den Erfolg in später folgenden sozialen Beziehungen.

Die hohe Bedeutung von Bindung im Kontext identitätstheoretischer Überlegungen resultiert aus den Einflüssen, die sich von einer sicheren Bindung auf weitere Persönlichkeitsmerkmale ergeben. Der Aufbau einer sicheren Bindung ist prädiktiv für eine Reihe weiterer Persönlichkeitsfaktoren und Verhaltensweisen: für eine begünstigende kognitive und sprachliche Entwicklung; hohe Frustrationstoleranz, höheres Selbstbewusstsein, weniger Verhaltensprobleme, Aufbau sozialer Beziehungen zu Freunden, Geschwistern, Interaktionen mit Erwachsenen, höhere emotionale Kompetenzen und Emotionsregulation (Petermann et al. 2004; Sroufe et al. 2005a,b; Kerns 2008; Thompson 2008). Diese empirischen Befunde stützen die hohe Bedeutung von Bindungen auch für Prozesse der Identitätsentwicklung, wie zuvor theoretisch abgeleitet. Ferner zeigen Studien, dass eine sichere Bindungsrepräsentation mit einem positiven Selbstkonzept zusammenhängt (Zimmermann et al. 2000). Diesem kindlichen Selbstkonzept wollen wir uns im nächsten Abschnitt zuwenden.

Kap. 3.2 Kindliches Selbstkonzept

In den letzten Jahrzehnten ist eine nahezu unüberschaubare Zahl von Beiträgen zur Psychologie des Selbst und den thematisch relevanten Konstrukten publiziert worden (Greve 2000). Die Psychologie des Selbst ist jedoch keine einheitliche Theorie, sondern es liegen unterschiedliche Ansätze und Spezifikationen vor (Petermann et al. 2004: 176). Klassisch ist die Unterscheidung von James (1890), das Selbst zu unterteilen in ein Ich („I") und das Mich („me"), was dann später von Mead (1934) aufgegriffen und oben bereits ausführlicher erläutert wurde. Während das Ich die subjektiven Erfahrungen organisiert und interpretiert, stellt das Mich ein Aggregat von Informationen dar, die ein Mensch objektiv über sich selbst weiß (Greve 2000): „Worum geht es dabei? Es geht zunächst darum, wie wir selbst uns sehen, beschreiben, bewerten und verstehen, wie – und inwieweit – wir etwas über uns wissen oder herausfinden können, wie wir uns in die Zukunft projizieren, welche Möglichkeiten wir uns für uns selbst wahrnehmen und wie wir uns retrospektiv erleben, aus der Vergangenheit heraus rekonstruieren" (Greve 2000: 16). Das Selbstkonzept lässt sich entsprechend definieren als „die Gesamtheit der auf die eigene Person bezogenen Beurteilungen" (Mummendey 1990: 79). Marsh et al. (1991) finden heraus, dass bereits Kinder im Alter zwischen 5-8 Jahren in der Lage sind, Angaben über ein globales Selbstwertkonzept zu geben. Ihre Ergebnisse zeigen jedoch, dass trotz ausreichender interner Konsistenz der Skalen eine geringe Stabilität des allgemeinen Selbstwertgefühls vorliegt, während die bereichsspezifischen deutlich stabiler waren (auch Asendorpf & van Aken 1993; Asendorpf 2005; Filipp & Mayer 2005).

Konsens in der aktuellen Psychologie über das Selbst ist – bei aller bestehenden Vielschichtigkeit –, dass das Selbst ein dynamisches System ist, das einerseits Überzeugungs- und Erinnerungsinhalte und andererseits die mit diesen Inhalten und Strukturen operierenden Prozesse und Mechanismen umfasst. Es kann hier nicht ein Überblick über den Forschungsstand der Psychologie des Selbst erfolgen, dafür ist dieses Forschungsgebiet – wie bereits erwähnt – viel zu ausdifferenziert und facettenreich (siehe auch Filipp & Mayer 2005). Wir konzentrieren uns hier auf das Selbstkonzept, das Selbstbild, welches Kinder von sich und Eltern über ihre Kinder haben.

In der aktuellen psychologischen Literatur entspricht das Mich, das Wissen, welches die Person von sich selbst hat, dem Begriff des Selbstkonzeptes. Das Selbstkonzept ist eine affektiv-kognitive Repräsentanz der eigenen Person und wird in der Selbstkonzeptforschung als ein mehrdimensionales Konstrukt verstanden. Dahinter steckt auch, dass es nicht nur um das Wissen geht, welches eine Person von sich selbst hat, sondern dieses Wissen ist „heiß" (Filipp & Mayer 2005: 261), d.h. es ist mit Emotionen verknüpft und umfasst auch eine affektiv-evaluative Komponente. Dementsprechend ist die Selbstkonzept-Forschung in hohem Maße auch Forschung über das Konzept des „Selbstwertgefühls". Hinsichtlich des Selbstkonzeptes kann eine Vielfalt von Überzeugungen, die man aktuell oder potentiell in Bezug auf sich selbst hat, thematisiert werden: Wichtiges und Unwichtiges, Aktuelles und Überholtes, Zentrales oder Peripheres usw. (Greve 2000). Darüber hinaus ändert sich das Bild nicht nur im Laufe eines Lebens, sondern kann sich von Situation zu Situation verändern, in einem anderen Licht erscheinen als noch eine Stunde vorher (Brandstädter & Greve 1992). Markus (1977) hat darauf verwiesen, dass das Selbstkonzept sich als eine Ansammlung bereichsspezifischer Selbstschemata herausbildet, und zwar über Bereiche in denen eine Person mannigfache Erfahrungen gesammelt hat: „Von einem Selbstsystem lässt sich dann in dem Sinne sprechen, dass dieses im Langzeitgedächtnis die Gesamtheit der Vernetzungen mit dem Selbst umschreibt" (Filipp & Mayer 2005: 265). Unumstritten ist auch, dass der jeweilige Situationskontext determiniert, welche Selbstaspekte gerade wirksam sind und dass nicht alle Selbstaspekte der Person dem Bewusstsein zugänglich sind. Darüber hinaus behandelt die Selbstkonzeptforschung konstruktbezogene soziale „Ausweitungstendenzen" des Selbst (z.B. self-with-other-Einheiten), wie auch temporale und räumliche Extensionen (siehe Filipp & Mayer 2005: 267ff.; Greve 2000).

Ausgangspunkt jeglicher Selbstkonzept-Entwicklung ist die Erkenntnis, dass man sich selbst als eine eigene Entität gegenüber anderen versteht. Diese Grundlage scheint bereits bei Säuglingen angelegt zu sein. Säuglinge nehmen durch die Reaktionen ihrer Umwelt, durch Berührungen von anderen ihren Körper wahr und reagieren auf Umweltreize. Es erwächst in zunehmendem Maße ein fundamentales Verständnis von eigenständiger Kontrolle, was auch als „existenzielles Selbst" (Butterworth 1990) oder als „self as agency" (Harter 1988) umschrieben wird.

Einen bedeutenden Einfluss auf die Selbstkonzept-Forschung ging bereits früh von Shavelson et al. (1976) aus. Sie nehmen an, dass ein vorliegendes Selbstkonzept die Interpretationen eines Menschen bestimmt, eine Einflussvariable zur Erklärung des eigenen Verhaltens sei und damit auch die Beziehung zwischen dem eigenen Selbst und der umgebenden Umwelt beeinflusst, Erfahrungen verarbeitet und organisiert. Empirisch bestätigt ist die bereits von Shavelson et al. (1976) eingeführte Unterscheidung zwischen einem allgemeinen Selbstkonzept und den auf Erfahrungen basierenden bereichsspezifischen Subkonzepten (Harter 1999; Stiller et al. 2004; Möller & Köller 2004; Stiller & Alfermann 2005; Harter 2006). Vor allem in der späteren Kindheit bilden Kinder unterschiedliche Selbstkonzepte in Bezug auf unterschiedliche Kontexte aus, die sich auch sehr stark inhaltlich widersprechen können. In dem einen Bereich fühlt man sich sehr kompetent und ist zufrieden damit, wie man sich selbst sieht und glaubt von anderen gesehen zu werden, man hat ein hohes Selbstwertgefühl, aber in anderen Bereichen kann es völlig anders sein (zusammenfassend Harter 2008). Die Entwicklung des Selbstkonzeptes in der Kindheit unterscheidet sich ferner nach verschiedenen Altersstufen (Harter 1999; Harter 2008).

Im Alter zwischen 8-11, der Phase der mittleren bis späten Kindheit, werden die einzelnen Beschreibungen des eigenen Selbst konkreter. Es werden stärker und differenzierter Attribuierungen eingesetzt, die bereits miteinander vernetzt werden und in der Form von Selbstkonzepten schon eher auf Persönlichkeitseigenschaften hindeuten (Harter 1999: 49; Fischer 1980; Siegler 1991). Insbesondere kommen stärker vergleichende Bewertungen hinzu, vor allem auch aus dem schulischen Bereich und den Freundeskreisen, oder in Bezug zu bestimmten Fähigkeiten. Insgesamt wird es dem Kind dadurch ermöglicht, eine globalere Einschätzung seiner Person vorzunehmen, eine Einschätzung und Bewertung seiner Person zu entwickeln (Harter 1999: 49; Filipp & Mayer 2005; Lightfoot et al. 2009).

Die Beschreibung und Evaluation des Selbstwerts wird zunehmend differenzierter, a) weil Kinder mehr und mehr in der Lage sind soziale Vergleiche mit anderen, insbesondere auch mit Kindergarten- und Schulkinder, anzustellen und zu einem genaueren Bild zu integrieren; b) weil sie stärker in der Lage sind zwischen einem realen und idealen, idealisierten Selbst zu trennen und c) weil sie stärker ihre emotionalen Kompetenzen ausbauen und besser in der Lage sind, die Perspektiven der anderen mit einzubeziehen.

Spezifischer als das Selbstbild oder das Selbstkonzept ist das Selbstwertgefühl, gekennzeichnet durch ein globales und stabiles Gefühl der Wertschätzung der eigenen Person. Subjektive Bewertungen werden als Selbstrepräsentationen bezeichnet. Ob Kinder eher ein globales oder aber ein lebensbereichsspezifisches Selbstwertgefühl entwickeln wurde lange Zeit diskutiert. In letzter Zeit sind vermehrt Modelle vorgestellt worden, die auf der Basis empirischer Befunde bereichsspezifische Selbstbewertungen stützen (Harter 2008). So führt bspw. der direkte Vergleich mit der Gleichaltrigengruppe zu einer realistischeren Einschätzung seiner eigenen Person. Auch beim Selbstwertgefühl werden in der Forschung Evaluationen in Bezug auf unterschiedliche Kompetenzen und Fähigkeiten erhoben: kognitive Kompetenz (gut in der Schule, gutes Erinnerungsvermögen), soziale Kompetenz (habe viele Freunde), physische Kompetenz (bin gut im Sport) und auch das generelle Selbst-Wert-Gefühl als globaler Indikator (Ich bin eine gute Person, möchte so bleiben, wie ich bin).

Innerhalb der Kindheitspsychologie bestand in den letzten beiden Jahrzehnten ein Schwerpunkt darin, die bereichsspezifischen Selbstkonzepte (z.B. in Bezug zu sportlicher Kompetenz, physisches Auftreten, Akzeptanz bei Peers, schulische Kompetenzen) und globalere Selbstwert-Konzepte von Kindern methodisch und empirisch zu erfassen und in Beziehung zu setzen. Uns interessiert im Folgenden lediglich der globalere Indikator zur Selbstbeschreibung.

Empirische Studien haben gezeigt, dass ein positives Selbstkonzept eine zentrale Outcome-Variable für Kinder und Jugendliche ist und mit weiteren zentralen abhängigen Faktoren, wie z.B. dem Bildungserfolg zusammenhängt (Marsh et al. 1991). In der Entwicklungspsychologie wird als eine – neben anderen – Entwicklungsaufgabe der Aufbau eines positiven Selbstbildes definiert (Grossmann & Grossmann 2008: 404). Die gestiegenen kognitiven Fähigkeiten, die zu einer realistischeren Bewertung des eigenen Selbst vor dem Hintergrund sozialer Vergleiche zu anderen Personen und mit unterschiedlichen Lebensbereichen führen, haben wiederum zur Folge, dass viele Kinder in diesem Alter sich nicht mehr ausschließlich positiv sehen, sondern in ihrer Selbstwertung auch geringere Werte angeben (Ruble & Frey 1991; Harter 2008).

Hinsichtlich der Erforschung der Determinanten eines positiven Selbstbildes oder eines positiven Selbstwertgefühls kommt wiederum der elterlichen Erziehung eine signifikante Bedeutung zu. Eltern, die eher eine emotional warmherzige und feinfühlige Beziehung zu ihren Kindern haben, ihnen beibringen, Regeln aufrechtzuerhalten, Gewalt abzulehnen und mit den Kindern über ein falsches Verhalten reden, haben Kinder mit höheren Selbstbewertungen (Copersmith 1967; Harter 1999). Kinder deren Eltern eine warmherzige, unterstützende Erziehung offerieren und auf die emotionalen Bedürfnisse der Kinder eingehen, fördern die Entwicklung eines internalen Arbeitsmodells, wonach die Kinder sich selbst als liebenswert und kompetent bezeichnen. Wohingegen diejenigen Kinder mit unsicherer oder ambivalenter Bindung niedrigere Werte hinsichtlich ihrer Selbstbeurteilung vornehmen (Bretherton 1991; Sroufe 1990; Harter 1999). Hierbei ist darauf hinzuweisen, dass sicher gebundene Kinder sich keineswegs durchweg als positiv oder gar als „perfekt" bezeichnen, sondern dies wären ebenfalls wiederum „kritische Werte", weil sie eine Überbewertung, eine Idealisierung der eigenen Person vornehmen, wo mehr der Wunsch als die Realität ausschlaggebend ist. Eine Überschätzung seiner selbst, geht oftmals mit ungeeigneten Verhaltens- und Handlungsweisen einher, weil die Realität nicht angemessen berücksichtigt wird. Sicher gebundene Kinder sehen sehr wohl auch ihre Schwächen, neben ihren Stärken. Andere Studien greifen die Unterscheidung von Baumrind (1989) und die von ihr angeführten Erziehungsstile auf. Durch empirische Auswertungen finden sie heraus, dass ein autoritativer Erziehungsstil signifikant mit einer höheren Bewertung des eigenen Selbst einhergeht (Lamborn et al. 1991). Harter (1999) dokumentiert, dass gerade die Unterstützungen von den Eltern, von den Lehrern, den Klassenkameraden und den engen Freunden positive Einflussfaktoren für die Ausbildung eines positiven Selbstwertgefühls darstellen. Ferner zeigt eine Reihe von Studien, dass vernachlässigendes Erziehungsverhalten, Gewalt und Missbrauch deutlich negative Auswirkungen auf das kindliche Selbstwertgefühl haben (Harter 2008; 2006).

Es ergeben sich ferner Zusammenhänge zwischen der elterlichen Persönlichkeit und dem kindlichen Selbstkonzept. Studien belegen, dass elterliche Depressivität mit einem negativen Selbstkonzept ihrer Kinder assoziiert ist (Conger et al. 1993; Herlth et al. 1995; Fuhrer 2005). Depressive Personen sind reizbar, weinerlich, unentschlossen, antriebsschwach, emotional zurückgezogen (Fuhrer 2005), was sich wiederum auf ihr Verhalten gegenüber dem Kind, dem Erziehungsverhalten und der Qualität der Beziehung zum Kind negativ auswirken könnte. Auch im Rahmen des DJI-Kinderpanels wurde das positive Selbstbild erfasst. Das positive Selbstbild nahm bei der jüngeren Kohorte (5-8 Jahre) und bei der älteren Gruppe (8-12 Jahre) statistisch bedeutsam über die drei Erhebungszeitpunkte für beiderlei Geschlechter ab (Gloger-Tippelt & Lahl 2008). Die Daten des DJI-Kinderpanels sind hierbei vor allem auch deswegen sehr interessant, weil nicht nur die Perspektive der Mütter (und Väter), sondern auch die der Kinder (wenn sie älter als 8 Jahre sind) korrespondierend dazu angeführt werden können. Hierbei zeigt sich, dass sich die Kinder signifikant positiver sehen als das die Mütter vermuten.

Helmke et al. (1991) fanden ein Absinken des sog. Fähigkeitsselbstbildes vor allem in der 2. Klasse. Dies wird zurückgeführt auf einen Wechsel der Bezugsgruppen sowie auf die zunehmenden Leistungsanforderungen und der Vergleich der Schüler untereinander (siehe auch Ball et al. 2006). Dadurch, dass Kinder durch den Eintritt in die Schule mehr und mehr sich auch in anderen Kontexten bewegen, nehmen die Einflüsse von Erfahrungen in anderen Kontexten zu. Das subjektiv empfundene „Versagen" oder das Nichtentsprechen von bestimmten Vorstellungen, wie z.B. der physischen Attraktivität, führt dazu, dass das globale Selbstwertgefühl negativer beurteilt wird (Harter 2006). Die sozialen Vergleiche zu anderen spielen mehr eine Rolle für die Bewertung der eigenen Persönlichkeit. Empirische Studien finden, dass die positiven Selbstbewertungen von Kindern beim Übergang zur mittleren Kindheit abnehmen. Begründet wird dies dadurch, dass Kinder mehr und mehr soziale Vergleichsmöglichkeiten haben, um sich mit anderen Freunden und Schulkameraden zu vergleichen (Eccles & Midgly 1989; Wigfield et al. 1991), d.h. hier spielt der neu hinzugekommene Kontext mit neuen Herausforderungen und Situationen eine wesentliche Rolle.

Empirische Studien belegen darüber hinaus, dass das Selbstbild und das Wohlbefinden von Kindern in ökonomisch prekären Situationen oder bei bestehender Armut negativ bzw. deutlich beeinträchtigt sind (Walper 1999; Klocke 1996). Daten des Österreichischen Kindheitssurveys zeigen ergänzend dazu, dass die objektive Benachteiligung im ökonomischen Bereich eine indirekte Rolle hat: Einkommensarmut führt über vermehrte Geldsorgen zu Beeinträchtigungen des kindlichen Wohlbefindens. Hierbei wird darauf hingewiesen, dass ökonomische Deprivation altersspezifisch unterschiedliche Auswirkungen hat. Es wird vermutet, dass das Selbstbild von Kindern in jüngerem Alter stärker von proximalen Faktoren wie dem Familienklima und Erziehungsklima abhängen und erst in höherem Alter von den objektiven Faktoren der ökonomischen Situation. Ökonomische Deprivation verstärkt entsprechend die Sorgen der Eltern oder beeinträchtigt die Paarbeziehung oder das Erziehungsverhalten der Eltern und wirkt auf diese Weise auf das kindliche Selbstbild (Bacher 1997; Walper 1999).

Analysen mit den Daten des Kinderpanels belegen, dass Jungen und Mädchen mit einem größeren Freundeskreis eigenen Angaben zu Folge auch ein positiveres Selbstbild bekunden. Geht man allerdings von der Perspektive der Mütter und der Väter aus, so lässt sich dieser Zusammenhang, der sich aus Kindersicht einstellt, nicht finden (Traub 2005). Marbach (2005) zeigt ebenfalls mit den Daten des DJI-Kinderpanels, dass das positive Selbstbild eines Kindes positiv korreliert mit der Größe der „wahrgenommenen Familie", d.h. der Anzahl von Personen, die aus der Sicht der Kinder zur Familie gezählt werden.

Auch die Schule bildet einen wichtigen Einflussbereich, indem sie Rückmeldungen positiver und negativer Art in Form von Schulleistungen, Feedback, Erfahrungen mit den Mitschülern, Gewalterfahrungen, Streit sowie Leistungsdruck an die Kinder als Erfahrungsfolie weitergibt (Fend 1991). Diese Erfahrungen beeinflussen einerseits das wahrgenommene Selbstbild von Kindern, andererseits wirkt ein bereits vorliegendes positives Selbstbild auch abschwächend auf erlebte negative Erfahrungen in der Schule. Ergebnisse des DJI-Kinderpanels zeigen, dass je positiver das Bild ist, das Kinder von sich selbst haben, desto wohler fühlen sie sich in der Schule. Hierbei lassen sich jedoch noch keine Angaben über kausale Zusammenhänge machen, da es sich um Querschnittsauswertungen handelt (Schneider 2005). Dieses positive Ergebnis findet sich sowohl aus der Sicht der Kinder, als auch aus der Mütterperspektive.

Es lässt sich daher festhalten, dass das Selbstbild von Kindern ähnlich wie auch die Analyse von Bindungsmustern so etwas wie ein Grundgefühl und eine Bewertung darüber vermittelt, wie sich Kinder in der Welt sehen, ob sie eher mit sich zufrieden sind, sich wohlfühlen, sicher gebunden sind oder nicht. Diese Eigenschaften, das zeigen die vorangehenden theoretischen Ausführungen, sind positive Prädiktoren für eine gelingende Identitätsarbeit in der sich anschließenden Jugendphase.

Kap. 3.3 Emotionale Kompetenzen: Empathie

Das Gebiet der Emotionspsychologie hat in den letzten Jahrzehnten innerhalb der Psychologie erheblich an Bedeutung gewonnen und vielfältige Forschungsaktivitäten hervorgerufen. In zunehmendem Maße wird auf die Bedeutung emotionaler Fertigkeiten für die Alltags- und Lebensbewältigung hingewiesen. Betont werden zum einen das Bewusstwerden der eigenen Emotionen und das Erlernen eines Umgangs mit ihnen. Zum anderen wird ergänzend dazu das Verstehen und Nachvollziehen emotionaler Befindlichkeiten von anderen hervorgehoben. Beide Komponenten stellen eine wesentliche Entwicklungsaufgabe der Kindheit und Adoleszenz dar. Emotionale Fertigkeiten sind Voraussetzungen für die eigene Persönlichkeits- und Identitätsentwicklung und Bedingung für die Teilnahme an Interaktionen. Sie fördern den Aufbau und die Gestaltung sozialer Beziehungen und sind positive Prädiktoren für die Bewältigung sensibler Phasen wie z.B. den Eintritt in die Schule (Denham et al. 2003). Betont wird ebenfalls der Zusammenhang zwischen subjektiver Bewertung von Gefühlen und die sich daraus für den Handlungskontext ergebenden Konsequenzen für die Ausgestaltung von Interaktionen (Eisenberg et al. 2000).

In der Literatur werden die Forschungsergebnisse rund um das weite Gebiet emotionaler Fertigkeiten unter dem Stichwort der emotionalen Kompetenz und der emotionalen Intelligenz diskutiert, wobei nicht immer klar definiert wird, was unter Kompetenz verstanden wird. Einer allgemeinen Definition folgend kann Kompetenz verstanden werden als "an integrative concept which refers broadly to an ability to generate and coordinate flexible, adaptive responses to demands and to generate and capitalize on opportunities in the environment ...The competent individual is one who is able to make use of environmental and personal resources to achieve a good developmental outcome" (Waters & Sroufe 1983: 80f.). Inzwischen sind unterschiedliche Modelle mit unterschiedlichen Schwerpunktsetzungen und vielfältigen Ausdifferenzierungen im Hinblick auf emotionale oder soziale Kompetenz entwickelt worden (Bischof-Köhler 2011): so z.B. das Konzept der interpersonalen Intelligenz (Salovey & Meyer 1990; von Salisch 2002: 34ff.), das Konzept der emotionalen Kompetenz von Saarni (Saarni 1999; 2002; Saarni et al. 2006, 2008), das Konzept emotionaler Kompetenz von Denham (Denham 1998; Denham et al 1997), das Konzept der sozialen Kompetenz (Rose-Krasnor 1997), das Konzept der affektiven sozialen Kompetenz (Halberstadt et al. 2001). Die Bedeutung einzelner Komponenten emotionaler Kompetenz wie das emotionale Ausdrucksverhalten, das emotionale Wissen um die eigenen Emotionen und die von anderen, oder Emotionsregulation ist in vielen empirischen Untersuchungen im Hinblick auf unterschiedlichste kindliche Entwicklungsprozesse nachgewiesen und dokumentiert worden (von Salisch 2002; Petermann & Wiedebusch 2008; Saarni et al. 2006). Eine vollständige Darstellung des Forschungsstands zur emotionalen Kompetenz und aller darin entwickelter Einzelkomponenten soll an dieser Stelle nicht erfolgen, sondern hier liegt, gemäß den einführenden identitätstheoretischen Überlegungen eine Fokussierung auf eine zentrale emotionale Kompetenz vor, und zwar die der Empathie.

Eine erste bedeutsame Beschäftigung mit dem Konstrukt der Empathie erfolgte bereits im Zeitalter der Aufklärung. In der Gegenwart wird dieses Konzept insbesondere intensiv im Rahmen der kindlichen Psychologie erforscht. „Empathic responsiveness may be one of the most significant components for promoting social bonds among people and forstering prosocial behavior" (Saarni 1999: 162; Saarni et al. 2008). Empathie kann als eine wesentliche Teilkompetenz im Rahmen emotionaler Kompetenzen verstanden werden (von Salisch 2002). Sie setzt die Bewusstwerdung und Kenntnis eigener Emotionen und der von anderen voraus und ist Bedingung für ein situationsangemessenes emotionen-bezogenes Ausdrucksverhalten sich selbst und anderen gegenüber (Eisenberg et al. 2006; Lightfoot et al. 2009). Empathie kann definiert werden als eine emotionale Reaktion, die durch den affektiven Zustand eines anderen Menschen und durch das „Einfühlen", „Teilen" der emotionalen Erfahrung hervorgerufen wird, was dazu führt, dass Ego einen ähnlichen emotionalen Zustand empfindet (Strayer 1987; Silbereisen 1995; Petermann et al. 2004). Bei Empathie kann man zwischen einer kognitiven Komponente unterscheiden, d.h. sich der Gefühle des Gegenübers bewusst zu werden (Perspektivenübernahme) und der emotionalen Komponente, dem emotionalen Nachempfinden (stellvertretender Affekt).

In den letzten Jahren sind gerade zum Thema Empathie vielfältige empirische Studien durchgeführt und publiziert worden, vor allem im Kontext der Entwicklungspsychologie. Entwicklungspsychologen weisen zunächst darauf hin, dass der Austausch von Emotionen, insbesondere zwischen den Kindern und ihren zentralen Bezugspersonen ein Grundbedürfnis von Kindern ist (Hoffman 1987; Lightfoot et al. 2009). Bereits seit dem dritten Lebensmonat bilden sich bei Neugeborenen sogenannte Basisemotionen aus (wie z.B. Freude, Ärger, Angst, Interesse) (Petermann & Wiedebusch 2008), wobei der Emotionsausdruck sich zunächst auf Face-to-face-Interaktionen bezieht. Zeigen Eltern einen teilnahmslosen und unbewegten Gesichtsausdruck (Still-face-Situation) löst dieses Verhalten bei den Säuglingen Stress aus und sie versuchen, die Aufmerksamkeit der Eltern wieder auf sich zu lenken (durch Lächeln, Schreien). Im Laufe der weiteren Entwicklung können Kinder diese Emotionen immer spezifischer ausdrücken, wobei sie insbesondere vom emotionalen Ausdrucksverhalten der Eltern beeinflusst werden. Ab dem zweiten Lebensjahr kommen sekundäre Emotionen wie Stolz, Scham, Schuld und Neid hinzu. Voraussetzung dafür ist, dass das Kind sich stärker seiner selbst bewusst wird und zur Selbstreflexion fähig ist (Thompson 1987; Denham 1998; Kochanska er al. 2002). Studien weisen darauf hin, dass empathische Emotionen auftreten, wenn Kinder mehr und mehr in der Lage sind, zwischen ihren eigenen Gefühlen und den Emotionen von anderen zu differenzieren (Eisenberg 1989; Olweus & Endresen 1998; Saarni 1999). Diese Eigenschaft entwickelt sich während des zweiten Lebensjahres (Zahn-Waxler & Radke-Yarrow 1990) und ist eine notwendige Voraussetzung für Empathie (Denham 1998). Mit zunehmendem Alter, wenn die Differenzierung zwischen den eigenen Emotionen und denen von Anderen besser gelingt, verstärken sich die Möglichkeiten empathischen Verhaltens. Dies geht einher mit der These von Piaget (2003), dass das Kind langsam seine „Egozentrik" verliert und die Fähigkeit dazugewinnt, Dinge aus der Perspektive anderer wahrzunehmen (siehe auch die Stadien der Empathieentwicklung von Hoffmann 1987).

Ergebnisse der Theory of Mind (Premack & Woodruff 1978) stützen bisherige Ergebnisse. Mit der Theory of Mind ist die Fähigkeit gemeint, Annahmen darüber formulieren zu können, was andere Personen denken, wollen oder fühlen und umfasst somit das Begreifen und Erkennen geistiger Prozesse, wie Gedanken, Überzeugungen, Wünsche und Ansichten (Fonagy 2000: 243; Bischof-Köhler 2011), was auch als reflexive Kompetenz bezeichnet wird. Die Wurzeln dieser reflexiven Kompetenz werden in der Interaktion zwischen Mutter und Kind gesehen, wobei zwei Prozesse zunächst bedeutsam sind: die Verknüpfung von Repräsentanzen und die Repräsentation rationalen Handelns. Die Mutter spiegelt das Gefühl des Kindes und bietet dadurch einen Anreiz und eine Möglichkeit zur Organisation und „Benennung" der kindlichen Erfahrung, für das, was es fühlt. Mangelnde elterliche Feinfühligkeit verzögert den Prozess der Verknüpfung von Repräsentanzen (Fonagy 2000: 246f.). Die aktive Perspektivenübernahme hängt grundsätzlich damit zusammen, in welchem Ausmaß Kinder selbst über ihre inneren Zustände und Befindlichkeiten berichten, was von unterschiedlichen Faktoren abhängig ist: So steigt das emotionale Verständnis von Kindern, wenn Geschwister vorhanden sind, wenn Vater und Mutter einen höheren Bildungsabschluss und Berufsstatus haben (Cutting & Dunn 1999), wenn das Familienklima positiv ist (Robinson et al 1994; Denham et al. 1994), wenn eine sichere Mutter-Kind-Bindung vorliegt (Laible & Thompson 1998).

Eine Reihe von Studien weist auf den engen Zusammenhang von emotionaler Kompetenz und familialen und elterlichen Erziehungseinflüssen hin. Die bisherigen Befunde zeigen, dass Eltern, die die Entwicklung emotionaler Fertigkeiten fördern, indem sie durch eine positive Bindung, ein positives, emotionales Klima in der Familie schaffen, den offenen Ausdruck eigener Emotionen bestärken und durch einen angemessenen Umgang mit den Gefühlen des Kindes deren Emotionswissen, Emotionsverständnis,

Emotionsausdruck und -regulation weiter bestärken (Petermann & Wiedebusch 2008; Saarni et al. 2006). Zur Erklärung empathischen Verhaltens werden vor allem zwei Komponenten elterlichen Erziehungsverhalten betont, die elterliche Wärme und ein induktiver Erziehungsstil (Saarni et al. 1998; Eisenberg & Fabes 1998; Ulich et al. 2002: 118). Bei einem warmen Erziehungsstil stehen ein einfühlsames, freundliches und unterstützendes Verhalten der Eltern im Vordergrund, bei dem induktiven Erziehungsstil wird dem Kind das eigene Fehlverhalten einsichtig gemacht, indem auf die Folgen des Handelns hingewiesen wird. Für die Entwicklung von Empathie und prosozialem Verhalten ist beides notwendig: hohe Wertschätzung und Unterstützung, damit sich dieses Muster auch beim Kind herausbildet. Bestrafendes, ablehnendes Verhalten wirkt sich hingegen negativ auf das emotionale Verständnis von Kindern aus (Krevans & Gibbs 1996; Davidov & Grusec 2006). Diese Ergebnisse werden in weiteren Studien bestätigt, die zeigen, dass empathische und einfühlsame Eltern ebenfalls das empathische, prosoziale Verhalten von Kindern fördern (Eisenberg & Fabes 1998; Zhou et al. 2002; Kienbaum 2003; Petermann & Wiedebusch 2008; Kienbaum 2008). Barquero & Geier (2008) finden mit Daten des DJI-Kinderpanels, dass eine kindzentrierte Kommunikation, gekennzeichnet durch Vertrauen, Liebe und Interesse am Kind einen signifikanten Effekt auf die soziale und kognitive Aufgeschlossenheit des Kindes hat, zu der auch im weiteren Sinne Empathie zählt.[1]

---

[1] Neuere Erkenntnisse aus den Neurowissenschaften haben die Diskussion um das wechselseitige Verstehen um Empathie neu entfacht. In den 1990er Jahren wurden per Zufall sogenannte Spiegelneuronen entdeckt (Rizzolatti & Sinigaglia 2008; Bischof-Köhler 2011). Diese Spiegeleneuronen werden als die physiologische Grundlage der Empathie verstanden. Diese sind im Gehirn eines jeden Menschen vorhanden und "feuern" nicht nur bei der Ausführung einer eigenen Handlung, sondern die gleichen neuronalen Mechanismen spielen sich auch ab bei der Beobachtung zielgerichteter Handlungen von anderen, mit der Ausnahme, dass die Handlung beim eigenen Ich dann nicht durchgeführt wird, sondern der Mechanismus eine Unterbrechung findet (Rizzolatti & Sinigaglia 2008: 91ff.). Das Besondere hierbei ist, dass dieser Prozess ohne Zwischenschaltung und Vermittlung des Bewußtseins abläuft. Spiegelneuronen lassen daher nachspüren und empfinden, was andere fühlen und denken (Zaboura 2009). Weitere Studien haben herausgefunden, dass Spiegelneuronen sich sogar dann weiter entladen, wenn das Zielobjekt des beobachteten Handelnden letztlich im Verborgenen bleibt. Dies trat aber nur auf, wenn es sich bei der beobachteten Aktion um eine erkennbare Handlungsintention handelt (z.B. das Greifen nach einem Gegenstand, wobei der Greifvorgang selbst nicht gesehen werden konnte). Die beteiligten Spiegelneuronen entladen sich trotzdem als wenn ein Greifvorgang ausgeübt wurde, was als ein klarer Hinweis auf ein Aktions-Verstehen gedeutet wird. Ist die Intention des beobachteten Verhaltens eher unklar, feuern auch keine Spiegelneuronen ab. Rizzolatti & Sinigaglia (2008: 106f.) bezeichnen dies als die unmittelbare Fähigkeit, in den beoachteten 'motorischen Ereignissen' einen bestimmten Typ von Akt zu erkennen, der gekennzeichnet ist durch eine spezifische Modalität der Interaktion mit Objekten, die Fähigkeit, diesen Typ von anderen zu

Hinsichtlich geschlechtsspezifischer Einflussfaktoren gibt es unterschiedliche Resultate. Im Hinblick auf geschlechtsrollenbezogene Argumentationen wird hervorgehoben, dass Mädchen gerade auch daraufhin sozialisiert werden, sich stärker um die Belange von Familienmitgliedern und anderen Verwandten zu kümmern, was dann auch zu einer stärkeren Ausbildung von Empathie führt (Zahn-Waxler et al. 1991). In einem frühen Überblick von Lennon & Eisenberg (1987) werden sowohl Studien erwähnt, die einen signifikanten Geschlechtereffekt zugunsten von Mädchen finden, aber auch Studien angeführt, die über gegenteilige Ergebnisse berichten. Nach kritischer Durchsicht der Studien unter Berücksichtigung des jeweiligen methodischen Zugangs kommen die Autoren jedoch zu dem Schluss, dass wenn die methodischen Anforderungen an die Messung hoch sind, dann gibt es klare geschlechtsspezifische Unterschiede, zugunsten höherer Empathie bei Mädchen (Lennon & Eisenberg 1987). Auch neuere Untersuchungen kommen mehrheitlich zu dem Ergebnis, dass Frauen oder Mädchen höhere Werte im Bereich der Empathie aufweisen (Olweus & Endresen 1998; Eisenberg at al. 2006; Kienbaum 2008).

Das Konstrukt der Empathie wird ebenfalls im Kontext weiterer Persönlichkeitsfaktoren analysiert. In vielen Studien ist insbesondere der Zusammenhang zwischen Empathie und prosozialem Verhalten nachgewiesen worden (Kienbaum 1993; Saarni et al. 1998; Eisenberg et al. 2006). Prosoziales Verhalten umfasst Verhaltensweisen, die sich auf das physisch-

---

unterscheiden und eine solche Information gegebenenfalls zu nutzen, um auf die angemessenste Weise zu reagieren. Die Spiegelneuronen haben eine bedeutsame Rolle in der Nachahmung, indem es die beobachtete Handlung motorisch kodiert und auf diese Weise eine Wiederholung ermöglicht. Hierbei zeigt die Forschung auch, dass die Wirkungsweise der Spiegelneuronen sich nicht auf rein motorische Handlungen wie das Greifen beziehen, sondern sich auch Emotionen auf ähnliche Weise nachempfinden lassen, es werden die gleichen neuronalen Areale angesprochen (Rizzolatti & Sinigaglia 2008: 189): "Das unmittelbare Verstehen in erster Person der Emotionen der anderen, das vom Spiegelneuronenmechanismus ermöglicht wird, ist außerdem die notwendige Voraussetzung für das empathische Verhalten, das einem Großteil unserer interindividuellen Beziehungen zugrunde liegt". Es wird jedoch ausdrücklich darauf hingewiesen, dass das Nachempfinden von Emotionen noch von anderen Faktoren abhängig ist, nämlich z.B. in welcher Beziehung wir zu der anderen Person stehen. Die Wahrnehmung von Schmerzen beim anderen nehmen einen anderen Weg wenn es sich um Feinde oder um bedeutsame Mitmenschen handelt. Zwar wird der Schmerz wahrgenommen, aber nicht in allen Fällen wird dabei diese Art empathischer Teilnahme ausgelöst. Die bisherigen Ergebnisse verdeutlichen, dass den Spiegelneuronen und das motorische Wissen eine bedeutsame Rolle für das Verstehen des Gegenübers zukommt. Zwar wird nicht bestritten, dass das Verstehen des anderen auch über kognitive Prozesse der Reflexion möglich sei, aber nur über die Aktivierung des Spiegelneuronensystems führt das beobachtete motorische Ereignis zu einer Einbeziehung des Beobachters in der ersten Person, die es ihm gestattet, den Anderen und seine Handlungen unmittelbar zu erleben, als ob er selbst der Ausführende wäre (Rizzolatti & Sinigaglia 2008: 143).

psychische Wohlbefinden von anderen beziehen, d.h. Unterstützungsleistungen, Hilfe, Kooperationen, Schutz und Verteidigung anzubieten (Zahn-Waxler et al. 1991, 1992; Ulich et al. 2002: 116). Die Studien belegen eine Beziehung zwischen Mitgefühl und daraus resultierendem, prosozialem Verhalten (Izard et al. 2001; Malti et al. 2008).

Darüber hinaus berichten Cohen & Strayer (1996), dass mangelnde Empathie bei Jugendlichen mit Verhaltensstörungen, d.h. eher auch mit externalisierenden und internalisierenden Verhaltensweisen einhergeht (Schultz at al. 2001). Ein geringes empathisches Einfühlungsvermögen von Jugendlichen korreliert ebenso mit gewalttätigem Verhalten sowie mit delinquentem Verhalten (z.B. Eisenberg 1989; Krevans & Gibbs 1996; Saarni 1999). Ferner konnte nachgewiesen werden, dass Kinder mit aggressivem Verhalten geringere emotionale Fertigkeiten wie Empathie und emotionale Perspektivenübernahme aufweisen (Eisenberg et al. 1997; Eisenberg & Fabes 1998). Deimann et al. (2005) zeigen, dass sozial auffällige Kinder den mimischen Ausdruck von anderen Kindern schlechter erkennen und interpretieren können als eine Vergleichsgruppe. Insgesamt konnten in mehreren Studien (Eisenberg et al. 2006) langfristige Prognosen zur Qualität des Sozialverhaltens im Hinblick auf soziale Kompetenz und externalisierenden Verhaltensweisen getroffen werden. Insgesamt gesehen stellen sich emotionale Fertigkeiten von Kindern als Prädiktoren ihres späteren Sozialverhaltens heraus (Denham et al. 2003; Petermann & Wiedebusch 2008).

Selman (1980) bestätigt in empirischen Studien, dass die sozialen Fertigkeiten, die zur Bildung von Freundschaften benötigt werden, von der Fähigkeit abhängen, sich in andere hineinzuversetzen. Cowen et al. (1997) fanden im „Rochester Child Resilience Project" heraus, dass Empathie ein wesentlicher Resilienzfaktor in Bezug auf kindliche Fehlentwicklungen ist. Denham et al. (1990) führen empirische Belege dafür an, dass ein umfangreiches Emotionswissen sowie prosoziales Verhalten Prädiktoren für die Beliebtheit bei Gleichaltrigen darstellen. Insgesamt zeigen Kinder mit höheren prosozialen Verhaltensweisen auch eine höhere Akzeptanz bei Gleichaltrigen und haben auch mehr Freunde (Izard et al. 2001; Collins & Nowicki 2001). Es lässt sich konstatieren, dass je mehr Kinder über emotionale Fähigkeiten verfügen, die Emotionen von anderen zu erkennen und richtig zu interpretieren, desto größer ist ihre Eingebundenheit in Freundeskreise und desto positiver ist auch ihr prosoziales Verhalten (Denham et al. 2003; Saarni 1999).

Die Ausbildung emotionaler Kompetenzen bei Kindern kann durch eine Reihe verschiedener Risikofaktoren gestört werden. Hierbei ist zwischen sogenannten Vulnerabilitätsfaktoren des Kindes und familialen Risikofaktoren zu unterscheiden (Koglin & Petermann 2008). So führt eine temperamentsbedingte Vulnerabilität, beispielsweise durch ein gehemmtes Temperament, durch Entwicklungsstörungen (Autismus, Down-Syndrom) und durch internalisierende und externalisierende Verhaltensweisen zu negativen Einflüssen auf die Ausbildung emotionaler Kompetenzen von Kindern. Kinder mit Down-Syndrom zeigen in den meisten Fällen vergleichbare oder geringfügig schlechter ausgebildete Fertigkeiten als gesunde Kinder, sind jedoch deutlich kompetenter als autistische Kinder. Beim Emotionsverständnis weisen Kinder mit Down-Syndrom Entwicklungsverzögerungen auf. Zu den Risikofaktoren der Eltern zählen psychische Störungen eines Elternteils (depressive Mütter/ Väter), ein vernachlässigendes, oder gar misshandelndes Elternverhalten sowie ein stark unangemessenes, aggressives Interaktionsverhalten der Eltern gegenüber ihren Kindern. Derartige Verhaltensweisen gehen mit einer mangelnden Responsivität der Eltern einher, mit häufigeren Ausdrücken von negativen Emotionen und einer geringeren Unterstützung emotionaler Kompetenzen bei Kindern. Dies führt dann wiederum bei den Kindern zu einer erhöhten physiologischen Reaktivität, zu mehr negativer Emotionalität, mangelnder Responsivität, was sich dann letztlich negativ auf die emotionale Kompetenz niederschlägt (Petermann & Wiedebusch 2008). Hierbei zeigen sich vor allem auch langfristige Wirkungen, die z.B. mit einem verschlechterten Interaktionsverhalten (vermehrter Ausdruck von negativen Emotionen, wenige positive Emotionen, mangelnde Responsivität auf kindliche Emotionen) der Eltern zu ihren Kindern und mit größerer Bindungsunsicherheit einhergeht. Längsschnittstudien zeigen, dass sich die sozial-emotionalen Defizite von Kindern depressiver Mütter bis zum Schulalter negativ auf die weitere Entwicklung auswirken und stärker zu internalisierendem und externalisierendem Verhalten führen (Petermann & Wiedebusch 2008).

Es lässt sich konstatieren, dass inzwischen eine umfangreiche Literatur zu den Bedingungs- und Einflussfaktoren emotionaler Kompetenz und Empathie vorliegt. Deutlich wurde ebenfalls, dass die Einflussfaktoren wiederum aus den unterschiedlichsten Kontexten kommen: vor allem hervorgerufen durch das elterliche Erziehungsverhalten, aber auch durch die Persönlichkeitsfaktoren der Eltern, durch die Einbettung in Freundschaftsbeziehungen, die Einbettung in den schulischen Kontext sowie weiterer sozioökonomisch relevanter Faktoren wie Bildungsstand, Berufsstatus und Einkommenssituation der Familie.

Kap. 3.4 Handlungskompetenzen: Selbstwirksamkeit von Kindern

Unter Selbstwirksamkeit versteht man im Allgemeinen die Überzeugung eines Menschen, in unterschiedlichen Lebenssituationen die Fähigkeit zu haben, Handlungen und Ressourcen zu organisieren und auszuführen, um seine gesetzten Ziele zu erreichen (Bandura 1977; 1997; Jerusalem & Schwarzer 1986; Cervone et al. 2007). Im weitesten Sinne handelt es sich daher um personale

Kontrolle. Das Konzept geht auf Bandura (1977, 1997) zurück, der es innerhalb seiner sozial-kognitiven Lerntheorie entwickelte. Das Thema der Erfassung und der Erforschung des Aspektes personaler Kontroller ist schon vor – und nach – dem richtungsweisenden Artikel von Bandura (1977) diskutiert worden. Sowohl Philosophen als auch Psychologen haben sich dem Thema zugewandt. Es gibt eine Reihe von weiteren Faktoren, die eng mit dem Konzept von Selbstwirksamkeit (engl. Self-Efficacy) in Beziehung stehen. So z.B. das Konzept der Kontrollüberzeugungen von Rotter (1966; 1990) und Krampen (1982) oder die Aufgliederung der wahrgenommenen Kontrolle innerhalb eines handlungsbezogenen Kontextes, wo unterschieden wird zwischen control beliefs, die Erwartung darüber, ob ein Akteur ein vorgenommenes Ziel erreicht, die means-ends beliefs, Erwartungen darüber, inwieweit ein bestimmtes Mittel zum gewünschten Ziel führt und den agency beliefs, die Erwartung darüber, inwieweit man die benötigten Mittel auch besitzt (Skinner et al. 1988a; 1988b). In der Psychologie wurden weitere Begriffe wie *effectance motivation, achievement motivation, locus of control* usw. entwickelt und erforscht (siehe Maddux & Gosselin 2003). Die Leistung Banduras bestand vor allem darin, klare Definitionen herausgearbeitet und diese in seinem allgemeinen theoretischen Bezugsrahmen der sozial-kognitiven Lerntheorie eingebettet zu haben.

Bandura unterscheidet zwischen der Überzeugung, eine bestimmte Handlung erfolgreich abzuschließen sowie der Überzeugung, dass eine bestimmte Handlung auch zu dem gewünschten Ziel und Resultat führen wird. Das eine bezieht sich stärker auf die kognitive Kompetenz, das zweite stärker auf die vorliegenden situativen Bedingungen der Handlung, in deren Kontext das Handeln stattfindet. Er unterscheidet demnach zwischen Überzeugungen hinsichtlich des eigenen Selbst und hinsichtlich des Selbst in Bezug zum sozialen und situativen Kontext, beides muss zusammen betrachtet werden. Bandura (1977) unterscheidet vier Quellen von Selbstwirksamkeit:

a) erbrachte Leistungen und Handlungsziele (performance accomplishments): Erfolgreiche Handlungen erhöhen die eigene Überzeugung von Selbstwirksamkeit, wiederholte Niederlagen hingegen reduzieren es. Sind erst einmal starke Erwartungen von Selbstwirksamkeit entwickelt, dann schlagen negative Erfahrungen nicht so stark durch. Positiv erfahrene Selbstwirksamkeit in einem Bereich kann sich auch auf die anderen Bereiche ausweiten, vor allem aber zu solchen Tätigkeiten und Zielen, die ähnlich dem Gebiet sind, auf denen bereits Erfolge erzielt wurden.

b) die Erfahrung und Beobachtung, wie andere erfolgreich ihre Ziele erreichen und ihre Herausforderungen meistern (vicarious experience);

c) die Motivation und Überzeugungsarbeit von anderen, die einem sagen, dass man bestimmte Fähigkeiten hat, auf denen man vertrauen und aufbauen kann (verbal persuasion) und schließlich

d) die Einbeziehung emotionaler Zustände. So sorgen Anzeichen für Stress, Angst usw. für wichtige Informationen dahingehend, ob man meint, die Fähigkeit zu haben, die gesetzten Ziele zu erreichen.

Selbstwirksamkeit ist eine zentrale Fähigkeit von Individuen und eine einflussreiche Größe hinsichtlich des persönlichen Entwicklungsverlaufs. Sie beeinflusst den Erfolg von bildungsbezogenen und beruflichen Zielen und unterstützt den Aufbau und die Gestaltung zwischenmenschlicher Beziehungen (Bandura et al. 2001). Selbstwirksamkeit kann auch über die Lebensbereiche und Entwicklungsstadien hinweg variieren (Bandura 1997). Bereits in frühen Kindesjahren bilden sich erste Ansätze und Einflussfaktoren von Selbstwirksamkeit heraus (Maddux & Gosselin 2003). Entsprechend gibt es eine umfangreiche Forschung über die Genese, Entwicklung und die Auswirkungen von Selbstwirksamkeit. Erforscht wurde auch die Beziehung zu Befindlichkeitsindikatoren, Persönlichkeitsfaktoren und -eigenschaften oder Verhaltensweisen, wie das subjektiv empfundene Wohlbefinden, Selbstwertgefühle, Selbst-Regulation, Gesundheit oder auch zu Bildungs- und beruflichen Erfolgen (Gecas 1989; Fuchs & Schwarzer 1994; Rinker & Schwarz 1998a; Maddux & Gosselin 2003; Petermann et al. 2004: 344; Cervone et al. 2007).

In der Kindheit kommen auf die Entwicklung von Selbstwirksamkeit wesentliche Anforderungen und Herausforderungen zu. Zum einen nimmt das soziale Umfeld der Kinder durch Freunde und weitere Spielkameraden zu, zum anderen werden durch den Eintritt in die Schule weitere Bezugspersonen relevant, wie z.B. Lehrer oder Schulkameraden. Darüber hinaus werden Kinder mit dem schulischen Leistungs- und Hierarchiesystem konfrontiert. In dieser Phase werden Kinder vielfach neueren Erfahrungen hinsichtlich ihrer Handlungsbezüge ausgesetzt und machen dadurch auch Erfahrungen im Hinblick auf ihre Überzeugung von Selbstwirksamkeit. Daher kommen Konzepte von Selbstwirksamkeit gerade in dieser wichtigen Entwicklungsphase nochmals auf den Prüfstand, verändern sich und sind prädiktiv für den weiteren schulischen und persönlichen Lebensweg (Bandura 1997; Schunk & Pajares 2002).

Ein wesentlicher beeinflussender Faktor zur Herausbildung von Selbstwirksamkeit ist das elterliche Erziehungsverhalten: "It is the quality of the individual-environment interaction, primarily with regard to the opportunities it provides for engaging in efficacious action (e.g. a stimulating, challenging, responsive environment and to the freedom to engage it), that continues to be the major condition for self-efficacy throughout a person's life" (Gecas 1989: 300). Hierbei kommt der familialen Umwelt eine bedeutsame Stellung zu. Elterliche Zuwendung, Unterstützung und Ermutigung sind einflussreiche Größen zur Ausbildung hoher Selbstwirksamkeitserfahrungen (Gecas 1989). Damit im Zusammenhang steht auch, dass die sozioökonomischen Rahmenbedingungen einen weiteren Einflussfaktor darstellen, weil sie zum einen die finanziellen und räumlichen Möglichkeiten strukturieren und vermittelt über das elterliche Erziehungsverhalten oder Persönlichkeitsfaktoren Einflüsse auf die kindliche Entwicklung haben. Kindzentrierte Kommunikation wirkt auch hier, ähnlich wie bei den kognitiven und sozialen Kompetenzen, positiv auf die kindliche Selbstwirksamkeit. Ferner konnte festgestellt werden, dass strenge Kontrolle von Müttern und niedriger sozialer Status einen negativen Effekt aufweisen. Es zeigte sich entsprechend mit den Daten des Kindersurveys '93, dass Kinder, die mit einem autoritativen Erziehungsstil erzogen wurden, signifikant höhere Werte bei der Selbstwirksamkeit hatten, als solche die nicht-autoritativ erzogen wurden (Silbereisen & Schwarz 1998: 238). Wenn das elterliche Erziehungsverhalten einen Einfluss auf die Ausbildung von Selbstwirksamkeit hat, liegt es nahe, dass weitere Faktoren, die sich gerade auf kompetentes Erziehungsverhalten auswirken, als Moderatorvariablen berücksichtigt werden müssten. So stellt Belsky (1990) heraus, dass nicht nur die elterliche Selbstwirksamkeit sich auf die kindliche Entwicklung auswirkt, sondern auch die Kompetenzgefühle in der Partnerschaft, die angeben, inwieweit beide Partner glauben, dass sie mit ihrer Beziehung und den auftretenden Problemen auch adäquat umgehen können.

Wenn Eltern ein stimulierendes familiales Umfeld bereitstellen (Bradley & Caldwell 1979), bedürfnisbezogen und feinfühlig auf die Kinder eingehen (Skinner 1986; Diethelm 1991), Autonomie fördern und zulassen und weniger aufdringlich in Bezug auf Kinder interagieren; weniger feindseliges Erziehungsverhalten und stärker ein warmherziges, emotional unterstützendes Verhalten zeigen (Schneewind 1995) und Eltern sich als kompetent in ihrer Elternrolle wahrnehmen (Schneewind 1995), dann ist das Gefühl von Selbstwirksamkeit stärker ausgeprägt (Aken & Riksen-Walraven 1992).

Bei den distalen Faktoren hinsichtlich der Selbstwirksamkeit von Kindern lässt sich eine Reihe von Einflüssen festmachen. Im Hinblick auf die Geschwisterposition weisen Studien nach, dass Einzelkinder und Erstgeborene eher höhere Werte von Selbstwirksamkeit aufzeigen (Krampen 1982; Schneewind 1995). Die Begründung dafür ist, dass sich Eltern diesen Kindern zeitlich stärker zuwenden können und den älteren Kindern im Zuge ihrer Entwicklung stärkeres Verantwortungsbewusstsein zugeschrieben wird. Damit im Zusammenhang lassen sich auch Effekte finden, dass ein größerer Altersunterschied zwischen den Geschwistern auch wiederum die Selbstwirksamkeit beider fördert. Es liegen teilweise auch Ergebnisse hinsichtlich eines Geschlechtereffektes vor. Im DJI-Kinderpanel wurde aus der Mütter- und Väterperspektive die Selbstwirksamkeit[2] ihrer Kinder erhoben. Hierbei zeigte

---

2   10 Items: z.B. „Wenn sich Widerstände auftun, findet mein Kind Mittel und Wege, um sich durchzusetzen"; „In unerwarteten Situationen weiß mein Kind immer, wie es sich verhalten soll".

sich, dass Mütter Mädchen eine höhere Selbstwirksamkeit zuschreiben als Jungen, ein Geschlechtereffekt der für die jüngere Altergruppe der 5-8-jährigen Kinder signifikant ist. Und es zeigte sich für die ältere Kohorte der 8-12-jährigen Kinder, dass dieser Wert im Laufe der drei Messzeitpunkte zunimmt (Gloger-Tippelt & Lahl 2008; auch Gecas 1989; Schneewind 1995). Weitere familiale Einflussfaktoren werden zum einen in der Familiengröße gesehen. Familien mit mehreren Kindern erhöhen die Dichte an Interaktionen. Daraus kann sich ergeben, dass der „Handlungsraum" eingeengt wird und stärker soziale Kontrolle notwendig wird, was dann wiederum negativ mit Selbstwirksamkeitsüberzeugungen einhergeht (Schneewind 1995).

Mittels der Daten des DJI-Kinderpanels lässt sich ferner zeigen, dass das schulische Wohlbefinden signifikant positiv korreliert mit der Selbstwirksamkeitserwartung. Dieses Ergebnis findet sich sowohl aus der Perspektive des Kindes als auch aus der der Mutter (Schneider 2005). Wheeler und Ladd (1982) weisen auf einen positiven Zusammenhang zwischen Selbstwirksamkeit von Kindern und deren Möglichkeiten, andere Kinder zum Spielen zu überreden, hin. Diese Selbstwirksamkeit nimmt dann – so Ergebnisse aus den USA – im Laufe der Grundschule noch zu. Ferner empfinden Kinder mehr Selbstwirksamkeit in konfliktfreien sozialen Beziehungen zu Freunden und weniger, wenn die Beziehung eher mit Konflikten überlagert ist, d.h. die Selbstwirksamkeit – ganz im Sinne des Konzeptes von Identitätsarbeit – situativ beeinflusst wird. Selbstwirksamkeit ist damit eine Bedingung wie auch ein Resultat der Entwicklung sozialer Beziehungskontexte.

Vielfach wurde angenommen und auch empirisch belegt, dass es eine wechselseitige Beziehung zwischen Selbstwirksamkeit auf der einen Seite und den Schulleistungen auf der anderen gibt. So finden auch Rinker & Schwarz (1998a) einen signifikanten Zusammenhang zwischen der Selbstwirksamkeit und den Schulnoten sowie zwischen der Selbstwirksamkeit und dem besuchten Schultyp: Je höher der besuchte Schultyp, umso größer die wahrgenommene Selbstwirksamkeit.

Whitbeck et al. (1997) haben die klassischen Arbeiten von Kohn & Schooler (1982) aufgenommen und danach gefragt, inwieweit die Arbeitsbelastungen und die empfundene Autonomie der Eltern am Arbeitsplatz einen Einfluss auf die Selbstwirksamkeit von Kindern hat. Hierbei wird kein direkter Effekt angenommen, sondern eher ein indirekter, und zwar vermittelt über das elterliche Erziehungsverhalten. Die empirischen Ergebnisse mit Kindern im Alter von 12 Jahren zeigen, dass bei den Vätern alle Indikatoren von Berufsautonomie und eine gute ökonomische Position positiv mit einem induktiven Erziehungsstil korrelieren. Weder die berufliche Autonomie noch die ökonomische Situation hatten jedoch einen direkten Einfluss auf die Selbstwirksamkeit von Kindern, sondern jeweils vermittelt über das Erziehungsverhalten.

Ein der Selbstwirksamkeit verwandtes Konstrukt wurde seit Ende der 1960er Jahre in der Psychologie diskutiert. Gemeint ist das Konstrukt der Kontrollüberzeugungen, welches definiert ist als die mehr oder weniger generalisierte Erwartung darüber, in welchem Maße wichtige Ereignisse im Leben vom eigenen Handeln oder eigenen Charakteristika abhängen (internale Kontrollüberzeugungen) oder vom Einfluss anderer Personen, vom Glück, Zufall oder Schicksal (externale Kontrollüberzeugungen). Kontrollüberzeugungen sind Bestandteil der sozialen Lerntheorie der Persönlichkeit von Rotter (1966, 1990), in dessen Rahmen dieses Konstrukt entwickelt wurde. Im Gegensatz zum Konzept der Selbstwirksamkeit sind Kontrollüberzeugungen eher als Persönlichkeitseigenschaften konzipiert, während Selbstwirksamkeit als eine Überzeugung, Einstellung gemeint ist. Günter Krampen hat diesen Ansatz aufgenommen und empirisch untersucht (Krampen 1982; 1989). In der Forschung wird oftmals das Konstrukt der internalen Kontrollüberzeugungen positiv konnotiert, gestützt durch vorliegende positive Korrelationen mit Lebenszufriedenheit, Leistungsmotivation oder Ängstlichkeit. Dies ist aber eine zu verallgemeinernde Interpretation. Denn auch Extremausprägungen bei internalen Kontrollüberzeugungen können zu psychopathologischen Phänomenen wie Omnipotenzgefühlen, Realitätsverlusten führen. Theoretisch wird davon ausgegangen, dass die Ausbildung von Kontrollorientierungen auf soziale Lernprozesse zurückgeht und über das Modell-Lernen vermittelt wird. Ein Literaturüberblick von Krampen führt an, dass in der Kindheit und im Jugendalter die Internalität und z.T. auch die Externalität ansteigen, und dass im mittleren Erwachsenenalter eine hohe absolute und eine mittlere Stabilität zu beobachten ist (Krampen 1994). Wenn Kinder älter werden, dann nehmen sie einen Anstieg ihrer Kompetenz und Unabhängigkeit wahr, was dann als Ursache dafür angesehen wird, dass sich auch ihre internale Kontrollorientierung steigert (Skinner et al. 1988 a,b). Hinsichtlich familienstruktureller Einflüsse lässt sich finden, dass die Geschwisterpositionen einen Einfluss auf internale Kontrollorientierungen haben können. Einzelkinder und Erstgebogene sind internaler als Spätgeborene. Dem Altersabstand und dem Geschlecht kommen dabei Moderatorwirkungen zu. Diese Effekte werden darauf zurückgeführt, dass Erstgebogene und Einzelkinder ein ausgeprägteres Verantwortungsgefühl ausbilden. Vor allem für die Erstgeborenen lässt sich dies feststellen, wenn sie recht früh die Aufgaben und Verantwortungen für die jüngeren Geschwister übernehmen (Krampen 1994). Ein weiterer Effekt ist die Vollständigkeit der Familie. Wachsen Kinder ohne Väter auf, so ist die Wahrscheinlichkeit größer, dass sie externale Kontrollorientierungen aufweisen, dies vor allem dann, wenn die Kinder durch die Scheidung der Eltern emotional belastet waren (Reisel 1986). Umfangreich sind die Befunde zu den Einflüssen von elterlichen Erziehungseinstellungen und -maßnahmen.

Es konnten Effekte gefunden werden, dass eine emotionale Zuwendung zum Kind, eine unterstützende und die kindliche Selbstständigkeit fördernde Erziehung die Ausbildung internaler Kontrollorientierungen bestärken (Krampen 1989). Auf der anderen Seite ist eine die Selbstständigkeit einschränkende und ein inkonsistentes Erziehungsverhalten sowie ein mangelndes Coparenting zwischen den Eltern eher mit der Ausbildung externaler Kontrollüberzeugungen verbunden (Strom et al. 1989). Vor allem lassen sich enge Zusammenhänge finden, wenn nicht die Perspektive der Eltern eingenommen wurde, sondern ein kindperzipierter elterlicher Erziehungsstil als unabhängige Variable einbezogen wurde. Es ist nicht so sehr das von den Eltern angegebene Erziehungsverhalten, sondern die Wahrnehmung darüber, wie dies seitens der Kinder empfunden wird.

Hinsichtlich des familiären Umfelds oder des Familienklimas stellten Nowicki & Schneewind (1982) fest, dass das Familienklima und aktive Freizeitorientierungen mit höheren Einschätzungen von Internalität einhergehen. Ähnliche Befunde finden sich bei Bradley & Caldwell (1979), die ebenfalls einen positiven Einfluss des Familienklimas feststellen. Für physikalische Umweltfaktoren wie Menge und Art des Spielzeugs finden sie hingegen keine bedeutsamen Beziehungen. Auch Schneewind et al. (1983) finden einen moderierenden Einfluss des ökologischen Kontextes, vermittelt über das Familienklima auf die kindliche Persönlichkeit. Einen besonders wichtigen Beitrag für die Entwicklung personaler Kontrollüberzeugungen scheinen die Beziehungsdimensionen des Familienklimas zu leisten. Ein hohes Maß an wahrgenommener Zusammengehörigkeit, Ausdrucksfreudigkeit und geringe Konflikthäufigkeit geht mit einer hohen Ausprägung internaler Kontrollüberzeugungen einher (Schneewind 1985). In Bezug auf den schulischen Kontext kann festgehalten werden, dass internale Kontrollüberzeugungen in der Schule am ehesten angemessen gefördert werden, wenn den Schülern relativ hohe Lernfreiheit und eigenständige Initiative und Partizipationsmöglichkeiten gelassen werden und ein positiv-emotionales Unterrichts- und Schulklima vorliegt.

Schneewind (1985) hat ebenfalls den breiteren ökologischen Kontext im Hinblick auf die Analyse von Kontrollorientierungen untersucht. Ausgangspunkt war die Überlegung, dass Kontextfaktoren wie die finanzielle Situation, Raum pro Person, Vielfalt infrastruktureller Einrichtungen und die Arbeitsplatzerfahrungen des Vaters (Anregungsgehalt, Handlungsspielraum) einen Einfluss auf das vom Vater erlebte Familienklima haben und so einen Einfluss auf die kindlichen Entwicklungen nehmen. Die Ergebnisse zeigen dabei in der Tat, dass die Qualität des Familienklimas durch diese kontextuellen Bedingungen beeinflusst wird und dass die Arbeitsplatzerfahrungen sich auch auf die Persönlichkeit des Vaters auswirken, diese wiederum auf sein Erziehungsverhalten und das wiederum auf die Persönlichkeit des Kindes.

Kap. 3.5 Verhaltensbezogene Outcomes:
Internalisierung – Externalisierung

Wie in den anfänglichen theoretischen Erörterungen erläutert, lassen sich auch Verhaltensweisen anführen, die die Identitätsarbeit negativ beeinflussen können. Hierbei wollen wir uns aber nicht auf pathologische Formen beziehen, sondern mehr oder weniger auf alltäglich auftauchende Verhaltensweisen, und zwar Internalisierung und Externalisierung. Beide Verhaltensdimensionen sind bereits in den klassischen Arbeiten von Eysenck (1953) theoretisch erläutert worden. Eysenck behauptet in seiner Temperamentstheorie, dass alle wesentlichen Temperamenteigenschaften auf zwei Dimensionen zurückführbar seien: Extraversion und Neurotizismus. Extraversion beinhaltet zwei Pole: die Introvertiertheit und die Extravertiertheit, Neurotizismus die Pole labil und stabil. Eine Kreuzung beider Dimensionen öffnet einen Raum mit vier Feldern, denen Temperamentstypen zugeordnet werden können (melancholisch, phlegmatisch, cholerisch, sanguinisch). Zwar haben sich weitere Aspekte der Temperamentstheorie von Eysenck als letztendlich nicht haltbar erwiesen (die Verknüpfung von Extraversion und Neurotizismus mit neurophysiologischen Erregungsprozessen), er hat jedoch mit den beiden Dimensionen einen Teil des heute gängigen Fünf-Faktoren-Modell herausgearbeitet (Asendorpf 2005: 174). Wir konzentrieren uns hier auf die Dimensionen der Extraversion mit den beiden Polen der Internalisierung und der Externalisierung.

Internalisierung wird als ein ängstliches, unsicheres Verhalten sowie traurige Verstimmung und Einsamkeit bezeichnet. Internalisierendes Verhalten ist vergleichbar mit einem sozialen Rückzug von anderen (Gloger-Tippelt & Lahl 2008: 65). Externalisierung hingegen als ein eher nach außen gerichtetes, auffälliges Verhalten wie Aggressivität, Störung anderer, häufige Wut und Launenhaftigkeit. Wie zuvor theoretisch erläutert, beeinflussen beide Verhaltensweisen in negativer Weise den Prozess von Identitätsarbeit.

Gloger-Tippelt & Lahl (2008) fanden im Hinblick auf Internalisierung für die beiden im DJI-Kinderpanel analysierten Alterskohorten (5-8-Jährige und 8-12-Jährige) unterschiedliche Verläufe. Während für die jüngere Kohorte weder signifikante Veränderungen über die Zeit noch für das Geschlecht gefunden wurden, zeigten sich für beiderlei Geschlechter in der älteren Kohorten ein deutlicher Zeiteffekt, dahingehend, dass sich internalisierende Verhaltensstörungen signifikant verringerten. Dieser Effekt, einer Abnahme von internalisierenden Verhaltensweisen, wird auch in anderen Untersuchungen gefunden (Ball et al. 2006). Gleichwohl zeigen sich Geschlechtereffekte, dahingehend, dass Mädchen mehr internalisierende Symptome zeigen als Jungen (Ball et al. 2006; Hammarberg & Hagekull 2006).

Hinsichtlich der Einflussfaktoren auf internalisierendes Verhalten zeigen empirische Studien, dass das elterliche Erziehungsverhalten ein deutlicher Prädiktor ist. Strenge Kontrolle und autoritäres Erziehungsverhalten führen eher zu Internalisierung, während eine kindzentrierte Kommunikation diesem entgegenwirkt (Schwarz & Silbereisen 1998; Barquero & Geier 2008). So findet auch Huber (2008) im DJI-Kinderpanel, dass eine höhere strenge Kontrolle durch den Vater und eine damit einhergehende geringere kindzentrierte Kommunikation des Vaters im Vergleich zur Mutter zu hohen Ausprägungen von internalisierenden Verhaltensweisen führt. Die relative Zunahme der kindzentrierten Kommunikation des Vaters führt zu einer Abnahme von Internalisierungen. Eine höhere väterliche kindzentrierte Kommunikation, gepaart mit einem Überhang an mütterlicher strenger Kontrolle führt zu niedrigeren Internalisierungswerten, was für einen gewissen kompensatorischen Effekt väterlicher Zuwendung beim Auftreten hoher erzieherischer Strenge der Mütter spricht (Huber 2008). Im Zusammenhang mit anderen Persönlichkeitsfaktoren zeigt sich, dass geringe Impulsivität und Traurigkeit stärker im Zusammenhang mit internalisierenden Verhaltensweisen auftreten (Eisenberg et al. 2001).

Die gemeinsam verbrachte Zeit mit Freunden ist in der Regel von alltäglichen Verpflichtungen entbunden und als Freizeit frei verfügbar. Die Zeit mit Freunden wird im Laufe der Entwicklung immer bedeutsamer. Erfolgt jedoch nur eine unzureichende Einbettung und mangelndes Ansehen und soziale Anerkennung im Freundeskreis, dann ist mit internalisierendem Verhalten bzw. mit depressivem Verhalten zu rechnen. Ergebnisse des Kindersurveys '93 bestätigen diese Vermutung, indem sie zeigen, dass die Probleme der Kinder mit Gleichaltrigen der weitaus höchste Prädiktor für depressives Verhalten sind (Reitzle & Silbereisen 1998: 375). Längsschnittdaten konnten bestätigen, dass der Mangel an oder der Verlust von Freundschaften bei Präadoleszenten zu späteren Einbußen im Selbstwertgefühl führten sowie ein Anstieg an internalisierendem Verhalten damit einherging (von Salisch 2000). Marbach (2005) fand mit den Daten des DJI-Kinderpanels heraus, dass im Hinblick auf das Granovetter-Sozialkapital („schwache Bindungen") ein Zusammenhang zu internalisierendem Verhalten besteht. Kinder, die eher zu diesem Verhalten neigen, haben mehr Sozialkapital im Sinne schwacher Bindungen, als solche, die eher nicht diese Verhaltensweisen zeigen. Der scheinbare Widerspruch löst sich dadurch auf, dass beim Granovetter-Kapital der Schwerpunkt auf die Erhebung schwacher Beziehungen gelegt wird. Internalisierendes Verhalten führt daher eher zu schwachen Bindungen, während Kinder, die weniger internalisierendes Verhalten zeigen, eher starke Bindungen im sozialen Netzwerk aufbauen (Coleman-Kapital). Das internalisierende Verhalten – so die Vermutung – führt dazu, dass weniger feste und enge Freundschaften gebildet werden, oder umgekehrt: Das Nicht-Vorhandensein guter Freunde führt zu einem weiteren sozialen Rückzug.

Es finden sich ebenfalls Hinweise darauf, dass Einflüsse der Raumebene Effekte auf psychische Outcomes haben (Steinhübl 2005). Steinhübl findet mit Daten des Kinderpanels vom DJI einige interessante Ergebnisse zwischen den Indikatoren der Raumebene und den psychischen und emotionalen Kategorien wie Selbstwirksamkeit, kognitive und soziale Aufgeschlossenheit, Demoralisierung, Externalisierung und Internalisierung. Eindeutig nachweisbar ist der Zusammenhang zwischen Internalisierung und Wohnsituation der Kinder: So nehmen die von der Mutter wahrgenommenen Internalisierungstendenzen des Kindes mit steigender Risikobelastung der Wohnlage zu, besonders bei mehrfach belasteten Wohnlagen (Steinhübl 2005). Eng damit zusammenhängend sind die Ergebnisse von Walper (1999) zu interpretieren. Eine ökonomisch prekäre Lebenslage von Kindern führt zu emotionalen Belastungen von Kindern, die sich in Ängstlichkeit, Depressivität und Gefühlen von Traurigkeit und Hilflosigkeit niederschlagen (Walper 1999). So finden auch Raadal et al. (1994), dass Kinder aus Familien mit niedrigem Einkommen hinsichtlich internalisierenden oder externalisierenden Verhaltens überrepräsentiert sind – jeweils um ca. 50% (auch Duncan et al. 1994, 2003). Hierbei zeigt sich deutlich, dass die Dauer der Armut einen bedeutsamen Effekt hat: Kinder aus Familien, die von langfristiger Armut betroffen sind, weisen die stärksten Belastungen auf, sowohl im Hinblick auf Internalisierung oder Externalisierung.

Wiederum mit den DJI-Kinderpaneldaten lässt sich zeigen, dass es eine negative Korrelation zwischen dem schulischen Wohlbefinden der Kinder und dem Auftreten von internalisierenden Verhaltensweisen gibt, und zwar sowohl aus der Sicht der Kinder als auch aus der der Mütter (Schneider 2005). Analysen von Ball et al. (2006) gehen der Frage nach, ob Schulübergänge sich als kritische Lebensereignisse auch auf eine Zunahme von internalisierenden Verhaltensweisen auswirken. Sie konnten allerdings in ihrer Untersuchung von Grundschulkindern in Hessen keinen derartigen Effekt für Internalisierung finden, wohl aber für Externalisierung. Insgesamt zeigen weitere empirische Untersuchungen, dass kritische Lebensereignisse (finanzielle Engpässe, Scheidung, Tod eines Elternteils, Schulwechsel, physische Probleme, Zerwürfnis mit einem Freund/Freundin) einen positiven Einfluss auf die Ausprägung von internalen Verhaltensweisen haben (Kim et al. 2003).

Bei den externalisierenden Verhaltensweisen, welche auch Aspekte von Aggressivität umfassen, aber dies mehr auf einer Vorstufe, d.h. nicht bis hin zur Delinquenz, zeigen sich im DJI-Kinderpanel die in der Literatur bereits bekannten geschlechtsspezifischen Unterschiede zwischen höheren Werten für Jungs und niedrigere für Mädchen (Schmidt-Denter 1994; Scheithauer & Petermann 2002; Ball et al. 2006). Dies trifft für den gesamten Altersrange der 5 bis 12-Jährigen zu (Gloger-Tippelt & Lahl 2008: 57; siehe auch Moffitt et al. 2001). Es zeigt sich ferner, dass sich für die jüngere Altersgruppe (5-8 Jahre) im Laufe der drei Befragungszeitpunkte eine signifikante Verringerung des externalisierenden Verhaltens finden lässt, ein Effekt, der für die älteren Kinder zwar auch signifikant ist, aber nicht auf so hohem Niveau. Der Trend einer durchschnittlichen Abnahme aggressiver Verhaltensweisen bei beiden Geschlechtern zwischen 5 und 8 Jahren wird durch mehrere Studien innerhalb der klinischen Kinderpsychologie bestätigt (Scheithauer & Petermann 2002: 195).

Die Abnahme externalisierender Verhaltensweisen wird entwicklungspsychologisch auf den Zuwachs verschiedener Kompetenzen zurückgeführt. So lernen Kinder zum Beispiel mehr und mehr durch sprachliche Kompetenzen ihre Konflikte sprachlich und nicht körperlich auszutragen. Insgesamt nehmen die Fähigkeiten zur Kontrolle negativer Gefühle wie Ärger, Wut und launische Stimmungen mit zunehmendem Alter zu (von Salisch & Kunzmann 2005).

Hinsichtlich der Ursachenforschung für externalisierendes Verhalten werden verschiedene Faktoren angeführt. Ein starker Prädiktor ist auch hier wiederum das elterliche Erziehungsverhalten. Eine wachstumsorientierte elterliche Erziehung, die sich durch Liebe und Wärme, klare Eltern-Kind-Kommunikation auszeichnet und Eltern, die das Kind ermutigen sowie angemessene Forderungen und konsequente Grenzen setzen, begünstigen die Entwicklung psycho-sozialer Fähigkeiten und verhindern eher negative Verhaltensweisen. Autoritäres Erziehungsverhalten und strenge Kontrolle beeinflussen positiv das Auftreten von Externalisierung, während kindzentrierte Kommunikation es abschwächt; ähnlich wie bei der Internalisierung (Booth et al. 1994; Eisenberg et al. 2001; Dodge et al. 2006). Inkonsistenzen in der elterlichen Erziehung (Coparenting) in Bezug auf kindzentrierte Kommunikation und strenge Kontrolle führen hingegen zu einer Erhöhung von Externalisierungen bei Kindern. Hierbei ist das Übermaß an väterlicher Strenge für den deutlichen Anstieg verantwortlich. Jung & Wahl (2008) konnten feststellen, dass strenge elterliche Kontrolle von Vater und Mutter positiv mit dem Auftreten kindlicher Aggressivität korrelierten und dass andererseits eine kindzentrierte Kommunikation einen negativen Einfluss hat. Starke väterliche Strenge und Inkonsistenzen bei der kindzentrierten Kommunikation zwischen den Eltern führt zu den höchsten Externalisierungswerten. Auch ein hohes Maß an mütterlicher Strenge im Vergleich zum Vater, gepaart mit hoher väterlicher kindzentrierter Kommunikation führt zu hohen Externalisierungswerten (vgl. Huber 2008). Einen weiteren großen Einflussbereich stellen elterliche Konflikte dar. Elterliche Konflikte fördern das aggressive Verhalten von Kindern, insbesondere vermittelt über die Erziehungspraxis und das Klima innerhalb der Familie. Vor allem elterliche Gewalt wurde als ein Einflussfaktor für späteres externalisierendes Verhalten belegt (Cummings & Davies 2002; Dodge et al. 2006). Theoretisch wird dabei oftmals auf die soziale Lerntheorie zurückgegriffen, indem gezeigt wird, dass das aggressive Verhalten von den Kindern bei ihren Eltern als ein zielbringendes Verhalten erlernt wird. Es zeigt sich anhand der DJI-Kinderpaneldaten ebenfalls, dass die Persönlichkeitsstrukturen der Eltern einen Einfluss auf das externalisierende Verhalten von Kindern haben. Mütter und Väter, die stärker über eigene Externalisierung und Internalisierung berichten, haben häufiger Kinder mit externalisierenden Verhaltensweisen (Jung & Wahl 2008).

Externalisierendes Verhalten ist vor allem im Kontext des antisozialen Verhaltens analysiert worden. Hierzu gibt es eine Fülle von Studien, die sich mit dem Zusammenhang von Persönlichkeitsfaktoren und antisozialem Verhalten, beschäftigten. Frühkindliche Temperamentindikatoren wie Angstlosigkeit, Wut, Ärger, Frustration korrelieren mit späterem, antisozialem Verhalten (Rothbart et al. 2000; Eisenberg et al. 2001). Auch *effortful control*, d.h. der kontrollierte Umgang mit verschiedenen, Stress hervorrufenden Situationen, korrelierte negativ mit externalisierendem Verhalten (Valiente et al. 2003). Daten zeigen ferner, dass bspw. Impulsivität und geringe Fähigkeit zur Selbstregulation stärker mit einem externalisierenden Verhalten einhergeht (Eisenberg et al. 2001) und dass externalisierendes Verhalten negativ mit dem prosozialen Verhalten korreliert (Eisenberg et al. 2006). Sympathisches sowie empathisches Verhalten ist negativ mit Externalisierung verbunden (Eisenberg et al. 2001). Unterschiedliche Ergebnisse lassen sich finden hinsichtlich des Einflusses von Bindungsstilen. Einige Untersuchungen finden keine Zusammenhänge zwischen einem unsicheren Bindungsstil, während andere schon signifikante Effekte nachweisen können (siehe Dodge et al. 2006). Die abweichenden Ergebnisse sind vor allem auch vor dem Hintergrund unterschiedlicher Operationalisierungen zu erklären. Ferner korreliert ein positives Selbstbild negativ mit externalisierendem, aggressivem Verhalten (Jung & Wahl 2008)

Verstärkt wurden in den letzten Jahren auch die genetischen Einflüsse auf externalisierendes, antisoziales Verhalten und die Vererbung von Delinquenz und Aggression untersucht (Dodge et al. 2006; Wahl 2005). Die Analysen, oftmals durchgeführt an einem Sample mit monozygotischen und dyzigotischen Zwillingen, leiblichen und Halbgeschwistern weisen – je nach Design – signifikante Einflüsse nach. Es zeigen sich auch Einflüsse durch körperliche und geistige Schädigungen sowie psychopathologische Effekte. Darüber hinaus konnten positive Einflüsse von pränatalen Komplikationen, Nikotinkonsum der Mutter, Herzfrequenz, Testosteron, der Neurotransmitter Serotonin auf antisoziales Verhalten gefunden werden (Dodge et al. 2006).

Aus den DJI-Daten des Kinderpanels zeigt sich, dass im Hinblick auf externalisierendes Verhalten Mädchen über einen negativen Zusammenhang zwischen Anzahl der Freunde und Externalisierung berichten (Traub 2005). In Bezug auf den Schulkontext wird betont, dass der Übergang in die Schule bzw. der Übergang von der Grundschule zur weiterführenden Schule als ein kritisches Lebensereignis betrachtet werden kann (Ball et al. 2006). Analysen darüber, wie Kinder diesen Übergang erleben, ob es zu einer Zunahme psychischer Anfälligkeiten kommt oder nicht, untersuchten Ball et al. (2006). Sie fanden dabei heraus, dass vor allem beim Übergang von der Grundschule zum Gymnasium sich ein erhöhtes Maß an externalisierendem Verhalten zeigt, und zwar vor allem dann, wenn es in Folge des Übergangs zu einer besonderen Verschlechterung der notenbezogenen Schulleistungen kommt, oder wenn sie sich besonders verbessern. Der Grund wird in den erhöhten Anforderungen gesehen, die sowohl mit einer Verschlechterung von Schulleistungen einhergehen können, als auch mit einer Verbesserung und der Angst, dem zukünftigen Druck weiterhin Stand zu halten (Ball et al. 2006). Für andere Schultypen konnte dieses Ergebnis nicht bestätigt werden. Auch die Zurückweisung von Gleichaltrigen ist ein Faktor für externalisierende Verhaltensweisen (Kupersmidt & Dodge 2004), obgleich die Kausalität der Wirkung in beiderlei Richtungen möglich ist. So ist auch die Beliebtheit in der Klasse ein möglicher Prädiktor für das Auftreten externalisierenden Verhaltens (Dodge et al. 2006).

Bezogen auf den sozio-ökonomischen Status fanden Dodge et al. (1994) in einer Längsschnittstudie heraus, dass Kinder, die vom Vorschulalter bis zur dritten Klasse untersucht wurden, deutliche Zusammenhänge zwischen dem sozialen Status der Familie und externalisierenden Verhaltensweisen aufweisen. Niedriger ökonomischer Status geht mit aggressivem Verhalten gegenüber Gleichaltrigen einher (z.B. Bradley & Corwyn 2002; Jung & Wahl 2008). Die theoretische Argumentation ist, dass ein niedriger Status mit elterlichem Stress auftritt, was ihr Potential, angemessen auf die Belange des Kindes zu reagieren, heruntersetzt und statt dessen eher strafende Erziehungsmaßnahmen eingesetzt werden, die dann wiederum aggressives Verhalten von Kindern fördern (McLoyd 1990). Weitere Untersuchungen, die jedoch stärker auf delinquentes Verhalten fokussieren, zeigen auf, dass vor allem der soziale Kontext, das soziale Umfeld einen entscheidenden Einfluss darauf hat, ob Kinder oder Jugendliche später delinquent werden oder nicht. Hier liegen Hinweise vor, dass gerade die Peergroup einen entscheidenen Einflussfaktor darstellt. Wie schon bei den internalisierenden Verhaltensweisen zeigen empirische Untersuchungen, dass kritische Lebensereignisse (finanzielle Engpässe, Scheidung, Tod eines Elternteils, Schulwechsel, physische Probleme, Zerwürfnis mit einem Freund/Freundin) einen positiven Einfluss auf die Ausprägung von Externalisierungen haben (Kim et al. 2003).

Jung & Wahl (2008) haben mit den DJI-Kinderpaneldaten ebenfalls geprüft, ob weitere Kontextfaktoren wie Wohnbedingungen, Großstadt vs. Leben auf dem Land, einen Einfluss haben. Sie finden lediglich sekundäre Effekte, dahingehend, dass ein niedriger ökonomischer Status externalisierendes, aggressives Verhalten fördert. Hinsichtlich der Mediennutzung wurde festgestellt, dass die Nutzung eines PC und Lernspiele einen negativen Einfluss auf Externalisierung hat; weitere Einflüsse wie die Nutzung von Spielkonsolen, Video und Fernsehen hatten keinen Effekt (Jung & Wahl 2008).

Kap. 3.6 Zwischenfazit

Für die hier fokussierten abhängigen Prozesse, wie das Selbstbild, Empathie, Selbstwirksamkeit, Externalisierung und Internalisierung, die allesamt wichtige Faktoren für anstehende gelingende Identitätsarbeit im Jugendalter sind, ließen sich eine Reihe von Einflussfaktoren festmachen. Wie nicht anders zu erwarten war, haben vor allem das elterliche Erziehungsverhalten, das Familienklima, die Beziehungsqualität zwischen den Eltern, Aspekte des Coparenting signifikante Einflüsse auf alle Variablen. Aber eben nicht nur. Es konnten ferner eine Reihe weiterer signifikanter Einflussfaktoren aus weiteren unterschiedlichen Kontexten nachgewiesen werden, vor allem Freundschaftsbeziehungen, Schule, berufliche Bedingungen der Eltern, sozioökonomischer Status der Eltern.

Diese Indikatoren sind im Einzelnen sehr ausführlich in Bezug auf die hier fokussierten Variablen erforscht worden. Weniger erforscht ist hingegen das Zusammenspiel dieser Faktoren, zugrundeliegende Interdependenzen, Verstärkungen oder kompensierende Prozesse. Zu fragen wäre z.B., ob bestimmte Kontexteffekte noch bestehen, wenn für andere Variablen kontrolliert wird. Wirken bestimmte Einflüsse additiv oder zeigen sich stärker Mediationen und Moderationen, d.h. sind die Effekte eher in Abhängigkeit dritter Variablen zu betrachten? Derartige Fragestellungen erfordern einen ganzheitlichen Zugang, der es erlaubt, für zumindest zentrale Kontexte des Aufwachsens simultan zu kontrollieren.

Mit dem Ansatz der sozialökologischen Sozialisationsforschung, wie er prominent von Urie Bronfenbrenner in die Diskussion eingebracht wurde, liegt ein theoretischer Ansatz vor, der – wie noch zu zeigen sein wird – inzwischen erheblich ausdifferenziert wurde. In empirischer Hinsicht ist jedoch noch ein erheblicher Forschungsbedarf zu konstatieren. Dies liegt vor allem an einer mangelnden Datenlage und der zugrundeliegenden Komplexität. So ist es in der Regel allein aus forschungsökonomischen Aspekten schwierig, alle gewünschten Faktoren in dem oftmals benötigten Differenzierungsgrad mit in das Untersuchungsdesign aufzunehmen.

Es ist das Ziel der weiteren Betrachtungen, in Bezug auf die hier fokussierten abhängigen Prozesse stärker einen sozial-ökologischen Zugang umzusetzen. Dabei werden wir eben aus den bereits erwähnten forschungspragmatischen Gründen leider auch an Grenzen des Machbaren stoßen. Es scheint dennoch lohnend zu sein, den hier benutzten DJI-Kinderpanel-Datensatz daraufhin stärker auszuwerten, als es bisher in dem umfangreichen Material bereits erfolgt wurde (Alt 2005a, 2005b, 2007, 2008). Vor allem für die hier fokussierten abhängigen Prozesse scheint ein sozial-ökologischer Zugang ertragreich zu sein, weil Einflussfaktoren auf mehreren Ebenen durch bereits bestehende empirische Forschung nachgewiesen werden konnten.

Kap. 4 Theoretische Entwicklungslinien kindlicher Persönlichkeit im Kontext sozialer Einbettung

Die theoretische Modellierung der Entwicklung kindlicher Persönlichkeiten ist eine Kernfrage der Persönlichkeits- und Sozialisationsforschung. Konzentriert sich die Persönlichkeitspsychologie auf die theoretische Erklärung und empirische Fundierung von überdauernder, nichtpathologischer, verhaltensrelevanter Besonderheiten von Individuen, einschließlich genetischer und neuronaler Einflussfaktoren, liegt der Fokus der Sozialisationsforschung auf einer stärkeren Berücksichtigung von Prozessen der Entstehung und Entwicklung individueller Persönlichkeiten in Abhängigkeit von und in Auseinandersetzung mit den sozialen und materiellen Lebensbedingungen. Sozialisation ist entsprechend der Prozess, in dessen Verlauf sich der mit einer biologischen Ausstattung versehene menschliche Organismus zu einer sozial handlungsfähigen Persönlichkeit herausbildet, die sich über den Lebenslauf hinweg in Auseinandersetzung mit den Lebensbedingungen weiterentwickelt (Hurrelmann 1998: 14; Hurrelmann et al. 2008). Persönlichkeitspsychologie und Sozialisationsforschung hängen eng mit weiteren Spezialisierungen und Fachrichtungen wie die kognitive Psychologie, Entwicklungspsychologie, Sozialpsychologie, Neurowissenschaften einerseits und verschiedensten stärker akteursbezogenen, mikro- und/oder makrosoziologisch orientierten Ansätzen andererseits zusammen. Der Kern der Sozialisationsthematik ist die Schnittstelle zwischen dem handelnden Subjekt und seiner Umwelt (Geulen 2004).

Sozialisation kann allgemein definiert werden als der psychische Prozess der Entstehung und Entwicklung individueller Persönlichkeit in wechselseitiger Abhängigkeit von den umgebenden sozialen Beziehungen und der gesellschaftlich vermittelten sozialen und dinglich-materiellen Umwelt. Sozialisation ist ein „produktiver Prozess" zwischen der äußeren Realität (Sozialstruktur, Werte, Kultur, materiellen Lebensbedingungen) und der inneren Realität (physiologische und psychische Grundlagen) (Geulen & Hurrelmann 1980: 51; Hurrelmann 1998; Hurrelmann et al. 2008). Diese Definition erfährt eine breite Zustimmung nicht zuletzt deswegen, weil sich darunter vielfältige Ansätze subsumieren lassen. Sie ist jedoch so allgemein gehalten, dass sich daraus wenig konkrete Hypothesen ableiten ließen.

Es ist daher innerhalb der Entwicklungspsychologie und in weiten Teilen angrenzender Disziplinen wie der Soziologie wohl unumstritten, dass die menschliche Entwicklung ein Zusammenspiel mehrerer Ebenen und Dimensionen umfasst (Thelen & Smith 1998; Lerner 1998; Magnusson &

Stattin 1998): Von den biologisch-physischen Bedingungen über die individualpsychischen Faktoren, die umgebenden physischen Opportunitäten und Restriktionen, den umgebenden sozialen Beziehungsmustern sowie dem soziokulturellen Umfeld lassen sich Einflussfaktoren auf die individuelle Entwicklung nachweisen, was letztendlich eine systemisch orientierte, oder eine mehrebenenanalytische Zugangsweise nahelegt (Lerner 1998: 7).

Diese Interdisziplinarität zeigt sich auch in den Ideen zentraler Sozialisationstheorien wie der psychoanalytische Ansatz[1], Lerntheorien[2], persönlichkeitspsychologische Ansätze[3], entwicklungsgenetische, neurologische Ansätze[4], entwicklungstheoretische und stufentheoretische Ansätze[5], evolutionspsychologische Ansätze[6], interaktionistische und konstruktivistische Ansätze[7], funktionalistische und systemtheoretische Ansätze[8], gesellschaftstheoretische Ansätze[9] und sozialstrukturelle Ansätze[10]. Fasst man diese Einflussfaktoren zusammen, dann ist Sozialisation ein hochgradig verlaufender Mehrebenenprozess mit interdependenten Wirkmechanismen zwischen einzelnen Ebenen. Es lässt sich keine Priorität des einen Ansatzes gegenüber eines anderen bestimmen.

Richard Lerner bringt dies auf dem Punkt: „Thus, in contemporary developmental theories, the person is not biologized, psychologized, or sociologized. Rather, the individual is 'systemized' – that is, his or her development is embedded within an integrated matrix of variables derives from multiples levels of organization, and development is conceptualized as deriving from the dynamic relations among variables within the multitiered matrix ...These mechanistic and atomistic views of the past have been replaced by theoretical models that stress the dynamic synthesis of multiple levels of analysis, a perspective having its roots in systems theories of biological developments (...) In other words a developmental systems perspective is an overarching conceptual frame associated with contemporary theoretical models in the field of human development" (Lerner 1998: 2).

Der Vorteil eines dynamisch-systemtheoretischen Zugangs wird vor allem in seiner generellen Anwendbarkeit gesehen. Es ist eher eine Heuristik, an offene Fragen und Forschungen heranzugehen als eine konkret ausformulierte Theorie. Es werden vielmehr grundlegende theoretische Bausteine ausgeführt, die prinzipiell für entwicklungsbezogene Analysen zu berücksichtigen sind (Thelen & Smith 1998: 601ff.). Damit geht einher, dass die Fokussierung einer einzigen Ebene – welcher auch immer – immer zu kurz greift, sondern verstärkt die Ebeneninterdependenzen analysiert werden müssen (Lerner 1991; Bugental & Grusec 2006).

Angesichts dieser Komplexität zur Analyse von Einflussfaktoren kindlicher Entwicklungsprozesse ist eine analytische Begrenzung notwendig. Die folgende Arbeit legt dabei den Schwerpunkt auf Einflussfaktoren, resultierend aus der sozialen Einbettung in soziale Beziehungen und Strukturen sowie materielle Kontexte einerseits und der Persönlichkeit von Kindern andererseits. D.h. der differenzierte Bereich der Persönlichkeitspsychologie sowie genetische und neuronale Implikationen werden hier nicht weiter verfolgt. Hier wird das Zusammenspiel sozialer und materieller Faktoren auf die kindliche Persönlichkeit in den Mittelpunkt gestellt. Dies heißt selbstverständlich nicht, dass damit zusammenhängende Erkenntnisse hier keine Rolle spielen, es heißt aber, dass andere Einflussmöglichkeiten hier unberücksichtigt bleiben müssen. Der Schwerpunkt liegt auf sozialen Kontextanalysen als Einflussfaktoren kindlicher Entwicklungen. Hierbei wird sich allerdings zeigen, dass allein die Analyse der sozialen Einbettung kindlicher Persönlichkeit eine hohe Komplexität aufweist. Ein theoretischer Ansatz, der die verschiedenen Ebenen kindlicher Entwicklungsprozesse stärker in den Mittelpunkt gerückt hat und der es erlaubt, viele der vorliegenden Mechanismen der Person-Umwelt-Dynamik einzubeziehen, ist der sozialökologische Ansatz von Bronfenbrenner (1976). Auf diesen Ansatz wird sich die weitere Argumentation stützen.

Kap. 4.1 Person-Kontext-Dynamik im sozialökologischen Ansatz

Im Folgenden wird zunächst kurz auf die Entwicklung des sozialökologischen Ansatzes und seine Ausgangsbedingungen eingegangen. Auf der Grundlage einer Definition des Kontextes erfolgt eine Spezifikation wesentlicher theoretischer Mechanismen zwischen Kontexten und den darin eingebetteten Individuen.

Den theoretischen Ausgangspunkt fassen Fisher & Bidell (1998: 468) treffend zusammen: „Starting in the middle of things with embodied, contextualized, socially situated individual and joint activity necessitates a dynamic, multicomponent approach. A large number of factors contribute to any given activity, and activities vary widely in complexity and content. Using this dynamic approach requires two major steps: (a) to describe basic structures or organizations in activities in context, and (b) to characterize how those structures vary as a function of changes in key dimensions of person, body, task, context, and culture".

Diese Betonung des Kontextes als wesentliche Einflussgröße der psychischen Entwicklung hat innerhalb der Psychologie eine lange Tradition. Lewins Feldtheorie (1963; 1931), Sterns Betonung des „proximal space" (1927), Vygotskys Konzept des „proximal development" (1978); Barkers Analyse des „ecological setting", der interaktionistische Ansatz (Magnusson & Endler 1977) und vor allem die Arbeiten von Bronfenbrenner (1976; 1981; 1998) sind wesentliche Beispiele und Vorreiter für die Berücksichtigung des Kontextes im Rahmen der Persönlichkeitsentwicklung (Magnusson & Stattis 1998). Trotz dieser frühen Arbeiten sind in theoretischer und empirischer Hinsicht kontextuelle Faktoren in ihrem Zusammenspiel bei weitem nicht in dem Maße erforscht worden wie die inneren psychischen Mechanismen.

Magnusson & Stattin (1998) unterscheiden hinsichtlich der Berücksichtigung des Kontextes zwischen drei grundlegenden theoretischen Herangehensweisen: a) Ansätze, die eine einseitige Kausalität seitens des Kontextes unterstellen (klassische Stimulus-Response Ansätze gehören beispielsweise in diese Kategorie), b) Ansätze wechselseitiger Interdependenz zwischen Person und Kontext, z.B. vertreten durch Lewins Formel V=F(P,U) (das Verhalten ist eine Funktion aus der Person (P) und seiner Umwelt (U) (Lewin 1963: 273) oder darauf aufbauend das process-person-context Model von Bronfenbrenner & Crouter (1983) oder die von Lerner vertretene Richtung des „developmental contextualism" (Ford & Lerner 1992; Lerner 1991); und schließlich c) der „holistic interactionism", der stark auf dem soeben erwähnten klassischen Ansatz aufbaut (Magnusson & Stattin 1998) und nicht nur die Wechselwirkungen zwischen Person und Kontext, sondern stärker auch die vorgehenden kognitiven, biologischen (genetischen, neuronalen) und verhaltensbezogenen Faktoren und Dynamiken, die innerhalb des Individuums auftreten, betont.

Der holistische Ansatz erscheint bisher als der umfassendste Ansatz und basiert auf vier Grundannahmen: (1) „The individual functions and develops as a total, integrated organism. (2) Individual functioning within existing mental, biological, and behavioral structures, as well as development change, can best be describes as complex, dynamic processes. (3) Individual functioning and development are guided by processes of continuously ongoing, reciprocal interaction among mental, behavioral, and biological aspects of individual functioning, and social, cultural, and physical aspects of the environment. (4) The environment, including the individual, functions and changes as continuously ongoing process of reciprocal interaction among social, economic, and cultural factors" (Magnusson & Stattin 1998: 694).

Es sind vor allem vier Entwicklungen, die diesem Ansatz in den letzten Jahrzehnten vermehrt Substanz und Möglichkeiten verliehen haben. Zum einen die immense Forschung zu kognitiven Prozessen, zur Informationsverarbeitung, zum Gedächtnis, zur Modellierung von Entscheidungsprozessen. Zweitens die Weiterentwicklungen im Bereich der Neurowissenschaften und die Erforschung neuronaler Aktivitäten und die daraus resultierenden Zusammenhänge zu kognitiven Prozessen und Verhalten von Individuen. Drittens die Weiterentwicklung theoretischer Arbeiten wie die Chaostheorie, die General System Theory usw. als Ansätze zur Modellierung dynamischer Prozesse. Schließlich viertens die zunehmende Bedeutung und Durchführung von Längsschnittstudien, die erst entwicklungsbezogene kausale Analysen erlauben.

Wie bereits erwähnt, werden wir hier diese Komplexität und Vertiefungen über die vielfältigen Disziplinen hinweg, insbesondere die Einbeziehung neuronaler, kognitiver Prozesse, nicht leisten können. Das Ziel ist bescheidener: Es geht um eine Modellierung kontextueller Dynamiken und deren Einflüsse auf identitätsrelevante Aspekte der kindlichen Persönlichkeit. Obgleich wesentliche Arbeiten des holistischen Ansatzes berücksichtigt werden, erfolgt daher eine Begrenzung von Komplexität und es wird als Ausgangspunkt das sozialökologische Modell von Bronfenbrenner genommen, welches nach der oben erwähnten Einteilung zu den interaktionistischen Ansätzen zählt.

Der sozialökologische Ansatz betont den Prozess der Personenwerdung in Abhängigkeit psychischer Dispositionen und sozialer Umwelten. Diesem Ansatz liegt das Erkenntnisinteresse zugrunde, wie Individuen in natürliche und soziale Umwelten eingebunden sind und wie sich aus dem Zusammenwirken von Individuen soziale Umwelten konstruieren. Es geht vor allem darum, die konkrete Beschaffenheit des menschlichen Lebensraums für die Persönlichkeitsentwicklung zu analysieren: „Die Ökologie der menschlichen Entwicklung befaßt sich mit der fortschreitenden gegenseitigen Anpassung zwischen dem aktiven, sich entwickelnden Menschen und den wechselnden Eigenschaften seiner unmittelbaren Lebensbereiche. Dieser Prozess wird fortlaufend von den Beziehungen dieser Lebensbereiche untereinander und von den größeren Kontexten beeinflußt, in die sie eingebettet sind" (Bronfenbrenner 1981: 37). Das sozialökologische Modell legt den Schwerpunkt auf die gleichzeitige, nicht-additive Wirkung eines Bündels von unabhängigen Variabeln, die in nicht-linearer Weise zusammenspielen und ein integriertes System bilden (Bronfenbrenner 1976: 207).

Der Ansatz hat seinen Ursprung in den feldtheoretischen Überlegungen Kurt Lewins (1963; 1931). Lewin ging in seinen wegweisenden Arbeiten davon aus, dass ein Individuum vor dem Hintergrund gegebener Bedürfnisse und Ziele bestimmter psychischer Kräfte ausgesetzt ist, die auf die Person einwirken und eine Tendenz zur Lokomotion in Richtung auf die Realisierung eines Zieles ausübt, bzw. – wie er es nennt – sich ein „System (S1) in Spannung" aufbaut. Dieses ziel/bedürfnisbezogene Spannungssystem ist eingebettet in andere Systeme, wodurch jedem System eine spezifische Lage gegenüber einem anderen System zukommt und ein „dynamisches Feld" resultiert. Er geht von den Annahmen aus, dass a) das Verhalten einer Person aus einer Gesamtheit der zugleich gegebenen Tatsachen abgeleitet werden muss und b) dass diese zugleich gegebenen Tatsachen als ein dynamisches Feld aufzufassen sind, als der Zustand jedes Teiles dieses Feldes von jedem anderen Teil abhängt (Lewin 1963: 69). Die Psychologie muss daher den Lebensraum, der die Person und ihre Umwelt einschließt, als ein dynamisches Feld betrachten (Lewin 1963: 273). Auf eine Formel gebracht heißt das für Lewin: V=F(P,U) (das Verhalten ist eine Funktion aus der Person (P) und seiner Umwelt (U). Die ausschließliche Betrachtung eines „Systems in Spannung" ist daher nicht ausreichend.

Unter den Begriff einer *psychologischen Ökologie* unterscheidet Lewin nunmehr drei Bezirke: a) Vorgänge im individuellen *Lebensraum*, welcher die Person, seine psychische Umwelt sowie die damit einhergehenden Bedürfnisse, Motivationen, Stimmungen, Ziele, Ängste usw. einschließt; b) Vorgänge außerhalb dieses Lebensraums, die keinen Einfluss auf den Lebensraum der Person haben und schließlich c) eine *Grenzzone des Lebensraums*. Darunter versteht Lewin gewisse Teile der *physischen* und der *sozialen* Welt, die den Zustand des Lebensraumes beeinflussen. Relevant sind diesbezüglich nicht allein die objektiven und räumlichen Merkmale der Umwelt allein, sondern deren spezifische Wahrnehmung und Interpretation durch das Individuum (Lewin 1963: 99). Es geht im Folgenden insbesondere um diese „Grenzzone" des Lebensraums.

Lewin geht weiterhin davon aus, dass sich im Laufe der kindlichen Entwicklung der *Lebensraum der Person*, seine Emotionen, Bedürfnisse, Kenntnisse, aber auch seine sozialen Beziehungen und Verhaltensweisen, weiter ausdifferenzieren, an Varietät und Komplexität zunehmen und dadurch Akteure gezielter und differenzierter als vorher Prozesse wahrnehmen und in Handlungen umsetzen können (Lewin 1963: 137ff.). Dies kann Lewin zu Folge mindestens zwei Bedeutungen haben: Zum einen nimmt die Varietät des Verhaltens zu, zum anderen geht mit einer derartigen Differenzierung einher, dass in zunehmendem Maße die einzelnen Teile voneinander eine relative Unabhängigkeit entwickeln trotz hoher Interdependenz. So entwickeln sich die motorischen Systeme zu mehr Selbstständigkeit; das Kind lernt Sprache einzusetzen und ist weniger einer Situation vollständig ausgeliefert, es kann sich psychisch und physisch mehr entziehen; das Kind lernt mehr und mehr seine Umwelt zu organisieren, seine Ziele zu verfolgen und es erweitert seinen relevanten Lebensraum (Lewin 1963: 143ff.).

Auf diesen grundsätzlichen frühen feldtheoretischen Überlegungen Kurt Lewins baut Bronfenbrenner eine Ökologie der menschlichen Entwicklung auf: Diese befasst sich mit der fortschreitenden gegenseitigen Anpassung zwischen dem aktiven, sich entwickelnden Menschen und den wechselnden Eigenschaften seiner unmittelbaren Umwelt. Menschliche Entwicklung wird verstanden als der Prozess, durch den Individuen erweiterte, differenziertere und verlässlichere Vorstellungen über die Realität erwerben. Dabei wird das Individuum zu Tätigkeiten motiviert und befähigt, die es ermöglichen, die Umwelt zu erkennen und im Rahmen bestehender Möglichkeiten aktiv mit- und umzugestalten (Bronfenbrenner 1981: 37; Bronfenbrenner & Morris 1998; Bronfenbrenner 2001; 1992; 1988).

Der sozialökologische, später auch als *humanökologisch* bezeichnete Ansatz von Bronfenbrenner (1978; 1981; 1998) unterscheidet verschiedene ineinander geschachtelte Systeme und Ebenen sozialisationsrelevanter Einflussfaktoren: *Mikro-, Meso-, Exo- und Makrosystem* (dazu später mehr). In späteren Weiterentwicklungen hat Bronfenbrenner stärker auch den biologischen und innerpsychischen Prozess sowie den Faktor Zeit berücksichtigt – diese Aspekte lassen wir hier, wie bereits betont, außen vor.

Bronfenbrenner hebt in seinem sozialökologischen Ansatz die Bedeutung „proximaler Prozesse" als Kernmechanismus der Person-Umwelt-Dynamik hervor (2001). Er geht – wie auch Lewin – von dem Grundprinzip aus, dass die menschliche Entwicklung auf Prozessen immer komplexer werdender Interaktionen zwischen einem sich zu entwickelnden biopsychischen Organismus einerseits und den diesen Organismus umgebenden Personen, Objekten und Symbolen als Elemente seiner unmittelbaren äußeren Umwelt andererseits beruht. Den Kern dieses Ansatzes bilden proximale Prozesse: *Proximale Prozesse sind Interaktionen zwischen der Umwelt und dem Organismus, die über einen gewissen Zeitraum hinweg vorliegen und wesentliche Einflüsse auf die menschliche Entwicklung haben.*

Zum zentralen Begriff proximaler Prozesse schreibt Bronfenbrenner: „Especially in its early phases, but also throughout the life course, human development takes places through processes of progressively more complex reciprocal interaction between an active, evolving biopsychological human organism and the persons, objects, and symbols in its immediate external environment. To be effective, the interaction must occur on a fairly regular basis over extended periods of *time*. Such enduring forms of interaction in the immediate environment are referred to as *proximal processes*" (Bronfenbrenner 2001). Und er fügt an anderer Stelle hinzu: „The form, power, content, and direction of the proximal processes effecting development vary systematically as a joint function of the characeristics of the (a) *developing person*; of the (b) *environment* – both immediate and more remote – in which the processes are taking place; the (c) nature of the *developmental outcomes* under consideration; and (d) the social continuities and changes occurring over *time* through the life course and the historical period during which the person live" (Bronfenbrenner & Morris 1998: 996). Bronfenbrenner und Mitarbeiter sprechen dann von dem sogenannten Process-Person-Context-Time Model (kurz PPCT) (Bronfenbrenner & Morris 1998; Bronfenbrenner 2001; 1992; 1988).

Dieser Definition folgend umfasst ein Kontext Individuen, Objekte und Symboliken, die eine Person umgeben und Einfluss auf deren Entwicklungen haben. Dies ist zunächst ein sehr weiter Fokus und es erfordert eine genaue Spezifikation dessen, was jeweils als Kontext verstanden wird, welche zentralen Einflussfaktoren und damit Variablen zu erheben sind (Ford & Lerner 1992). Darauf weist auch Ries (1982) hin, wenn es darum geht ökologische Einheiten zu definieren und voneinander abzugrenzen. Von einer ökologischen Einheit zu sprechen sei nur dann sinnvoll, wenn räumliche bzw. physikalische Bezugssysteme gegeben sind (Oerter 1995). Damit das ökologische Konzept nicht zu einer „Leerformel" für alles wird, verlangt theorieorientierte Forschung, dass hinlänglich genügend differenziert wird, was die jeweilige ökologische Einheit ist und wie die Merkmale, Beschaffenheit, Prozessstatus und Wirkung sich darstellen, was ebenfalls von Barker (1968; Oerter 1995) in seiner „ecological psychology" betont wird. Wenn im Folgenden von Kontexten gesprochen wird, so verwenden wir folgende Definitionskriterien:

- Kontextfaktoren lassen sich zunächst auf unterschiedlichen gesellschaftlichen Ebenen festmachen. Ein *Context lässt sich definieren als die situativ vorliegenden Handlungs- und Verhaltensopportunitäten, die in einem Sinnzusammenhang mit den darin agierenden Akteuren stehen.*
- Soziale Kontexte haben immer einen *räumlich-physischen Bezug, der sich auf Handlungs- und Verhaltensopportunitäten auswirken kann.* Die Stärke der Verknüpfung eines sozialen Kontextes mit einem dazugehörigen Raum variiert. Es gibt sehr enge Verweise (Operationen finden in der Regel in Krankenhäusern statt; Bundestagsdebatten im Bundestag und nicht auf einer grünen Wiese), aber gleichwohl auch Beispiele für sehr weitläufige Bezüge: Gespräche mit dem Partner sind nicht räumlich fixiert. Es gibt jedoch *räumliche Einflussfaktoren*, die die darin inhärenten Vorgänge beeinflussen und selbst wiederum sinnbezogene Opportunitätsstrukturen bilden: Die Offenheit einer Paarkommunikation ist abhängig von den räumlichen Verhältnissen; der öffentliche Raum strukturiert die Begegnungs- und Kommunikationsmöglichkeiten usw. In vielfältiger Weise sind Kommunikationsstrukturen an Räume gebunden, bzw. es liegen spezifische Interaktionsordnungen vor, die eine spezifische Rahmung der Situation bedeuten (Magnusson 1980; Goffman 2001; 1980; Willems 1997).
- Soziale Kontexte können hierarchisch aufgebaut sein, d.h. sie können durch hierarchisch höher liegende *meso- und makrostrukturelle Kontexte* (z.B. durch allgemein anerkannte Rollenerwartungen, Organisationsziele und -strukturen korporativer Akteure, Werte, Mentalitäten, Normen, Gesetze usw.) beeinflusst und strukturiert werden.
- Soziale Kontexte sind *interdependent* und selbst wenngleich sie hierarchisch strukturiert sind, beeinflussen Mikrokontexte und die darin agierenden Akteure schließlich auch Prozesse auf höher liegenden Meso-, Exo- und Makroebenen.

Bronfenbrenner (1975 in Schneewind et al. 1983) betont nunmehr, dass soziale Kontexte zumindest in zwei Grundkomponenten zerlegt werden können:

a) die *sozialen Einflussfaktoren und Bedingungen und die dazugehörigen sozialen Beziehungen und Interaktionen*

b) und die *physisch/materielle Ausstattung* und deren Einflussfaktoren.

Beide Komponenten können als Entwicklungsbedingungen jedoch nur einflussreich sein, wenn der Akteur mit ihnen einen bestimmten subjektiven Sinn verbindet, bzw. das Handeln des Akteurs durch die vorliegenden Bedingungen mitstrukturiert wird.

Hinsichtlich der Analyse sozialer Einflussfaktoren proximaler Prozesse ist innerhalb der Sozialisationsforschung von Grundmann der Begriff der *sozialisatorischen Interaktion* eingeführt worden (Grundmann 2006). Sozialisatorische Interaktion setzt voraus, dass mindestens zwei Individuen miteinander interagieren.[11] (Anmerkungen am Ende des Kapitels). Sozialisatorische Interaktion bildet für die Beteiligten einen objektiven, sinnstrukturierten Zusammenhang, der als Kontext für den sinnhaften Aufbau des Subjekts eine entscheidende Rolle spielt. „Erst in der Praxis der sozialisatorischen Interaktion und der in ihr emergierenden objektiven latenten Sinnstrukturen, die der Heranwachsende sich sukzessive durch Rekonstruktionsleistungen aneignen muss, vollzieht sich der Bildungsprozess des Subjekts" (Wagner 2004: 186; Sutter 1999). Durch sozialisatorische Interaktion bzw. durch proximale Prozesse werden sozial vorgegebene sinnstrukturierte Handlungsperspektiven über Interaktionen mit anderen aufgenommen und zugleich in entwicklungsspezifischer Weise interpretiert. „Soziale Perspektiven, Rollen und Normen werden aus dieser Sicht zu komplexen sozialkognitiven Operationen, die sich soziogenetisch konstituieren und die Ontogenese strukturieren. Die individuellen (typische Handlungsweisen der Person) und die sozialen Handlungsperspektiven (typische Handlungsweisen der sozialen Gruppe) bedingen sich dabei gegenseitig, bilden aber gleichzeitig ein Spannungsverhältnis von sozialen Handlungserwartungen und individuellen Handlungsbedürfnissen" (Grundmann & Keller 1999: 122). Diese hohe Bedeutung sozialisatorischer Interaktion wird durch Forschungsergebnisse von Neurowissenschaftlern gestützt, die nachgewiesen haben, dass sozialisatorische Interaktionen an der Entwicklung und dem Aufbau von Gehirnstrukturen beteiligt sind (Singer 2002). Sozialisatorische Interaktionen in sozialen Beziehungen lassen sich daher als wechselseitige Handlungsorientierungen bezeichnen, die auf den Aufbau und die Etablierung eines gemeinsamen sinnhaften Handlungszusammenhangs ausgerichtet sind.

Die Betonung sozialisatorischer Interaktion und damit angesprochene soziale Beziehungen als wesentliche Einflussfaktoren für die kindliche Entwicklung impliziert, dass damit weitere Einflussfaktoren, die mit den an den sozialen Beziehungen beteiligten Personen geknüpft sind, mit in den Blickpunkt genommen werden müssen, weil sie wiederum Auswirkungen auf die Ausgestaltung spezifischer Interaktionsbeziehungen und deren Handlungen haben. Diese zusätzlichen Einflussfaktoren sind breit gestreut und reichen von den psychischen Dispositionen, über Werte und Einstellungen und Zielsetzungen. Hinzu kommen die Erfahrungen, die in anderen Kontexten und mit anderen sozialen Beziehungen gemacht werden (z.B. am Arbeitsplatz, Konflikte mit dem Partner), das, was Bronfenbrenner als Exosysteme bezeichnet und worauf später noch ausführlicher eingegangen wird.

Bronfenbrenner betont in seiner Hervorhebung proximaler Prozesse für die kindliche Entwicklung jedoch nicht nur den Aspekt persönlicher Interaktionen, sondern erweitert den Bogen und schließt auch *Objekte und Symbole der unmittelbaren räumlichen Kontexte* mit ein. In der phänomenologischen Soziologie von Schütz & Luckmann (1979) wird dies treffend als „Welt in aktueller Reichweite" umschrieben und umfasst aktuell wahrgenommene sowie wahrnehmbare Gegenstände der Umwelt, die die Sinne (Wahrnehmungsmodalitäten) auf unterschiedliche Art und Weise affizieren. Vor allem die Ökologische Psychologie bzw. die Umweltpsychologie, als eines der jüngsten Teilgebiete der Psychologie, beschäftigt sich mit den psychologischen Aspekten der menschlichen Umwelt im Ganzen. Ein engerer Umweltbegriff ist von dem Biologen Uexküll in die Diskussion eingebracht worden. Er weist darauf hin, dass Umwelt nicht mit Außenwelt gleichzusetzen ist, sondern im Begriff der Umwelt bilden Subjekt und Außenwelt eine Einheit, Außenwelt wird zur relevanten Umwelt, wenn das Individuum ihm mehr oder weniger bewusst eine Bedeutung zuschreibt (Uexküll 1940; Lewin 1963: 99). Im Vergleich zu Interaktionen ist jedoch die inhaltliche Bedeutung von Objekten weniger variationsreich (Schröder 1989; 1999 in Grundmann 2006: 167). Wir haben entsprechend auch hier den Verweis darauf, dass Umwelt dann relevant wird, wenn Individuen damit einen subjektiven Sinn verbinden bzw. die Umwelt auf Wahrnehmungsprozesse in welcher Form auch immer einwirkt. So beschäftigt sich die Umweltpsychologie u.a. mit der Frage, wie materielle und energetische Außenbedingungen auf Erleben und Verhalten von Individuen wirken. Was ist – je nach Fokus – eine angemessene Raumgestaltung, welchen Einfluss haben Wohnumgebungen für die Akteure und deren soziale Beziehungen usw. (Hellbrück & Fischer 1999; Harloff & Ritterfeld 1993)?

Eine erste generelle Unterscheidung kann hierbei getroffen werden zwischen natürlichen, räumlichen Kontexten (Umwelt, Klima, Lärm usw.) und den konstruierten räumlichen Kontexten (Wohnungen, Kindergärten, Schulen, Spielplätze usw.) (Ford & Lerner 1992). Hierbei kommt in Bezug auf die kindliche Entwicklung dem Wohnen eine besondere Bedeutung zu. Einer Definition von Harloff & Ritterfeld (1993: 31) zu Folge kann Wohnen wie folgt definiert werden: „Wohnen beschreibt die physischen, sozialen und psychologischen Transaktionen, mittels derer eine Person ihr Leben erhält, das Leben anderer teilt, neues Leben und soziale Kategorien schafft sowie diesem Prozess Bedeutung gibt. Auf diese Weise gewinnt die Person ein Gefühl der Identität und einen Platz in der Welt" (Harloff & Ritterfeld 1993; Flade 1993). Der Wohnumwelt können verschiedene Funktionen zugeschrieben werden. Wohnen erfüllt Bedürfnisse nach Wärme, Ruhe, Erholung, Schlaf, Sicherheit, Alleinsein, Zusammensein, sozialer Anerkennung, Prestige, aber auch Selbstentfaltung, bietet Rückzugsmöglichkeiten um mit sich selbst zu sein und hat entsprechend auch eine Rolle in der Identitätsentwicklung usw. (Flade 2006). Wohnungen haben ebenfalls ein spezifisches Anregungspotenzial, welches mehr oder weniger gut ausgebildet ist, und wirken entsprechend auf die Entwicklungsbedingungen von Menschen ein. Die räumlich-physikalischen Bedingungen der Wohnung sind gerade auch für die kindliche Entwicklung relevant, da sie das Explorationsverhalten fördern können (BMFSF 1998: 190). Zu enge Wohnbedingungen oder eine hohe Wohndichte schränken den Aktivitätsraum ein. So verhindert z.B. eine hohe Wohnungsdichte (Anzahl der Personen in einem Haushalt) die Möglichkeiten von Exploration und Selbstwirksamkeit, und erhöht die Wahrscheinlichkeit des Auftretens von Konflikten.

Für beide grundsätzlichen Einflussdimensionen, den sozialen und den räumlichen, gilt, dass das entwicklungsfördernde Potential eines Lebensbereichs sich in dem Maße steigert, in dem die materielle und soziale Umwelt in diesem Lebensbereich der sich entwickelnden Person es ermöglicht und sie motiviert, an fortschreitend komplexeren molaren Tätigkeiten, wechselseitigen Interaktionsmustern und primärdyadischen Beziehungen zu anderen Menschen teilzunehmen (Bronfenbrenner 1981: 162). „Je responsiver dabei die physische wie die soziale Umwelt sind, desto eher kann das Kind die Erfahrung von Verhaltens-Verstärkungs-Kontingenz machen, d.h. sich selbst als Verursacher emotional positiv getönter Umweltveränderungen erleben. Die Verdichtung derartiger Erlebnisse zu situationsübergreifenden, stabilen Selbstwirksamkeits-Erwartungen setzt eine Vielfalt an Umweltbedingungen, setzt deren Komplexität und Variabilität voraus" (Hellbrück & Fischer 1999: 444). In diesem Zusammenhang sind Ergebnisse der Hirnforschung bedeutsam: So weist Singer (2002: 50f.) darauf hin, dass für Entwicklungsprozesse nicht so sehr das Zuschauen entscheidend ist, sondern das Selbermachen. Prozesse der neuronalen Selektion und Instruktion ergeben sich vor allem dann, wenn spezifische Erfahrungen im Kontext der Umwelt, sei es mit Dingen oder sozialen Beziehungen, gemacht werden. Hier zeigt sich, dass spezifische Umweltanreize (Interaktionen, Objekte der Umwelt, Freizeitmöglichkeiten) als Anreize wirken können, die eine neuronale Ausbildung fördern können, während Anzeichen von Deprivationen eher zu einer suboptimalen Ausbildung neuronaler Strukturen führen (Singer 2002).

Schließlich ist ein weiterer Aspekt von Kontexten von Bedeutung, nämlich die eher diffuse ambiente Stimulation. Hierbei kann man unterscheiden, ob die Reizzufuhr durch einzelne spezifische Objekte erfolgt (fokal) oder ob es sich um diffuse Lärm- und Aktivitätspegel handelt (ambient); gerade wenn Kinder sich nur schwer ambienten Reizüberflutungen, Stresssituationen entziehen können, sind räumliche, wohnlichbezogene Fluchtpunkte wichtig; so kann eine hohe Lärmbelastung mit negativen Folgen auf die kognitive Entwicklung einhergehen (Flade 2006; Hellbrück & Fischer 1999). Diese Ausführungen verdeutlichen, dass die Einflussmöglichkeiten jeweiliger Kontexte sehr vielfältig sein können, das gilt sowohl für die darin implizierten sozialen Beziehungen als auch für die vorliegenden räumlich-physischen Aspekte.

Diese theoretischen Erörterungen vorausschickend lässt sich ein Mikrokontext nunmehr definieren als „a pattern of activitites, social roles, and interpersonal relations experienced by the developing person in a given *face-to-face setting* with *particular physical, social, and symbolic features* that *invite, permit, or inhibit, engagement in sustained, progressively more complex interaction* with, and activity in, the immediate environment" (Bronfenbrenner 1994: 1645; eigene Hervorhebung).

Diese Definition betont die Bedeutung persönlicher sozialer Beziehungen, die physischen, räumlichen und symbolischen Bedingungen, die eine differenzierte Auseinandersetzung ermöglichen oder verhindern. Der Verweis auf soziale Beziehungen meint nicht, dass hier für jedes Mikrosystem nur eine einzige soziale Beziehung fokussiert wird: Ein Mikrosystem kann aus mehreren Bezugspersonen, wie die Familie, bestehen. „Each member of a microsystem influences every other member. In terms of research design, it is therefore important to take into consideration the influence of each relationship on other relationships" (Bronfenbrenner 1992: 161; Ford & Lerner 1992). Idealerweise müssten alle wechselseitigen Einflüsse in einem Mikrosystem mit einbezogen werden. Die nachfolgende Abbildung verdeutlicht beispielhaft die Einbettung eines Individuums in zwei Kontexte.

Abbildung 1: Einflüsse aus den Mikrokontexten

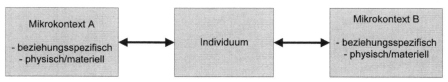

Es lässt sich festhalten, dass in beiden wesentlichen Komponenten von Kontexten, den *sozialen Beziehungen und den physischen/materiellen Bedingungen*, proximale Prozesse wirksam sind, die die menschliche Entwicklung beeinflussen können. Aus den vorangehenden Ausführungen und der Tatsache, dass Individuen in mehr als nur einen Kontext eingebettet sind, lassen sich folgende theoretische Spezifikationen bestimmen:

(1) Grundbedingung der Wirksamkeit proximaler Prozesse ist, dass Personen entsprechende Interaktionen, Aktivitäten, physisch-räumliche Möglichkeiten wahrnehmen, mit ihnen einen Sinn verbinden (Lewin 1963), d.h. es muss differenziert werden zwischen dem, wie der Kontext objektiv ist und dem, wie er von den betreffenden Individuen wahrgenommen wird. Diese fundamentale Unterscheidung hinsichtlich der *Wahrnehmung des Kontextes* ist schon früh betont worden (z.B. Lewin 1963; Esser 1999). In ähnlicher Richtung haben Schneewind et al. (1983) in ihren Analysen zur Eltern-Kind-Beziehung die Unterscheidung gemacht zwischen einem potentiellen und einem aktuellen Erfahrungsbereich. Daraus folgt auch, dass gleiche Kontextbedingungen eben auch nicht gleiche Folgen und Wirkungen für Personen haben müssen, selbst wenn andere Faktoren ebenfalls gleiche Bedingungen aufweisen würden.

(2) Proximale Prozesse können in Bezug auf die kindliche Entwicklung *positive oder negative Wirkungen* haben: Sie können förderlich für die Entwicklung des Menschen sein, z.B. als Anregung für die Individuen gelten (Schneewind et al. 1983), die die Gelegenheit zu differenzierteren Lern- und Erfahrungsmöglichkeiten bietet. Proximale Prozesse können aber auch hinderlich sein, als Belastung, als Stressor wirken, demnach als eine Deprivationsdimension aufgefasst werden (Lärmbelastungen, Stimulusarmut, defizitäre Kommunikation und Sozialkontakte usw.) (Schneewind et al. 1983). In ähnlicher Hinsicht unterscheiden Bronfenbrenner und Mitarbeiter zwischen *developmentally generative* und *developmentally disruptive*, d.h. *entwicklungsfördernde* (Neugierde, Selbstwirksamkeit, Initiativen) und *entwicklungshemmende* (Aggressionen, Gewalt, Impulsivität, sozialer Rückzug, mangelnde Emotionsregulation, Schüchternheit) Eigenschaften im jeweiligen Kontext (Bronfenbrenner & Morris 1998; Bronfenbrenner 1989).

(3) Proximale Prozesse unterscheiden sich im Hinblick auf ihre *Effektivität* untereinander, d.h. sie sind unterschiedlich gewichtet. Eltern-Kind-Beziehungen sind in der Regel für die Entwicklung von Kindern wichtiger als Einflüsse durch andere Verwandte; die räumlichen Bedingungen des Elternhauses sind evtl. wichtiger als die räumlichen Möglichkeiten in der Schule oder bei Freunden.

(4) Proximale Prozesse können unterschieden werden nach ihrer *relativen Stabilität und Dauerhaftigkeit*. Sind sie in relativ stabile Strukturen eingebettet, erhöht sich der Einfluss derartiger Kontexte, die mit entwicklungsbezogenen Veränderungen einhergehen können. Bronfenbrenner (2001) weist darauf hin, dass feste Strukturen, verlässliche Rahmenbedingungen der jeweiligen Kontexte für eine positive Entwicklung relevant sind (Gerris et al. 1991; Magnusson & Stattin 1998; Fuhrer 2005: 191ff.). Dies muss aber keineswegs durchgehend so sein. Negative Be-

dingungen können ebenfalls in verlässliche Rahmbedingungen eingebunden sein. Relativ fest strukturierte Rahmenbedingungen sind insofern förderlich, weil sie stärker einen verlässlichen Orientierungsrahmen und konkrete Erwartungsstrukturen bereitstellen, auf denen die Akteure sich verlassen können. Dies erleichtert und ermöglicht u.a. zielgerichtete, aber auch explorative Handlungen.

(5) Proximale Prozesse und Strukturen unterscheiden sich nach deren *Gestaltbarkeit und Geschlossenheit* aus der Sicht des Akteurs (bzw. relevanter Bezugspersonen). Magnusson & Stattin (1998) betonen, dass positive Entwicklungskontexte den Aspekt der Beeinflussbarkeit aufweisen, dies fördere z.B. den Identitätsbildungsprozess sowie die Ausbildung sozialer Kompetenzen und Selbstwirksamkeit – vor allem von Kindern. Die Beeinflussbarkeit proximaler Prozesse verweist auf deren Offenheit für eine aktive Aneignung und Auseinandersetzung mit gegebenen sozialen Kontexten (Ford & Lerner 1992). Dies spielt insbesondere für zwischenmenschliche Interaktionen eine wesentliche Rolle – worauf noch näher eingegangen wird.

(6) Signifikante Effekte (z.B. kritische Lebensereignisse) können sogenannte „*turning points*" bilden, die den Entwicklungsprozess in eine entscheidende andere Richtung beeinflussen. Diese Effekte müssen nicht sofort sichtbar sein, sondern können sich in ihrer Wirkung auch langsam mehr und mehr aufbauen (Magnusson & Stattin 1998). Diese Effekte brauchen sich auch nicht auf zwischenmenschliche Beziehungen (Tod eines Familienmitgliedes, Trennung vom Partner) beschränken, sondern physisch-räumliche Veränderungen (Katastrophen) oder sozial-räumliche Veränderungen (Revolutionen, grundlegende Veränderungen z.B. von Ausbildungsgesetzen, sozialstaatliche Gesetzesänderungen) können in hohem Maße den zukünftigen Prozess beeinflussen und wie „turning points" wirken.

(7) Die angeführten proximalen Faktoren wirken nicht unidirektional auf das Individuum, sondern das Individuum wirkt auch wiederum beeinflussend auf die Kontexte. Es liegen Reziprozitäten vor (Gerris et al. 1991; Ford & Lerner 1992).

(8) Das Zusammenspiel dieser Einflussfaktoren kann sich zu spezifischen familialen Mustern und Transaktionen verbinden, bestehend aus andauernden, sich wiederholenden, *spiralförmigen Wechselwirkungen* zwischen Familienmitgliedern, die sich positiv oder negativ auswirken (Gerris et al. 1991; Petzold 1999).

Mit diesen Mechanismen sind wesentliche Aspekte der Person-Kontext-Dynamik benannt. Zu diesen genannten Dynamiken ist schließlich hinzuzufügen, dass Kontexte und die darin wirkenden proximalen Faktoren sich nach weiteren sozialstrukturellen Merkmalen unterscheiden können:

(9) Die gesamte Person-Kontext-Dynamik ist entsprechend abhängig von der zugrundeliegenden *Opportunitätsstruktur proximaler Prozesse*.

Diese Opportunitätsstruktur ist sehr weitläufig. Es seien einige zentrale Faktoren erwähnt: a) Sie umfasst die personelle Zusammensetzung des jeweiligen Kontextes. Sind mehrere Beziehungspersonen vorhanden, dann erweitert sich die Anzahl möglicher Beziehungsdynamiken und proximaler Faktoren unter Umständen beträchtlich; b) sie beinhaltet nicht nur die darin eingebetteten Beziehungsqualitäten und -dynamiken, sondern auch die jeweiligen Persönlichkeiten (ihre psychischen Fähigkeiten, Bedürfnisse, Motivationen, Normen, Werte, Einstellungen, aber auch Einschränkungen, Krankheiten usw.); c) sie ist ebenfalls beeinflusst durch die finanziellen/materiellen Möglichkeiten des Kontextes. Weitere Spezifikationen ergeben sich, wenn neben den Mikrokontexten weitere Kontexte mit einbezogen werden.

Durch die Einbeziehung von Interdependenzen zwischen den jeweiligen Mikrokontexten ergibt sich eine weitere analytische Ebene, die Bronfenbrenner unterscheidet, die *Mesosysteme*. Das Mesosystem stellt nach Bronfenbrenners sozialökologischem Ansatz die nächste Einflussebene dar, die zur Analyse von Entwicklungsprozessen berücksichtigt werden sollte. Die Mesoebene umfasst das System von Wechselbeziehungen, welches *zwischen* den Mikrosystemen auftritt und Einflüsse auf darin eingebettete proximale Prozesse hat (Bronfenbrenner 1981: 199ff.).

Abbildung 2: Einflüsse aus den Mikrokontexten und der Mesoebene

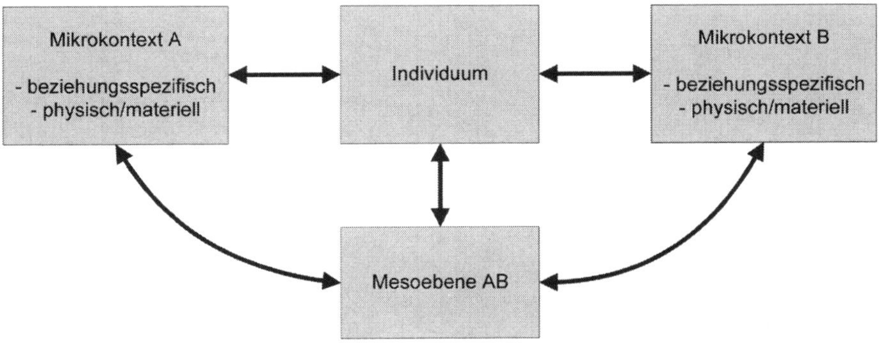

Auch für diese Ebene ließen sich einige weitere theoretische Spezifikationen anführen:

(10) Proximale Prozesse und Strukturen aus unterschiedlichen Mikrosystemen können sich wechselseitig beeinflussen, d.h. sie können eine Kette von Beziehungskomponenten bilden (Belsky 1981; Gerris et al. 1991; Ford & Lerner 1992; Huinink & Feldhaus 2008). Je nach Wirkrichtung lassen sich folgende Unterscheidungen treffen:

a. Proximale Prozesse können sich unterstützen, sich ergänzen und dadurch Synergieeffekte haben (*Unterstützung und Komplementarität*).

b. Es können Substituierungen auftreten, dahingehend, dass der Verlust oder Mangel durch andere Faktoren, Handlungen, Kontexte kompensiert werden (*Substituierungen*).

c. Proximale Prozesse können sich als nicht miteinander vereinbar ergeben (*Unvereinbarkeiten*) und diametrale Wirkrichtungen haben (Huinink & Feldhaus 2008).

Zusätzlich zu der Mesoebene wird von Bronfenbrenner die Ebene der Exosysteme eingeführt. Exosysteme sind Lebensbereiche, an denen die sich entwickelnde Person *nicht direkt* beteiligt ist, in denen aber Ereignisse oder Prozesse stattfinden, bzw. in denen strukturelle Restriktionen oder Opportunitäten gebildet werden, die Auswirkungen auf den Handlungsraum, Möglichkeitsraum von Individuen haben, die wiederum mit der sich entwickelnden Person in Beziehung steht. Es muss diesbezüglich eine kausale Abfolge von wenigstens zwei Schritten vorliegen: das Auftreten von Ereignissen oder Prozessen im externen Bereich und die Herstellung einer Verbindung zu Prozessen der Entwicklungsbedingungen im Mikrosystem der sich entwickelnden Person. Die kausale Richtung kann auch anders verlaufen: Es können Mikrosystemprozesse in Gang gesetzt werden, deren Auswirkungen sich bis in externe Lebensbereiche hinein fortsetzen (Bronfenbrenner 1981: 224ff.): Relevante Systeme des Exobereichs sind alle gesellschaftlichen Institutionen, Organisationen (Strukturen und Bedingungen des Erwerbsbereichs und des Arbeitsplatzes, der Schule, Gesundheitssystem), institutionalisierte Verhaltensregeln und Handlungserwartungen (Verkehrsverhalten):

(11) Exosysteme strukturieren den Opportunitätsraum individuellen Handelns und ihrer Mikrokontexte, sie beeinflussen dadurch Handlungsprozesse und -möglichkeiten, was sich wiederum auf die Möglichkeiten der individuellen Zielverwirklichung und Bedürfnisbefriedigung und damit auf die individuelle Entwicklung auswirkt. Sie wirken daher auch auf die physischen und psychischen Ressourcen beteiligter Akteure sowie auf bestehende Erwartungen und Handlungsvorschriften. Der Bereich der Exosysteme ist sehr umfassend und vielfältig. Exosysteme können ferner vermittelt über bestehende Mikro- und Mesosysteme auf das Individuum einwirken.

(12) Proximale Prozesse können transitiv sein: Das Verhalten des Vaters wirkt sich auf das des Kindes aus, das wiederum auf das der Mutter und das des Vater usw. (Gerris et al. 1991; Petzold 1999). Transitivität bezieht sich sowohl auf Prozesse der Meso- als auch der Exoebene: So kann das Verhalten des Kindes sich auf das Arbeitsverhalten des Vaters, das wiederum auf das Exosystem Beruf auswirken, dieses wiederum zu-

rückgehen auf den Vater, das Kind, die Mutter usw. Darüber hinaus ist aber auch denkbar, dass sich die Situation am Arbeitsplatz auf die Wirkungsweise des Meso-Systems auswirkt: Ein gestresster Vater wird wahrscheinlich weniger zu Elternabenden gehen, was sich wiederum auf das Kind auswirken könnte (Teilhabe an bestimmten Veranstaltungen, Informationen) (Parke & Buriel 2006).

Abbildung 3: Gesamtmodell des sozialökologischen Ansatzes

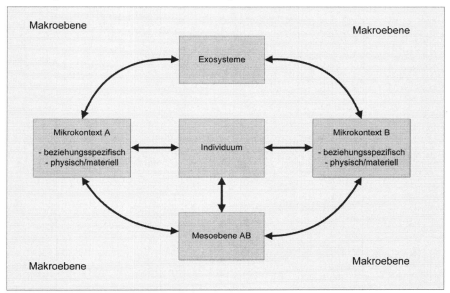

Die einzelnen Systemebenen sind schließlich in dem breiten Kontext des Makrosystems eingebettet. Das Makrosystem ist definiert als ein allgemeines kulturelles Muster, welches soziale Institutionen und Organisationen umspannt. Es beinhaltet die Kultur und Subkulturen, gesamtgesellschaftliche Rahmbedingungen, auch rechtliche Rahmenbedingungen (z.B. für die Erziehung von Kindern, oder in Bezug auf den Arbeitsmarkt die 40-Std-Woche), aber auch allgemein geteilte gesellschaftliche Rollenerwartungen (Male-Breadwinner-Model), die sich auf alle unteren Ebenen auswirken und den Handlungsraum beeinflussen. „Der Begriff des Makrosystems bezieht sich auf die grundsätzliche formale und inhaltliche Ähnlichkeit der Systeme niedriger Ordnung (Mikro-, Meso-, Exo-), die in der Subkultur oder der ganzen Kultur bestehen oder bestehen könnten, einschließlich der ihnen zugrundeliegenden Weltanschauungen und Ideologien" (Bronfenbrenner 1981: 42). Betont werden muss damit schließlich, dass Bedingungen des Makrokontextes sich in vielerlei Hinsicht in den Mikro-, Meso- und Exosystemen zeigen, diese „durchdringen", und dass sie in vielerlei Hinsicht auf die Opportunitätsstrukturen des jeweiligen Kontextes Einfluss nehmen und ihren Handlungsraum stark mitstrukturieren (Mayer 1990).

Kap. 4.2 Zwischenfazit

Das skizzierte humanökologische Modell von Bronfenbrenner ist ein ausformuliertes Mehrebenenmodell, in dem die wechselseitige soziale Einbettung von Individuen in verschiedene Systeme, die wiederum ineinander verschachtelt und interdependent sind, als analytische Perspektive beschrieben wird. Auch Ford & Lerner (1992) nehmen diesen Mehrebenenbezug im Rahmen ihres Developmental Contextualismus als Ausgangspunkt: „Variables from the several levels of organization comprising human life exits in reciprocal relation. The structure and function of variables from any one level influence and are influenced by the structure and function of variables from other levels. This recoprocial influence among levels, this 'fusion' of interlevel relations, is termed dynamic interactionism with developmental contextualism" (Ford & Lerner 1992: 55). Hierbei diskutieren Ford & Lerner (1992) auch den Punkt der Kausalität und führen aus, dass der systemische Blick auf Kausalität nicht nur davon ausgeht, dass eine Variable auf einer Ebene den zeitlich versetzten Ausgang einer zweiten Variablen beeinflußt. Interdependente Prozesse treten oftmals nahezu zeitgleich auf und beeinflussen den weiteren Fortgang der Entwicklung. Es handelt sich dann um ein kausales Feld – wie auch bereits Lewin in seiner Feldtheorie betont. Damit geht auch die Annahme einher, dass es gar nicht mehr möglich ist, bestimmte Einflussfaktoren exakt voneinander zu separieren, weil Einflussfaktoren von Anfang an mit vielen anderen Faktoren interagieren (Ford & Lerner 1992: 76f.). Dies ist eine Argumentation dafür, entwicklungsbezogene Settings zu definieren und als Einflussfaktoren zu konzeptualisieren.

Das beschriebene Modell stellt eine Forschungsheuristik dar. Es werden aus der Perspektive eines sich in der Entwicklung befindenden Akteurs (vor allem Kinder und Jugendliche) diejenigen Elemente beschrieben, die einen Einfluss auf die zugrundeliegenden proximalen Prozesse nehmen (könnten). Angefangen von den sozialen Beziehungen, den Primärdyaden in den Mikrosystemen, über deren Verknüpfungen im Bereich der Mesosysteme und die strukturierenden Bedingungen von Exo- und Makrosystemen, werden theoretische Argumente über die Bedeutsamkeit der Berücksichtigung jener Ebenen im jeweiligen Forschungsdesign ausgeführt. In dieser Hinsicht ist der Ansatz von Bronfenbrenner auch als ein Beispiel zur Mehrebenenanalyse zu sehen (Mayer 1990; Huinink 1986; Huinink & Feldhaus 2008).

Der Ansatz von Bronfenbrenner ist auch im deutschsprachigen Kontext in vielerlei Hinsicht aufgegriffen und sowohl theoretisch als auch empirisch weiter entwickelt worden (Bertram 1978; Kaufmann et al. 1980; Bertram 1981; Schneewind et al. 1983; Petzold & Nickel 1989; Petzold 1991; Gerris et al. 1991; Schneewind 1991; Schneewind & Pekrun 1994; Hurrelmann 1998; Petzold 1999; Alt 2005a; 2005b; Grundmann 2008; Bertram & Bertram 2009). Trotz dieser Erkenntnisgewinne, die mit diesen Arbeiten einhergehen, resümieren Silbereisen & Noack (2006: 314) in ihrer Übersicht über die ökologische Entwicklungspsychologie, dass sich seit geraumer Zeit empirische Bemühungen eher auf einzelne Umweltausschnitte konzentrieren, auf einzelne Mikrosysteme. Wenn dann werden oftmals zwei Kontexte miteinander in Beziehung gesetzt, z.B. Jugendliche zwischen Eltern und ihren Peer-Groups (Noack 2002), oder die vielfältigen Untersuchungen zwischen Elternhaus, Schule und kindliche Entwicklung (Krumm 1998; Parke & Buriel 2008), die Wirkungen der Arbeitssituation der Eltern auf Familienbeziehungen, Erziehung und kindliche Entwicklungen (Kohn & Schooler 1982; Crouter & McHale 1993; Hoff 1995; Powdthavee & Vignoles 2008), usw. Zu einem ähnlichem Ergebnis kommt auch Krappmann, wenn er schreibt, dass sich „viele Studien, die diesem sozialökologischen Modell folgen oder ihm zugeordnet werden können, nur einem Mikrosystem oder einem Ausschnitt eines Mikrosystems, in dem Kinder entwicklungsrelevante Erfahrungen sammeln, ohne die Wechselwirkung mit anderen Bereichen explizit zum Gegenstand zu machen (...) Durchweg arbeiten die Untersuchungen nicht das spezifische Zusammenspiel sozialisatorischer Bereiche heraus, das Bronfenbrenner konzeptualisierte und bei dem es nicht nur um additive, sondern auch sich durchkreuzende und gelegentlich sich unerwartet steigernde Effekte geht" (Krappmann 2006: 386). Die Fokussierung auf einzelne Ausschnitte oder einzelne Ebenen ist jedoch reduktionistisch: Es sind weder nur die einzelnen Persönlichkeitsfaktoren und biologischen Prozesse, noch sind es ausschließlich Kontexteffekte auf verschiedenen Ebenen (Ford & Lerner 1992).

Ein jüngerer Versuch, im großen Umfang das sozialökologische Modell umzusetzen, lag in der Implementierung des Kinderpanels vom Deutschen Jugendinstitut (Alt 2005 a,b; 2007, 2008). Trotz der thematisch sehr vielfältigen Arbeiten und weitreichenden Analysen folgen die Auswertungen mehrheitlich dem resümierten Vorgehen, ausschnitthaft über einzelne ausgewählte Kontexte die Fragestellungen zu analysieren.

Bei der Berücksichtigung des Mehrebenenansatzes geht es nicht darum, auf einer Ebene befindende Einflussfaktoren zu spezifizieren, sondern, wie bereits erwähnt, sind in dem sozialökologischen Ansatz die Haupteffekte eher in der Berücksichtigung von Interaktionseffekten über verschiedene Ebenen und zwischen verschiedenen Systemen hinweg zu sehen (Bronfenbrenner 1981: 38; Bronfenbrenner & Morris 1998: 1001). Zentral ist die *Interdependenz proximaler Prozesse.* „The relevance of this more differentiated conceptualization of the environment for the present discussion lies in the fact that the process-person-context design provides for its operationalization: that is, it makes possible the analysis of the mediating and moderation processes that constitute the linkages between and within these four environmental systems shaping the course of human development" (Bronfenbrenner 1988: 81). Erst durch die Fokussierung dieser Interdependenzen wird ein umfassenderes, ganzheitlicheres Bild möglich, lassen sich Komplementaritäten, Synergien, aber auch Konkurrenzen und Widersprüche zwischen zentralen Entwicklungsfaktoren ausfindig machen.

Die Einbeziehung unterschiedlicher Systemebenen impliziert daher auch konkrete Erwartungen an eine theoretische Ausgestaltung humanökologischer Forschung: „the four defining components of the bioecological model should be theoretically related to each other and to the developmental outcomes under investigation. This means that the choice of variables to represent each of the defining properties should be based on explicit assumptions about their presumed interrelations" (Bronfenbrenner & Morris 1998: 1023), d.h. notwendig sind theoretisch begründete Hypothesen, die plausibel erklären, wie die verschiedenen Parameter zusammenwirken.

Im Rahmen der allgemeinen Heuristik des humanökologischen Zugangs sind die angeführten theoretischen Annahmen noch zu unspezifisch und so weist Bronfenbrenner auch explizit darauf hin, dass die Einflussfaktoren und -ebenen im Hinblick auf „the *developmental outcomes* under consideration" variieren (Bronfenbrenner & Morris 1998: 996), d.h. sie müssen *vor dem Hintergrund interessierender abhängiger Variablen* konkretisiert und die Elemente und Einflussfaktoren des Mikrosystems, der Meso- und Exosysteme zur empirischen Prüfung herausgearbeitet werden.

So ist auch das weitere Vorgehen hier. Es geht entsprechend im Folgenden darum, diese allgemeinen Wirkungsfaktoren theoretisch über die einzelnen Systemebenen weiter auszudifferenzieren und im Hinblick auf die hier interessierenden kindlichen Outcomes in prüfbare Hypothesen auszuarbeiten und empirisch zu überprüfen. Hierbei werden systematisch die direkten Effekte als auch mögliche Interdependenzen mit anderen Kontexten durch die Erfassung indirekter Effekte (Mediator) für die hier interessierenden abhängigen Variablen analysiert. Bevor wir in diese theoretischen und empirischen Analysen einsteigen, werden zunächst die verwendeten Daten und angewandten Methoden beschrieben und es erfolgt eine Deskription der abhängigen Variablen.

Anmerkungen

[1] Der Ansatz von Sigmund Freud umfasst zum einen eine Analyse des „menschlichen Seelenlebens", zum anderen daran anschließend eine spezifische therapeutische Technik zur Behebung psychischer Störungen. Freud (1915; 1923) sah die entscheidenden

Impulse zur Persönlichkeitsentwicklung in der Auseinandersetzung zwischen libidinösen und aggressiven Triebregungen des Individuums einerseits und der gesellschaftlichen Kultur, überwiegend repräsentiert durch den Vater, andererseits. In seiner Strukturanalyse stellt er den Triebregungen (dem *Es*) das *Ich* gegenüber, welches sich durch Außenerfahrungen langsam herausbildet. Das *Ich* vermittelt zwischen den Ansprüchen und Triebregungen des *Es* und der Außenwelt, indem es einerseits den Einfluss der Außenwelt zu ändern bzw. die Stärke der Triebregungen einzudämmen versucht. Das *Über-Ich* als Instanz der durch den Umgang mit den Eltern internalisierten gesellschaftlichen Normen und Werte bildet eine das *Ich* beobachtende Kontrollinstanz hinsichtlich seines Verhaltens. Das *Ich* muss nun ebenfalls auch in Bezug zum *Über-Ich* vermitteln. Diese drei Instanzen bilden das „Strukturmodell" von Freud und begründen bis heute Kernannahmen aller psychoanalytischen Richtungen. Aus dem Blickwinkel der Sozialisationstheorie liegt das Verdienst Freuds vor allem auch darin, dass er über sein Strukturmodell den Prozess der Internalisierung der durch die Eltern verkörperten gesellschaftlichen Moral- und Wertvorstellungen vorbereitet hat.

2 Ausgehend vom frühen Behaviorismus, dem die Annahme zugrunde liegt, dass Verhalten und Persönlichkeitsentwicklung eine Reaktion auf verschiedene Umweltreize beinhaltet ohne weitere kognitive Bedingungen und Prozesse zu berücksichtigen („Black Box") (Stimulus-Reaktionstheorien, Herkner 2001), gewannen lerntheoretische Ansätze, die eine stärkere Berücksichtigung kognitiver Effekte postulieren („kognitive Wende") stark an Bedeutung (Skinner 1938). Zentrale frühe Ansätze der kognitiven Lerntheorie sind die Ansätze von Rotter (1954) und Bandura (1976). Ein zentraler Mechanismus, der der sozial-kognitiven Lerntheorie zugrunde liegt ist das Modell-Lernen (Bandura 1976). Für Bandura (1976) ist Lernen ein komplexer Prozess der Auseinandersetzung mit der Umwelt, anderen Menschen und situativen Bedingungen, der immer zugleich mit Aneignung, Einwirkung, Anpassung einhergeht. Auf diese Weise werden kognitive Schemata, Informationsgewinnung, -verarbeitung und -bewertung vorstrukturiert, die dann wiederum zukünftig verhaltens- und handlungsrelevant werden. Die soziale Lerntheorie geht von einem lebenslangen Lernprozess aus. Durch neu gemachte Erfahrungen, durch das Vergessen, durch die Veränderungen von Umweltbedingungen werden neue Lernprozesse initiiert, die sich wiederum auf bestehende kognitive Schemata auswirken können.

3 Im Rahmen des sogenannten „Eigenschaftsparadigma" (Trait-Ansatz) hat sich innerhalb der Persönlichkeitspsychologie eine Richtung entwickelt, die Persönlichkeit als Gesamtheit spezifischer Eigenschaften ansieht. Eigenschaften erzeugen stabile Beziehungen zwischen den umgebenden Situationen und den Reaktionen einer Person. Sie bestimmen, welche Reaktionen Individuen in bestimmten Situationen zeigen (Asendorpf 2005). Hierbei hat sich vor allem der differentielle Ansatz zur Analyse und Beschreibung interindividueller Differenzen durchgesetzt. Ziel dieses Ansatzes ist es, Angaben über die Verteilung spezifischer Dispositionen bei Individuen zu geben (z.B. die BIG 5) und nach Ursachen für deren Auftreten zu forschen. Im Rahmen des Eigenschaftsparadigma der Persönlichkeitspsychologie können zwar psychische Dispositionen vergleichend gut erhoben und beschrieben werden, aber der Bezug der Eigenschaften zu Prozessen der aktuellen Situationsverarbeitung bleibt offen. Es kann daher nur schlecht erklärt werden, wie Dispositionen im aktuellen Erleben und Verhalten wirken und wie sie sich im Verlaufe der Entwicklung verändern (Asendorpf 2005). Theoretische Ansätze der Interaktionsverarbeitung versuchen stärker diese Black Box psychischer Prozesse aufzulösen. Im Informationsparadigma wird angenommen, dass menschliches Verhalten und Erleben auf Informationsübertragung im Nervensystem beruht, dass über Rezeptoren Reize aus der Umwelt und dem eigenen Körper empfangen und in andere Informationen umgewandelt werden, die u.a. verantwortlich sind für bewusstes Erleben und letztendlich dadurch verhaltenswirksam werden. Dabei nutzen diese Prozesse auch gespeichertes Wissen, welches die aktuelle Situation überdauert (Asendorpf 2005).

Erst in jüngerer Zeit sind im Rahmen der Entwicklungspsychologie und Entwicklungsgenetik verstärkt genetische Einflüsse erforscht worden. Die genetische Information eines Menschen ist in seinem Genom abgelegt. Das Genom besteht aus vielen lokalen Bereichen, den Genen, die durch ihren Ort im Genom und durch ihre Funktionen im Stoffwechsel bestimmt sind (Asendorpf 2008; Gottlieb et al. 1998). Dasselbe Gen kann nun bei Menschen in unterschiedlichen Varianten auftreten, die sogenannten Allelen des Gens. Durch die Vielzahl von Genen und Allelen und durch die zufällige Vermischung durch die Zeugung sind Menschen – bis auf eineiige Zwillinge – genetisch einzigartig. Gene wirken nicht direkt auf die menschliche Entwicklung, sondern auf die Proteinsynthese der Zelle. Einflüsse entfalten sich immer in Wechselwirkung mit der Umwelt, in der sie operativ eingebettet sind. Umwelteinwirkungen verändern nur in seltenen Fällen das Gen selbst, aber sie können die Wirkungen der Gen-Aktivität beeinflussen (Asendorpf 2008). Es ist eine falsche Vorstellung, anzunehmen, das Gen steure die Entwicklung. Vielmehr beeinflusst die genetische Aktivität die neuronale Aktivität, die dann wiederum Grundlage von kognitiven Verarbeitungsprozessen ist und Verhalten beeinflusst. Eine weitere Fehlannahme liegt darin, dass genetische Einflüsse vor allem während der frühen Kindheit ihre Wirkungskraft entfalten. Zwar sind genetische Einflüsse als kumulativ zu bezeichnen, d.h. einmal eingetretene Wirkungen und Veränderungen können sich entwicklungsbezogen fortsetzen und verfestigen. Aber es gibt auch Beispiele dafür, dass Gene über lange Zeit „ausgeschaltet" bleiben und erst in späteren Jahren sich „anschalten" und Wirkungen auf den unterschiedlichen Ebenen auslösen (Asendorpf 2008). In vielfältigen Studien wird der genetische Einfluss auf Persönlichkeitsmerkmale zwischen 35-50% geschätzt (Asendorpf 2008; Caspi et al. 2004).

Gerade auch die neuere Hirnforschung hat erheblich dazu beigetragen, wie Sozialisationsprozesse aus „Sicht des Gehirns" (Roth 2003) zu beschreiben sind. Die Hirnforschung hat nachgewiesen, dass bereits zum Zeitpunkt der Geburt im Wesentlichen die Nervenzellen alle angelegt sind. Ausschlaggebend ist jedoch, dass sie nicht alle auf eine bestimmte Art verbunden sind, sondern viele Verbindungen („Verschaltungen") wachsen erst noch aus, wobei ein erheblicher Anteil davon wiederum im Laufe der Entwicklung vernichtet wird oder sich die „Schaltkreise" umbauen: „Welche bleiben, hängt von der Aktivität ab, die sie vermitteln. Das bedeutet, dass die Ausbildung der funktionellen Architektur der Großhirnrinde in erheblichem Umfang von Sinnessignalen und damit von Erfahrung beeinflusst wird. Genetische und epigenetische Faktoren kooperieren in untrennbarer Wechselwirkung, weshalb eine strenge Unterscheidung zwischen Angeborenem und Erworbenem unmöglich ist" (Singer 2002: 47; LeDoux 2002). So gibt es nach jetzigem Stand aus neuronaler Sicht drei Mechanismen „nach den Wissen ins Gehirn kommt": über die Evolution, in deren Fortgang Wissen über den eigenen Organismus und die Umwelt im Laufe der phylogenetischen Entwicklung in den Genen gespeichert wird, dann das während der Ontogenese erworbene Erfahrungswissen, welches sich im Austausch mit der Umwelt in neuronalen Strukturen niederschlägt und das übliche, durch Lernen erworbene Wissen (Singer 2002). Aus neuronaler Sicht besteht das Selbst eines Menschen aus dem Muster der Interkonnektivität zwischen den Neuronen, deren Grundausstattung bei allen (mit Ausnahmen von pathologischen Fällen) gleich ist, durch deren Umwelterfahrungen sich jedoch einmalige, individuelle Verschaltungen des Nervensystems ergeben (LeDoux 2002: 10ff.).

Entwicklungstheoretische und *phasen- und stufentheoretische Ansätze* sind ebenfalls im Kontext der Sozialisationsforschung von Bedeutung. Prominente Vertreter sind die Arbeiten von Vygotsky, Erikson, Piaget und Kohlberg. Ein zentraler Ansatz ist der von Jean Piaget (2009). Er hat mit seinem strukturgenetischen Ansatz einen wesentlichen theoretischen Zugang zur Sozialisation im Kindes- und Jugendalter entwickelt. Persönlichkeitsentwicklung wird diesem Ansatz zu Folge als ein systematischer Prozess des Aufbaus von Fähigkeiten verstanden, die Schritt für Schritt eine flexible und aktiv gesteuerte Anpassung an Umweltbedingungen ermöglichen. Piaget (2003; 2009) betont die subjektinterne Konstruktivität, denn immer sind kognitive Prozesse notwendig, weshalb Piagets Entwicklungstheorie auch in den Kontext des Konstruktivismus fällt. Ziel von Piaget ist es, die Ordnungsschemata für den kindlichen Prozess der Aneignung und Verarbeitung von Informationen und Impulse herauszuarbeiten, die von der Umwelt auf den Menschen einwirken. Diese Ordnungsschemata hat Piaget in aufeinander aufbauende Entwicklungsstadien kategorisiert: die sensomotorische Periode (bis 1,5 Jahren) und das voroperatorische Stadium, das Stadium der konkret-operatorischen Strukturen (5-6 Lebensjahr) und das formal-operatorische Stadium (ca. ab dem 10. Lebensjahr) (Piaget 2003; 2009). Grundmechanismus ist die Adaption im Sinne einer notwendigen, immer neu zu leistenden Anpassung eines jeden Menschen an seine Umwelt. Hierbei sind zwei Grundmechanismen zu unterscheiden: die *Assimilation* als die Anwendung eines bereits bestehenden kognitiven Schemas auf einen Gegenstand. Assimilation gibt es jedoch nie ohne ihr Gegenstück, die *Akkommodation.* Jede Modifikation eines Assimilationsplanes oder einer Assimilationsstruktur ist Akkomodation. Es ist die Anpassung, Modifikation des Schemas an eine gegebene Umwelt (Piaget 2003; 2009). Aus diesen Widersprüchen generiert sich die Notwendigkeit, dass die Individuen immer komplexer werdende kognitive Strukturen ausbauen, die dann wiederum zu einer Art Gleichgewicht führen. Dies bezeichnet Piaget als den Äquilibrationsprozess. Da Piaget dem Prozess der Subjekt-Außenwelt-Beziehung nicht so viel Raum gewidmet hat, zeichnen seine Arbeiten ein subjektzentriertes Bild, so dass man durchaus von einem Prozess der Selbstsozialisation sprechen kann (Sutter 2004). Für den Bereich der Sozialisationsforschung ist an dem Ansatz vor allem interessant, dass er die aktive Aneignung des Organismus mit einer Umwelt betont und entsprechende Mechanismen herausarbeitet. Kritisch anzumerken ist jedoch, dass in seinem Ansatz die theoretische Konzeption der Umwelt wenig differenziert und stärker passiv konzipiert wird. Es ist nur von geringem Interesse, welche Gestalt die soziale und dinglich-materielle Umwelt haben wird, denn die Umwelt wird nur als eine Art Medium verstanden. Die Bedeutung sozialer Faktoren wird demnach von Piaget unterschätzt und nicht sorgfältig herausgearbeitet (Herzog 1984: 194; Seiler 1980: 115; Seiler 1998).

6 *Evolutionspsychologische Ansätze* nutzen Erkenntnisse der Evolutionsbiologie, um die vorhandenen Persönlichkeitsunterschiede durch Gesetzmäßigkeiten des evolutionären Prozesses und durch Umwelteigenschaften zu erklären. Grundannahme ist, dass heutiges Erleben und Verhalten von Menschen sich als Resultat der Evolution und der flexiblen Anpassung an Umwelt verstehen lässt. Die Argumentation ist dahingehend, dass wenn Organismen sich voneinander unterscheiden und nur einige davon zur Zeugung überlebender Nachkommen heranreifen und es bestimmte Verhaltenstendenzen gibt, die dieses Überleben fördern, dann muss die Natur diese Tendenzen durch natürliche Selektion „auswählen". Vertreter der Evolutionspsychologie vertreten den Standpunkt, dass diese Theorie bspw. zur Erklärung von Geschlechtsrollenunterschieden, Paarverhalten, Sexualität, usw. herangezogen werden kann (Myers 2005). Der evolutionspsychologische Ansatz versucht entsprechend evolutionsbiologisches Wissen für die Erklärung von Persönlichkeitsentwicklungen nutzbar zu machen.

7 *Interaktionstheoretische und konstruktivistische Ansätze* fokussieren insbesondere den mikrosozialen Bereich sozialer Beziehungen, den inhärenten Interaktionsprozess und den sich daraus wechselseitig für die Beteiligten ergebenden Folgen. Auch der Prozess der Identitätsentwicklung unter den gegebenen gesellschaftlichen und sozialen Bedingungen steht dabei im Vordergrund. Vor allem die Arbeiten von Georg Herbert Mead (1934) sind als wesentlicher Ausgangspunkt zu nennen, der den Prozess des „taking the role of the other" ausführlich beschrieben hat und insbesondere auf die sozialisationsrelevante Fragestellung der Herausbildung einer Ich-Identität eingegangen ist (siehe dazu Kap. 2.1). Der interaktionistische Ansatz wurde in Deutschland im Hinblick auf die Entwicklung von Identität und Handlungskompetenz vor allem durch

die Arbeiten von Jürgen Habermas und Lothar Krappmann weiter ausgebaut. In Kap.
2.1 sind wir bereits ausführlicher darauf eingegangen. Der interaktionistische Ansatz
basiert auf den theoretischen Grundannahmen des symbolischen Interaktionismus.
Dieser geht hinsichtlich der Verständigung zweier Interaktionsteilnehmer von einem
dazu notwendigen geteilten Symbolsystem aus, von stabilisierten Verhaltenserwartun-
gen, die bei Nicht-Übereinstimmung zwischen den Teilnehmern interpretativ und ar-
gumentativ ausgetauscht werden müssen. Die dafür erforderlichen individuellen
Kompetenzen sowie die strukturellen Bedingungen der Kommunikationssituation
hinsichtlich Zugänglichkeit, Offenheit, Fehlen von Zwängen, Beschränkungen („ideale Sprechsituation") bilden dann zentrale Ausgangspunkte für daran sich anschließende Identitätstheorien. Der interaktionistische Ansatz ist eine zentrale Vermittlung
zwischen den gesellschaftlichen und strukturellen Bedingungen, und den daraus resultierenden Interaktionen, vermittelt durch die Eigenschaften des Persönlichkeitssy-
stems. Jürgen Habermas hat diesen Ansatz durch die Unterscheidung zwischen unterschiedlichen Handlungsarten weiter ausgebaut. Diese „kompetenztheoretische Wende" in der Sozialisationsforschung (Habermas 1981; 1984; 1992) hat zu einer intensi-
ven Auseinandersetzung mit der Frage geführt, welchen Einfluss Sozialisation auf individuelle Persönlichkeitsentwicklung hat. Habermas vertritt die These, dass die entscheidenden Prozesse der Persönlichkeitsentwicklung sich durch das kommunikative,
verständigungsorientierte Handeln vollziehen. Grundbedingung dafür ist kommunikative Kompetenz (auch als Ich-Identität bezeichnet, Döbert & Nunner-Winkler 1975:
29), verstanden als die Fähigkeit eines Subjekts innerhalb gegebener Interaktionsstrukturen sich angemessen zu verständigen und seine Identität zu erkennen, zu vertreten
und in Aushandlung mit anderen „auszubalancieren" (Krappmann 2005).
Darauf aufbauend hat Grundmann (2006) in seiner Skizze zu einer allgemeinen Theorie der Sozialisation den interaktionistischen Ansatz als Kernstück herausgearbeitet. Er
spricht von einer „sozialisatorischen Interaktion", verstanden als ein Prozess der wechselseitigen Bezugnahme von Personen. Voraussetzung für das Gelingen wechselseitiger
sozialer Lernerfahrungen durch Interaktion ist die Fähigkeit, Verhaltensäußerungen des
Gegenübers zu verstehen und darauf Bezug zu nehmen. Die dadurch entstehenden
Verständigungsakte zwischen Eltern und Kindern und damit einhergehende gemeinsame Lebenspraxis, bezeichnet er als Sozialisationspraxen. Daraus wiederum resultieren
die auch schon innerhalb der Bindungstheorie angesprochenen „working models",
mentale Skripte für die Interpretation und Ausgestaltung weiterer Sozialbeziehungen
(Grundmann 2006: 33). Sozialisatorische Interaktion ergibt sich aus dem für Menschen
typischen Bedürfnis nach sozialer Bindung, das sich über die Koordination individuellen Handelns in der Etablierung von Sozialbeziehungen niederschlägt (Grundmann
2006: 55). Neuere Arbeiten aus der Anthropologie sehen im durch Interaktionen
vermittelten kooperativen Handeln eine wesentliche natürliche Bedingung der menschlichen Entwicklung, die sich beim Säugling bereits schon vor dem eigentlichen Sprach-
erwerb herausbildet (Tomasello 2009). Sozialisation ist entsprechend der Prozess, der
Akteure über die Übertragungsleistung von Fremd- und Selbsterleben aneinander bin-
det und u.a. zur Ausbildung von Handlungskompetenzen führen (z.B. Empathie, Rollenübernahme, Selbstwirksamkeit) die dazu befähigen, die eigenen Sozialbeziehungen
aktiv mitzugestalten. In der sozialisatorischen Interaktion werden die biologischen Anlagen sozial überformt und erhalten eine spezifische Bedeutung in der individuellen
Persönlichkeitsentwicklung. Sozialen Beziehungen kommt in diesem Ansatz entsprechend eine zentrale Rolle zu (Grundmann 2006: 88).

8 *Funktionalistische und systemtheoretische Ansätze* in der Sozialisationsforschung haben verschiedene Ansätze hervorgebracht: den frühen kulturanthropologischen Ansatz von
Radcliffe-Brown und Malinowski; die struktruell-funktionale Systemtheorie von Parsons, die kybernetische Systemtheorie (Bertalanffy) und die Theorie selbstreferentiel-
ler Systeme (Luhmann). Der Beginn einer sozialstrukturellen Sozialisationsforschung
geht bis auf die ersten Arbeiten von Durkheim zurück. Das erste und umfassende

Sozialisationskonzept mit erheblichem theoretischen Gehalt wurde dann von Talcott Parsons vorgelegt (Parsons 1979; Parsons & Bales 1955). Das Konzept der Sozialisation ist ein integraler, zentraler Bestandteil seiner Systemtheorie geworden. Parsons hat versucht, die Mikroperspektive einer individuell-psychischen Dynamik mit der Makroperspektive gesellschaftlicher Sozialstrukturen zu synthetisieren. Er unterscheidet zwischen dem organischen, dem psychischen, dem sozialen und dem kulturellen System. Das organische System der menschlichen Persönlichkeit bildet die Ausgangsbasis und sorgt für die physiologische und psychologische Grundfunktion des Organismus. Parsons Konzeption der Persönlichkeit wurde hierbei vor allem durch die bereits erwähnten Arbeiten von Freud beeinflusst. Das psychische System der Persönlichkeit hat die Aufgabe, vorhandene Antriebsenergien zu kontrollieren und in gesellschaftlich erlaubte, vorgeschriebene – instrumentell sich normativ als erfolgreich erwiesene – Bahnen zu lenken. Die Persönlichkeit ist daher durch eine Struktur kontrollierter Bedürfnisdispositionen charakterisiert, die sich im Zuge der Verinnerlichung der gesellschaftlichen Kontrollen zu stabilen Merkmalen und Antriebskräften herausbilden (Hurrelmann 1998: 41). Sozialisation hat nach Parsons die Aufgabe Werte und Fähigkeiten zu vermitteln, die die Kontinuität der Gesellschaft sichert. Der Prozess der Sozialisation ist daher für Parsons ein zentraler systemstabilisierender Mechanismus für seine zentrale Forschungsfrage wie soziale, gesellschaftliche Ordnung möglich ist. Problematisch an dieser Konzeption ist jedoch die zu starke Fokussierung auf den Prozess der Vergesellschaftung, in das das Individuum mehr oder weniger als passives Objekt von der Sozialstruktur sozialisiert wird. „Der Mensch wird nicht als aktiver Erschließer und Gestalter seiner Umwelt verstanden, sondern er steht einer übermächtigen Gesellschaft gegenüber, deren Einflüssen er sich kaum erwehren kann" (Hurrelmann 1998: 45).

Einen etwas anderen Zuschnitt aber weiterhin im Kontext der Systemtheorie verfolgt Niklas Luhmann. Er unterscheidet zwischen psychischen und sozialen Systemen, die jeweils selbstreferentiell sind und je für sich gegenseitig Umwelt darstellen. Beide Systeme durchdringen sich gegenseitig (Interpenetration), was bedeutet, dass beide Systeme Beiträge zum Aufbau des jeweils anderen zur Verfügung stellen (Luhmann 1984: 290f). Sozialisation ist nach Luhmann immer „Selbstsozialisation". Sie erfolgt nicht durch die Übertragung eines Sinnmusters von einem System aufs andere, sondern ihr Grundvorgang ist die selbstreferentielle Reproduktion des Systems, das die Sozialisation an sich selbst bewirkt und erfährt (Luhmann 1984: 327). Mit der Theorie autopoietischer Systeme ändert sich auch der Begriff der Interpenetration. Dies ist nun nicht mehr länger wie noch bei Parsons als eine Integration von komplexen Umweltsystemen zu verstehen (z.B. Übernahme von Werten), sondern tritt als kontingente Bedingung auf. Das soziale System konfrontiert daher das Individuum nicht allein mit einer konkreten Normvorstellung, sondern auch mit vielfältigen Alternativen. Das heißt dann auch, dass Sozialisation kein zweckorientierter Prozess ist, der gelingen oder scheitern kann, sondern dass Sozialisation bei jedem sozialen Kontakt stattfindet und dass Sozialisation immer Selbstsozialisation ist – vor dem Hintergrund der je eigenen Ausgestaltung des psychischen Systems.

Gesellschaftstheoretische Ansätze sind prominent vor allem im Kontext der „kritischen Theorie" und daran anschließend entwickelt worden (Wiggershaus 1993). Sie beschreiben das Verhältnis von Individuum und Gesellschaft stärker aus einer Makroperspektive heraus und deren Implikationen für den psychischen Charakter einer Gesellschaft (Fromm 2006). Sie nehmen einen interaktionistischen Ausgangspunkt, betonen aber stärker die ökonomischen, politischen und kulturellen Einflussfaktoren zur Analyse der Wechselbeziehung zwischen Person und Umwelt. Die Bildung und Entwicklung der menschlichen Persönlichkeit werden in Beziehung zur gesellschaftlichen Gesamtentwicklung und ihrer sozialen Strukturen gesehen. Eine der zentralen Fragen ist dabei, ob die gesellschaftlichen Verhältnisse einer Selbstverwirklichung des Menschen im Wege stehen oder eher förderlich dafür sind. Ihren Ausgangspunkt haben Gesellschaftstheorien in der marxistischen Theorie. Die Prozesse der zunehmenden Kapitalisierung wirken einer Entwicklung eines Selbstbewusstseins entgegen und bewirken eher Entfremdung des Menschen von sich selbst. Selbstbewusstsein gewinnt der Mensch nur aus der produktiven Auseinandersetzung mit der äußeren Natur, dem Erlebnis der Aneignung und Bearbeitung der gegenständlichen Lebenswelt und in Beziehung zu anderen Menschen – Die einzige Psychologie, die nach der Auffassung der Frankfurter Schule den Gefahren des Positivismus und der kapitalistischen, verwalteten Gesellschaft widersteht, ist die Psychoanalyse von Freud, der den Unterdrückungszusammenhang der Gesellschaft bis in die psychischen Tiefenstrukturen des Individuen hinein aufzudecken versucht. Zentral hierbei das Phänomen der Entfremdung: Ein entfremdeter Mensch ist nicht „aktiver Träger seiner eigenen Kräfte und seines eigenen Reichtums, sondern ein verarmtes Ding, das von Kräften außerhalb seiner selbst abhängig ist, in die er seine lebendige Substanz hineinprojiziert" (Fromm 2006: 110). In einer vorrangig auf instrumenteller Vernunft aufgebauten Gesellschaft, die gekennzeichnet ist durch unpersönliche Bürokratisierung, entfremdenden Kapitalismus (Fromm 2006) und Konsumorientierung ist ein eigenständiges Identitätserleben, ist schließlich Aufklärung des Menschen nur sehr eingeschränkt, wenn nicht sogar gar nicht, möglich (Horkheimer & Adorno 2001; Fromm 2006; Fromm 2009; Marcuse 1994).

10 *Sozialstrukturelle Ansätze* in der Sozialisationsforschung betonen insbesondere den Zusammenhang zwischen den sozialstrukturellen Positionen und den Lebenschancen, die sich daraus als Möglichkeiten des individuellen Wachstums, der Realisierung von Fähigkeiten, Wünschen und Hoffnungen" ergeben. Dieser Zusammenhang wurde vor allem seit den 1960er Jahren im Zuge der schichtspezifischen Sozialisationsforschung erforscht (Hadjar & Becker 2006). Die schichtspezifische Sozialisationsforschung versucht den Zusammenhang zwischen Schichtzugehörigkeit, familialer Sozialisation, kindlicher Persönlichkeitsentwicklung und Schul- und Berufserfolg herzuleiten. Grundannahme ist: Mit abnehmender Stellung einer Familie in der Erwerbsstruktur ist diese in ihrer Wirkung sich kumulativ verstärkenden ökonomischen, sozialen und kulturellen Benachteiligungen und Belastungen ausgesetzt, die die sozialisationsrelevanten Prozesse derartig strukturieren und beeinflussen, dass eine optimale Entwicklung kognitiver, sprachlicher, motivationaler und sozialer Kompetenzen von Kindern gegenüber Familien, die über höhere soziale und ökonomische Ressourcen verfügen, unwahrscheinlicher wird (Steinkamp 1998). Zur Stützung dieser Thesen hat es eine enorme Forschungsaktivität gegeben, die fast nicht mehr zu überschauen ist (zur aktuellen Zusammenfassung siehe Hadjar & Becker 2006). Ohne näher auf die Kritik und Mängel der damaligen schichtspezifischen Sozialisationsforschung einzugehen (z.B. Bertram 1982; konzeptionelle und methodische Mängel des verwendeten Schichtbegriffs; Vernachlässigung der Wirkungsweise zwischen familialen Alltagswelten und deren Wirkung auf wesentliche kindliche Sozialisationserfahrungen; Fokussierung auf die Erwerbsstruktur und den Berufsstatus, Ausblendung von Vermittlungsinstanzen wie das familiale Beziehungsgefüge, Konzentration auf einseitige Wirkungszusammenhänge; zu grobe Indikatoren auf der Individualebene) sind im Zuge einer neueren sozialstrukturellen Sozialisationsforschung durch theoretische und empirische Weiterentwicklungen zentrale Bedingungsfaktoren intergenerationaler Mobilitätsforschung herausgestellt worden.

11 Im Hinblick auf kindliche Entwicklungsprozesse wird damit jedoch unmittelbar zunächst das Problem angesprochen, was das Individuum, das Kleinkind, überhaupt in die Lage versetzt, an Interaktionen teilzunehmen? Mit dieser Frage haben sich zentrale Arbeiten im Kontext der sogenannten „kompetenztheoretischen Wende" in den 1970er Jahren auseinandergesetzt (siehe Habermas 1984; 1992, Döbert et al. 1980). Die Frage war, welcher Mechanismus es ermöglicht, dass Kinder in ihrer Kompetenzentwicklung von den sozialen Interaktionen im Elternhaus, mit Großeltern, Geschwistern und Freunden profitieren – oder eben auch nicht -, und wie können Kin-

der an Interaktionen überhaupt teilnehmen, wenn dies den bisherigen Entwicklungsstand ihrer Handlungsfähigkeit übersteigt. Dies ist das zentrale Problem der sozialen Konstitutionstheorie. Ein Ansatz, wie die Fähigkeit zur Teilnahme an Interaktionen herausgebildet wird, ist die Betonung von Sinnstrukturen, die in sozialisatorischen Interaktionen eingebunden sind. Umgebende Sinnstrukturen sind „reichhaltiger" als die innere Organisation des Kindes und regulieren das kindliche Handeln. Die kindlichen Handlungen erhalten dadurch Bedeutungen, die in den subjektiven Konstruktionen allein nicht aufgebaut werden könnten. Den kindlichen Handlungen wird mehr an Bedeutung und den Kleinkindern mehr Kompetenz zugeschrieben, als dies tatsächlich der Fall ist. Die umgebenden Sinnstrukturen bilden eine eigene Realität, die für Kinder zu Erfahrungs- und Lerngegenständen werden und als Antriebe zur Entwicklung fungieren (Sutter 1999). Aber auch diese Erklärung verschiebt das Problem nur: denn wodurch wird es möglich, dass Kinder umgebende Sinnstrukturen für ihre Konstruktions- und Rekonstuktionsprozesse nutzen? Die soziale Konstitutionstheorie führt die „primäre Intersubjektivität" als Lösungsansatz an. So wird bereits Kleinkindern eine „primäre Intersubjektivität", oder eine „geteilte Intentionalität" zugesprochen, womit betont werden soll, dass Neugeborene auf solche Handlungskoordinationen und Verständigungen eingerichtet sind. Diese Thesen werden durch neuere Forschungsarbeiten zur kindlichen Entwicklung gestützt, die frühe Anzeichen kooperativer Kommunikation bei Kleinkindern nachweisen, z.B. durch Zeigegesten (Tomasello 2009). So scheinen bereits Säuglinge und Kleinkinder auch vor Erwerb von Sprache durch biologisch angelegte Dispositionen (Blickverhalten, Kopfbewegungen, Zeigegesten, Orientierungen an Gesicht und Stimme der Eltern usw.) an den Strukturen sozialisatorischer Interaktion angekoppelt zu sein (Sutter 1999). Im Zuge der kindlichen Entwicklung verdichten sich schließlich die unterschiedlichen Relevanzsysteme, die sich aus den biographischen Erfahrungen der Interaktionspartner ergeben, zu gemeinsam geteilten Umwelten, was von Schütz & Luckmann (1979: 88ff.; Schütz 1974: 137ff.) zur Generalthese der Reziprozität von Perspektiven verdichtet worden ist. Für Schütz resultieren daraus wiederum die basalen Fähigkeiten des Individuums, eigene Intentionen im Hinblick auf sozial vermittelte Handlungsalternativen so weit zu verallgemeinern, verständlich zu machen, dass soziale Interaktion möglich wird. Hierbei spielen die basalen Interaktionserfahrungen in der Familie und auch unter Freunden eine zentrale Rolle. Hier werden zentrale Handlungsstrategien und Handlungsrelevanzen, Nähe und Distanz, persönlichkeitsprägende Einflüsse u.v.m. erfahren, erlernt und unter dem Prozess eigener Interpretationen, Bedürfnissen und eigener persönlicher Dispositionen sowie der Vermittlung genetischer Einflüsse in das eigene Handeln übernommen.

Kap. 5 Daten, Methoden und deskriptive Ergebnisse

Es erfolgt zunächst eine Bestandsaufnahme von Kindersurveys in Deutschland, die für einen stärker sozialökologisch ausgerichteten Zugang in Frage kommen. Es schließt sich dem eine Begründung und Beschreibung der dann im Folgenden benutzten Daten des DJI Kinderpanels an sowie eine Diskussion der Vor- und Nachteile der damit einhergehenden Entscheidung. Im nächsten Schritt werden sodann die angewandten Auswertungsmethoden näher beschrieben. Schließlich erfolgt ein erster deskriptiver Überblick über die Entwicklungsverläufe der hier im Mittelpunkt stehenden abhängigen Variablen.

Kap. 5.1 Kindersurveys in Deutschland: eine Bestandsaufnahme

Hinsichtlich der Übersicht über Kindersurveys in Deutschland geht es nicht darum, alle jemals durchgeführten Kinderstudien zu erfassen, sondern es erfolgt von Anfang an eine Beschränkung auf diejenigen, die a) zumindest in Ansätzen einen sozialökologischen Zugang in ihrem konzeptionellen Design berücksichtigt haben und sich b) auf das hier fokussierte Alter, Ausgang der Kindheit (10-13 Jahre), beziehen sowie c) repräsentativ für das zugrundeliegende Sample sind. Das bedeutet konkret, dass nur diejenigen Studien aufgeführt werden, die zumindest Informationen seitens der Eltern als auch seitens der Kinder erhoben haben (Multi-Aktor-Design), Angaben über kindbezogene Entwicklungsindikatoren erheben und Angaben zur sozialen Einbettung in mehreren entwicklungsrelevanten Kontexten einbeziehen. Diese hohen konzeptionellen Anforderungen zugrunde legend, ist – wie auch nicht anders zu erwarten war -, die Anzahl in Frage kommender Studien für den deutschsprachigen Raum sehr begrenzt. Tabelle 1 gibt einen Überblick über die einzelnen Studien.

Tabelle 1: Kindersurveys in Deutschland mit sozialökologisch relevanten Zugängen (nach Erhebungsjahr sortiert)

Autoren/Jahr	Multi-Aktor-Design	Sample	Art der Kontexte	Angaben zu sozialen Beziehungen	subjektive, familiale Wohlfahrt, Persönlichkeitsfaktoren Kinder
Kindersurvey (Lang 1985)	Mütter (bzw. Väter), Kinder	Alter 8-10, N=2048, Zugang über Schulen in unterschiedlichen Bundesländern	Familie, Schule, Freunde, Freizeit, Wohnung, Wohnumgebung, Erwerbskontext Eltern	Familienklima, Schulklima, Erziehung, Beziehung zu Eltern, Beziehungen zu Freunden	Wohlbefinden Familie, Freunde, Schule, Angst, Einsamkeit, Kummer
Kindersurvey 1993 (Zinnecker, Silbereisen, 1998)	Mütter, Väter, Kinder	Alter: 10-13, vier Wellen, jährlich, N= 703, EMA-Stichprobe	Familie, Schule, Freunde, Freizeit, Partnerschaften	Familienklima, Beziehung zwischen Eltern und zwischen Eltern-Kind, Erziehung, Beziehungen zu Freunden	Wohlbefinden, Depressivität, Gesundheit, Sexualität, psychosozialer und physischer Entwicklungsstand, Identitätsstatus, Devianz, Selbstwirksamkeit, Temperament, soziale Integration
DJI Kinderpanel 2002 (Alt 2005)	Mütter, Väter, Kinder	Alter 8-9, drei Wellen (2002, 2004, 2005) N= 2218, EMA-Stichprobe	Familie, Schule, Freunde, Freizeit, Wohnung, Wohnumgebung, Erwerbskontext Eltern	Familienklima, Beziehung zwischen Eltern und zwischen Eltern-Kind, Erziehung, Schulklima, Beziehungen zu Freunden, Lehren, Verwandten	Externalisierung, motorische Unruhe, Internalisierung, Selbstwirksamkeit, Selbstbild, soziale-kognitive Aufgeschlossenheit, Gesundheit, Wohlbefinden,
Methodenstudie (DJI 2007)	Mütter, Väter, Kinder	Alter 9 bis 12 (plus weitere Altersgruppen), N= 1310, vorgeschaltete Methodenstudie zu AID:A, Adressen aus bereits vorhandenen Studien des DJI plus weitere aus EMA-Stichprobe	Familie, Schule, Großeltern, Freizeit, Wohnung, Wohnumgebung Erwerbskontext Eltern	Familienklima, Erziehung, Beziehung zwischen Eltern und Eltern-Kind, Großeltern	Externalisierung, motorische Unruhe, Internalisierung, Selbstbild, soziale-kognitive Aufgeschlossenheit, Gesundheit,

Autoren/Jahr	Multi-Aktor-Design	Sample	Art der Kontexte	Angaben zu sozialen Beziehungen	subjektive, familiale Wohlfahrt, Persönlichkeitsfaktoren Kinder
pairfam (Huinink, Brüderl, Nauck, Walper 2008; 2011)	Mütter, Väter Kinder	Alter ab 8 bis 15, jährlich (beginnend 2009), N=867, weitere Erhebungen folgen, EMA-Stichprobe, jüngstes Kind zwischen 8-15 aus dem Ankerdatensatz	Familie, Schule, Freunde, Freizeit, Großeltern, Wohnung, Wohnumgebung, Erwerbskontext Eltern	Schulklima, Beziehung zwischen Eltern und zwischen Eltern-Kind, Erziehung	Verhaltensprobleme, prosoziales Verhalten, emotionale Probleme, Gesundheit
SOEP (DIW 2010)	Mütter, Väter	Alter 7-8 Jahre (plus weitere Altersgruppen), jährlich (beginnend 2010), N=221, weitere Erhebungen folgen, Kind aus dem Ankerdatensatz	Familie, Schule, Freizeit, Wohnung, Wohnumgebung, Erwerbskontext Eltern	Erziehung, Schulklima	für diese Altersgruppen keine spezifischen Persönlichkeitsfaktoren, Erweiterungen folgen jedoch
FID (DIW) (2010)	Mütter, Väter,	Alter 10 Jahre (plus weitere Altersgruppen), jährlich (beginnend 2010), N= 404, weitere Erhebungen folgen, EMA-Stichprobe, Screening-Stichprobe und Kohortenstichprobe	Familie, Schule, Freizeit, Freunde (Netzwerk) Wohnung, Wohnumgebung, Erwerbskontext Eltern	Erziehung, Schulklima, Netzwerk	Big Five für Kinder; Strengths and Difficulties, SDQ (Hyperaktivität, emotionale Probleme, prosoziales Verhalten, Verhaltensprobleme; Beziehungen zu Freunden)
AID:A (2009, Rauschenbach & Bien 2012)	Mütter (Väter), Kinder	für jede Altergruppe zwischen 0-55, N= 2543 für Altersgruppe 10-13, EMA-Stichprobe	Familie, Freizeit, Schule, Freunde, Wohnung, Wohnumgebung, Erwerbskontext Eltern	Familienklima, Schulklima, Erziehung, Beziehung zwischen Eltern und Eltern-Kind	Externalisierung, Internalisierung, prosoziales Verhalten, Selbstwirksamkeit, Gesundheit

Darüber hinaus gibt es eine ganze Reihe von weiteren wichtigen Studien zu Kindern und Kindheit in Deutschland, die insbesondere thematische Schwerpunkte fokussieren und dabei stärker in die Tiefe gehen und aus forschungsökonomischen Gründen dann aber weniger die Vielfalt von Kontexten, die hier im Fokus stehen, berücksichtigen können. Hier ist z.B. die bekannte KIGGS-Studie vom Robert Koch-Institut zu nennen, die sich schwerpunktmäßig mit den vielfältigen Ausprägungen und Einflussfaktoren von Gesundheit von Kindern beschäftigt. Oder Studien im Rahmen des Nationalen Bildungspanels (NEPS), welches mit seinem Kohortensequenzdesign (neben weiteren Kohorten) bspw. auch die Gruppe der 5. Klässler erfassst. Hier liegt der Schwerpunkt selbstverständlich stärker auf die Beantwortung bildungsrelevanter und schulbezogener Prozesse, weshalb auch hier die Erfassung darüber hinausgehender Kontexte wie Familie, Freundschaften, Freizeit in den Hintergrund tritt. Ebenso schwerpunktmäßig der Bildungs- und Kompetenzforschung zuzuordnen ist die IGLU-Studie, eine deutsche Version der internationalen Schulleistungsstudie PIRLS. Der Lebenslagen- und Armutsforschung zuzuordnen ist insbesondere die AWO-ISS-Studie zur längsschnittlichen Erfassung von Kinderamut (Laubstein et al. 2012).

Ferner gibt es Kindersurveys, die sich im Kontext einer Sozialberichterstattung das Ziel gesetzt haben, über die soziale Lage und deren Wohlbefinden zu berichten. So z.B. das LBS Kinderbarometer (2009, 2011) in dem 10052 Kinder ebenfalls zu unterschiedlichen Kontexten und ihrem Wohlbefinden befragt werden, jedoch nicht nach weiteren entwicklungspsychologischen Indikatoren. Ebenfalls zu nennen ist die Kinder-Vision Studie von 2007 und 2010 (Hurrelmann & Andresen 2010), die ähnlich dem Konzept der Shell-Jugendstudien einen breiten Überblick über die Situation von Kindern in Deutschland geben. Daneben gibt es auch eine Reihe stärker regional bezogener Studien zur Erfassung der allgemeinen Situation von Kindern. Als Beispiel sei hier die Dresdner Kinderstudie (Lenz et al. 2012) zu nennen, die aus der Perpektive von Kindern relevante Alltagswelten im Raum Dresden erfassen. Schließlich gibt es in vielerlei Hinsicht qualitative Studien, die hier nicht weiter ausgeführt werden, weil sie nicht repräsentativ sind, aber wichtige Erkenntnisse der Situation kindlichen Aufwachsens liefern.

Wir haben uns im Folgenden dafür entschieden, die Daten des DJI Kinderpanels für die Analysen zu nutzen. Das DJI-Kinderpanel orientiert sich vom konzeptionellen Design her explizit an dem bereits beschriebenen sozialökologischen Modell von Urie Bronfenbrenner (Bronfenbrenner 1981; Betz et al. 2007; Alt 2005a). Aus diesem Grund liegt in vielerlei Hinsicht eine Reihe von Informationen für relevante kindliche Kontexte vor. Zwar ließen sich für jede Studie eine Reihe von Indikatoren benennen, die je der eigenen Fragestellung folgend ausführlicher hätten erhoben werden können, jedoch gibt es keine Studie in Deutschland, die in dieser Breite das sozialökologische

Modell unter Einbezug von entwicklungspsychischen Indikatoren versucht hat umzusetzen. Die Berücksichtigung der von Bronfenbrenner beschriebenen Ebenen diente explizit als theoretischer Ausgangspunkt des DJI-Kinderpanels, was letztlich auch den Reiz dieses Datensatzes ausmacht (Alt 2005a). Neben den Angaben über den Stand kindlicher Entwicklungsprozesse und kindlicher Wohlfahrtsindikatoren, wurden vielfältige Informationen entlang verschiedener Kontexte einbezogen: die Beziehung zwischen den Eltern, Beziehungen zu den Eltern (Qualität, Erziehung, Konflikte), die Ausgestaltung des familialen Zusammenlebens (Aufgabenteilungen, Konflikte, Familienklima), Angaben zum Haushalt und zur ökonomischen Situation, Erwerbsverhalten der Eltern (auch Angaben zu den Erwerbsbedingungen), auftretende Konflikte und Belastungsfaktoren, kritische Lebensereignisse, Angaben zum sozialen Netzwerk, Beziehungen zu Freunden, Nachbarschaften, Schulkameraden, Einbettung in den schulischen Kontext (Beziehungen zu Schulkameraden, Lehrern, Leistungsdruck, Schulleistungen), Verwandtschaftsbeziehungen, Angaben zur Infrastruktur, zur Wohnung, zur Wohnumbegung usw. Das Kinderpanel ist daher gerade durch den Einbezug entwicklungspsychologischer Merkmale und relevanter Kontexte für die hier vorliegende Fragestellung nach Einflussfaktoren identitätsrelevanter Eigenschaften mehr als andere Studien in Deutschland – zumindest bisher – besonders als Datenlage geeignet, das sozialökologische Modell umfassender anzuwenden.

Dies bedeutet jedoch nicht, dass nicht auch kritische Anmerkungen und Einschränkungen anzuführen sind. Ein wesentlicher Punkt ist, dass obwohl das Kinderpanel als Panel angelegt wurde, nicht über alle Erhebungen hinweg auch für alle Angaben die gleichen Konstrukte erhoben wurden. So erfolgt z.B. die Aufnahme einzelner Erziehungsskalen erst in der zweiten und dritten Welle. Dies ist sicherlich in Teilen auch dem Umstand geschuldet, dass diese Studie u.a. versucht, die gesamte Einbettung zu erfassen und forschungsökonomisch gesehen nicht immer für alles in ausreichendem Maße Platz zur Verfügung steht. Ein weiterer Punkt ist die Einbeziehung der Perspektive der Väter. Hier zeigen sich erhebliche Einschränkungen hinsichtlich der Teilnahmebereitschaft von Vätern, wie auch das Problem der Panelmortalität, von der jedes Panel, auch das hier vorliegende, mehr oder weniger stark betroffen ist. Obgleich es immer leicht ist, Studien nachträglich zu kritisieren, seien diese Punkte erwähnt, weil sie Auswirkungen auf die hier angestrebten Analysen haben: Kausale Panelanalysen sind mit den Daten nur sehr eingeschränkt möglich. Da entsprechende Datensätze für Deutschland bisher noch nicht vorliegen, bzw. sie sich gerade im Aufbau befinden (z.B. FID, pairfam, NEPS), beziehen wir uns auf die letzten beiden Wellen des DJI-Kinderpanels. Ein ähnlicher, wenngleich nicht ganz so umfangreicher, Datensatz ist seit kurzem mit der Studie AID:A, ebenfalls vom DJI, verfügbar (Rauschenbach & Bien 2012).

Kap. 5.2 Daten und Operationalisierung

Wie im Kapitel zuvor dargelegt, wird als Datensatz das DJI-Kinderpanel herangezogen. Das DJI Kinderpanel ist eine Längsschnittuntersuchung mit dem Ziel, möglichst über zentrale Kontexte hinweg spezifische Aussagen über die Lebensbedingungen von Kindern zu machen (Alt 2005a). Forschungsleitende Fragen dieser Studie sind: Wie wachsen Kinder in Deutschland auf? Was fördert Kinder? Wo liegen Gefährdungen? Welche Schutz- und Risikofaktoren sind für die Entwicklung von Kindern bedeutsam? Wie bewältigen Kinder den Übergang in die Grundschule und wie gestaltet sich der Alltag von Kindern?

Die verschiedenen Sichtweisen von Kindern auf Familie, Peers und Schule werden in dieser Studie als zentrale Dimensionen des alltäglichen kindlichen Lebens fokussiert und ins Zentrum des Erkenntnisinteresses gerückt (Alt 2005a,b; 2008). Damit ist das Ziel verbunden, die psychologische mit der soziologischen Sichtweise miteinander zu verknüpfen und das theoretisch zugrundeliegende Modell einer sozialökologisch orientierten Sozialisationsforschung möglichst weitestgehend umzusetzen.

Das DJI-Kinderpanel basiert auf einem sogenannten Multi-Aktor-Design. Neben den Kindern, die ab dem Alter 8 selbst befragt werden, werden auch die Mütter und die Väter interviewt. Daraus ergibt sich eine multiperspektivische Betrachtung auf kindliche Persönlichkeit. Das Kinderpanel ist auf drei Wellen angelegt und wurde in den Jahren 2002, 2004 und 2005 durchgeführt. Es wurden zwei Alterskohorten einbezogen: die Gruppe der 5-6-Jährigen sowie die der 8-9-Jährigen (Alt 2005a). In Bezug auf die jüngere Altersgruppe wurde in den ersten beiden Befragungswellen Proxy-Angaben seitens der Eltern, in der Regel durch die Mutter, erhoben. Erst in der dritten Welle wurden diese Kinder direkt befragt, da sie dann ebenfalls im befragungsfähigen Alter waren. Die Gruppe der 8-9-Jährigen wurde von Anfang an auch selbst interviewt, kontrastierend und ergänzend dazu dann die Angaben der Eltern. Wir beschränken uns hier auf die Gruppe der anfänglich 8-9-Jährigen, die dann schließlich in der zweiten und dritten Welle zwischen 10-12 Jahre alt waren und sich am Ausgang der Kindheitsphase befanden. Da uns die Prozesse zum Ende der Kindheit hin interessieren, steht diese Alterskohorte hier im Fokus.

Die Grundgesamtheit der ersten Welle des Kinderpanels sind Privathaushalte auf dem Gebiet der Bundesrepublik Deutschland (siehe im Folgenden ausführlicher Alt & Quellenberg 2005). Das Sample wurde generiert aus einer Einwohnermeldeamtsstichprobe. Wohnte das Kind mit seinen beiden biologischen Eltern, mit Pflege-, Adoptiv- oder Stiefeltern zusammen, sollte die Mutter mit dem Mütter-Fragebogen und der Vater mit dem Väter-Fragebogen befragt werden. Lebte das Kind bei seinem alleinerziehenden Vater, wurde der

Vater mit dem Mütter-Fragebogen befragt. Dies geschah vor dem Hintergrund der bereits erwähnten Entscheidung, die wesentlichen Informationen im Mütter-Fragebogen zu erheben und den Väter-Fragebogen als zwar wichtige, aber notfalls dennoch verzichtbare Ergänzung anzusehen (Methodenbericht DJI-Kinderpanel Welle 1). Hatte der alleinerziehende Vater eine neue Partnerin, hing die Verwendung der Fragebögen davon ab, wie lange diese Partnerin das Zielkind schon kannte und wie kompetent sie dementsprechend Auskunft über dessen Lebenssituation geben konnte. Lebte die aktuelle Partnerin seit mindestens einem Jahr beim Vater, wurde sie mit dem Mütter-Fragebogen befragt und der Vater mit dem Väter-Fragebogen. Waren die Erfahrungen der neuen Partnerin mit dem Zielkind vom zeitlichen Umfang her noch zu gering, wurde nur der Vater mit dem Fragebogen für Mütter befragt. Bei alleinerziehenden Müttern und ihren Partnern wurde eine solche Einschränkung nicht getroffen. Die neuen Partner der alleinerziehenden Mütter sollten den Väter-Fragebogen auch dann ausfüllen, wenn sie weniger als ein Jahr mit der jeweiligen Mutter des Zielkindes zusammen lebten.

Nach Datenbereinigungen konnten für die erste Welle insgesamt 1068 Kinder befragt werden. Die Teilnahme der Väter an dieser Studie war in beiden Altersgruppen optional, weswegen gerade für Väter die Befragungszahlen deutlich niedriger sind und daher nicht für jedes Kind eine komplette Sichtweise von beiden Elternteilen – sofern denn zwei vorhanden sind – vorliegen.

Tabelle 2: Ausschöpfungsstatistik Welle 1-3 der 8-9-jährigen Kinder

	Kinder 8-9-jährige (bei der ersten Befragung)		
	Welle 1	Welle 2	Welle 3
Bruttostichprobe	2.231	1.068	881
bereinigte Bruttostichprobe	2.060 (100)	867 (100)	748 (100)
realisierte Interviews	1.068 (51,9)	722 (83,3)	620 (82,9)

Das Kinderpanel ist mittels eines schriftlichen Fragebogens durchgeführt worden. Das Interview mit den Kindern wurde von einem Interviewer erhoben und die Angaben zeitgleich in die Papierversion eingetragen. Ebenso wurde auf diese Weise das Interview mit der Mutter bzw. mit dem alleinerziehenden Elternteil durchgeführt. Dem anderen Elternteil wurde ein schriftlicher Fragebogen zurückgelassen, der an das Befragungsinstitut zurückgeschickt werden sollte. Insgesamt wurden drei Befragungswellen durchgeführt. Wie die Responseraten zeigen (Tabelle 2), ist auch diese Studie erheblich mit dem Problem der Panelmortalität konfrontiert.

Eine Analyse nach vermuteten Selektivitätseffekten zwischen den Wellen zeigt, dass es vor allem Haushalte sind, in denen nicht ausschließlich Deutsch gesprochen wird, die in geringerem Maße an der zweiten Welle des Kinderpanels teilgenommen haben. Es ist entsprechend anzunehmen, dass hierbei Sprachprobleme ein wesentlicher Faktor waren. Demgegenüber sind es Familien mit mehreren Kindern, die deutlich eher an der zweiten Welle teilnehmen wollten, als Familien mit einem Kind. Möglicherweise ist das Interesse am Thema der Studie in diesen Familien größer. Die Selektivitätseffekte sind vor allem hinsichtlich der Frage nach der Panelbereitschaft zu finden. Auch zwischen den Wellen sind Selektivitätseffekte sichtbar. So tragen die Sprachfähigkeit der Eltern und Kinder, die Anzahl der Kinder und der Erwerbsstatus der Mutter zur Erklärung der Panelbereitschaft bei. Es zeigt sich vor allem, dass wenn im Haushalt nicht nur Deutsch, sondern auch eine andere Sprache gesprochen wird, dieses einen deutlich negativen Effekt auf die Panelbereitschaft für die folgenden Wellen hat. Interessanterweise wirkt sich auch hier die Anzahl der Kinder positiv auf die Panelbereitschaft aus: Familien mit mehr als einem Kind – egal, ob es zwei, drei oder noch mehr sind – zeigen eine etwa doppelt so hohe Panelbereitschaft wie Familien mit nur einem Kind. Weiter auffällig ist, dass die Panelbereitschaft bei Hausfrauen im Vergleich zu erwerbstätigen Müttern deutlich geringer ist (Methodenbericht DJI-Kinderpanel Welle 3).

In weiteren Analysen wurden bezogen auf die Gruppe der in Welle 1 panelbereiten Familien die Teilnehmer der dritten Welle den Nichtteilnehmern gegenüber gestellt. Auch diese Analysen erbringen insgesamt nur einen sehr geringen Beitrag zur Erklärung der Teilnahmebereitschaft. Den deutlichsten Effekt zeigt das Vorhandensein bzw. Fehlen eines Ausbildungsabschlusses der Mutter als negativer Prädiktor. Beim Erwerbsstatus zeigt sich, dass Familien, in denen die Mutter als Hausfrau tätig ist, gegenüber allen anderen Gruppen in der dritten Welle – anders als noch in der zweiten Welle – eine leicht erhöhte Teilnahmewahrscheinlichkeit besitzen. Zusammenfassend lässt sich sagen, dass einige Selektivitätseffekte sichtbar sind, die sich aber insgesamt nur schwach auf die Panel- bzw. Teilnahmebereitschaft auswirken. Das Alter des Kindes sowie der Schulabschluss der Mutter haben zu keinem Zeitpunkt einen Einfluss auf die Teilnahme am Kinderpanel. Einer der deutlichsten Effekte ist – wie erwähnt – die Sprache: Wird im Haushalt nicht ausschließlich Deutsch gesprochen, wirkt sich das negativ auf die Panelbereitschaft aus (Methodenbericht DJI-Kinderpanel Welle 3).

Dem Kinderpanel lag die Intention zugrunde, ein möglichst breites Spektrum von entwicklungsbezogenen Persönlichkeitsvariablen abzudecken (Alt & Quellenberg 2005; Gloger-Tippelt & Vetter 2005; Alt & Gloger-Tippelt 2008). Aufgrund begrenzter Befragungszeiten, insbesondere in Bezug auf die Konzentrationsfähigkeit der selbst befragten Kinder, konnte jedoch nur eine begrenzte Anzahl von Items eingesetzt werden, weshalb nicht auf bereits entwickelte Skalen, die in der Regel einen größeren Befragungszeitraum in Anspruch nehmen, zurückgegriffen wurde. Entsprechend wurde versucht, aus bekannten Skalen[1] eine eigenständige Skala aus bereits bestehenden Konstrukten zu bilden. Die neu entwickelte Skala umfasst eine ganze Reihe von Dimensionen: Ärger/Wut, Aggressivität, Dominanz bzw. Submission, Extra- und Introversion, Ängstlichkeit, Unsicherheit, Trauer/Depressivität, Hyperkinetik, Impulsivität, Konzentrationsfähigkeit, Empathie, Kreativität, Intelligenz, Wohlbefinden/Happiness und Selbstwert. Eine anschließende Faktorenanalyse über die neu entwickelte Skala der einbezogenen 30 Items ergab neben den theoretisch erwartbaren Dimensionen einige zusammenfassende Faktoren (Alt & Quellenberg 2005; Wahl 2005).

So konnten Gloger-Tippelt & Vetter (2005) mit den Daten einige Persönlichkeitskonstrukte der sogenannten „Little Five" empirisch abbilden. Zum einen die emotionale Labilität/Ängstlichkeit und zum anderen die Offenheit für Erfahrungen, und zwar stärker in dem Bereich der kognitiven Offenheit (Neugier, Kreativität). Diese Dimension ist verbunden mit sozialer Offenheit (Empathie, Einfühlung), die im Modell der Little Five eher in der Dimension der Verträglichkeit und der Liebenswürdigkeit enthalten ist (Asendorpf & Aken 2003; John et al 1994). Ferner ließen sich das positive Selbstbild sowie die Selbstwirksamkeit von Kindern erheben. Hinsichtlich der Erfassung kindlichen Problemverhaltens ließen sich Aspekte der Externalisierung, der Internalisierung sowie der motorischen Unruhe festmachen (Gloger-Tippelt & Vetter 2005: 243; Izard et al. 2001).

Aus diesen Konstrukten wurde dem Nutzer eine Reihe von bereits aufbereiteten Skalen zur Verfügung gestellt: Externalisierung, Motorische Unruhe, Internalisierung, soziale und kognitive Aufgeschlossenheit und positives Selbstbild. Zusätzlich zu den Persönlichkeitsitems, die sowohl für Mütter, Väter und deren Kinder ab einem Alter ab acht erhoben wurden, wurden auch Items zur wahrgenommenen Selbstwirksamkeit der Kinder in Anlehnung an Schwarzer (2000; Jerusalem & Schwarzer 1986) aus der Sicht der Mütter und Väter erfasst.

In unseren Analysen werden wir nur zum Teil auf die bereits generalisierten Skalen des DJI-Kinderpanels zurückgreifen. Dies liegt daran, dass diese Skalen teilweise mit anderen Dimensionen zusammenfallen. So setzt sich im DJI-Kinderpanel die Skala soziale und kognitive Aufgeschlossenheit aus mehreren Konstrukten zusammen, während uns hier aus theoretischen Überlegungen heraus insbesondere das Konstrukt der Empathie interessiert. Demzufolge wurde Empathie als eigenständiges Konstrukt betrachtet und andere Faktoren wie z.B. die Neugierde hier rausgelassen. Der inhaltlichen Zielset-

---

[1]   Als Vorlagen dienten die Skalen der Child Behavior Checklist (Achenbach & Edelbrock 1981; die Temperamentsskalen von Windle & Lerner 1986; Schwarz & Rinker 1998a)

zung und den theoretischen Überlegungen folgend stehen entsprechend folgende Konstrukte im Mittelpunkt: positives Selbstbild, Empathie, Selbstwirksamkeit und als Verhaltensweisen Internalisierung und Externalisierung.

Für die Erhebung der Kinderperspektive wurden nicht alle Persönlichkeitsitems erhoben, sondern eine Vorauswahl von 15 Items. Die Kinder sollten nicht mit so vielen Fragen überfordert werden. Ferner wurden den Kindern auch nicht die Items zur Selbstwirksamkeit gestellt, weil sie in diesem Alter noch keine validen Angaben diesbezüglich machen können. Es wurden daher für die Kinder nicht alle Konstrukte aus Kinderperspektive erhoben, sondern hier erfolgte eine Beschränkung auf die Skalen positives Selbstbild, Internalisierung und Externalisierung.

Zur Skalenbildung wurden entsprechende Items aus den Persönlichkeitsitems des DJI-Kinderpanels ausgewählt und im Hinblick auf die Erstellung eines Messmodells mittels einer konfirmatorischen Faktorenanalyse überprüft (Reinecke & Pöge 2010; Reinecke 2005; Kline 2005). Zur Spezifikation eines Messmodells sind vier Schritte erforderlich (Bollen 1989: 180; Reinecke & Pöge 2010: 777). Zunächst ist das theoretische Konzept darzustellen, welches die Festlegung der einbezogenen Dimensionen begründet (dies ist im vorangehenden theoretischen Abschnitt bereits erfolgt). Diesbezüglich wird zweitens für jede Dimension eine latente Variable definiert und drittens manifeste, demnach gemessene Items für die latenten Variablen ausgewählt, wonach schließlich durch Messgleichungen eine formal eindeutige Zuordnung zwischen manifesten und latenten Variablen erfolgt.

Wir verwenden die Daten der zweiten und dritten Befragungswelle. Der Grund für diese Beschränkung ist ein inhaltlicher und ein methodischer. Da wir uns auf die Outcomes der Kinder zum Ausgang ihrer Kindheit beziehen, ist es naheliegender die gemessenen Werte der abhängigen Variablen zum Ende des Beobachtungszeitraum zu wählen (2004 und 2005). Darüber hinaus wurden nicht alle Konstrukte durchgehend über die Wellen hinweg gleich abgefragt. Dies macht eine explizite Längsschnittanalyse nicht möglich. Die Tabelle 3 gibt die Ergebnisse der Faktorenanalyse für die dritte Befragungswelle, d.h. die letzte Messung, wieder. Für die zweite und auch für die erste Welle ergeben sich ähnliche Werte, die hier nicht abgebildet werden.

Der Modellfit wird anhand mehrerer Kriterien beurteilt (Reinecke 2005: 115ff.; Eid et al. 2010: 882ff.). Der Chi^2-Test überprüft die Nullhypothese, ob die empirische Kovarianz-Matrix der modelltheoretischen Kovarianz-Matrix entspricht. Ist der resultierende p-Wert signifikant wird die Nullhypothese verworfen und die Modellanpassung ist nicht geeignet. Allerdings ist der Chi^2-Test abhängig von den Stichprobengrößen und wird mit steigender Samplezahl eher signifikant. So ist es weit verbreitet, ein Modell gemäß des Chi^2-Tests dann anzunehmen, wenn der Chi^2-Wert im Verhältnis zu den Freiheitsgraden möglichst klein ist. Von einem guten Modellfit kann ausgegangen werden, wenn dieses Verhältnis <2,5 ist (Backhaus et al. 2003: 373). Dies trifft für das Modell der Mütter und Väter zu, für die Kinder liegt der Wert höher. Der CFI (Comparative Fit Index) vergleicht die Anpassungsgüte eines Modells mit einem sogenannten Baseline-Modell (z.B. dem Unabhängigkeitsmodell). Werte größer als 0,9 zeigen einen guten Modellfit an. Dies gilt hier für Mütter und Väter, während das Modell der Kinder wiederum einen geringeren Wert hat. Der RMSEA (Root Mean Square Error of Approximation) gibt an, wie nahe das postulierte Modell dem „wahren Wert" kommt. Eine gute Modellanpassung liegt dann vor, wenn der RMSEA kleiner als 0,05 ist. Der SRMR (Standardized Root Mean Square Residual) gibt einen Wert für die durchschnittlichen Residuen an. Werte des SRMR, die unter 0.05 liegen, weisen auf einen guten Modellfit hin; Werte größer als 0,08 indizieren eine bedeutsame Abweichung des Modells von den Daten (Eid et al. 2010: 880).

Schließlich ist ein Blick auf die standardisierten Faktorladungen zur Beurteilung der einzelnen Skalen hilfreich. Wünschenswert sind Faktorladungen, bei denen die Instrumentenvariablen zu ca. 40% durch den Faktor erklärt werden. Dies liegt dann vor, wenn die Faktorladungen einen Wert von über 0,63 aufweisen. Wie Tabelle 3 zu entnehmen ist, ist dies in den meisten Fällen der Fall, es gibt jedoch Items (z.B. ein Item zum Selbstbild der Kinder aus der Sicht der Mütter und Väter sowie Skalen aus der Perspektive der Kinder), die diesen Wert nicht erreichen. Zusammenfassend lässt sich zur Beurteilung der Modelle sagen, dass das Messmodell für die Mütter und Väter einen guten Modellfit aufweisen, während dies für die Kinder nicht in der gleichen Weise gilt. Die Faktorenanalysen für die Kinder sind deutlich schwächer für die hier interessierenden Konstrukte zu beurteilen. Die Gründe hierfür können darin liegen, dass es bei diesem Befragungsalter deutlich schwieriger ist, valide Informationen zu gewinnen. Aus dem gleichen Grund wurden für die Kinder teilweise die Items auch anders gestellt, bzw. umformuliert, um es den Kindern zu erleichtern, darauf zu antworten. Aus diesem Grund beziehen wir uns im Folgenden bei der Konstruktion der abhängigen Variablen insbesondere auf die Perspektive der Mütter.

Tabelle 3: Ergebnisse der konfirmatorischen Faktorenanalyse aus Mütter-, Väter- und Kinderperspektive[2] – Ergebnisse aus der dritten Befragungswelle (standardisierte Werte)

Latente Variablen und dazugehörige Messindikatoren	Mütter-perspektive	Väter-perspektive	Kinder-perspektive
	Faktorladungen		
1. Selbstbild			
„Lacht gerne"	0,417	0,456	
„meist gut gelaunt"	0,837	0,827	
2. Empathie			
„merkt, wenn es Freunden schlecht geht"	0,683	0,757	
„hat viel Einfühlungsvermögen"	0,790	0,728	
3. Selbstwirksamkeit			
„kommt mit Überraschendem gut zurecht"	0,647	0,657	
„Vertraut eigenen Fähigkeiten"	0,741	0,756	
„weiß mit neuen Sachen umzugehen"	0,787	0,782	
4. Internalisierung			
„manchmal ängstlich"	0,709	0,638	0,522
„fühlt sich unsicher"	0,552	0,560	-
„traurig"	0,661	0,757	0,775
(„fühle mich alleine")			0,457
5. Externalisierung			
„verliert leicht Beherrschung"	0,732	0,726	-
„oft wütend auf andere"	0,697	0,652	-
„fängt oft Streit an"	0,684	0,794	-
„Raufe gerne"	-	-	0,524
„Spaß am Ärgern anderer"	-	-	0,667
„falle anderen auf die Nerven"	-	-	0,474
Chi^2/df	127,057/55	89,789/55	36,012/8
CFI	0,960	0,966	0,929
RMSEA/SRMR	0,047/0,042	0,046/0,046	0,075/0,053
N=	603	300	618

---

[2] Die Persönlichkeitsitems wurden umcodiert und alle auf dem gleichen Skalenniveau gemessen (Werte 1=Trifft überhaupt nicht zu bis 4= Trifft voll und ganz zu).

Tabelle 4: Korrelationsmatrix der latenten Variablen – Mütterperspektive

	Selbstbild	Empathie	Selbst-wirksamkeit	Externali-sierung
Empathie	0,033***			
Selbstwirksamkeit	0,025***	0,083***		
Externalisierung	-0,046***	-0,096***	-0,070***	
Internalisierung	-0,024**	0,016	-0,103***	0,088***

+= p<0,10; *= p<0,05; **= p<0,01; ***= p<0,001

Tabelle 5: Korrelationsmatrix der latenten Variablen – Väterperspektive

	Selbstbild	Empathie	Selbst-wirksamkeit	Externali-sierung
Empathie	0,046***			
Selbstwirksamkeit	0,036***	0,067***		
Externalisierung	-0,064***	-0,094***	-0,060***	
Internalisierung	-0,059***	-0,030+	-0,107***	0,109***

+= p<0,10; *= p<0,05; **= p<0,01; ***= p<0,001

Einen ersten Überblick über die Zusammenhänge der fokussierten abhängigen Variablen liefert die Korrelationsmatrix von Müttern und Vätern (Tabell 4/5). Es zeigt sich zunächst, dass die Dimensionen nicht unabhängig voneinander sind, sondern – wie aus der Kenntnis des Forschungsstandes zu erwarten war – auch miteinander in Beziehung stehen. So korrelieren die Aspekte Empathie, ein positives Selbstbild sowie Selbstwirksamkeit positiv miteinander, sowohl bei Müttern als auch bei Vätern. Ferner gibt es positive Korrelationen bei den beiden negativen Verhaltensmessungen hinsichtlich externalisierenden und internalisierenden Verhaltens. Beide Verhaltensweisen schließen sich demnach nicht wechselseitig aus. Auf der anderen Seite findet man negative Korrelationen bei den latenten Variablen zwischen Externalisierung und Internalisierung einerseits und Empathie, Selbstbild sowie Selbstwirksamkeit andererseits.

Kap. 5.3 Angewandte Methoden und Sample

Methoden

Die folgenden Analysen bauen auf den vorangehenden faktorenanalytischen Verfahrensweisen auf. Es werden Strukturgleichungsmodelle berechnet. Strukturgleichungsmodelle sind nicht eine bestimmte Technik, sondern umfassen eine ganze Gruppe von multivariaten Datenanalysen. Bei Strukturgleichungsmodellen werden gemessene, manifeste Variablen von nicht gemessenen, latenten Variablen unterschieden (Reineke 2005; Kline 2005; Bollen

1989). Sie basieren auf einem Messmodell und einem Strukturmodell. Das Messmodell dient dazu, aus den gemessenen manifesten Variablen Konstrukte, sogenannte latente Variablen, zu bilden. Die Grundlage für ein derartiges Vorgehen bilden die oben beschriebenen Faktorenanalysen, d.h. auf der Basis von gemessenen Variablen wurde eine latente Variable gebildet (z.B. Selbstwirksamkeit der Kinder). Die latente Variable setzt sich aus den jeweiligen Faktorenladungen der einbezogenen manifesten Variablen zusammen. Der Anteil der gemessenen Variablen, der nicht durch die latente Variable ζ erklärt wird, befindet sich im Fehlerterm δ. Der Vorteil dieser Herangehensweise ergibt sich zum einen daraus, dass latente Konstrukte durch mehrere manifeste Variablen und durch eine explorative oder konfirmatorische Faktorenanalyse generiert werden können, die so in den Daten der gemessenen Variablen nicht zu finden sind. Ferner sind diese Konstrukte von Messfehlern der manifesten Variablen bereinigt (siehe ausführlicher Bollen 1989; Reineke 2005; Kline 2005). Das Messmodell und die darin spezifizierten abhängigen Variablen können dann in einem Strukturmodell um weitere unabhängige Variablen ergänzt werden. Diese unabhängigen Variablen können dann ebenfalls manifest sein oder wiederum aus latenten Konstrukten bestehen. Abbildung 4 verdeutlicht die Vorgehensweise beispielhaft. Das Modell umfasst zwei latente unabhängige Variablen (die kindzentrierte Kommunikation und die Depressivität der Mutter), zwei manifeste unabhängige Variablen (Geschlecht und Anzahl der Freunde). Die abhängige Variable ist die latente Variable Selbstwirksamkeit der Kinder. In den folgenden Analysen werden die einzelnen Persönlichkeitsfaktoren jeweils als abhängige Variable betrachtet, d.h. die einzelnen Modelle werden jeweils für das einzelne Konstrukt berechnet und nicht alle abhängigen Variablen simultan in ein Modell genommen.

Abbildung 4: Beispielmodell für ein Strukturgleichungsmodell

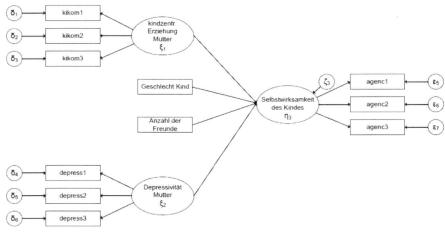

Wie bereits erwähnt, beziehen wir in den folgenden Analysen die Daten der zweiten und dritten Welle mit ein. Weil hierbei gleiche Personen zweimal im Datensatz auftauchen ist die Annahme der Unabhängigkeit der Beobachtungen verletzt. Aus diesem Grund wird zur genaueren Schätzung der Standardfehler eine robuste Regression gerechnet, die eine Clusterung nach den Befragungspersonen vornimmt (Muthén & Muthén 2007). Da die jeweiligen abhängigen Variablen metrisch skaliert sind, werden entsprechend multivariate Regressionen gerechnet.

Durch die Clusterung der Daten ergibt sich eine weitere Spezifikation. Der Zugang zu weiteren Modellspezifikationen und Anpassungen über den Chi^2-Differenztest kann so ohne Weiteres nicht benutzt werden, da sich durch die Nicht-Unabhängigkeit der Fälle eine Verzerrung ergeben würden. Stattdessen wird eine entsprechende Korrektur benutzt, eingeführt durch Satorra-Bentler (1999). Der Chi^2-Wert wird mit einem entsprechenden Skalierungswert multipliziert (siehe dazu MPLUS User Homepage; www.statmodel.com). Diesen Chi^2-Differenztest brauchen wir auch, um nach der Analyse des jeweiligen Kontextes eine Modellanpassung dahingehend durchzuführen, dass letztendlich nur diejenigen Einflussfaktoren im Modell bleiben, die den Modellfit signifikant verbessern. Hierzu werden sukzessive einzelne Einflussfaktoren fixiert und auf Null gesetzt. Wenn sich dadurch nur eine unwesentliche Veränderung im Chi^2-Differenztest ergibt, dann wird diese Fixierung beibehalten. Ergibt sich allerdings unter Berücksichtigung der Veränderung der Freiheitsgrade des Modells eine signifikante Veränderung, dann sollte diese Variable im Modell bleiben, weil sie einen wesentlichen Einflussfaktor dargestellt. Diese Modelloptimierungen nehmen wir nach jedem Kontext vor, um in den abschließenden Analysen das Modell zu entwickeln, welches über alle Kontexte hinweg den besten Modellfit aufweist und die relevanten Einflussfaktoren berücksichtigt (Reinecke 2005). Bei der Verwendung des sozialökologischen Zugangs und der Einbeziehung unterschiedlicher Kontextebenen ist es insbesondere notwendig, Mediationseffekte zu berücksichtigen (Little et al. 2009).

Ein Mediatoreffekt liegt dann vor wenn der kausale Effekt von x auf y durch eine dritte Variable z interveniert, mediiert wird. Es liegt dann ein indirekter Effekt von x über z zu y vor. Hierbei wird zwischen einem partiellen und einem totalen Mediatoreffekt unterschieden. Ein partieller Effekt liegt vor, wenn der Effekt von x auf y zum einen über eine dritte Variable z führt, aber trotzdem noch ein direkter Effekt zwischen x und y bestehen bleibt. Ein totaler indirekter Effekt liegt vor, wenn der Effekt von x auf y vollständig über z vermittelt wird. Darüber hinaus ist es möglich, dass eine x-Variable zunächst keinen Effekt auf y ausübt. Werden dann evtl. Drittvariablen als Mediatoren mit einbezogen, können sich sehr wohl Effekte von x auf y zeigen, sogenannte Suppressoreffekte. Diese stellen sich dann ein, wenn es bspw. einen positiven Effekt von x auf y gibt und gleichzeitig einen

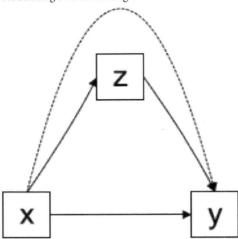

negativen indirekten Effekt von x über z zu y. Ein indirekter Effekt berechnet sich durch das Produkt der beiden Effektstärken xz und zy. Nicht jeder indirekte Effekt wird auch als Mediatoreffekt bezeichnet, sondern von einem solchen wird in der Literatur insbesondere dann gesprochen, wenn a) x ohne Einbezug von z einen signifikanten Einfluss auf y ausübt, b) x einen signifikanten Einfluss auf z hat, c) z einen signifikanten Einfluss auf y hat und d) der Effekt von x auf y sich verringert (deutlich an Einflusstärke/Signifikanz verliert) wenn z mit ins Modell aufgenommen wurde (Little et al. 2009; Frazier et al. 2004; Baron & Kenny 1986). Eine Ausnahme bilden die angesprochenen Suppressoreffekte (Urban & Mayerl 2008).

Schließlich wird zum Abschluss eine Clusteranalyse gerechnet um zu schauen, inwieweit sich aus den bisherigen Analysen spezifische Cluster generieren lassen. Bei der Clusteranalyse geht es um die Analyse einer heterogenen Gesamtheit von Objekten, Merkmalsausprägungen mit dem Ziel, eine homogene Teilmenge daraus zu bilden (Backhaus et al. 2003). Auf der Basis unterschiedlicher Proximitätsmaße wird die Ähnlichkeit bzw. Distanz zwischen allen einbezogenen Objekten errechnet und dann eine Zusammenfassung der einzelnen Objekte ermittelt. Die Clusteranalyse dient als exploratives Verfahren eher dazu, bestimmte Gruppierungen aus dem Datenmaterial zu generieren (Everitt 1993). Kritisch zu bemerken ist allerdings, dass die Clusteranalyse keine mehr oder weniger in sich geschlossene Methode ist, sondern es existieren eine Vielzahl von Möglichkeiten, sowohl die Distansmatrizen zu berechnen, als auch im zweiten Schritt die entsprechenden Fusionierungsalgorithmen und Stopping-Regeln festzulegen, die zur Clusterauswahl führen. Das entsprechende Clusterergebnis kann in hohem Maße von diesen jeweiligen Ansätzen abhängig sein. Da wir sowohl binäre als auch metrische

Variablen berücksichtigen, verwenden wir den Gower dissimilarity coefficient (Gower 1971; Stata Reference Manual 10, 2007) für gemischte Variablen. In der durchgeführten hierarchischen Cluster-Analyse wird dann das Ward-Verfahren zur Clusterung angewandt. Dieses Verfahren basiert darauf, dass diejenigen Objekte zu Gruppen(Clustern) zusammengefasst werden, die ein vorgegebenes Heterogenitätsmaß am wenigsten vergrößern. Es werden diejenigen Objekte zu Clustern vereinigt, die die Streuung (Fehlerquadratsumme) in einer Gruppe möglichst gering halten (Backhaus et al. 2003).

Grundsample

Eine Besonderheit des DJI-Kinderpanels ist ebenfalls die Einbeziehung mehrerer Perspektiven in die Analysen. Idealerweise werden sowohl Mütter, Väter und Kinder selbst zur Situation befragt. Dies gelingt aus den verschiedensten Gründen jedoch nicht umfassend. Vor allem für die Väterinformationen sind erhebliche Ausfälle bei der zweiten und dritten Welle vorzufinden. Es werden entsprechend im Folgenden lediglich die Perspektive der Mütter und die der Kinder explizit berücksichtigt. Dies scheint auch insoweit unproblematisch zu sein, da sich die Angaben der Mütter und der Väter im Hinblick auf die Persönlichkeitseigenschaften ihrer Kinder nicht sehr stark voneinander unterscheiden, wie im nachfolgenden Kapital genauer zu sehen sein wird. D.h. das Grundsample besteht aus den Angaben der Mütter und ihrer Kinder in Welle 2 und Welle 3, insgesamt N=1148. In einigen Modellen reduzieren sich die Fallzahlen aufgrund fehlender Werte in den nachfolgenden Variablen auf minimal 1076. Das Alter der Kinder liegt zwischen 10 bis 12 Jahre. Es werden biologische Zwei-Elternfamilien (84%), Stieffamilien (8%) als auch Alleinerziehende (8%) mit einbezogen. Der Anteil der Ein-Kind-Familien beträgt 16%. 36% der Mütter haben Abitur, 41% einen Realschulabschluss und 23% einen Hauptschulabschluss. Es sind gleichviel Jungen und Mädchen im Sample vertreten.

Kap. 5.4 Deskription des Samples und ausgewählte Persönlichkeitsmerkmale im Zeitverlauf

In den folgenden Schaubildern sind für die einzelnen Persönlichkeitskonstrukte die einzelnen Mittelwerte über die drei Befragungswellen abgebildet, getrennt nach der Perspektive der Mütter und Väter. Für Kinder werden hier lediglich die zentralen Verhaltensinformationen über externalisierendes und internalisierendes Verhalten aufgenommen.

Die Angaben zum positiven Selbstbild von Kindern zeigen, dass sowohl Jungen als auch Mädchen aus der Perspsktive ihrer Väter und Mütter ein hohes positives Selbstbild aufweisen. Die Werte liegen um die 3,5, bei einem Maximalwert von 4. Die Angaben unterscheiden sich nicht sonderlich zwischen den Geschlechtern und sie weisen eine relative Stabilität über die drei Befragungswellen (2002, 2004, 2005) auf. Es ist lediglich ein leichter Rückgang für Jungs sichtbar. Interessant ist hierbei vor allem, dass sich Väter und Mütter nicht stark in der Wahrnehmung ihrer Kinder unterscheiden, die Werte der Väter sind lediglich etwas niedriger.

Abbildung 6: Positives Selbstbild der Kinder im Längsschnitt aus der Perspektive von Müttern- und Vätern

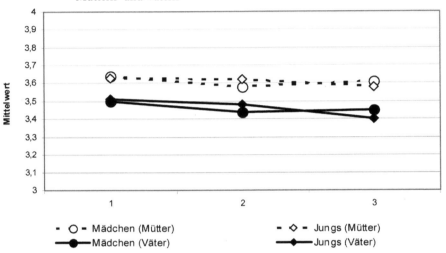

Quelle: DJI-Kinderpanel, eigene Berechnungen

Abbildung 7: Empathie von Kindern im Längsschnitt aus der Perspektive von Mütter- und Vätern

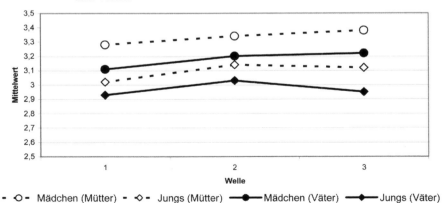

Quelle: DJI-Kinderpanel, eigene Berechnungen

112

Hinsichtlich der Wahrnehmung kindlicher Empathie zeigt sich ebenfalls ein überdurchschnittlicher Wert über den Skalenmittelwert von 2. Väter liegen wiederum etwas niedriger als Mütter, aber auch hier sind die Tendenzen bei den Eltern sehr ähnlich. In diesem Verlauf zeigt sich auch das bereits aus der Forschung bekannte Ergebnis, dass Mädchen in der Wahrnehmung der Eltern empathischer wahrgenommen werden als Jungen. Sie weisen über den gesamten Erhebungsverlauf bei beiden Elternpaaren höhere Werte auf. Insgesamt ist tendenziell ein leichter Anstieg über die Entwicklungsphase zu sehen. Väter liegen auch hier etwas unter den Werten von Müttern.

In Bezug auf die Entwicklung kindlicher Selbstwirksamkeit stimmen Väter und Mütter vom Ausgangsniveau nunmehr stärker überein. Es zeigt sich jedoch, dass Väter bei ihren Töchtern höhere Werte von Selbstwirksamkeit im Entwicklungsverlauf wahrnehmen, während die Unterschiede bei den Müttern nicht so klar sind. Auch dieses Ergebnis deckt sich mit denen entwicklungspsychologischer Untersuchungen, die zeigen, dass Mädchen in diesen Altersjahrgängen in der Entwicklung weiter sind als Jungen, was sich auf die wahrgenommene Selbstwirksamkeit niederschlägt, obgleich sich dies in den Daten stärker für die Väter zeigt. Aber insgesamt sind die Unterschiede nicht sehr groß.

Abbildung 8: Selbstwirksamkeit von Kindern im Längsschnitt aus der Perspektive von Mütter- und Vätern

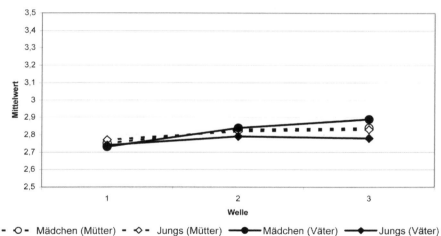

Quelle: DJI-Kinderpanel, eigene Berechnungen

Abbildung 9: Externalisierende Verhaltensweisen von Kindern im Längsschnitt aus der Perspektive von Mütter- und Vätern

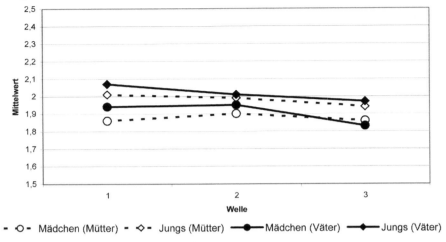

Quelle: DJI-Kinderpanel, eigene Berechnungen

Abbildung 10: Internalisierende Verhaltensweisen von Kindern im Längsschnitt aus der Perspektive von Mütter- und Vätern

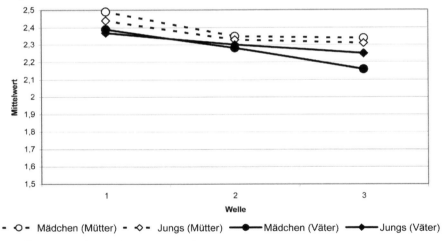

Quelle: DJI-Kinderpanel, eigene Berechnungen

Schließlich wird aus der Elternperspektive auch die Entwicklung internalisierender und externalisierender Verhaltensweisen untersucht. Beide Angaben sind zentrale Indikatoren kindlicher Entwicklungsprozesse auf der Verhaltensebene. Es zeigt sich zunächst für die Externalisierung eine abnehmende Tendenz, sowohl aus der Perspektive der Väter als auch aus der der Mütter. Darüber hinaus zeigt sich, dass Jungs – wie mehrfach auch in der

Literatur dokumentiert – eher externalisierende Verhaltensweisen zeigen als Mädchen.

Hinsichtlich der internalisierenden Verhaltensmuster unterscheiden sich Mädchen und Jungen nicht sehr stark. Auch die Wahrnehmungen der Verläufe zwischen den Eltern sind ähnlich, wenngleich Väter hier auf einem niedrigeren Niveau beginnen. Tendenziell zeigen beide eine Abnahme von Internalisierungen. Stellt man diesen Wahrnehmungen der Elternperspektiven die der Kinder gegenüber, so zeigt sich, dass sowohl bei den externalisierenden als auch bei den internalisierenden Verhaltensweisen Jungs sich eher als externalisierend und internalisierend beschreiben als Mädchen, mit deutlichen Niveauunterschieden. Hier weichen die Wahrnehmungen zwischen Eltern und Kindern deutlich ab. Dies gilt vor allem auch für geschlechtsspezifische Unterschiede.

Abbildung 11: Externalisierende und internalisierende Verhaltensweisen von Kindern im Längsschnitt aus der Perspektive der Kinder

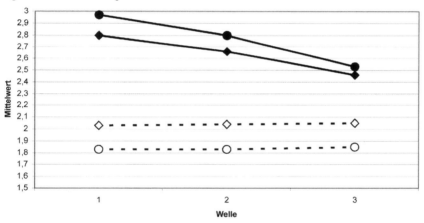

Quelle: DJI-Kinderpanel, eigene Berechnungen

Es lässt sich festhalten, dass im Hinblick auf die analysierten Persönlichkeitskonstrukte positives Selbstbild, Empathie und Selbstwirksamkeit die befragten Mütter und Väter im Vergleich zum Skalendurchschnitt eher überdurchschnittlich hohe Werte für ihre Kinder angeben, d.h. die Eltern mehrheitlich eine positive Entwicklung für ihre Kinder sehen. Im Hinblick auf die vor dem Hintergrund identitätsrelevanter Eigenschaften eher negativ konnotierten Merkmale wie Externalisierung und Internalisierung zeigen sich mehrheitlich eher niedrige Werte, d.h. externalisierendes und internalisierendes Verhaltens tritt eher in geringerem Maße auf und es wird eher eine positive Entwicklung gesehen.

Es zeigt sich darüber hinaus bei diesen zunächst deskriptiv betrachteten Verläufen kindlicher Persönlichkeitsmerkmale eine relative Stabilität der fokussierten Konstrukte. Die Unterschiede betragen maximal 0,3 Punkte auf einer vierstufigen Skala. Dieses Ergebnis ist auch so zu erwarten gewesen. Deutliche Unterschiede in den Mittelwerten zwischen den Befragungswellen hätten einige Zweifel an der Messung der Konstrukte hervorgebracht, da Persönlichkeitskonstrukte zwar gerade auch in diesem Alter nicht in Stein gemeißelt sind, aber auch nicht rein zufällig variieren sollten. Ferner ist zu betonen, dass die Wahrnehmungen zwischen den Eltern nicht so stark auseinandergehen. Es zeigen sich zwar an einigen Stellen leichte Niveauunterschiede, aber bis auf die Selbstwirksamkeit sind die Ergebnisse sehr ähnlich. Zu ähnlichen Ergebnissen kommt auch Wahl (2005) für die erste Welle des DJI-Kinderpanels, nämlich dass sich die Sichtweisen auf die Persönlichkeit der Kinder zwischen den Kindern, Müttern und Vätern nicht so stark unterscheiden, vor allem nicht, wenn es um die Bewertung eher äußerlich erkennbarer Persönlichkeitsmerkmale geht wie Internalisierung oder Externalisierung. D.h. die Unterschiede in den abhängigen Variablen zwischen Vätern und Müttern sind nicht sonderlich groß. Wir werden im Folgenden insbesondere die Angaben der Mütter und der Kinder analysieren, da die Einbeziehung der Väterinformation mit einer erheblichen Reduzierung der Fallzahlen einhergehen würde.

Kap. 6 Hypothesen und empirische Analysen

Wie in den theoretischen Abschnitten zum sozialökologischen Zugang bereits angedeutet, ist der sozialökologische Ansatz noch keine in sich geschlossene Theorie, sondern eher ein theoretisch begründeter konzeptioneller Zugang zur Erforschung individueller Entwicklungen. Die einzelnen Komponenten und dargestellten Systeme müssen im Hinblick auf die interessierenden abhängigen Prozesse weiter konkretisiert und in prüfbare Hypothesen umgesetzt werden. Aus dem bisherigen Forschungsstand zu den hier im Fokus stehenden abhängigen Prozessen ist ferner klar geworden, dass dem familialen Kontext, dem Kontext Schule sowie dem Freizeitbereich und Freundeskreis wesentliche Einflussmöglichkeiten zugesprochen werden. Darüber hinaus spielen Exokontexte wie das Arbeitsumfeld der Eltern sowie die Mikrokontexte verbindenden Mesokontexte (z.B. Verhältnis Elternhaus/ Schule oder Elternhaus/Freundeskreis der Kinder) eine zentrale Rolle. Abbildung 12 verdeutlicht den Zusammenhang grafisch.

Abbildung 12: Mikrokontextuelle Einbettung kindlicher Persönlichkeit

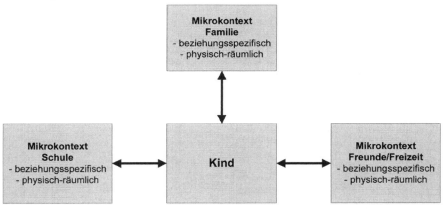

Um die daraus entstehende Komplexität zu systematisieren, werden zunächst die jeweiligen Einflussfaktoren auf der Mikroebene analysiert. Startend mit dem familialen Kontext werden die weiteren Mikrokontexte Schule und Freunde/Freizeit sowie die Meso- und Exosysteme als weitere Einflussfaktoren nach und nach mit in die Analysen einbezogen. Es werden daher zunächst die Analysen für einzelne Kontexte durchgeführt und im Anschluss daran die Veränderungen und Wechselwirkungen. Wie in Kapitel 4 ausgeführt, beinhaltet die Analyse eines Mikrokontextes zwei Dimensionen: a) die Berücksichtigung der zum jeweiligen Mikrokontext gehörenden sozialen Beziehungen sowie b) die physisch-räumlichen Bedingungen des jeweiligen Kontextes. In beiden Dimensionen sind proximale Prozesse wirksam. Aus den theoretischen Ausführungen zum sozialökologischen Ansatz geht ferner hervor, dass sich die Einflussfaktoren sozialer Beziehungen weiter unterteilen lassen in

i) Einflüsse aus den beziehungsspezifischen Dynamiken (z.B. zwischen dem Kind und der jeweiligen Bezugsperson),

ii) Einflüsse resultierend aus der Beziehungsdynamik zwischen den beteiligten dritten Personen (z.B. Beziehung zwischen den Eltern; Beziehungen von Eltern zu anderen Geschwistern, Freunde untereiander usw.),

iii) Einflüsse aus den Persönlichkeitseigenschaften der beteiligten Akteure sowie generelle,

iv) situative Faktoren der Opportunitätsstruktur (Handlungsspielraum der Familie).

Hinsichtlich physisch-räumlicher Bedingungen müssen

v) die grundsätzlichen physisch-räumlichen Bedingungen des Kontextes einbezogen werden, die die Anregungs-, Stimulations- und Regenerationsmöglichkeiten für die im Fokus stehenden abhängigen Entwicklungsprozesse fördern oder einschränken.

Sowohl die Einflüsse persönlicher Beziehungen als auch die physisch-räumlichen Bedingungen werden im Folgenden für die zentralen Entwicklungskontexte der Kindheit (Familie, Freundschaftsbeziehungen, Schule) untersucht. Die Anzahl möglicher Einflussfaktoren wird diesbezüglich jedoch eingeschränkt und ist begrenzt durch die zur Verfügung stehenden Informationen des hier verwendeten Datensatzes, dem DJI-Kinderpanel. Eine vollständige, simultane Einbeziehung aller möglichen Faktoren ist sicherlich forschungsökonomisch nicht möglich.

Kap. 6.1 Mikrokontext Familie

Eine kaum überschaubare Anzahl von Studien und Übersichtsartikel haben mit unterschiedlichsten theoretischen und empirischen Zugängen immer wieder herausgestellt, dass dem familialen Kontext und den darin eingebundenen Beziehungen eine wesentliche Bedeutung für die kindliche Entwicklung zukommt (um nur einige zu nennen Schneewind 1991; Damon & Lerner 1998; Zinnecker & Silbereisen 1998; Walper & Pekrun 2001; Hofer 2002; Eisenberg 2006; Parke & Buriel 2006; Fuhrer 2007; Damon & Lerner 2008; Hurrelmann et al. 2008; Bertram & Bertram 2009). Das gilt auch für die hier im Zentrum stehenden abhängigen Variablen: positives Selbstbild, Selbstwirksamkeit, Empathie, Internalisierung und Externalisierung.

Abbildung 13: Einflussfaktoren des familialen Kontextes auf kindliche Persönlichkeitsei-genschaften (in Anlehnung an Belsky 1984)

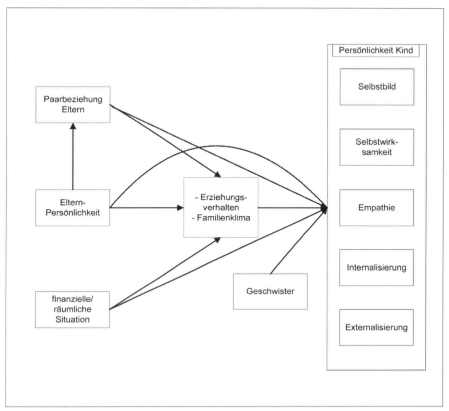

In der Aufarbeitung des Forschungsstands (Kapitel 3) sind eine Reihe von wesentlichen familialen Einflussfaktoren angesprochen worden, die es zu berücksichtigen gilt: Auf der Ebene sozialer Beziehungen wird die Persön-lichkeit der Eltern, die Paarbeziehung der Eltern untereinander als auch die Beziehung zwischen den Eltern und dem Kind, vor allem das elterliche Er-ziehungsverhalten mit in die Analysen einbezogen werden müssen. Ob-gleich die Paarbeziehung der Eltern als auch das elterliche Erziehungsver-halten eigenständige Einflussfaktoren darstellen, sind jedoch auch zwischen diesen Merkmalen Interdependenzen möglich. So kann die Paarbeziehung der Eltern und das elterliche Erziehungsverhalten auch von den Persönlich-keitseigenschaften der beteiligten Elternteile beeinflusst werden. Ein weite-res Set an Einflussfaktoren besteht in der Modellierung der finanziellen so-wie auch der räumlichen-häuslichen Situation der Familie. All diese Fakto-ren haben sich in bisherigen Studien für die hier interessierenden Prozesse als prädiktiv erwiesen (siehe Kap. Kapitel 3). Im Folgenden werden vor den allgemeinen theoretischen Erörterungen des sozialökologischen Zugangs konkreter einzelne Hypothesen erarbeitet und in den anschließenden empirischen Analysen überprüft. Vorwegnehmend sind in Abbildung 13 die zentralen Einflussfaktoren zusammenfassend dargestellt.

a) Persönlichkeitseigenschaften der Eltern

Wir beginnen die Analysen zum Mikrokontext Familie mit einer Betrachtung der Persönlichkeit der Eltern. Gemäß den theoretischen Vorüberlegungen ist ein Einflussbereich, der die Art und Weise der Ausgestaltung proximaler Prozesse in einen Mikrokontext beeinflusst, die Persönlichkeit der an den Beziehungen und Interaktionen beteiligten Personen. Im familialen Kontext sind im Hinblick auf kindliche Entwicklungsprozesse damit zunächst einmal die Persönlichkeitseigenschaften und das psychische Befinden der Eltern gemeint.

Der Forschungsstand bietet eine Reihe von empirischen Hinweisen hinsichtlich der Effekte der elterlichen Persönlichkeit auf die Persönlichkeitseigenschaften von Kindern. Zwar werden in der Literatur auch genetische Einflüsse genannt (Singer 2002; Groves 2005), aber es dürften vor allem indirekte Effekte, ausgehend von der Persönlichkeit der Eltern, z.B. vermittelt über das Erziehungsverhalten, vorliegen. So zeigen empirische Studien, dass elterliche Depressivität zum einen negativ die Beziehungsqualität zu den Kindern beeinflusst, zum anderen hat es auch Auswirkungen auf die Beziehung zwischen den Eltern untereinander sowie auf das elterliche Erziehungsverhalten. Studien belegen, dass die Depressivität der Eltern ebenfalls mit einem mangelnden elterlichen Selbstbewußtsein, mit geringerer elterlicher Ich-Stärke und mit einem weniger einfühlsamen Erziehungsstil, mit strengerem Erziehungsverhalten und mit einem schlechteren Familienklima einhergeht, was letztendlich zu einem geringeren kindlichen Wohlbefinden führt (Goodman & Gotlieb 1999; Hay & Pawlby 2003; Fuhrer 2005; Jaffee & Poulton 2006; Powdthavee & Vignoles 2008; Kouros et al. 2008). Die genannten Einflussfaktoren wirken sich auf proximale Prozesse der sozialisatorischen Interaktion in der Weise aus, dass Interaktionen weniger einfühlsam auf die Bedürfnisse des Kindes gerichtet und abgestimmt sind, weil eigene Probleme stärker in den Vordergrund treten. Dies kann verstärkt dazu führen, dass eher strenge elterliche Kontrolle oder ein gar vernachlässigendes Erziehungsverhalten vorliegt und dass das Familienklima eher von Konflikten und Reibereien gekennzeichnet ist, was insgesamt weniger entwicklungsfördernd für Kinder ist, weil es die kommunikative Offenheit, das kindliche Explorationsverhalten und das kindliche Selbstvertrauen sowie die positiven Bindungen zu Eltern negativ beeinflusst. Vor allem Übergangsphasen, wie der

Übergang in die Schule, oder ins Jugendalter, sind wichtige Phasen, in denen Kinder verstärkt Unterstützung von Eltern brauchen und in denen dann wiederum Persönlichkeitsmerkmale wie die Depressivität der Eltern, negative Effekte aufweisen können (Jaffee & Poulton 2006).

Liegt hingegen eine eher optimistische, positive Haltung der Eltern vor, so sollte sich dies positiv auf die kindlichen Persönlichkeitseigenschaften auswirken, weil es Kinder unterstützt und sie dadurch auch offener und sicherer an alltägliche oder nicht alltägliche Herausforderungen herangehen. Es gibt jedoch auch Hinweise, dass die Depressivität von Müttern mit einer höheren Ausprägung des prosozialen Verhaltens von Kindern einhergeht. Die Kinder haben gelernt – so die Argumentation -, damit umzugehen, frühzeitig Verantwortung zu übernehmen und sich stärker um andere in der Familie zu kümmern (Hay & Pawlby 2003). Trotz dieser Ausnahmen nehmen wir generell an, dass die Depressivität der Mutter sich positiv auf internalisierende und externalisierende kindliche Verhaltensweisen auswirkt, während eine optimistische Haltung zum Leben den umgekehrten Effekt zeigen sollte. Ferner erwarten wird, dass die Depressivität der Mutter eher mit einem negativen Selbstbild der Kinder, mit geringerer kindlicher Selbstwirksamkeit und kindlicher Empathie einhergeht, während dies für optimistische Mütter wiederum in umgekehrter Form vorliegen sollte.

Neben der Persönlichkeit der Eltern werden wir in allen folgenden Modellen für das Geschlecht der Kinder kontrollieren. Hinsichtlich der hier fokussierten abhängigen Variablen sind Unterschiede zwischen Mädchen und Jungen gegeben. Jungen scheinen verletzlicher für familiale Belastungen und physische Risiken und Stressoren zu sein (Schwarz 1999; Schwarz & Noack 2002; Fuhrer 2005). Argumentiert wird, dass Jungen stärker als Mädchen mit Konflikten konfontiert werden und dass Eltern evtl. anders darauf reagieren, ob Jungs oder Mädchen aggressive Verhaltensweisen zeigen. Ferner ist das Argument zu finden, dass Jungen deswegen stärker unter Belastungen leiden, weil es für sie wichtiger zu sein scheint, ihre Umwelt zu kontrollieren, was in konflikthaften Situationen von Erwachsenen schwieriger der Fall zu sein scheint. Auch rollenspezifische Erklärungen werden angeführt: So orientieren sich Mädchen stärker an Mütter und Söhne an Väter, was dazu führt, dass aggressive Tendenzen des Vaters, die häufiger sind als die der Mutter, sich deswegen auch stärker auf Jungen übertragen werden (Fuhrer 2005). Bisherige empirische Befunde bestätigen die Unterschiedlichkeit von Jungen und Mädchen auf die hier interessierenden abhängigen Prozesse: Wahl findet in seinen Analysen zum DJI-Kinderpanel, dass Jungen eher externalisierende Verhaltensweisen zeigen, Mädchen hingegen eher internalisierende. Ferner zeigen Mädchen auch höhere Werte hinsichtlich der sozialen und kognitiven Aufgeschlossenheit (Wahl 2005; Walper & Wendt 2005).

Diese Hypothesen werden nunmehr einer ersten empirischen Überprüfung unterzogen, d.h. wir berechnen zunächst ein Modell mit den Angaben zur Persönlichkeit der Mutter auf die abhängigen Prozesse, kontrolliert nach dem Geschlecht der Kinder.

Sieht man sich die Verteilung der Variablen Depressivität und Optimismus[1] an, so ergibt sich, dass 68% der befragten Mütter (N=1076) berichten, in den letzten vier Wochen keinerlei depressive Stimmungen gehabt zu haben, 29% berichten, „manchmal" eine derartige Stimmung gehabt zu haben und 3% (N=37) haben häufig bzw. immer diese Stimmung. Hinsichtlich der Verteilung von Optimusmus ergibt sich eine weniger schiefe Verteilung. 11% geben an, immer optimisch gewesen zu sein; 61% geben an dies häufig gewesen zu sein und 28% sagen manchmal bzw. nie. Als eine weitere Kontrollvariable wurde das Geschlecht der Kinder mit einbezogen.

Tabelle 6: Lineare Regressionen der Einflüsse mütterlicher Persönlichkeitsmerkmale auf Persönlichkeitsvariablen des Kindes

Unabhängige Variablen	Selbstbild	Selbstwirk-samkeit	Empathie	Interna-lisierung	Externa-lisierung
Depressivität der Mutter	-0,033	-0,059	0,012	0,746***	0,549***
Optimismus der Mutter	0,053	0,134**	0,141*	0,080	-0,118*
Mädchen (Ref.: Junge)	-0,006	0,056	0,233***	-0,020	-0,056
R^2	0,054	0,053	0,091	0,089	0,123
N	1076	1076	1076	1076	1076
Chi2/df/	44,90/29/	65.587/46	46,007/29	100,52/58	111,31/57
CFI/	0,989	0,992/	0,990	0,981	0,979
RMSEA/SRMR	0,023/0,026	0,020/0,026	0,023/0,025	0,026/0,034	0,030/0,029

+= $p<0,10$; *= $p<0,05$; **= $p<0,01$; ***= $p<0,001$

Wie aus Tabelle 6 ersichtlich, ergeben sich Effekte zwischen der Persönlichkeit der Mutter und der des Kindes. Wenn Mütter angeben, dass sie sich in

---

[1] *Depressivität und Optimismus der Mutter:* Depressiviät und Optimisus der Eltern werden gemessen als Angaben zur Befindlichkeit in den vergangenen vier Wochen. Dies ist daher eher eine State-Variable als eine Trait-Variable und stärker im Sinne einer subjektiven Beurteilung der allgemeinen Lebenssituation zu verstehen (Huber 2008). Es ist damit jedoch nicht ausgeschlossen, dass es sich nicht auch um ein stabiles Persönlichkeitsmerkmal handelt. Beide Variablen wurden aus mehreren Indikatoren gebildet. Depressivität besteht aus vier Items (z.B. „Hatten Sie das Gefühl, ganz versagt zu haben?"; „Kam es vor, dass Sie das Gefühl hatten, alles sei sinnlos?"; „Haben Sie sich völlig hoffnungslos gefühlt?") und Optimismus aus drei Items (z.B.: „Haben Sie sich optimistisch und zuversichtlich gefühlt?"; „Waren Sie fröhlich und ausgelassen?"; Antwortkategorien 1-4: Fast immer, häufig, manchmal, nie; Variablen wurden richtungsmäßig umcodiert).

den letzten vier Wochen eher depressiv gefühlt haben, haben sie auch eher bei ihren Kindern internalisierende bzw. externalisierende Verhaltensweisen gesehen. Eine eher optimistische Haltung korreliert hingegen negativ mit externalisierenden Verhaltensweisen und positiv mit der wahrgenommenen Selbstwirksamkeit sowie mit der Empathie des Kindes. Als einflussreiche Kontrollvariable haben wir das Geschlecht der Kinder mit aufgenommen. Hier zeigt sich, dass vor allem Mädchen nach Ansicht ihrer Eltern in höherem Maße empathisches Verhalten zeigen als Jungen, was auch in vorangehenden Studien vielfach bestätigt wurde. Die Ergebnisse hinsichtlich der Einflüsse von Depressivität und Optimismus der Mütter und den kindlichen Outcomes bestätigen die vorher genannten Hypothesen und die Ergebnisse vorheriger Studien. Die Anteile der erklärten Varianz liegen zwischen 5% und 12%. Gerade für den Bereich der Externalisierung lässt sich mit den beiden Variablen der mütterlichen Persönlichkeit ein bereits erhebliches Maß an Varianz erklären.

b) Einflussfaktoren der Beziehungsdynamik zwischen Eltern und Kindern

Einflussfaktoren, die auf die Erhebung der Beziehungsdynamik zwischen Eltern und Kindern abzielen, können unterschiedliche Aspekte fokussieren, z.B. das Erziehungsverhalten, die Beziehungsqualität zwischen Eltern und Kindern, Konflikte, Konfliktverhalten, Aktivitäten usw. Wie in vielen Fällen und Studien, gibt es auch hier Einschränkungen durch die zur Verfügung stehenden Daten. Wir müssen uns entsprechend auf die Erfassung zweier zentraler Indikatoren konzentrieren, die durch die Daten des DJI-Kinderpanels zur Verfügung stehen: das elterliche Erziehungsverhalten und das Familienklima als genereller Indikator für die Qualität der familialen Beziehungen.

In Bezug auf die im Fokus stehenden abhängigen Variablen kommt – wie im Forschungsstand ausgeführt – dem elterlichen Erziehungsverhalten eine zentrale Rolle zu. Hinsichtlich der elterlichen Erziehung werden in der Literatur verschiedene Erziehungsstile unterschieden. Insbesondere Baumrind (1989) hat diesbezüglich wesentliche theoretische und empirische Befunde geliefert. Sie differenziert in ihren Studien zwischen vier Dimensionen des elterlichen Verhaltens: a) Kontrolle der Kinder hinsichtlich des kindlichen Verhaltens und der Verinnerlichung elterlicher Einstellungen; b) gestellte Anforderungen an das Kind hinsichtlich eines intellektuellen, sozialen und emotionalen Leistungsniveaus; c) Klarheit der Eltern-Kind-Kommunikation (stärker argumentierend, die Meinung des Kindes berücksichtigend vs. kontrollierend und befehlend) und schließlich d) die emotionale Zuwendung von Eltern hinsichtlich des Zeigens von Wärme, Fürsorge, Mitgefühl, Lob und Freude über die Leistungen des Kindes. Aus der Kombination der beiden zentralen Erziehungsdimensionen Kontrolle/Autonomie einerseits sowie emotionale Wärme/Ablehnung und Kälte andererseits wurden zunächst drei prototypische Erziehungsstile generiert: autoritativ, autoritär, permissiv-verwöhnend (Baumrind 1971, 1989, 1991; Kruse 2001) und in späteren Arbeiten, diese um einen vierten, den ablehnend-vernachlässigenden ergänzt (Maccoby & Martin 1983).

Vor allem der autoritative Erziehungsstil, der emotionale Wärme und Liebe mit der Förderung kindlicher Autonomie und Selbstständigkeit verbindet, wo Eltern auf kindliche Bedürfnisse eingehen, angemessene Anforderungen stellen, weder zu locker noch zu streng sind und klare Grenzen aufzeigen, hat sich in vielen Untesuchungen als einflussreicher Prädiktor für die positive Entwicklung kindlicher Persönlichkeit herausgestellt (Steinberg et al. 1994; Zinnecker & Silbereisen 1996; Scheithauer et al. 2002; Schneewind 2002a,b; Scheithauer et al. 2003; Fuhrer 2005). Ferner geht der autoritative Erziehungsstil im Vergleich zum autoritären, der eher strenge Kontrolle aufweist, mit einer höheren Gestaltbarkeit und Offenheit proximaler Prozesse aus der Perspektive von Kindern einher, was sich ebenfalls als entwicklungsfördernd herausgestellt hat (Magnusson & Stattin 1998).

Diese bisherigen Ergebnisse bestätigen die theoretischen Annahmen des sozialökologischen Zugangs von Bronfenbrenner dahingehend, dass Mikrokontexte, die einen verlässlichen Bezugsrahmen bieten, klare Grenzen und Regeln setzen, aber eben auch einen offenen Interaktionsstil haben und Freiheiten bereitstellen, um auf die Wünsche und Bedürfnisse einzugehen, einen positiven, entwicklungsfördernden Kontext bieten (Harter 1999; Bronfenbrenner & Morris 1998). Ein autoritärer Erziehungsstil, der auf Machtdurchsetzung, Gehorsam und Bestrafung setzt, stark elternzentriert und wenig kindzentriert ist und wenig emotionale Wärme zeigt oder eine permissive Erziehung, die zwar kindzentriert aber zu nachgiebig ist, zu wenig Grenzen und Kontrolle setzt, haben sich entsprechend als weniger entwicklungsfördernd herausgestellt (Maccoby & Martin 1983; Schneewind 2002; Scheithauer et al. 2003; Barquero & Geier 2008).

Auch für die hier im Fokus stehenden kindlichen Persönlichkeitseigenschaften sollten sich entsprechende Effekte für das elterliche Erziehungsverhalten zeigen. So bestätigen bisherige Studien, dass wenn Kinder sich hinsichtlich ihrer Bedürfnisse respektiert und anerkannt fühlen, dann geht das wiederum eher mit einer sicheren Bindung und einem positiven Selbstbild einher (Sroufe 1990; Lamdorn et al. 1991; Bretherton 1991; Harter 1999; Schneewind 2002; Petermann et al. 2004). Auf der anderen Seite zeigen Studien, dass ein vernachlässigendes Erziehungsverhalten oder ein stark autoritäres, insbesondere den Einsatz von Gewalt und Missbrauch einsetzendes Erziehungsverhalten deutlich negative Auswirkungen auf das kindliche Selbstwertgefühl hat, weil die wahrgenommene Gewalt oder Missachtung sich negativ auf die eigene Wertschätzung des Kindes auswirkt (Harter 2006, 2008).

Hinsichtlich des Zusammenhangs von Empathie, definiert als das Vermögen, sich in andere Menschen einzufühlen, ihre emotionalen Zustände nachzuvollziehen, und dem elterlichen Erziehungsverhalten weist eine Reihe von Studien darauf hin, dass auch hier das autoritative Erziehungsverhalten einen positiven Einfluss hat (Eisenberg & Miller 1987; Silbereisen 1995; Petermann et al. 2004; Franiek & Reichle 2007). Eltern stärken die Entwicklung von Empathie, indem sie ein positives emotionales Klima in der Familie fördern, auf die Bedürfnisse von Kindern eingehen, den Ausdruck eigener Emotionen unterstützen, angemessen auf die Gefühle der Kinder reagieren und diese respektieren. All diese Eigenschaften führen dazu, dass die eigenen emotionalen Belange kommuniziert werden sowie den jeweils anderen zentralen Bezugspersonen ebenfalls ein Raum zum Aussprechen und Ausleben von Emotionen zugestanden und Wertschätzung und Respekt entgegen gebracht werden. Diese Eigenschaften gehen vor allem mit einem autoritativen Erziehungsstil einher (Tausch & Tausch 1998; Saarni et al. 1998; Eisenberg & Fabes 1998; Zhou et al. 2002; Saarni et al. 2006; Petermann & Wiedebusch 2008), wohingehen strenge Kontrolle wie in einem autoritären Erziehungsverhalten eher negativ mit der Ausprägung kindlicher Empathie korrelieren sollte, weil zu wenig auf kindliche Bedürfnislagen Rücksicht genommen wird (Krevans & Gibbs 1996; Davidov & Grusec 2006; Franiek & Reichle 2007).

In Bezug zur Ausbildung von Selbstwirksamkeit, verstanden als die Überzeugung in unterschiedlichen Lebenssituationen die Fähigkeit zu haben, seine Handlungen und Ressourcen so zu organisieren, dass selbst gesetzte Ziele erreicht werden, wird dem elterlichen Erziehungsverhalten ebenfalls ein zentraler Stellenwert eingeräumt. Elterliche Unterstützung und Zuwendung sowie die Ermutigung bestimmte Dinge oder Ziele anzugehen, wirkt sich positiv auf die Ausbildung von Selbstwirksamkeit aus (Schwarz & Silbereisen 1998; Gecas 1989). Ebenso ist das Gewähren und Respektieren von Freiräumen zur Ausbildung individueller Autonomie und kindlicher Exploration ein verstärkender Faktor (Tausch & Tausch 1998). Diese elterlichen Verhaltensweisen sind wiederum eher in einem autoritativen Erziehungsstil zu finden (Schneewind 1995; Schwarz & Silbereisen 1998).

Schließlich werden auch Einflüsse des elterlichen Erziehungsverhaltens auf internalisierende und externalisierende Verhaltensweisen des Kindes erwartet und durch bisherige Studien bestätigt. Empirische Ergebnisse zeigen, dass strenge Kontrolle und autoritäres elterliches Verhalten, welches den Kindern wenig Spielraum bietet für eigene Aktivitäten, eigene Wünsche und Interessen auszuleben, eher mit internalisierenden Verhaltensweisen und Rückzugstendenzen der Kinder einhergeht (Schwarz & Silbereisen 1998; Barquero & Geier 2008; Huber 2008; Koglin & Petermann 2008). Eine kindzentrierte Kommunikation sowie ein auf emotionale Wärme und Zuwendung basierendes, die kindlichen Bedürfnisse respektierendes Erziehungsverhalten sollte sich hingehen negativ auf internalisierende Verhaltensweisen auswirken und eher als protektiver Faktor wirken. Ähnlich ist auch die Argumentation für externalisierende Verhaltensweisen. Autorität und strenge Kontrolle lassen weniger Vertrauen zu, schränken die Bewegungsräume von Kindern stärker ein, gehen mit weniger Empathie einher, und sollten sich entsprechend stärker in externalisierenden Verhaltensweisen von Kindern äußern (Booth et al. 1994; Eisenberg et al. 2001; Dodge et al. 2006; Baquero & Geier 2008).

Es lässt sich entsprechend als Hypothese festhalten: Eine warmherzige, feinfühlige, auf die emotionalen Bedürfnisse des Kindes eingehende Beziehung von Eltern zu ihren Kindern, sollte positiv mit einem positiven Selbstbild des Kindes, positiv mit der Herausbildung kindlicher Empathie und kindlicher Selbstwirksamkeit sowie negativ mit dem Auftreten kindlicher Verhaltensweisen wie Internalisierung und Externalisierung korrelieren.

Als ein weiterer Indikator zur Messung der Beziehungsqualität in der Familie kann das Familienklima in die Analysen aufgenommen werden. Das Familienklima misst nicht die Beziehungsqualität zwischen einzelnen Personen, sondern ist eine globale Messung der Beziehungsqualität im familiären System. So wird im Kontext der Erfassung von Familienklimaskalen angenommen, dass die emotionale Welt von Kindern geformt wird von der generellen emotionalen Atmosphäre, die in der Familie vorherrscht. Ist die Kommunikationskultur in der Familie dadurch bestimmt, dass offen über Emotionen gesprochen werden kann, wenig Konflikte und Reibereien vorliegen, die einzelnen Familienmitglieder füreinander da sind und abweisende, ablehnende Verhaltensweisen seitens anderer Familienmitglieder nicht zu erwarten sind, dann fördert dies wiederum eine bessere Regulation und Verständnis von eigenen Emotionen, einen gezielteren Emotionsausdruck anderen gegenüber (Denham 1998: 115).

Die Familienklimaskalen wurden ursprünglich von Moos (1974) unter der Bezeichnung „Family Environment Scale" entwickelt und umfassten eine Reihe von unterschiedlichen Dimensionen. Eine umfassende deutschsprachige Version wurde von Engfer et al. (1978; Schneewind 1991; Zinnecker & Silbereisen 1996) entwickelt. Eine Kurzversion fragt ab – je nach Version etwas unterschiedlich -, ob man sich wohl fühlt in seiner Familie, ob es zu Reibereien kommt, ob man über alle Dinge miteinander sprechen kann, oder ob jeder seinen eigenen Weg geht. Es ist demnach ein allgemeiner Gradmesser für die familiale Solidarität, für Offenheit, Freude und Spaß, aber auch für Konflikte im familialen Setting.

Untersuchungen zeigen, dass sich ein gutes Familienklima positiv auf die Selbstwirksamkeit und Problemlösungsfähigkeit von Kindern auswirkt (Stecher 1996). Bietet das familiale Setting die notwendige Offenheit und Unterstützung, eigene Ziele zu setzen und zu realisieren, dann steigert dies auch die

Möglichkeit von Selbstwirksamkeitserfahrungen von Kindern. In ähnlicher Weise wirkt sich diese positive Gesamtsituation und Atmosphäre auch auf das positive Selbstbild von Kindern aus. Die Offenheit, das Fehlen von Konflikten, das Wahrnehmen des anderen geht entsprechend auch negativ mit internalisierenden oder externalisierenden Verhaltensweisen einher (Bucher 2001).

Hierbei müssen die Perspektiven zwischen Eltern und Kindern selbstverständlich nicht übereinstimmen. Empirische Analysen aus dem DJI-Kinderpanel zeigen, dass Unterschiede in der Wahrnehmung zwischen Eltern und Kindern sich verringern, je positiver insgesamt von beiden Seiten das Familienklima beurteilt wird (Brake 2005). Es zeigt sich ebenfalls ein Zusammenhang mit der Persönlichkeit des Kindes: Je positiver Kinder sich selbst und Mütter ihre Kinder sehen, desto weniger gibt es Abweichungen in der Wahrnehmung des familialen Klimas. Ähnliche Ergebnisse zeigten sich für soziale, kognitive Kompetenzen (Brake 2005). Wir halten fest: Ein gutes Familienklima, welches sich eher durch Solidarität, Offenheit, Freude und weniger durch Konflikte auszeichnet sollte sich positiv auf das Selbstbild des Kindes, auf die Entwicklung von Empathie sowie auf die Ausbildung von Selbstwirksamkeitserfahrungen von Kindern auswirken. Es sollte hingegen negativ mit externalisierenden oder internalisierenden Verhaltensweisen korrelieren.

Es ist ferner erwiesen und auch dem theoretischen Annahmen des sozialökologischen Modells entsprechend, dass die Persönlichkeitseigenschaften von den an den sozialen Beziehungen beteiligten Akteuren sich vermittelnd auswirken können. So zeigen bisherige Befunde, dass das elterliche Erziehungsverhalten und auch das Familienklima ebenfalls abhängig sind von der elterlichen Persönlichkeit. Vor allem der Zusammenhang von elterlichen Depressionen und kindlichem Wohlbefinden ist oft untersucht worden. (Conley et al. 2004). So hebt Rutter (1990) hervor, dass depressive Stimmungen eher zu einem negativem Affektausdruck gegenüber dem Kind führen, dass eine depressive Stimmung die Sensitivität und die Reaktion auf Hinweisreize und Bedürfnisse des Kindes verringern, was sich insgesamt negativ auf eine fördernde, die Bedürfnisse des Kindes berücksichtigende Erziehung auswirken könnte. Empirische Ergebnisse zeigen, dass Eltern, die emotional eher instabil sind auch eher dazu neigen, unangemessen auf die Bedürfnisse des Kindes zu reagieren und wenig Verlässlichkeit in ihrem Erziehungsverhalten zeigen. Während Eltern, die eher internale Kontrollüberzeugungen und zwischenmenschliches Vertrauen zeigen auch eher einen bedürfnisbezogenen, fördernden und zugewandten Erziehungsstil haben (Conley et al. 2004). So bestätigen Analysen, dass Eltern mit hoher Selbstwirksamkeit stärker ein kompetentes Erziehungsverhalten aufweisen und sich weniger schnell durch das Temperament des Kindes aus der Ruhe bringen lassen (Jackson & Huang 2000). Wir nehmen entsprechend an, dass die Depressivität der Mutter sich negativ auf eine kindzentrierte Kommunikation zwischen Eltern und Kindern auswirkt und eher positiv mit einer strengeren erzieherischen Kontrolle seitens der Eltern einhergeht. Ferner sollten sich depressive Stimmungen ngeativ auf das Familienklima auswirken. Hinsichtlich einer stärker optimitischen Haltung, sollten die Effekte genau umgekehrt sein.

Abbildung 14: Einflüsse elterlicher Persönlichkeit, Erziehungsverhalten und Familienklima auf kindliche Persönlichkeitseigenschaften

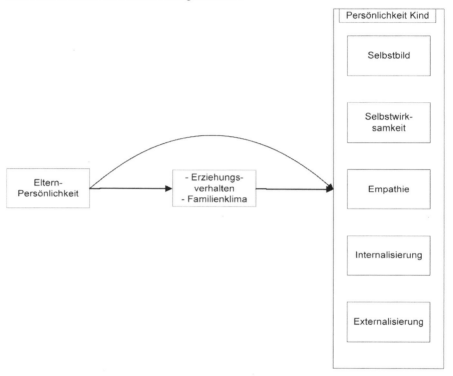

Empirische Analysen

Wir erweitern entsprechend die vorangehenden Analysen um die Aspekte des Erziehungsverhaltens der Eltern[2] und das Familienklima[3] und beziehen

---

[2] *Erziehungsverhalten der Eltern:* Dies wurde anhand der beiden Skalen „kindzentrierte Kommunikation" und „strenge Kontrolle", in Anlehnung an Simons et al. (1992) und Schwarz et al. (1997), in der zweiten und dritten Welle des Kinderpanels aus der Sicht der Mütter, Väter und der der Kinder erhoben. Für beide Skalen wurde jeweils für Väter und Mütter ein Messmodell mit latenten Konstrukten gebildet. Nach einer erfolgten Faktorenanalyse umfasst die Skala kindzentrierte Kommunikation vier Items (z.B.: „Spreche mit meinem Kind über das, was es erlebt hat"; „Kind spricht

nunmehr auch die indirekten Effekte der elterlichen Persönlichkeit auf das Erziehungsverhalten und das Familienklima mit ein. Die empirischen Verteilungen der neu hinzukommenden Variablen zeigen, dass hinsichtlich des Erziehungsverhaltens 50% der befragten Mütter angeben, dass eine kindzentrierte Kommunikation immer/sehr oft vorliegt; 46% sagen, dass es häufig der Fall ist und lediglich 4% der Fälle sagen, dass es nur manchmal bzw. nie auftritt. Hinsichtlich der strengen Kontrolle sagen 74 % der Mütter, das das überhaupt nicht oder eher nicht zutrifft; 26% sagen, dass dies eher bzw. voll und ganz zutrifft. Die Angaben zum Familienklima streuen weit mehr als die Angaben zum Erziehungsverhalten. Auf der vierstufigen Skala liegt der Mittelwert mit 2,88 (Maximum=4, Standardabw. 0,23) eher im positiven Bereich.

In Tabelle 7 sind für die einzelnen abhängigen Variablen neben den Persönlichkeitskonstrukten Depressivität und Optimismus die Variablen der Beziehungsebene zwischen Mutter und Kind aufgenommen, und zwar zum einen das Erziehungsverhalten, gemessen durch kindzentrierte Kommunikation und das Vorliegen von strenger Kontrolle des Kindes durch die Mutter. Zum anderen wurde als generelle Messung der Familienbeziehungen das Familienklima einbezogen.

Die Hinzunahme von Variablen auf der Beziehungsebene bestätigt zum einen das Auftreten weiterer signifikanter Effekte, zum anderen ergeben sich Veränderungen in den Effektstärken hinsichtlich der bereits einbezogenen Variablen, was die Vermutung bestärkt, dass hier indirekte Effekte vorliegen. Zunächst einmal bestätigen sich weiterhin die Korrelationen der Depressivität der Mütter mit internalisierenden und externalisierenden Verhaltensweisen. Diese Werte bleiben auch dann noch signifikant, wenn das Erziehungsverhalten und das Familienklima mit in die Analysen aufgenommen werden. Dies lässt sich aber nicht für den Optimismus der Mutter sagen. Die vorhergehenden signifikanten Effekte verlieren deutlich an Einflussstärke und sind auch nicht mehr signifikant. Während die Despressivi-

---

mit mir über Dinge, die es ärgern"; „Frage mein Kind nach deren Meinung bei Sachen, die es betreffen") (Skala von 1=nie/selten bis 4 sehr oft/immer), die Skala der *strengen Kontrolle* umfasst drei Items (z.B. „Mein Kind sollte mir nicht widersetzen"; „Ich strafe mein Kind, wenn es etwas gegen meinen Willen tut") (Skala von 1=trifft überhaupt nicht zu bis 4 trifft voll und ganz zu).

3 *Familienklima:* Hinsichtlich der Erfassung des Familienklimas wurden über alle drei Wellen hinweg 5 Items einbezogen („Bin gerne mit meiner Familie zusammen", „In meiner Familie kommt es oft zu Reibereien"; „Wir können über alles sprechen"; „Jeder geht in unserer Familie eigene Wege", „Wir haben viel Spaß in unserer Familie") (Skala von 1=immer bis 4 nie; einige Items wurden in der Richtung umcodiert). Die Familienklimaskalen sind angelehnt an Engfer et al. 1978 und dem Siegener Kindersurvey (Zinnecker & Silbereisen 1996). Auch für das Familienklima wurde in den Analysen eine latente Variable gebildet mit den 5 Items als Messvariablen.

tät als Einflussfaktor stabil bleibt, wird die optimistische Haltung eher über die kindzentrierte Kommunikation der Mutter mit dem Kind vermittelt.

Mit Blick auf die kindzentrierte Kommunikation zeigt sich ebenfalls eine Reihe von Effekten. So geht eine kindzentrierte Kommunikation eher negativ mit Externalisierung und Internalisierung von Kindern einher, während es einen deutlichen positiven Effekt auf die Empathie und die Selbstwirksamkeit der Kinder hat. Hiermit bestätigen sich die vorher aufgestellten Hypothesen. Nicht bestätigen lässt sich der Effekt der strengen Kontrolle. Hier finden sich bisher keine signifikanten Effekte.

Tabelle 7: Lineare Regressionen der Einflüsse mütterlicher Persönlichkeitsmerkmale, Erziehungsverhalten und Familienklima auf Persönlichkeitsvariablen des Kindes

Unabhängige Variablen	Selbstbild	Selbstwirk-samkeit	Empathie	Interna-lisierung	Externa-lisierung
Depressivität der Mutter	-0,007	-0,071	0,087	0,720***	0,451**
Optimismus der Mutter	0,043	0,059	0,052	0,126	0,001
kindzentr. Kommunikation	0,039	0,341***	0,500***	-0,142	-0,438***
strenge Kontrolle	-0,005	0,074	-0,031	-0,019	0,033
Familienklima	0,222**	0,164	0,103	-0,112	-0,335**
Mädchen (Ref.: Junge)	-0,008	0,031	0,190***	0,008	-0,011
R^2	0,160	0,138	0,250	0,091	0,272
N	1076	1076	1076	1076	1076
Chi2/df/	329.83/186	368.06/227	324.08/185	468.86/251	470.06/248
CFI/	0,960	0,969	0,964	0,949	0,954
RMSEA/SRMR	0,027/0,034	0,024/0,032	0,026/0,033	0,028/0,040	0,029/0,038

+= p<0,10; *=p<0,05; **=p<0,01; ***=p<0,001

Hinsichtlich des Familienklimas deuten die Berechnungen jeweils in die erwarteten Richtungen. Ein positives Familienklima korreliert negativ mit Externalisierungen und Internalisierungen und positiv mit Empathie, Selbstwirksamkeit und dem kindlichen Selbstbild, obgleich nicht alle Effekte signifikant sind. Weitere Berechnungen zeigen, dass die hier einbezogenen Variablen der mütterlichen Persönlichkeit, die Erziehungsvariablen und das Familienklima signifikant miteinander korrelieren. So gibt es eine positive Korrelation zwischen der kindzentrierten Kommunikation und dem Familienklima (0,17***). Nehmen wir die kindzentrierte Kommunikation aus dem Modell heraus, dann erhöhen sich die Werte des Familienklimas und sie werden in den einzelnen Modellen signifikant. Es zeigt sich ebenfalls, dass das Familienklima als auch die kindzentrierte Kommunikation signifikant mit dem Optimismus der Mutter korrelieren.

Dass die elterliche Persönlichkeit mit deren Erziehungsverhalten und dem Familienklima zusammenhängt, geht bereits auch aus Arbeiten von Belsky (1984) hervor. Angenommen wird dabei eine Mediation (siehe Kap. 5.3), dahingehend, dass der Einfluss der Persönlichkeit vermittelt wird über dazwischenliegende Einflussfaktoren, wie dem Erziehungsverhalten, d.h. dass demnach ein indirekter Effekt vorliegt (auch Kötter et al. 2010). Dieser Vermutung werden wir in den folgenden Berechnungen nachgehen und für die hier einbezogenen Variablen der Depressivität und des Optimismus indirekte Effekte für das Erziehungsverhalten und dem Familienklima berechnen. In den folgenden Abbildungen sind die Ergebnisse der direkten und indirekten Effekte dargestellt.

Abbildung 15: Direkte und indirekte Effekte von Depressvität und Optimismus auf kindliche Persönlichkeitsfaktoren – mediierende Variable kindzentrierte Kommunikation und Familienklima (kontrolliert für strenge Kontrolle und Geschlecht)

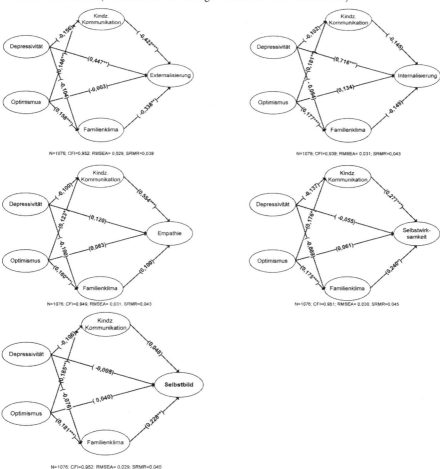

Tabelle 8: Indirekte Effekte von Depressivität und Optimismus der Mutter über die kindzentrierte Kommunikation und das Familienklima auf die Persönlichkeitseigenschaften der Kinder

Indirekter Einfluss	Effektstärke
Depressivität via kindzentrierte Kommunikation > Externalisierung	0,066
Depressivität via kindzentrierte Kommunikation > Internalisierung	0,015
Depressivität via kindzentrierte Kommunikation > Selbstwirksamkeit	-0,035
Depressivität via kindzentrierte Kommunikation > Empathie	-0,082
Depressivität via kindzentrierte Kommunikation > positives Selbstbild	-0,005
Depressivität via Familienklima > Externalisierung	0,035
Depressivität via Familienklima > Internalisierung	0,013
Depressivität via Familienklima > Selbstwirksamkeit	-0,019
Depressivität via Familienklima > Empathie	-0,010
Depressivität via Familienklima > positives Selbstbild	-0,017
Optimismus via kindzentrierte Kommunikation > Externalisierung	**-0,062***
Optimismus via kindzentrierte Kommunikation > Internalisierung	-0,026
Optimismus via kindzentrierte Kommunikation > Selbstwirksamkeit	**0,060***
Optimismus via kindzentrierte Kommunikation > Empathie	**0,068***
Optimismus via kindzentrierte Kommunikation > positives Selbstbild	0,009
Optimismus via Familienklima > Externalisierung	**-0,053***
Optimismus via Familienklima > Internalisierung	-0,026
Optimismus via Familienklima > Selbstwirksamkeit	**0,042***
Optimismus via Familienklima > Empathie	0,016
Optimismus via Familienklima > positives Selbstbild	**0,041****

In Tabelle 8 sind entsprechend die Produkte und die Signifikanzen aus den einzelnen indirekten Effekten dargestellt. Es zeigen sich keine signifikanten indirekten Effekte seitens der Depressivität mit den Erziehungsvariablen und dem Familienklima im Hinblick auf die hier einbezogenen abhängigen Variablen. Dies bedeutet, dass die Depressivität der Mutter sich weniger vermittelt über die Erziehung und das Familienklima auswirkt, sondern stärker ein direkter Einflussfaktor bleibt.

Anders das Bild beim Optimismus der Mütter. Diejenigen, die eher diese Emotionen in den letzten vier Wochen in Bezug auf sich selbst angeben, berichten auch signifikant häufiger über eine hohe kindzentrierte Kommunikation sowie über ein positives Familienklima. Aufgrund der ebenfalls vorliegenden Effekte seitens der kindzentrierten Kommunikation und dem Familienklima mit einigen Persönlichkeitseigenschaften der Kinder ergeben sich entsprechend eine Reihe von signifikanten indirekten Effekten. So zeigt sich, dass eine optimistische Einstellung zwar keinen direkten Effekt mit externalisierenden Verhaltensweisen hat, wohl aber einen indirekten, vermittelt über die kindzentrierte Kommunikation, und zwar dahingehend, dass eine optimistische Haltung ebenso positiv mit einer kindzentrierten Kommunikation korreliert und diese wiederum negativ mit der Externalisierung der Kinder. Das Produkt aus beiden Effektstärken ergibt nunmehr einen negativ signifikanten indirekten Effekt auf externalisierende Verhaltensweisen von Kindern. Die gleiche Wirkrichtung zeigt sich für das Familienklima. In ähnlicher Hinsicht ergeben sich signifikant positive indirekte Effekte hinsichtlich des Optimismus, vermittelt über das Erziehungsverhalten oder das Familienklima auf die Selbstwirksamkeit von Kindern, auf Empathie und auf das positive Selbstbild. Damit bestätigt sich die Vermutung des Vorliegens vermittelnder Effekte stärker für die optimistische Haltung der Mütter (Kötter et al. 2010).

c) Einflussfaktoren aus der Beziehungsebene der Eltern

Dem sozialökologischen Ansatz folgend zählt zu einem Mikrokontext nicht nur eine einzige soziale Beziehung, sondern wenn mehrere Beziehungen vorliegen, wie es in der Regel bei Familien der Fall ist, dann können darüber hinaus die dazugehörigen Beziehungsqualitäten zwischen den beteiligten Personen ebenfalls wesentliche Einflussfaktoren dieses Mikrokosmos darstellen (Belsky 1984; Petermann et al. 2004). Wir fokussieren uns hier insbesondere auf die Qualität der elterlichen Paarbeziehung als Einflussfaktor auf die Persönlichkeitsentwicklung von Kindern.

Schon seit langem ist bekannt, dass schwerwiegende Konflikte in der elterlichen Beziehung negative Auswirkungen auf kindliche Entwicklungsprozesse haben können (z.B. Emery & O'Leary 1982; Hetherington 1989; Davies & Cummings 1994; Herlth et al. 1995; Vandewater & Lansford 1998; Amato 2001; Grych & Cardoza-Fernandes 2001; Cummings & Davies 2002; Petermann et al. 2004; Gabriel & Bodenmann 2006). Auch hierbei sind sowohl direkte Effekte der Beziehungsqualität als auch indirekte Effekte, vor allem über das Erziehungsverhalten, die Eltern-Kind-Beziehung oder das psychische elterliche Wohlbefinden nachgewiesen worden (Vandewater & Lansford 1998; Cox et al. 2001; Cummings et al. 2004; Cummings et al. 2006).

Es konnte gezeigt werden, dass sich Konflikte zumindest aus der Perspektive von Müttern direkt negativ auf das Selbstkonzept der Kinder auswirken, während sich für Väter eher indirekte Effekte zeigen. Diese Unterschiede zwischen Müttern und Vätern werden dadurch erklärt, dass Kinder eher die mütterlich perzipierten Ehekonflikte wahrnehmen, als die vom Vater, weil Mütter in der Regel mehr Zeit mit den Kindern verbringen und auch engere Beziehungen zueinander haben (Herlth et al. 1995). Viele Kinder sind aufgrund elterlicher Konflikte oder Disharmonie verunsichert oder ängstlich. Die Herausbildung kindlicher Entwicklungsstörungen, das Auftreten emotionaler Unsicherheit von Kindern ist dadurch deutlich erhöht (Davies & Cummings 1994; Petermann et al. 2004). Grych et al. (2000) fanden heraus, dass bei 10-14-jährigen Kindern internalisierende Probleme vor allem dann auftraten, wenn Kinder die Konflikte zwischen den Eltern als bedrohlich wahrnahmen und sie Schuldgefühle entwickelten, weil sie dachten, sie seien selbst Gegenstand des Konflikts (Papastefanou & Hofer 2002).

Weitere Studien haben nachgewiesen, dass die Art und Weise, wie der Konflikt ausgetragen wurde, ebenfalls direkte Einflüsse auf Kinder hat. Je häufiger, je stärker und je gewalttätiger elterliche Konflikte sind, desto eher zeigen sich negative Auswirkungen auf externalisierendes oder internalisierendes Verhalten von Kindern (Davies & Cummings 1994; Cummings et al. 2004; Parke & Buriel 2006; Gabriel & Bodenmann 2006).

Schwerwiegende Konflikte können sich auf das psychische Wohlbefinden der beteiligten Akteure, auf das elterliche Erziehungsverhalten und auf das allgemeine Familienklima negativ auswirken, was sich dann wiederum als negativ für den Umgang mit den Kindern und deren Entwicklungsprozesse erweisen kann. Konflikthafte Partnerschaftsbeziehungen belasten in beträchtlichem Maße die „Kleinökologie der Familie", das Gefühl von Sicherheit in der Familie (Belsky 1984; Davies & Cummings 1994; Herlth et al. 1995; Erel & Burman 1995; McHale et al. 1996; Grych & Fincham 2001; Schneewind 2002a,b; Cummings & Davies 1994, 2002; Cummings et al. 2006; Parke & Buriel 2006). Dass sich partnerschaftliche Konflikte und Stress als zentrale Faktoren der Eltern-Kind-Beziehung auswirken, wird als „spill-over hypothesis" bezeichnet (Erel & Burman 1995).

Im Hinblick auf die Ausbildung von Empathie lernen Kinder das Verstehen und Ausdrücken von Emotionen, wenn ihre Eltern auch entsprechend Emotionen zeigen, diese artikulieren, wahrnehmen, anerkennen und darauf reagieren (Denham 1998). Dieses Lernen am Modell, was nicht immer bewusst abläuft, ist eng verbunden mit der Partnerschaftsqualität. Eine elterliche Beziehung, die eine hohe Zufriedenheit, wechselseitige Unterstützung und Anerkennung aufweist und in denen Emotionen zugelassen und auch artikuliert werden können, fördert auch die Ausbildung von Empathie bei Kindern, während Konflikte zwischen den Eltern, vor allem wenn sie von den Kindern wahrgenommen werden, sich negativ auf Empathie und stärker auf internalisierende und externalisierende Verhaltensweisen auswirken (Vandewater & Lansford 1998).

Ferner zeigt sich, dass die vorherrschende Partnerschaftsqualität sowie das Auftreten von Konflikten wiederum von der Persönlichkeitsstruktur der Eltern und deren psychischen Wohlbefinden abhängig sind. So gehen depressive Stimmungen mit einer Erhöhung elterlicher Konflikte einher und mit einer Verringerung emotionaler Regulationsfertigkeiten der Eltern. Dies wirkt sich wiederum auf den Umgang mit den Kindern, auf die feinfühlige, die Bedürfnisse des Kindes wahrnehmende Haltung von Eltern aus. Diese Probleme verstärken sich insbesondere dann, wenn derartige psychische Beeinträchtigungen über einen längeren Zeitraum auftreten (Petermann et al. 2004; Kouros et al. 2008). In Abbildung 16 sind die erwarteten Zusammenhänge grafisch dargestellt.

Abbildung 16: Einflüsse elterlicher Persönlichkeit, Paarbeziehungsindikatoren der Eltern, Erziehungsverhalten und Familienklima auf kindliche Persönlichkeitseigenschaften

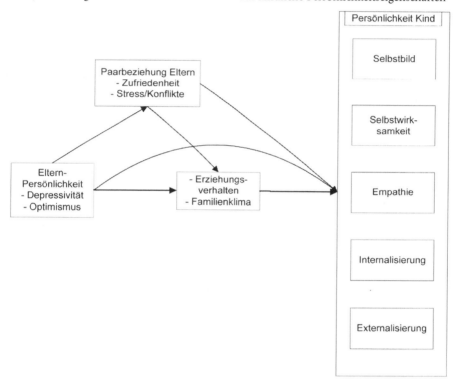

Es lässt sich zusammenfassen: Elterliche Konflikte und hohe Unzufriedenheiten mit der Paarbeziehung können das vorhandene Familienklima, das Erziehungsverhalten und die Qualität der Eltern-Kind-Beziehung erheblich negativ beeinflussen. Damit geht einher, dass die Sensibilität der Eltern, auf die Bedürfnisse ihrer Kinder zu achten, diese zu respektieren und adäquat darauf zu reagieren, eingeschränkt sein kann. Es lässt sich daher erwarten, dass elterliche Konflikte und eine geringe Zufriedenheit mit der Paarbeziehung negativ mit einem positiven Selbstbild des Kindes, mit kindlicher Empathie und

135

Selbstwirksamkeit korrelieren sollten, hingegen positiv mit internalisierenden und externalisierenden Verhaltensweisen. Es sollten sich entsprechend direkte Effekte der elterlichen Beziehungsqualität, erhoben über die Partnerschaftszufriedenheit und dem empfundenen Stress in der Partnerschaft[4], auf die hier fokussierten abhängigen Variablen, als auch indirekte Effekte, vermittelt über das Erziehungsverhalten und das Familienklima, finden lassen.

Empirische Analysen

Im Folgenden werden zunächst die bereits analysierten Einflussdimensionen der mütterlichen Persönlichkeit sowie des Erziehungsverhaltens additiv um die Einflussfaktoren der elterlichen Paarbeziehung für die jeweiligen abhängigen Variablen ergänzt. Im Anschluss daran werden die erwarteten indirekten Effekte genauer untersucht. Hinsichtlich der Verteilung von Partnerschaftszufriedenheit und Partnerschaftsstress zeigt sich, dass beide Skalen sehr schief verteilt sind. Die befragten Mütter geben im Durchschnitt einen Zufriedenheitswert von 8,01 an (Maximum 10=sehr glücklich), was zeigt, dass die mei-

Tabelle 9: Lineare Regression der Einflüsse der elterlichen Paarbeziehung, der mütterlichen Persönlichkeitsmerkmale, des Erziehungsverhaltens und des Familienklimas auf das Selbstbild des Kindes

Unabhängige Variablen	1	2	3
Beziehungszufriedenheit	0,008	0,004	-0,004
Beziehungsstress	-0,011	-0,003	0,005
Depressivität der Mutter		-0,024	-0,011
Optimismus der Mutter		0,059	0,050
kindzentr. Kommunikation			0,032
strenge Kontrolle			-0,007
Familienklima			0,265[**]
Mädchen (Ref.: Junge)	-0,011	-0,004	-0,008
R^2	0,035	0,068	0,164
N / Chi2/df/ CFI/RMSEA/SRMR	1076/ 0.830/2 1,00/0,000/0,005	1076/ 66.988/41 0,985/0,024/0,025	1076/ 391.062/216 0,956/0,027/0,033

+= $p<0,10$; *=$p<0,05$; **=$p<0,01$; ***=$p<0,001$

---

[4]   *Zufriedenheit mit der Partnerschaft:* abgefragt wird, wie glücklich Eltern in ihrer Partnerschaft sind (1=sehr unglücklich, 10=sehr glücklich) und *Partnerschaftsstress:* wieviel Stress Eltern in der Partnerschaft haben (1= überhaupt keinen bis 10=sehr starken Stress).

sten relativ glücklich mit ihrer Beziehung sind. Es zeigt sich jedoch auch, dass ca. 13% einen Wert von unter 6 und damit eine weniger glückliche Beziehung haben. Hinsichtlich des Partnerschaftsstresses ist die Verteilung genau umgekehrt. Der Mittelwert der befragten Mütter liegt bei 3,6 deutlich unter dem Skalenmittel von 5. Aber auch hier gibt es eine Gruppe von Müttern, die deutlich höhere Werte angeben: Ca. 6,5% geben einen Wert höher als 5 an und somit auch ein deutlich höheres Stresslevel als andere.

Die Analysen für das positive Selbstbild zeigen, dass sowohl die Partnerschaftszufriedenheit als auch der empfundene Partnerschaftsstress wenig zur Aufklärung beitragen. Beide Variablen sind nicht signifikant und haben nur einen schwachen Wert. Dies ändert sich auch nicht, wenn wir die bereits bekannten Variablen der mütterlichen Persönlichkeit als auch die zur Erziehung und zum Familienklima mit hineinnehmen. Die Ergebnisse bleiben im Wesentlichen die gleichen, egal, ob wir die zusätzlichen Informationen mit hineinnehmen.

Tabelle 10: Lineare Regression der Einflüsse der elterlichen Paarbeziehung, der mütterlichen Persönlichkeitsmerkmale, des Erziehungsverhaltens und des Familienklimas auf die Selbstwirksamkeit des Kindes

Unabhängige Variablen	1	2	3
Beziehungszufriedenheit	0,001	-0,007	-0,017
Beziehungsstress	-0,023*	-0,007	0,001
Depressivität der Mutter		-0,094	-0,082
Optimismus der Mutter		0,149*	0,070
kindzentr. Kommunikation			0,323***
strenge Kontrolle			0,071
Familienklima			0,242
Mädchen (Ref.: Junge)	0,042	0,058	0,028
R^2	0,014	0,056	0,143
N / Chi2/df/ CFI/RMSEA/SRMR	1076/6.297/9 1,000/0,000/0,011	1076/91.788/62 0,989/0,021/0,025	1076/ 433.51/261/ 0,965/0,025/0,032

+= $p<0,10$; *=$p<0,05$; **=$p<0,01$; ***=$p<0,001$

Anders liegen die Ergebnisse hinsichtlich der Selbstwirksamkeit. Hier zeigt sich schon, dass der Partnerschaftsstress auch nach Meinung der Mutter sich negativ auf die Selbstwirksamkeit des Kindes auswirkt. Nehmen wir hier als weitere Einflussfaktoren die Persönlichkeitsangaben der Mutter mit hinein, dann verliert dieser Effekt an Stärke und auch an Signifikanz. Es sind nunmehr stärker die Angaben zur Persönlichkeit, die die Effekte erklären. Betrachten wir weitere Variablen zur Beziehung zwischen Eltern und Kindern, dann zeigt sich auch hier, dass die kindzentrierte Kommunikation und das

Familienklima (wenngleich nicht signifikant) die größten Effektstärken aufweisen. Für Empathie als abhängige Variable (siehe Tabelle 11) zeigen sich gleiche Effekte, wie für die Selbstwirksamkeit: auch hier zunächst ein negativer Wert des partnerschaftlichen Beziehungsstresses, der wiederum an Bedeutung verliert, wenn für die Persönlichkeitseigenschaften der Mutter kontrolliert wird. Und auch dieser Effekt verschwindet, wenn eher proximale Variablen der Eltern-Kind-Beziehung mit einbezogen werden.

Tabelle 11: Lineare Regression der Einflüsse der elterlichen Paarbeziehung, der mütterlichen Persönlichkeitsmerkmale, des Erziehungsverhaltens und des Familienklimas auf kindliche Empathie

Unabhängige Variablen	1	2	3
Beziehungszufriedenheit	0,004	-0,001	-0,007
Beziehungsstress	-0,022*	-0,012	-0,004
Depressivität der Mutter		0,033	0,091
Optimismus der Mutter		0,140*	0,057
kindzentr. Kommunikation			0,489***
strenge Kontrolle			-0,032
Familienklima			0,120
Mädchen (Ref.: Junge)	0,216***	0,231***	0,188***
R^2	0,073	0,095	0,250
N / Chi2/df/ CFI/RMSEA/SRMR	1076/1.393/2 1,000/0,000/0,004	1076/69.056/41 0,985/0,025/0,025	1076/387.030/215 0,959/0,027/0,032

+= p<0,10; *=p<0,05; **=p<0,01; ***=p<0,001

Tabelle 12: Lineare Regression der Einflüsse der elterlichen Paarbeziehung, der mütterlichen Persönlichkeitsmerkmale, des Erziehungsverhaltens und des Familienklimas auf Internalisierung

Unabhängige Variablen	1	2	3
Beziehungszufriedenheit	0,013	0,013	0,023
Beziehungsstress	0,017	-0,003	-0,014
Depressivität der Mutter		0,763***	0,754***
Optimismus der Mutter		0,069	0,110
kindzentr. Kommunikation			-0,109
strenge Kontrolle			-0,013
Familienklima			-0,294
Mädchen (Ref.: Junge)	-0,031	-0,016	-0,007
R^2	0,002	0,084	0,099
N / Chi2/df/ CFI/RMSEA/SRMR	1076/32.196/15 0,976/0,033/0,031	1076/137.666/76 0,974/0,027/0,036	1076/503.499/285 0,953/0,027/0,038

+= p<0,10; *=p<0,05; **=p<0,01; ***=p<0,001

Tabelle 13: Lineare Regression der Einflüsse der elterlichen Paarbeziehung, der mütterlichen Persönlichkeitsmerkmale, des Erziehungsverhaltens und des Familienklimas auf Externalisierung

Unabhängige Variablen	1	2	3
Beziehungszufriedenheit	-0,011	0,002	0,017
Beziehungsstress	0,055***	0,028*	0,009
Depressivität der Mutter		0,521***	0,455**
Optimismus der Mutter		-0,093	-0,003
kindzentr. Kommunikation			-0,425***
strenge Kontrolle			0,033
Familienklima			-0,392*
Mädchen (Ref.: Junge)	-0,048	-0,056	-0,008
R^2	0,051	0,134	0,275
N / Chi2/df/	1076/50.322/15	1076/153.132/15	1076/546.469/284
CFI/RMSEA/SRMR	0,970/0,047/0,027	0,972/0,031/0,029	0,950/0,029/0,036

+= p<0,10; *=p<0,05; **=p<0,01; ***=p<0,001

Die Ergebnisse für kindliche Internalisierung zeigen keinerlei Effekte ausgehend von der Beziehungsebene der Eltern, wohl aber von der Depressivität der Mutter, was jedoch auch durch die vorhergehenden Modelle erfasst wurde. Die Ergebnisse bei der Externalisierung sind wiederum anders. Auch hier zeigt sich zunächst ein signifikanter positiver Effekt mit dem erlebten Beziehungsstress. Dieser bleibt auch dann noch bestehen, wenn für Depressivität und Optimismus der Mutter kontrolliert wird. Erst wenn weitere Merkmale wie das Erziehungsverhalten sowie auch das Familienklima mit einbezogen werden, verliert der Beziehungsstress an Effektstärke und Signifikanz.

Es läßt sich entsprechend konstatieren, dass die Analysen die Hypothesen nur teilweise bestätigen. Für die Zufriedenheit der Paarbeziehung lassen sich keinerlei Effekte nachweisen. Es lässt sich vermuten, dass die generell hohe Zufriedenheit der Paare und die schiefe Verteilung des Items die gewünschte Information nicht genügend diskriminiert und daher sich die Effekte nicht in der vermuteten Weise zeigen. Aber selbst eine Dichotomisierung des Items ändert nichts an den inhaltlichen Ergebnissen und signifikanten Effekten. Hinsichtlich des Beziehungsstresses zeigen sich die vermuteten Einflussrichtungen und es lassen sich signifikante Effekte für die Selbstwirksamkeit, Empathie und für externalisierende Verhaltensweisen nachweisen. Es konnte darüber hinaus nachgewiesen werden, dass die gefundenen Zusammenhänge an Einflusstärke und Signifikanz verlieren, wenn für die Persönlichkeitsvariablen der Mutter und für die Erziehungsinformationen weiter kontrolliert wird. D.h. es bestätigt sich die Vermutung nach dem Vorliegen von Mediationseffekten. Aus diesem Grund werden entsprechende indirekte Effekte berechnet.

Abbildung 17: Interdependenzen familialer Einflussfaktoren auf Externalisierung des Kindes (kontrolliert für Geschlecht des Kindes)

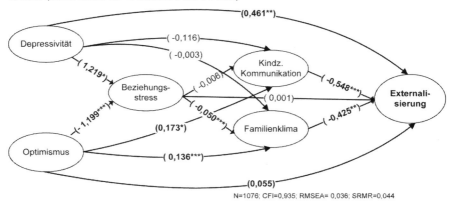

N=1076; CFI=0,935; RMSEA= 0,036; SRMR=0,044

In Abbildung 17 sind die indirekten Effekte dargestellt, wodurch die vermuteten Zusammenhänge wiederum deutlicher werden: Es bleiben zunächst die direkten Effekte der Variablen Depressivität, kindzentrierte Kommunikation und Familienklima auf Externalisierung bestehen. Ferner zeigen sich signifikant positive Korrelationen der kindzentrierten Kommunikation und des Familienklimas mit dem Optimismus, wie auch bereits im vorherigen Abschnitt beschrieben. Hinsichtlich der hier neu hinzugekommenen Variablen des Beziehungsstresses wird eine negative Korrelation mit dem Familienklima deutlich, ein weiterer Effekt mit der kindzentrierten Kommunikation kommt nicht durch. Nehmen wir das Familienklima aus der Berechnung heraus, zeigt sich ein signifikanter Zusammenhang mit der kindzentrierten Kommunikation, was auch nochmal den Zusammenhang dieser Variablen verdeutlicht. Ein berechneter indirekter Effekt (Externalisierung via Familienklima und Beziehungsstress) zeigt einen signifikant positiven indirekten Effekt (0,021**), d.h. der Beziehungsstress korreliert so stark negativ mit dem Familienklima, dass eine damit einhergehende Reduzierung sich signifikant auf Externalisierung auswirkt, d.h. im Umkehrschluss, dass der Beziehungsstress ein positives Familienklima reduziert was sich dann auf Externalisierung auswirkt: Je höher der Stress desto eher das Auftreten externalisierender Verhaltensweisen von Kindern. Es zeigen sich ferner auch die erwarteten Korrelationen des Beziehungsstresses mit den Persönlichkeitsmerkmalen der Mutter. Sowohl die mütterliche Depressivität als auch der Optimismus korrelieren signifikant mit dem Beziehungsstress. Dies erklärt auch, warum der Beziehungsstress an Einflussstärke verliert, wenn diese beiden Persönlichkeitsfaktoren mit in die Analysen einbezogen werden. Die Ergebnisse verdeutlichen nochmals die Annahme des sozialökologischen Ansatzes, nämlich dass sich weitere wesentliche Einflussfaktoren ergeben, wenn auch die Beziehungsqualitäten zwischen den im Mikrokontext vorliegenden sozialen Beziehungen berücksichtigt werden.

d) situative Faktoren des Mikrokontext Familie

Wie bereits in den theoretischen Anmerkungen zum kontextuellen Zugang beschrieben, lassen sich Kontextfaktoren innerhalb eines Kontextes nochmals danach unterscheiden, inwieweit sie den Handlungs- und Gestaltungsspielraum beeinflussen bzw. in wesentlichen Eigenschaften determinieren: wie z.B. beim personellen Inventar im Hinblick auf den Familienstatus oder beim Handlungsspielraum hinsichtlich der finanziellen Situation oder auf die (zeitliche) Verfügbarkeit von Personen z.B. durch den Erwerbsstatus. Einige dieser Einflussfaktoren werden im Folgenden angesprochen.

sozioökonomischer Status

Die Messung des sozioökonomischen Status als Einflussfaktor auf individuelles Verhalten ist auch im Kontext der Analyse familialer, elterlicher Einflussfaktoren auf kindliche Entwicklungsprozesse eine zentrale Kontrollvariable. Sieht man sich jedoch die vielfältigen Messungen des sozioökonomischen Status an, dann wird zumindest kritisch diskutiert, welche Skala, oder welche Komponenten am geeignetsten erscheinen (Bornstein & Bradley 2003). Der sozioökonomische Status setzt sich in der Regel aus dem höchsten Schul- bzw. Ausbildungsabschluss, dem sozialen Status des aktuellen Berufs und dem erzielten Einkommen zusammen (Hoffman 2003; Bornstein et al. 2003). Vergleichende Studien belegen, dass je nach verwendeter Skala, sich auch Unterschiede in den Zusammenhängen ergeben (Bornstein & Bradley 2003; Duncan & Magnuson 2003).

Eine zentrale Frage hinsichtlich des sozialökokomischen Status ist die Analyse des genauen Wirkmechanismus zwischen einer generellen Messung des sozioökonomischen Status bzw. seiner Einzelkomponenten auf den Zusammenhang elterlichen Verhaltens und kindliche Outcomes (Hoffman 2003; Bradley & Corwyn 2002). Ein Indikator, der sich als sehr robust herausgestellt hat, ist der elterliche Bildungsabschluss (Bornstein et al. 2003). Aber auch hier lässt sich kritisch nachfragen: „If, for example, maternal education is the key aspect of SES that affects parenting, what is it about education that carries this effect? Does education promote an orientation toward seeking expert advice about child care? Does it lead to having a reference group that is better informed about the needs and competencies of infants? Does education stimulate the development of a more verbal parenting style? or, does education induce a greater feeling of efficacy that facilitates effective parenting?" (Hoffman 2003: 134).

Der sozioökonomische Status, das belegen vielfältige Untersuchungen, ist in hohem Maße ein Einflussfaktor der sich auf weitere Aspekte des Mikrokontextes Familie auswirken kann. Er wirkt auf die zur Verfügung stehende Zeit, auf Aspekte der Beziehungsqualitäten, auf die zur Verfügung stehenden Ressourcen für Freizeitaktivitäten, auf räumliche Qualitäten und Erholungsmöglichkeiten usw. Er geht – so z.B. im Falle des Bildungsniveaus – mit einer Reihe von Korrelationen mit anderen Dimensionen einher: So zeigen Eltern mit einem höheren Bildungsabschluss eher ein autoritatives Erziehungsverhalten, zeigen eher ein zugewandtes Interaktionsverhalten, sprechen mehr mit den Kindern, stärken den sozialen Austausch, haben mehr Wissen um kindliche Entwicklungsprozesse und um kindliche Bedürfnisse, zeigen eher elterliche Zuwendung und bereiten stärker ein stimulierendes Umfeld vor usw. (Bradley & Corwyn 2002; Bornstein et al. 2003; Conger & Donellan 2007; Walper 2008).

Weitere Analysen bestätigen, dass je mehr sich nach elterlicher Einschätzung die Lebensverhältnisse der Familie verbessert haben, desto weniger leiden Kinder unter Einsamkeit und desto positiver ist das kindliche Selbstwertgefühl. Studien belegen ebenfalls, dass das Selbstbild und das Wohlbefinden von Kindern in ökonomisch prekären Situationen negativ beeinträchtigt werden können (Walper 1999; Klocke 1996; Butterwegge 2011; Chassé et al. 2010). Angenommen werden vor allem Effekte, dahingehend, dass eine ökonomische Deprivation die Sorgen von Eltern verstärkt, den familialen Stress erhöht und den Handlungsspielraum einschränkt (Elder et al. 1992; Conger et al. 1994; Bacher 1997; Walper 1999; Walper 2002; Bertram & Bertram 2009).

So finden sich empirische Hinweise dafür, dass ein niedriger sozioökonomischer Status einen negativen Einfluss hat auf die elterlichen Erfahrungen von Selbstwirksamkeit und sich deren Depressionsneigung sowie Probleme in der Partnerschaft erhöhen, was sich wiederum negativ auf Kinder auswirken könnte (Wheeler & Ladd 1982; Walper 1997; Boardman & Robert 2000; Schneewind 2002). Es zeigte sich ferner, dass Väter durch die finanziellen Spannungen gereizter reagieren und emotional labiler wurden. Dies erhöht das Konfliktpotential in der Familie, was dann auch verstärkt zu inkonsistentem oder zu stärker bestrafendem Erziehungsverhalten der Väter führt. Diese Faktoren verstärken sich, wenn Väter bereits vor den auftretenden finanziellen Problemen emotional labil sind und wenn seitens der Mutter wenig emotionale Unterstützung vorhanden ist. Andererseits sorgt eine hohe emotionale mütterliche Unterstützung wie ein Schutzfaktor und reduziert die negativen Auswirkungen auf die Kinder (Fuhrer 2005). Studien bestätigen, dass in Familien mit einem geringeren sozioökonomischen Status vermehrt kontrollierende, strafende, autoritäre Erziehungspraktiken vorherrschen (Walper 1988; Walper 2002; Conger & Conger 2002; Bornstein et al. 2003; Parke & Buriel 2006; Conger & Donnellan 2007). Es zeigten sich auch Unterschiede in der Sprache: „Higher SES mothers not only talk more, but provide object labels, sustan conversational topics longer, respond more contingently to their children's speech, and elicit more talk from their children than lower SES mothers" (Hoff-Ginsberg & Tardiff in Parke & Buriel 2006: 460; Bornstein et al. 2003).

Vor allem im Kontext der Armutsforschung wurden die Auswirkungen prekärer finanzieller Situationen auf kindliche Persönlichkeitsprozesse analysiert. „Knappe Ressourcen erfordern Verzicht" (Walper et al. 2002: 271). Auf diesen kurzen Satz lässt sich im Kern die Situation zusammenfassen. Dies betrifft nicht nur Konsumgüter, sondern je gravierender und länger andauernder die Armut vorherrscht, desto stärker müssen Neuanschaffungen, der Ersatz alter Güter und auch Einschränkungen im Freizeitbereich vorgenommen werden. Zwar belegen Studien, dass Eltern sich darum bemühen, die Mangelsituation so weit und so lange wie möglich von den Kindern fernzuhalten. Mit zunehmender Knappheit, wird jedoch auch dies immer schwieriger. Ferner bestätigen Studien, dass je stärker Kinder von Armut betroffen sind, desto eher berichten sie auch darüber, Defizite in sozialen Beziehungen zu haben. Entweder weil sie über weniger soziale Kontakte verfügen, evtl. weil sie sich nicht an allen Aktivitäten beteiligen können, weniger beliebt und eher ausgegrenzt werden, oder weil die räumliche Situation des Elternhauses es nicht erlaubt, Freunde nach Hause einzuladen, d.h. auch die Zufriedenheit mit dem Freundeskreis kann sich in Abhängigkeit von der ökonomischen Situation des Haushalts unterscheiden (Klocke 1996; Walper et al. 2002). Wilk & Beham (1994) finden, dass Einkommensarmut über die Wahrnehmung von Geldsorgen indirekt auf das kindliche Wohlbefinden wirk: Das psychosoziale Wohlbefinden der Kinder ist höher, wenn sie weniger über Geldsorgen berichten (Walper et al. 2002; Beisenherz 2005).

So begünstigt eine finanziell prekäre Lebenslage das Auftreten psychischer Belastungen bei Kindern, so dass Kinder aus ökonomisch schwachen Familien hinsichtlich des Auftretens externalisierender und internalisierender Verhaltensweisen deutlich überrepräsentiert sind (Duncan et al. 1994; Walper et al. 2002; Gottfried et al. 2003). Dies ist insbesondere dann der Fall, wenn die Betroffenheit von Armut über einen längeren Zeitraum hinweg andauert (Bradley und Corwyn 2002). Walper & Wendt (2005) finden mit den Daten des DJI-Kinderpanels signifikante Effekte für das Haushaltseinkommen: Das externalisierende und internalisierende Problemverhalten ist umso höher, je geringer das Pro-Kopf-Einkommen ist. Eher unerwartet ist der Befund von Walper & Wendt (2005), dass das positive Selbstbild mit niedrigem Einkommen steigt. Dieser Befund wird dahingehend erklärt, dass Mütter in finanziell belasteten Situationen sich in besonderem Maße um die Kinder kümmern und den Kindern somit eine stärkere, vielleicht kompensatorische Unterstützung zukommen lassen.

Es ist entsprechend zu erwarten, dass eine prekäre finanzielle Situation den Handlungsspielraum von Familien einschränkt und damit, das Konfliktpotential in der Familie erhöhen kann, was wiederum negativ mit der Beziehungsqualität, dem Erziehungsverhalten und dem elterlichen Wohlbefinden korreliert und sich letztlich negativ auf die Selbstwirksamkeit von Kindern, auf das Selbstbild und kindliche Empathie auswirken kann und eher mit internalisierenden und externalisierenden Verhaltensweisen einhergeht.

familiale Probleme

Wie bereits im allgemeinen theoretischen Bezugsrahmen erläutert, können kritische Lebensereignisse sogenannte *„turning points"* bilden, die den Entwicklungsprozess in eine entscheidende Richtung lenken. Diese Effekte müssen nicht sofort sichtbar sein, sondern können sich in ihrer Wirkung auch langsam mehr und mehr aufbauen (butterfly effect; Magnusson & Stattin 1998). Diese Effekte brauchen sich auch nicht auf zwischenmenschliche Beziehungen (Tod eines Familienmitgliedes, Trennung der Eltern, Geburt eines Geschwisterkindes usw.) beschränken, sondern physisch-räumliche Veränderungen (Katastrophen) oder sozial-räumliche Veränderungen (ökonomische Krisen, Revolutionen, sozialstaatliche Gesetzesänderungen), aber auch bspw. Umzüge können den zukünftigen Entwicklungsprozess nachhaltig beeinflussen. Es ist uns zwar nicht möglich, derartige Prozesse in ihrer Langzeitwirkung hier mit den Daten zu überprüfen, es sollte jedoch für derartige Ereignisse kontrolliert werden, da sie entscheidenden Einfluss auf die kindliche Persönlichkeit haben können. So hat die empirische Forschung gezeigt, dass gerade innerhalb der kindlichen Persönlichkeitsentwicklung derartige kritische Lebensereignisse gravierende Folgen für das Kind haben können. Zu solchen kritischen Lebensereignissen zählen z.B. die elterliche Erwerbslosigkeit, schwere Erkrankung der Eltern, Scheidung/Trennung der Eltern, Tod eines Elternteils oder einer nahestehenden Person, ein neuer Partner der Mutter oder des Vaters (Rinker & Schwarz 1998b).

Filipp (1995: 9) definiert kritische Lebensereignisse als einen „Eingriff in das zu einem gegebenen Zeitpunkt aufgebaute Passungsgefüge zwischen Person und Umwelt", d.h. ein Eingriff der mit erheblichen Veränderungen der Lebenssituation des Individuums einhergeht und dazu zwingt, entsprechende Anpassungs- und Copingstrategien vorzunehmen (Petermann et al. 2004). Oftmals handelt es sich dabei um nicht-normative Ereignisse, die von den Personen als kritisch erlebt werden. Entwicklungstheoretisch sind sie vor allem deshalb wichtig, weil sie Veränderungen in der Entwicklung des Kindes in Gang setzen können, d.h. bisherige Denk-, Handlungs- und Lebensmuster in Frage stellen, vorhandene verlässliche Rahmenbedingungen dann teilweise nicht mehr gelten. Derartige Veränderungen können mit erheblichen Mehrfachbelastungen einhergehen, die subjektiv gesehen als Chance oder als Risiko interpretiert werden. Kritisch werden diese Ereignisse insbesondere dann, wenn die notwendigen Ressourcen, sich an die neue Situation anzupassen, fehlen oder nicht in ausreichendem Maße zur Verfügung stehen (Filipp 1995; Fuhrer 2005).

Aus einer stärker entwicklungspsychologischen Perspektive heraus, werden kritische Lebensereignisse nicht per se als negativ betrachtet, sondern sie können auch Situationen darstellen, die für einen entwicklungsbezogenen Wandel des Individuums und einen Zuwachs von persönlichen Fähigkeiten verantwortlich sein können (Petermann et al. 2004). Inzwischen werden unterschiedliche Formen von Lebensereignissen unterschieden: die unerwarteten (plötzlicher Tod, Unfall) von erwarteten Ereignissen (Krankheit), positiv erwünschte (Heirat, Geburt eines Kindes) von negativ unerwünschten Ereignissen (Wiederholen einer Klasse, oder Umzüge für Kinder, Trennungen) (Petermann et al. 2004; Filipp 1995). Letztendlich sind die Grenzen und Beispiele hierfür fließend und abhängig von der Beurteilung der jeweiligen betroffenen Person.

Rinker & Schwarz (1998b) stellen mit Daten des Kindersurveys '93 fest, dass Belastungen in der Kindheit mit einem rascheren psychosozialen Entwicklungstempo von Kindern in der späten Kindheit und frühen Jugend einhergeht, so z.B. hinsichtlich der Unabhängigkeit gegenüber den Eltern. Dieser Befund deckt sich auch mit Ergebnissen im Kontext der Scheidungsforschung: Kinder, die eine Scheidung oder Trennung der Eltern erlebt haben, lösen sich früher von der Familie und konzentrieren sich früher auf die Beziehungen der Gleichaltrigen, gehen früher sexuelle Beziehungen ein, verlassen früher das Elternhaus und erleben später ebenfalls eher eine Trennung/Scheidung ihrer eigenen Paarbeziehung; haben schlechtere Schulleistungen, zeigen eher Verhaltensproblemen, haben Probleme mit der psychischen und sozialen Anpassung, dem eigenen Selbstkonzept, berichten über eine schlechtere Qualität der Eltern-Kind-Beziehung (Amato & Keith 1991; Booth & Amato 1991; Amato 2000; Schwarz & Noack 2002; Teachman 2002). Eine wesentliche Bedeutung kommt den Eltern zu, wie sie mit der neuen Situation bzw. den vorhandenen Problemen umgehen.

Es lässt sich zusammenfassen, dass kritische Lebensereignisse oder die Akkumulation von familialen Problemen, wie die hier beschriebenen, mit Veränderungen bzw. Belastungen des familialen Systems einhergehen können. Derartige Problemlagen können mit erheblichen Veränderungen von Alltagsstrukturen auftreten, emotionale Probleme bei Eltern oder Kinder auslösen, die dann wiederum negativ mit der Beziehungsqualität, dem Erziehungsverhalten usw. korrelieren. Insgesamt gesehen, sollten kritische Ereignisse oder akkumulierte Probleme sich negativ auf das kindliche Selbstbild, auf Empathie und Selbstwirksamkeit auswirken und eher mit internalisierenden, externalisierenden Verhaltensweisen einhergehen.

familientrukturelle Indikatoren

Auch die Familienstruktur und die Zusammensetzung des Haushalts ist ein wichtiger Einflussfaktor. Die Familienstruktur legt den personellen Rahmen der Interaktionsbedingungen in einem Mikrokontext Familie fest. Wächst das Kind in einer biologischen Zwei-Eltern-Familie auf, oder hat es einen alleinerziehenden Elternteil. Wächst es in einer Stieffamilie auf und hat entsprechend schon Erfahrungen mit kritischen Lebensereignissen (z.B. Scheidung, bzw. Trennung der Eltern) gemacht oder nicht? Hat das Kind Geschwister?

So sind bspw. Alleinerziehende mit der Situation konfrontiert, dass sie wesentliche Aufgaben in der Familie alleine erbringen müssen – was jedoch nicht selten auch in Zwei-Eltern-Familien der Fall sein dürfte. Dies betrifft neben dem Betreuungsaufwand insbesondere auch die Sicherung der finanziellen Situation. Alleinerziehende sind in hohem Maße von Armut betroffen, weil Unterhaltszahlungen in vielen Fällen nicht ausreichen und das Nachgehen einer Erwerbsarbeit durch die Betreuung der Kinder eingeschränkt sein kann, vor allem dann, wenn Betreuungsinstitutionen nur in geringem Maße vorhanden bzw. Öffnungszeiten nicht elternfreundlich sind. Die oftmals schlechte ökonomische Situation spiegelt sich auch in anderen Faktoren wider: so z.B. in der Wohnsituation von Alleinerziehenden, oder in der Beschränkung von Freizeitmöglichkeiten der Kinder usw. (Schwarz & Noack 2002). Die Situation Alleinerziehender geht entsprechend oftmals auch mit einer Rollenüberlastung der Eltern, in den meisten Fällen der Mütter einher. Niepel (1994) führt aus, dass Alleinerziehende eine geringere Lebenszufriedenheit haben als verheiratete Personen. Sie berichten eher über Einsamkeit, Depressionen und Angst. Diese Befunde werden auch durch us-amerikanische Studien bestärkt (Amato 2000).

Sieht man sich die Auswirkungen auf die Kinder an, so gibt es inzwischen eine Fülle von Analysen (Amato & Keith 1991). Hierbei muss zunächst betont werden, dass es bei alleinerziehenden Familien in den meisten Fällen zu erheblichen Veränderungen im Familienleben gekommen ist. Wie bereits angesprochen ist der Auszug einer Person, oder der Tod eines Elternteils, wie aber auch der unter Umständen damit einhergehende Umzug und der Schulwechsel für Kinder ein kritisches Lebensereignis, was zu negativen Folgen für die Persönlichkeit des Kindes führen kann (Amato & Keith 1991; Amato 2000). So finden Walper & Wendt (2005) mit den hier verwendeten Daten des DJI-Kinderpanels für Kinder von Alleinerziehenden im Vergleich zu Kindern aus Kernfamilien höhere Werte hinsichtlich des externalisierenden Verhaltens. Hinsichtlich der Internalisierung und des Selbstbildes sind sie jedoch unauffällig im Vergleich zu Kernfamilien. Insbesondere Stiefkinder zeigen im Vergleich zu anderen Familienformen stärkere Verhaltensauffälligkeiten.

Hetherington (1989) findet in ihrer Studie, dass es auch „Gewinner" bei Kindern von Alleinerziehenden gibt, gekennzeichnet dadurch, dass sie sich durch eine hohe soziale Kompetenz und prosozialem Verhalten auszeichnen. Vor allem Mädchen haben von einer engeren Beziehung zur Mutter profitiert und Eigenverantwortlichkeit übernommen, was mit einem Gefühl stärkerer Selbstwirksamkeit einhergehen könnte. Ferner zeigte sich in einer Längsschnittstudie, dass sich für Jugendliche, die vor der Scheidung der Eltern Selbstwertprobleme und Tendenzen zum delinquenten Verhalten hatten, die Situation durch die Scheidung z.T. sogar stabilisierte (Schwarz & Noack 2002).

Ein weiterer Faktor, der die Situation im familialen Haushalt bedeutsam verändert, ist das Vorhandensein von Geschwistern. Die Bedeutung der Geschwisterbeziehung für die Sozialisation des Kindes und die Vorstellung davon, dass „in Familie leben" mehr bedeutet als Mutter-Kind oder Vater-Kind-Beziehung, wurde von Judy Dunn in den 1980er Jahren in die Diskussion gebracht (Dunn 1983). Geschwister, sofern sie gemeinsam aufwachsen, verbringen in der Regel bis zur Phase des Jugendalters viel Zeit miteinander. Die Zeit, die sie miteinander verbracht haben, führt zu einer hohen Vertrautheit in diesen Beziehungen (Dunn 1983; Kasten 2003; Nave-Herz & Feldhaus 2005). Ferner sorgen auch Eltern in der Regel dafür, dass größere Ungerechtigkeiten vermieden werden, wodurch der Grundsatz der Gleichheit – zumindest vom Prinzip her – seitens der Eltern gegenüber den Kindern vertreten und weitergegeben wird. Die Vertrautheit unter Geschwistern bietet die Möglichkeit, sich am anderen zu erkennen und zu entwickeln und Geschwister dienen daher wechselseitig als identitätsrelevante Kontrastfolie innerhalb einer vertrauten, geschlossenen Beziehung. Zum anderen bergen Geschwisterbeziehungen die Gefahr hoher Verletzbarkeit, Neid, Konkurrenz mit sich (Kasten 2003). Selbst diese negativen Prozesse ermöglichen aber, Geschwisterbeziehungen als ein Übungsfeld für spätere Beziehungsaufgaben zu sehen. Interaktionen mit Geschwistern dienen daher als ein Lernfeld, in dem Kinder stärker soziale Kompetenzen trainieren, anwenden und ausbilden können (Parke & Buriel 2006). Geschwister können auch eine Alternative zu anderen Kontexten bilden, z.B. zu Freundschaftskontexten oder Schulkameraden, wenn diese Beziehungen nicht in dem gewünschten Maße vorliegen. Was für die Beeinflussbarkeit von Freunden z.B. im Hinblick auf prosoziales oder antisoziales Verhalten gilt, trifft auch für Geschwisterbeziehungen zu (Parke & Buriel 2006). Bereits sehr früh muss gelernt werden, mit Konflikten umzugehen, Verletzungen müssen ertragen werden, Konfliktlösungen gesucht und ausgehalten werden usw. Das besondere dabei ist, dass es innerhalb eines geschlossenen, seitens der Eltern „observierten" und nicht aufkündbaren Systems geschieht (Kasten 2003; Nave-Herz & Feldhaus 2005).

Eine breite Diskussion fokussierte die Frage, ob es Unterschiede in der Entwicklung der Persönlichkeit zwischen Einzelkindern gegenüber Geschwisterkindern gibt. Einzelkinder wurden eher als kontaktärmer, introvertierter, egoistischer angesehen, weil ihnen der Kontakt, die Auseinandersetzungen mit Geschwistern fehlen würde, was mit einem geringeren Einfühlungsvermögen einhergehen sollte. Ferner können sie keine positiven Erfahrungen z.B. im Rahmen von Vergleichen, Zusammenspielen usw. für sich machen und sind den Eltern immer unterlegen. Diese Übermacht der Eltern sollte sich negativ auf die Selbstwirksamkeit, das Durchsetzungsvermögen und das Selbstbewußtsein auswirken. Belastbare empirische Befunde dafür ließen sich jedoch nicht finden (Teubner 2005). Zwei Faktoren konnten allerdings belegt werden, die z.T. dem vorhergesagten widersprechen. So konnte gezeigt werden, dass Einzelkinder stärker interne Kontrollüberzeugungen bzw. Selbstwirksamkeit ausbauen (Kasten 1995: 141ff.). Sie nehmen anscheinend stärker als Geschwisterkinder war, dass sie das Gefühl haben, Kontrolle über Ereignisse und selbst gesetzte Ziele zu haben. Ferner zeigte sich, dass Einzelkinder aufgeschlossener und interessierter an zwischenmenschlichen Beziehungen seien und eher nicht als kontaktarm gelten (Teubner 2005).

Ökologischer Nahraum des Mikrosystems der Familie

Urs Fuhrer (2005) nimmt den Punkt von Parke & Buriel (2006; zuerst 1998) auf, dass Eltern als Arrangeure von kindlichen Entwicklungsangelegenheiten gelten. Ähnlich wie es in der Pädagogik von Maria Montessori zu finden ist, nämlich dass sich das Kind durch die aktive, produktive Beziehung mit seiner Umwelt entwickelt, wodurch sich neue Strukturen der Erfahrung und Wirklichkeit eröffnen, ist es die Aufgabe der Pädagogik, die Umwelt so „vorzubereiten", dass optimale Entwicklungsreize vorhanden sind. Dieser Punkt bezieht sich sowohl auf die räumlichen Bedingungen des familialen Haushalts, aber auch auf die Ermöglichung, Unterstützung oder Kontrolle und Begrenzung von Kontakten zu Freunden oder anderen Peers. Hier beschränken wir uns zunächst auf die räumlichen Bedingungen.

Schneewind (2002a,b) weist darauf hin, dass Eltern insofern als „Arrangeure von Entwicklungsangelegenheiten" gelten, indem sie Erfahrungs- und Entwicklungsgelegenheiten, d.h. Entwicklungsopportunitäten schaffen. Hierbei geht es zunächst darum, in angemessener Weise Bedingungen bereitzustellen, die dem psychischen Niveau des Kindes entsprechen, das Kind weder über- noch unterfordern (Bradley et al. 1989). Es geht entsprechend darum, eine gute Balance zwischen bedürfnisgerechter Stimulierung und einer Reizüberflutung zu finden. Die Betonung der räumlichen Verhältnisse wird auch von Behnken & Zinnecker (1987) in ihrer These von einer „Verhäuslichung der Kindheit" angesprochen. Sie deuten damit an, dass einerseits den Kindern in den Wohnungen mehr Raum zur Verfügung steht, das eigene Zimmer sich vermehrt durchgesetzt und andererseits die Straße als Ort des Spielens an Bedeutung verloren hat. Das eigene Kinderzimmer bietet einen Ort, sich zurückzuziehen. Es ist ein Bereich, den das Kind dann nur für sich hat, wo es Freude, Entspannung, aber auch Ruhe und einen „Zuhörer" findet, was es dem Kind ermöglicht, stärker über sich selbst zu reflektieren. Das eigene Kinderzimmer gehört zu den „favourite places" (Korpela 1989; Keller 1993; Brake & Büchner 1996; BMFSJF 1998). Es dient der Regulation einer Kontaktdichte, stellt zumindest z.t. eine Verringerung elterlicher Einflußnahme dar, und fördert, Freunde einzuladen und mit ihnen z.T. unbeaufsichtigt zu spielen, was sich ebenfalls auf das Sozialverhalten von Kindern und auf die Beziehungen zu Gleichaltrigen positiv auswirken kann (Krappmann 1996).

Kinder müssen entsprechend Orte haben, wohin sie sich zurückziehen können, wo sie sich selbst stärker erleben und reflektieren können. Hinzu kommt, dass diese Orte und Räume genügend Objekte oder Anreize haben müssen, die den Kindern Möglichkeiten bieten, sich mit ihnen zu beschäftigen, damit sie explorativ ihre Umwelt aneignen können. Hierbei müssen die angebotenen Reize „offen" sein, gestaltbar, damit sich stärker die Wirksamkeit eigenen Handelns in generalisierten Kompetenzüberzeugungen oder Selbstwirksamkeit niederschlagen kann. Eine zu determinierende, wenig offene Umwelt sowie engere physisch-räumliche Bedingungen sollten daher entsprechend negative Effekte auf die kindliche Entwicklung haben (BMFJSF 1998; Wachs & Gruen 1982). So deuten Studien daraufhin, dass die physikalisch-dingliche Umwelt (z.B. Vorhandensein von Bauklötzen, Legos usw.) durch den Prozess des Bauens und Zerstörens ein außerordentlich effektives Instrument zur Erzeugung von Kontrollerleben, von Selbstwirksamkeit von Kindern ist (BMFSJF 1998).

Weitere Studien haben auf den Zusammenhang zwischen hoher Wohndichte und beengten Wohnverhältnissen und die Entwicklung von Kindern hingewiesen (Hellbrück & Fischer 1999: 382). So beeinträchtigt eine hohe Wohndichte den Auf- und Ausbau eines Selbstkonzepts (Goduka et al. 1992), verringert die schulischen Leistungen, geht mit Verzögerungen in der psychomotorischen Entwicklung sowie vermehrt mit kindlichen Verhaltensstörungen einher (Cassidy 1997; Gifford 1997; Maxwell 2003; Evans et al. 2001; Flade 2006). Flade (2006) führt aus, dass „erlernte Hilflosigkeit" als eine Folge eines chronischen Engegefühls resultieren könnte, weil Kinder aufgrund ihrer geringeren Kontrollmöglichkeiten weniger in der Lage sind, ihre

Umwelt so zu gestalten, wie sie es gerne möchten und dies stärker anderen, vor allem den Eltern, in beengten Wohnverhältnissen überlassen wird.

Empirische Analysen

Zur Überprüfung dieser angesprochenen situativen Effekte werden im Folgenden der Bildunsgabschluss der Mutter[5], die Erwerbstätigkeit der Mutter[6], die Angabe darüber, ob die Familie armutsgefährdet ist[7], Sorgen um die finanzielle Situation[8], eine Angabe zu den familialen Problemen[9], ob das Kind ein eigenes Zimmer hat, ob die Wohnung nach Einschätzung der Mutter ein angemessenes Umfeld zum Spielen darstellt[10], ob es sich um eine Ein-Kind- oder Mehrkindfamilie[11] und ob es sich um alleinerziehende Mütter oder um eine Stieffamilie handelt[12], mit aufgenommen. Hinsichtlich der Verbreitung der einbezogenen Bildungsvariablen haben 35,9% die Hochschulreife, 21,4% haben einen Realschulabschluss und 22,7% einen Hauptschulabschluss. Die Verteilung der Angaben zu den finanziellen Sorgen (von keine Sorgen =1 bis große Sorgen = 4) ist etwas rechtssteil und weist einen Mittelwert von 2,26 (Standdabw.: 0,98; Schiefe 0,3). Die durchschnittliche Anzahl genannter Familienprobleme beträgt 1,6. 12,3% geben

---

5   *Schulabschluss* wurde gemessen mit Hauptschulabschluss, Realschulabschluss und Abitur.

6   *Erwerbsstatus* wurde unterschieden nach nicht-erwerbstätig, Teilzeit erwerbstätig und Vollzeit erwerbstätig.

7   Einbezogen wurde eine bereits generierte Variable aus Welle 2, die misst, ob die Familie relativ arm ist, d.h. weniger als 60% des Medians des Äquivalenzeinkommens zur Verfügung hatte.

8   *Sorgen um die Finanzen*: um einen subjektiven Indikator für die finanzielle Situation zu haben, wurde nicht das Nettoeinkommen einbezogen, sondern die Angabe darüber, ob es nach Ansicht der Befragungspersonen finanzielle Probleme in der Familie gibt, codiert mit 1=keine Sorgen bis 4=große Sorgen.

9   *Anzahl genannter Familienprobleme*: Es wurde aus den Angaben der Mutter zum Auftreten von Problemen in der Familie ein Summenscore gebildet, dazu wurde der Mutter eine Liste mit möglichen Problemen vorgelegt (wie z.B. unerledigte Hausaufgaben, Probleme mit Partner, Anspannung und Hektik, Krankheit und Tod in der Familie, Probleme mit eigenen Eltern/Schwiegereltern, Alkohol, Drogen, Gesundheit Kind, Arbeiten im Haushalt; zu wenig Zeit zum Abschalten).

10 Eine Information aus Welle 1 gibt an, ob die Mutter meint, dass die Wohnung angemessen ist für das Spielen des Kindes (1=nein; 0=ja); und ob das Kind ein eigenes Zimmer hat. Diese Informationen stammen aus der Welle 1 und wurden in Welle 2 nicht nochmal erhoben, wohl aber in Welle 3.

11 Aufgenommen wird eine Variable über das Vorhandensein von Geschwister-Kindern im Haushalt.

12 Generiert wurden zwei Dummy-Variablen, die angeben, ob die befragte Mutter in Welle 2 alleinerziehend (ohne Partner im Haushalt) war oder in einer Stieffamilie (mit neuem Partner im Haushalt) lebt; Referenzkategorie ist das Aufwachsen mit beiden leibl. Elternteilen.

an, dass ihre Wohnung nicht angemessen ist für ein ausgelassenes Spielen des Kindes und 25% geben an, dass ihre Kinder (in Welle 1) kein eigenes Zimmer haben. In 16,3% der Familien handelt es sich um Familien mit einem Kind. In 83,7% der Fälle handelt es sich um Kernfamilien, bestehend aus Vater, Mutter und mindestens einem Kind, 7,7% sind Stieffamilien und 8,6% sind alleinerziehende Mütterfamilien. 25% der befragten Familien leben in Welle 2 in einer armutsnahen Einkommenslage.

Abbildung 18: Familiale Einflussfaktoren auf kindliche Persönlichkeitseigenschaften

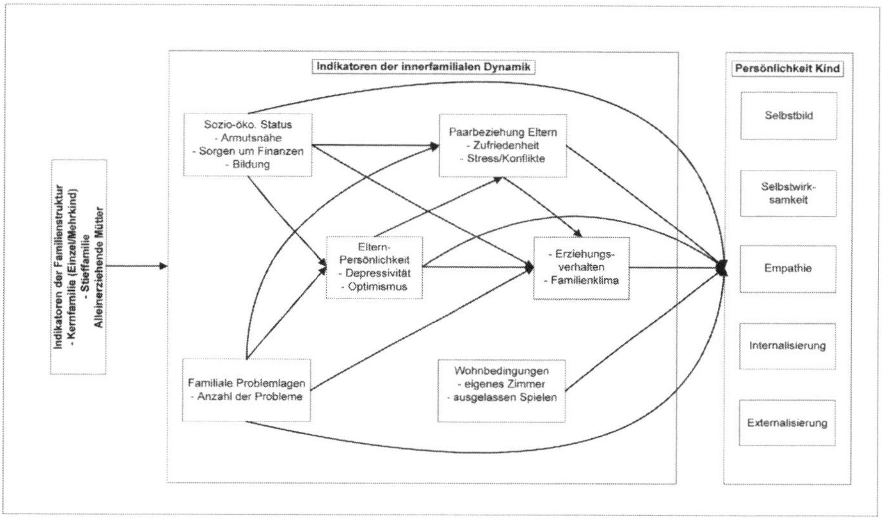

Es werden im Folgenden für jede abhängige Variable zunächst die direkten Effekte durch lineare Regressionen berechnet. Anschließend werden für vermutete Mediatoren die indirekten Effekte analysiert. Dazu werden weitere Regressionen der situativen Faktoren auf die Mediatoren geschätzt und dann die Signifikanz der indirekten Effekte ermittelt (siehe zu diesem methodischen Vorgehen auch Kap. 5).

In Tabelle 14 sind die Ergebnisse für das positive Selbstbild des Kindes abgebildet. Die Resultate zeigen, dass weder von der finanziellen Situation, noch von den Sorgen um die Finanzen und auch nicht von der Anzahl der genannten Familienprobleme direkte Effekte auf das positive Selbstbild des Kindes ausgehen. Im Gegenteil, es bestätigt sich der Befund von Walper & Wendt (2005) aus Welle 1 des Kinderpanels, nämlich dass das positive Selbstbild mit niedrigem Einkommen steigt, was von ihnen durch stärkere kompensatorische Unterstützung seitens der Eltern erklärt wird. Wir werden darauf gleich zurückkommen. In Model 1 (Tabelle 14) ist lediglich der bereits bekannte Effekt des Familienklimas signifikant. Dieses Ergebnis ändert sich auch nicht, wenn wir die weiteren Variablen wie das eigene Zimmer, die

Angabe über die Qualität des Wohnraums zum Spielen als auch den Bildungsabschluss der Mutter berücksichtigen. Nehmen wir hingegen die Informationen zur Familienstruktur mit hinein, dann ergibt sich ein signifikanter Effekt für alleinerziehende Familien. Kinder, die in alleinerziehenden Familien aufwachsen, zeigen ein signifikant niedrigeres Selbstbild. Ein ähnlich hoher Wert findet sich auch für Kinder aus Stieffamilien, obgleich dieser Effekt lediglich auf dem 10%-Niveau signifikant ist, d.h. die Familienstruktur stellt einen relevanten Einflussfaktor dar. Für Einkind- bzw. Mehrkindfamilien zeigen sich keinerlei Unterschiede. Vergleicht man den Anteil der erklärten Varianz, so ergeben sich keine großen Veränderungen durch die Aufnahme weiterer Variablen. Der Wert erhöht sich von 16,4% auf 17,6%.

Tabelle 14: Lineare Regression der Einflüsse der elterlichen Paarbeziehung, der mütterlichen Persönlichkeitsmerkmale und der situativen Variablen der Familiendynamik und Familienstruktur auf das positive Selbstbild

Unabhängige Variablen	1	2	3
Beziehungszufriedenheit	-0,004	-0,002	---
Beziehungsstress	0,006	0,005	---
Depressivität der Mutter	-0,009	-0,009	0,002
Optimismus der Mutter	0,049	0,045	0,050
kindzentr. Kommunikation	0,032	0,036	0,026
strenge Kontrolle	-0,008	-0,006	-0,005
Familienklima	0,255*	0,223*	0,200*
prekäre finanzielle Lage (Ref.: nein)	0,015	0,018	0,019
Sorgen um Finanzen (Ref.: nein)	0,006	0,005	0,006
Anzahl Familienprobleme	-0,009	-0,009	-0,006
eigenes Zimmer (Ref.: nein)		-0,017	-0,020
Wohnung ausgelassenes Spielen nein (Ref.: ja)		-0,034	-0,043
Abitur/Hochschulreife (Ref.: Real/Haupt)		0,005	0,007
Einkind-Familie (Ref.: Mehrkind.)			-0,005
Stieffamilie (Ref.: Kernfam.)			-0,062+
Alleinerziehende (Ref.: Kernfam.)			-0,058*
Mädchen (Ref.: Junge)	-0,008	-0,008	-0,008
R^2	0,163	0,152	0,176
N / Chi2/ df/CFI/ RMSEA/SRMR	1076/463.766/ 261/0,952/ 0,027/0,036	1076/ 514.236 305/0,950/ 0,025/0,031	1148/520.607/ 320/0,953/ 0,023/0,029

+= p<0,10; *=p<0,05; **=p<0,01; ***=p<0,001

Zusätzlich zu der Analyse dieser direkten Effekte, werden nunmehr auch die indirekten Zusammenhänge näher untersucht. Es zeigte sich durch vorhergehende Studien, dass sich bspw. Effekte der finanziellen Situation eher indirekt zeigen, z.B. auf die kindzentrierte Kommunikation oder auf die Persönlichkeitseigenschaften von Müttern, was sich dann wiederum auf die hier interessierenden kindlichen Persönlichkeitsfaktoren auswirken kann. In den vorangehenden Analysen haben sich insbesondere die mütterliche Depressivität, die kindzentrierte Kommunikation und das Familienklima als vermittelnde Variablen herausgestellt. Entsprechend werden Regressionen situativer Faktoren auf diese im Fokus stehenden Mediatoren ermittelt.

Aus Tabelle 15 geht hervor, dass vor allem die Sorgen um die finanzielle Situation sowie die Anzahl genannter Familienprobleme positiv mit der mütterlichen Depressivität korreliert. Darüber hinaus korrelieren eine prekäre finanzielle Situation und eine steigende Anzahl von Familienproblemen negativ mit einer kindzentrierten Kommunikation. Auch das Vorhandensein einer Stieffamilie führt zu einer negativen Korrelation mit der kindzentrierten Kommunikation. Positive Korrelationen lassen sich finden für einen höheren Bildungsabschluss der Mutter sowie dafür, wenn das Kind ein Mädchen ist. Hinsichtlich des Familienklimas ergeben sich wiederum zwei negative Korrelationen mit den steigenden Sorgen um die Finanzen und der Anzahl genannter Familienprobleme. D.h. es bestätigen sich die Befunde bisheriger

Tabelle 15: Lineare Regressionen situativer Faktoren auf die Mediatoren Depressivität, kindzentrierte Kommunikation und Familienklima in Bezug auf das positive Selbstbild

Unabhängige Variablen	Mediatoren		
	Depressivität	kindzentr. Kommunikation	Familienklima
prekäre finanzielle Lage (Ref.: nein)	0,036	-0,084*	0,027
Sorgen um Finanzen (Ref.: nein)	0,095***	--0,018	-0,044***
Anzahl Familienprobleme	0,047***	-0,024+	-0,061***
eigenes Zimmer (Ref.: nein)	-0,034	0,019	0,001
Wohnung ausgelassenes Spielen nein (Ref.: ja)	0,030	0,005	-0,022
Abitur/Hochschulreife (Ref.: Real/Haupt)	-0,013	0,098**	-0,030
Einkind-Familie (Ref.: Mehrkind.)	0,028	-0,065	0,015
Stieffamilie (Ref.: Kernfam.)	0,035	-0,174*	0,013
Alleinerziehende (Ref.: Kernfam.)	-0,003	0,007	0,014
Mädchen (Ref.: Junge)	-0,002	0,072*	-0,009
R^2	0,232	0,083	0,158
N / Chi2/ df/CFI/ RMSEA/SRMR	1148/ 650.000/ 324/0,923/ 0,030/0,041	1148/ 650.169/ 324/0,923/ 0,030/0,043	1148/ 628.36/ 324/0,928/ 0,029/0,043

+= p<0,10; *=p<0,05; **=p<0,01; ***=p<0,001

Studien, die Zusammenhänge mit der finanziellen Situation und dem Erziehungsverhalten sowie mit der Depressivität der Mutter und dem Familienklima gefunden haben. Berechnen wir nunmehr die dazugehörigen indirekten Effekte auf das positive Selbstbild von Kindern ergeben sich zwei signifikante Zusammenhänge: Die Anzahl der Familienprobleme korreliert negativ mit einem positiven Familienklima, woraus sich ein indirekter negativer Effekt auf das positive Selbstbild der Kinder ergibt (-0,013**). Ein ähnlicher Effekt zeigt sich für die Sorgen um finanzielle Dinge. Auch hier korrelieren die Sorgen um die Finanzen negativ mit einem positiven Familienklima, was rein rechnerisch einen negativen indirekten Effekt ergibt (-0,009*). Diese signifikanten indirekten Effekte ergeben sich vor allem durch den signifikanten Einfluss des Familienklimas mit dem positiven Selbstbild. Es zeigt sich ferner, dass in der Tat die prekäre finanzielle Situation zwar nicht signifikant, aber dennoch positiv mit dem Familienklima korreliert ist, was die Vermutung von Walper & Wendt (2005) stützen würde, die ein gesteigertes Engagement der Eltern vermuten würden. Es zeigt sich aber andererseits, dass das Leben in einer prekären finanziellen Lage signifikant negativ mit der kindzentrierten Kommunikation korreliert ist. Interessant sind die Befunde zur finanziellen Lage vor allem auch deswegen, weil sie verdeutlichen, dass es eher die Sorgen um finanzielle Dinge sind, die sich als prädiktiv im Zusammenhang mit dem Einschluss der Mediatoren erweisen und weniger die tatsächlich vorliegende finanzielle Situation.

Wenden wir uns den Ergebnissen für die kindliche Empathie zu, so zeigt sich, dass insbesondere die Anzahl genannter Familienprobleme sich als ein weiterer relevanter Indikator bei den direkten Effekten zeigt: Mit stiegender Anzahl genannter Probleme nimmt die Angabe zur kindlichen Empathie ab. Dieser Effekt bleibt über alle drei Modelle bestehen, selbst wenn die Variable der kindzentrierten Kommunikation, die ebenfalls einen großen Einfluss auf die kindliche Empathie hat, als weitere Kontrollvariable mit einbezogen wird. Die finanzielle Situation und auch die subjektive Bewertung dieser Situation haben keinen Effekt auf die Empathie. Das Gleiche gilt für die Variablen zur Beziehungsdynmik, weil der Effekt der kindzentrierten Kommunikation diesen Einfluss vermittelt (wie bereits in den Analysen vorher gezeigt).

Ein weiterer Blick auf die familienstrukturellen Variablen zeigt, dass insbesondere diejenigen, die in einer Stieffamilie leben, deutlich negative Korrelationen mit der kindlichen Empathie aufweisen. Das Vorhandensein bzw. Hinzukommen eines Stiefvaters und evtl. eines nicht leiblichen Geschwisterkindes scheint sich entsprechend auch auf die kindliche Persönlichkeit auszuwirken. Hier müssten weitere Untersuchungen, insbesondere Längsschnittstudien, folgen, die der Frage nachgehen, welche Kriterien es letztendlich sind, die eine derartige Korrelation erklären könnten und wie langfristig diese Effekte sind. Ist es generell das Hinzukommen eines Stiefelternteils oder evtl. nur eine Übergangsphase?

Tabelle 16: Lineare Regression der Einflüsse der elterlichen Paarbeziehung, der mütterlichen Persönlichkeitsmerkmale und der situativen Variablen der Familiendynamik und Familienstruktur auf Empathie

Unabhängige Variablen	1	2	3
Beziehungszufriedenheit	-0,008	-0,007	---
Beziehungsstress	0,000	0,001	---
Depressivität der Mutter	0,124	0,130	0,121
Optimismus der Mutter	0,048	0,048	0,043
kindzentr. Kommunikation	$0,480^{***}$	$0,473^{***}$	$0,470^{***}$
strenge Kontrolle	-0,031	-0,025	-0,039
Familienklima	0,063	0,070	0,025
prekäre finanzielle Lage (Ref.: nein)	0,054	0,064	0,064
Sorgen um Finanzen (Ref.: nein)	-0,008	-0,005	-0,014
Anzahl Familienprobleme	$-0,040^{**}$	$-0,041^{**}$	$-0,032^{*}$
eigenes Zimmer (Ref.: nein)		-0,033	-0,034
Wohnung ausgelassenes Spielen nein (Ref.: ja)		-0,094	-0,085
Abitur/Hochschulreife (Ref.: Real/Haupt)		0,042	0,029
Einkind-Familie (Ref.: Mehrkind.)			0,039
Stieffamilie (Ref.: Kernfam.)			$-0,194^{**}$
Alleinerziehende (Ref.: Kernfam.)			0,024
Mädchen (Ref.: Junge)	$0,188^{***}$	$0,189^{***}$	$0,176^{***}$
R^2	0,254	0,260	0,280
N / Chi2/ df/CFI/ RMSEA/SRMR	1076/ 461.936/ 260/0,954/ 0,027/0,032	1076/ 530.071 305/0,950/ 0, 026/0,031	1148/ 516.964/ 320/0,957/ 0,023/0,029

+= p<0,10; *=p<0,05; **=p<0,01; ***=p<0,001

Tabelle 17: Lineare Regressionen situativer Faktoren auf die Mediatoren Depressivität, kindzentrierte Kommunikation und Familienklima in Bezug auf die abhängige Variable kindliche Empathie

Unabhängige Variablen	Mediatoren		
	Depressivität	kindzentr. Kommunikation	Familienklima
prekäre finanzielle Lage (Ref.: nein)	0,036	-0,076	0,030
Sorgen um Finanzen (Ref.: nein)	$0,095^{***}$	-0,020	$-0,045^{***}$
Anzahl Familienprobleme	$0,047^{***}$	$-0,025^{*}$	$-0,061^{***}$
eigenes Zimmer (Ref.: nein)	-0,034	0,013	0,002
Wohnung ausgelassenes Spielen nein (Ref.: ja)	0,030	0,011	-0,023
Abitur/Hochschulreife (Ref.: Real/Haupt)	-0,013	$0,090^{**}$	-0,029
Einkind-Familie (Ref.: Mehrkind.)	0,028	-0,065	0,015

Unabhängige Variablen	Mediatoren		
	Depressivität	kindzentr. Kommunikation	Familienklima
Stieffamilie (Ref.: Kernfam.)	0,035	-0,185*	0,014
Alleinerziehende (Ref.: Kernfam.)	-0,003	0,001	0,014
Mädchen (Ref.: Junge)	-0,002	0,080*	-0,010
R^2	0,232	0,086	0,154
N / Chi2/ df/CFI/ RMSEA/SRMR	1148/ 646.746/ 324/0,929/ 0,029/0,041	1148/ 655.61/ 324/0,927/ 0,030/0,043	1148/ 626.49/ 324/0,933/ 0,029/0,042

+= p<0,10; *=p<0,05; **=p<0,01; ***=p<0,001

Betrachten wir nunmehr die indirekten Effekte, so zeigen die Schätzungen der Regressionen auf die Mediatoren für die kindliche Empathie zunächst sehr ähnliche Werte wie für das Selbstbild auf. Lediglich der Faktor der prekären finanziellen Lage für die kindzentrierte Kommunikation ist nun nicht mehr signifikant. Da sich hinsichtlich der kindlichen Empathie die kindzentrierte Kommunikation als wesentlicher Einflussfaktor gezeigt hat, zeigen sich auch lediglich für diesen Mediator indirekte Effekte: Hier ist es wiederum das Aufwachsen in einer Stieffamilie, welches negativ mit der kindzentrierten Kommunikation zusammen hängt und sich indirekt negativ auf kindliche Empathie auswirkt (-0,072*). Hingegen führt die positive Korrelation kindzentrierter Kommunikation mit einer höheren Schulbildung der Mutter zu einem signifikant positiven indirekten Effekt (0,035*).

Mit Blick auf die erklärenden Variablen zur Selbstwirksamkeit zeigt sich, wie in den anderen Modellen auch, dass die zuvor einbezogenen proximalen Faktoren wie insbesondere die kindzentrierte Kommunikation und strenge Kontrolle weiterhin signifikante Faktoren sind. Aber es bestätigt sich ebenfalls die Hypothese, dass eine steigende Anzahl von Familienproblemen mit geringeren Werten bei der Selbstwirksamkeit von Kindern einhergeht. Auch hinsichtlich der räumlichen Variablen lassen sich Einflüsse finden: Ist eine Wohnung nach Auskunft der Mütter nicht geeignet für ausgelassenes Spielen der Kinder, dann korreliert dies negativ mit der Wahrnehmumg der kindlichen Selbstwirksamkeit. Hierbei könnte man in der Tat vermuten, dass eine ungeeignete Umgebung dazu führt, dass Kinder weniger in der Lage bzw. in der Situation sind, um stärker Selbstwirksamkeitserfahrungen zu machen.

Tabelle 18: Lineare Regression der Einflüsse der elterlichen Paarbeziehung, der mütterlichen Persönlichkeitsmerkmale und der situativen Variablen der Familiendynamik und Familienstruktur auf Selbstwirksamkeit

Unabhängige Variablen	1	2	3
Beziehungszufriedenheit	-0,017	-0,016	---
Beziehungsstress	0,004	0,004	---
Depressivität der Mutter	-0,059	-0,058	-0,060
Optimismus der Mutter	0,059	0,057	0,031
kindzentr. Kommunikation	0,339***	0,324**	0,334***
strenge Kontrolle	0,073	0,083	0,086*
Familienklima	0,187	0,186	0,054
prekäre finanzielle Lage (Ref.: nein)	0,042	0,056	0,061
Sorgen um Finanzen (Ref.: nein)	-0,025	-0,019	-0,028
Anzahl Familienprobleme	-0,027	-0,028	-0,028*
eigenes Zimmer (Ref.: nein)		-0,050	-0,039
Wohnung ausgelassenes Spielen nein (Ref.: ja)		-0,091	-0,086*
Abitur/Hochschulreife (Ref.: Real/Haupt)		0,085*	0,055
Einkind-Familie (Ref.: Mehrkind.)			0,067
Stieffamilie (Ref.: Kernfam.)			-0,162**
Alleinerziehende (Ref.: Kernfam.)			0,022
Mädchen (Ref.: Junge)	0,026	0,026	0,015
R^2	0,150	0,154	0,155
N / Chi2/ df/CFI/ RMSEA/SRMR	1076/ 517.202/ 312/0,961/ 0,025/0,031	1076/ 590.221 363/0,957/ 0, 024/0,030	1148/ 588.711/ 380/0,961/ 0,022/0,029

+= p<0,10; *=p<0,05; **=p<0,01; ***=p<0,001

Es zeigt sich ferner ein starker Effekt ausgehend von der Familienstruktur: Kinder, die in Stieffamilien aufwachsen, geben deutlich weniger höhere Werte in der Selbstwirksamkeit an, als es Mütter aus Kernfamilien machen. Es zeigen sich aber wiederum keine Effekte für das Aufwachsen in Armut, auch nicht für den subjektiven Indikator – zumindest nicht in der direkten Wirkung auf die Selbstwirksamkeit. Es ergibt sich des Weiteren ein Effekt zwischen einem hohem Schulabschluss der Mütter und der kindlichen Selbstwirksamkeit, was bestätigt, dass Eltern mit höheren Bildungsabschlüssen ihre Kinder stärker zur Selbstwirksamkeit und Selbstständigkeit erziehen (Alt et al. 2005).

Tabelle 19: Lineare Regressionen situativer Faktoren auf die Mediatoren Depressivität, kindzentrierte Kommunikation und Familienklima in Bezug auf die abhängige Variable Selbstwirksamkeit

Unabhängige Variablen	Mediatoren		
	Depressivität	kindzentr. Kommunikation	Familienklima
prekäre finanzielle Lage (Ref.: nein)	0,037	-0,082*	0,030
Sorgen um Finanzen (Ref.: nein)	0,095***	-0,018	-0,045***
Anzahl Familienprobleme	0,047***	-0,023+	-0,061***
eigenes Zimmer (Ref.: nein)	-0,034	0,016	0,002
Wohnung ausgelassenes Spielen nein (Ref.: ja)	0,030	0,004	-0,023
Abitur/Hochschulreife (Ref.: Real/Haupt)	-0,013	0,096**	-0,029
Einkind-Familie (Ref.: Mehrkind.)	0,028	-0,063	0,015
Stieffamilie (Ref.: Kernfam.)	0,035	-0,169*	0,014
Alleinerziehende (Ref.: Kernfam.)	-0,003	0,009	0,013
Mädchen (Ref.: Junge)	-0,002	0,071*	-0,010
R^2	0,232	0,084	0,154
N / Chi2/ df/CFI/ RMSEA/SRMR	1148/ 719.58/ 384/0,938/ 0,028/0,040	1148/ 720.41/ 384/0,938/ 0,028/0,041	1148/ 694.87/ 384/0,943/ 0,027/0,041

+= p<0,10; *=p<0,05; **=p<0,01; ***=p<0,001

Es lassen sich für die Regressionen auf mütterliche Depressivität, kindzentrierte Kommunikation und dem Familienklima nahezu die gleichen Werte finden wie auch schon für die Mediationsregressionen im Modell für das Selbstbild und Empathie. Die Berechnung der indirekten Effekte ergibt lediglich für den Mediator der kindzentrierten Kommunikation einen signifikanten Effekt. Zunächst zeigt sich ein schwach signifikanter negativer indirekter Effekt (-0.007+) einer prekären finanziellen Lage sowie das Aufwachsen in einer Stieffamilie (-0.047+) auf die Selbstwirksamkeit. Ferner ergibt sich der Effekt, dass eine höhere Bildung positiv mit einer höheren kindzentrierten Kommunikation korreliert, was sich letztendlich rechnerisch als signifikant indirekter Effekt auf die Selbstwirksamkeit äußert (0,027**).

Tabelle 20: Lineare Regression der Einflüsse der elterlichen Paarbeziehung, der mütterlichen Persönlichkeitsmerkmale und der situativen Variablen der Familiendynamik und Familienstruktur auf Internalisierung

Unabhängige Variablen	1	2	3
Beziehungszufriedenheit	0,021	0,020	---
Beziehungsstress	-0,022	-0,023	---
Depressivität der Mutter	0,672***	0,661***	0,593***
Optimismus der Mutter	0,116	0,120	0,179*
kindzentr. Kommunikation	-0,120	-0,115	-0,102
strenge Kontrolle	-0,024	-0,026	-0,028
Familienklima	-0,212	-0,217	-0,044
prekäre finanzielle Lage (Ref.: nein)	0,031	0,021	0,016
Sorgen um Finanzen (Ref.: nein)	0,041	0,035	0,050
Anzahl Familienprobleme	0,055**	0,056**	0,060**
eigenes Zimmer (Ref.: nein)		-0,057	-0,095
Wohnung ausgelassenes Spielen nein (Ref.: ja)		0,067	0,030
Abitur/Hochschulreife (Ref.: Real/Haupt)		-0,017	-0,010
Einkind-Familie (Ref.: Mehrkind.)			- 0,159**
Stieffamilie (Ref.: Kernfam.)			0,150
Alleinerziehende (Ref.: Kernfam.)			0,115
Mädchen (Ref.: Junge)	-0,012	-0,010	-0,003
R^2	0,115	0,119	0,130
N / Chi2/ df/CFI/ RMSEA/SRMR	1076/ 587.437/ 339/0,949/ 0,026/0,037	1076/ 662.547 393/0,945/ 0, 025/0,035	1148/ 696.680/ 411/0,943/ 0,025/0,034

+= p<0,10; *=p<0,05; **=p<0,01; ***=p<0,001

Schauen wir uns nun die Effekte auf die internalisierenden und externalisierenden Verhaltensweisen an, so finden wir wiederum zunächst Einflüsse, die seitens der Depressivität der Mütter ausgehen. Deutlich wird auch die positive Korrelation mit der Anzahl genannter Familienprobleme. Geben Eltern hier höhere Werte an, dann zeigen sich auch eher internalisierende Verhaltensweisen von Kindern. Interessant ist auch der Effekt seitens der Familienstruktur. Es zeigen sich zum einen positive Effekte seitens der Variablen Alleinerziehend und Aufwachsen in einer Stieffamilie, beide Effekte sind allerdings nicht signifikant. Ein weiterer Effekt ergibt sich für Einkind-Familien. Mütter geben signifikant weniger an, dass ihre Kinder internalisierende Verhaltensweisen zeigen, wenn sie als Einzelkind aufwachsen. Dies könnte darin begründet sein, dass Kinder sich weniger zurückziehen, wenn keine weiteren Geschwister vorhanden sind. So könnte diese Tendenz des Zurückziehens häufiger seitens der Mütter wahrgenommen werden, wenn mehrere Geschwister vorhanden sind.

In Tabelle 21 sind wiederum die Regressionen auf die Mediatoren abgebildet, die sich wie in allen Modellen nur sehr schwach voneinander unterscheiden. Wie wir gesehen haben, ist im Hinblick auf kindliches internalisierendes Verhalten vor allem die mütterliche Depressivität als ein wesentlicher Indikator aufgetreten, so dass wir gerade hier wesentliche indirekte Effekte vermuten könnten. Es zeigt sich dann auch dementsprechend in der Analyse, dass sowohl die Anzahl der Familienprobleme stark mit der Depressivität korreliert, was dann letztendlich einen signifikant positiven indirekten Effekt zur Internalisierung des Kindes ausmacht (0.022***). Ein ähnliches Ergebnis bekommen wir im Hinblick auf Sorgen um die finanzielle Situation. Auch hier zeigt sich ein positiver indirekter Effekt über die Depressivität auf die Internalisierung (0,046**). Hinsichtlich der kindzentrierten Kommunikation konnte bereits im Basismodell kein signifikanter Einfluss auf Internalisierung festgestellt werden. Zwar bestehen weiterhin die bekannten Effekte auf die kindzentrierte Kommunikation, nämlich prekäre finanzielle Lage, Bildungabschluss der Mutter und Geschlecht des Kindes, es ergeben sich daraus aber keine signifikanten indirekten Effekte. Für das Familienklima ergibt sich ein ähnliches Bild: Die bekannten negativen Korrelationen zwischen Sorgen um die Finanzen und Anzahl der Probleme

Tabelle 21: Lineare Regressionen situativer Faktoren auf die Mediatoren Depressivität, kindzentrierte Kommunikation und Familienklima in Bezug auf die abhängige Variable Internalisierung

Unabhängige Variablen	Mediatoren		
	Depressivität	kindzentr. Kommunikation	Familienklima
prekäre finanzielle Lage (Ref.: nein)	0,036	-0,084*	0,026
Sorgen um Finanzen (Ref.: nein)	0,095***	-0,018	-0,044***
Anzahl Familienprobleme	0,045***	-0,024+	-0,061***
eigenes Zimmer (Ref.: nein)	-0,033	0,018	0,001
Wohnung ausgelassenes Spielen nein (Ref.: ja)	0,030	0,004	-0,023
Abitur/Hochschulreife (Ref.: Real/Haupt)	-0,013	0,098**	-0,029
Einkind-Familie (Ref.: Mehrkind.)	0,027	-0,064	0,015
Stieffamilie (Ref.: Kernfam.)	0,034	-0,171*	0,013
Alleinerziehende (Ref.: Kernfam.)	-0,003	0,008	0,014
Mädchen (Ref.: Junge)	-0,002	0,071*	-0,010
R^2	0,232	0,083	0,156
N / Chi2/ df/CFI/ RMSEA/SRMR	1148/ 825.83/ 415/0,918/ 0,029/0,043	1148/ 825.28/ 415/0,918/ 0,029/0,044	1148/ 802.50/ 415/0,922/ 0,029/0,043

+= p<0,10; *=p<0,05; **=p<0,01; ***=p<0,001

bleiben, aber es ergeben sich keine indirekten Effekten, da das Familienklima nicht so hoch prädiktiv ist für die kindliche Internalisierung.

Für die Angaben zur Externalisierung zeigen sich zunächst wiederum ähnliche Einflussfaktoren wie schon in den Modellen zuvor. Es sind vor allem die Depressivität der Mütter, eine eingeschränkte kindzentrierte Kommunikation und ein negatives Familienklima, welche sich durchgehend als signifikante Faktoren herausgestellt haben. Als weitere Faktoren kommen nunmehr die Anzahl genannter Familienprobleme, das Aufwachsen in einer Stieffamilie und eine prekäre finanzielle Situation hinzu.

Die Ergebnisse zeigen, dass diejenigen, die Erfahrungen von Armut gemacht haben signifikant weniger über externalisierende Verhaltensweisen berichten. Man könnte vermuten, dass Armutserfahrungen stärker dazu führen, sich eher zurückzuziehen (was auch durch den positiven Effekt in Bezug auf Internalisierung gestützt wird) als ein stärker nach außen orientiertes Verhal-

Tabelle 22: Lineare Regression der Einflüsse der elterlichen Paarbeziehung, der mütterlichen Persönlichkeitsmerkmale und der situativen Variablen der Familiendynamik und Familienstruktur auf Externalisierung

Unabhängige Variablen	1	2	3
Beziehungszufriedenheit	0,018	0,017	---
Beziehungsstress	0,005	0,005	---
Depressivität der Mutter	0,471**	0,450**	0,434***
Optimismus der Mutter	0,020	0,020	0,040
kindzentr. Kommunikation	-0,470***	-0,466***	-0,398***
strenge Kontrolle	0,031	0,021	0,050
Familienklima	-0,308*	-0,326*	-0,263*
prekäre finanzielle Lage (Ref.: nein)	-0,083	-0,105*	-0,099*
Sorgen um Finanzen (Ref.: nein)	0,001	-0,008	-0,003
Anzahl Familienprobleme	0,054**	0,057***	0,053**
eigenes Zimmer (Ref.: nein)		-0,071	-0,059
Wohnung ausgelassenes Spielen nein (Ref.: ja)		0,045	0,040
Abitur/Hochschulreife (Ref.: Real/Haupt)		-0,074	-0,066
Einkind-Familie (Ref.: Mehrkind.)			0,014
Stieffamilie (Ref.: Kernfam.)			0,206**
Alleinerziehende (Ref.: Kernfam.)			0,141
Mädchen (Ref.: Junge)	-0,005	-0,004	-0,015
R^2	0,302	0,312	0,315
N / Chi2/ df/CFI/ RMSEA/SRMR	1076/ 644.470/ 338/0,945/ 0,029/0,036	1076/ 725.000 392/0,940/ 0, 028/0,034	1148/ 716.859/ 410/0,946/ 0,026/0,033

+= p<0,10; *=p<0,05; **=p<0,01; ***=p<0,001

ten zu zeigen. Es könnte auch hier wieder die Interpretation von Walper & Wendt (2005) zutreffen, dass Eltern sich gerade in dieser Phase verstärkt um das Wohlergehen ihrer Kinder bemühen. Aber dieser Punkt müsste noch weitergehender analysiert werden, denn wenn diese Interpretation zutrifft, so würde man positive Effekte zwischen der prekären Familiensituation und dem Familienklima und der kindzentrierten Kommunikation erwarten. Dies trifft aber zumindest für die kindzentrierte Kommunikation nicht zu.

Tabelle 23: Lineare Regressionen situativer Faktoren auf die Mediatoren Depressivität, kindzentrierte Kommunikation und Familienklima in Bezug auf die abhängige Variable Externalisierung

Unabhängige Variablen	Mediatoren		
	Depressivität	kindzentr. Kommunikation	Familienklima
prekäre finanzielle Lage (Ref.: nein)	0,037	-0,075	0,030
Sorgen um Finanzen (Ref.: nein)	0,095***	-0,022	-0,045***
Anzahl Familienprobleme	0,047***	-0,031*	-0,062***
eigenes Zimmer (Ref.: nein)	-0,033	0,018	0,002
Wohnung ausgelassenes Spielen nein (Ref.: ja)	0,030	0,023	-0,023
Abitur/Hochschulreife (Ref.: Real/Haupt)	-0,013	0,088*	-0,029
Einkind-Familie (Ref.: Mehrkind.)	0,028	-0,050	0,013
Stieffamilie (Ref.: Kernfam.)	0,035	-0,190*	0,014
Alleinerziehende (Ref.: Kernfam.)	-0,003	0,009	0,014
Mädchen (Ref.: Junge)	-0,001	0,082*	-0,010
R^2	0,233	0,076	0,155
N / Chi2/	1148/ 825.83/	1148/ 864.36/	1148/ 826.42/
df/CFI/	414/0,923/	415/0,920/	415/0,927/
RMSEA/SRMR	0,030/0,042	0,031/0,044	0,029/0,043

+= $p<0,10$; *=$p<0,05$; **=$p<0,01$; ***=$p<0,001$

Hinsichtlich der Externalisierung haben sich alle drei hier interessierenden Mediationsvariablen in den vorangehenden Analysen als prädiktiv erwiesen. Die Analyse der indirekten Effekte für die mütterliche Depressivität ergibt entsprechend, dass eine höhere Anzahl von Familienproblemen mit höheren Depressivitätsgraden einhergeht, was sich dann letztendlich als signifikanter positiver Effekt zum externalisierenden Verhalten von Kindern niederschlägt (0,019***). Ein ähnliches Ergebnis zeigt sich für die Sorgen um die finanzielle Situation. Auch hier liegt ein positiver indirekter Effekt über die Depressivität der Mutter zur Externalisierung des Kindes vor (0,039***). Es zeigen sich ebenfalls einige signifikante indirekte Effekte, vermittelt über die kindzentrierte Kommunikation. Die Anzahl der Familienprobleme reduziert die kindzentrierte Kommunikation, was sich letztendlich nochmals verstärkend auf Externalisierung auswirkt (0,012*). Ähnlich ist das Ergebnis für Stieffamilien: Aufwachsen in der Stieffamilie ging mit reduzierter kindzentrierter Kommunikation einher, was dann Externalisierung verstärken würde (0,074*). Und auch Bildung zeigt sich wiederum signifikant: Eine höhere Bildung korreliert positiv mit kindzentrierter Kommunikation, was sich dann negativ auf Externalisierung auswirkt (-0,034*). Und es zeigen sich schließlich auch wiederum zwei signifikante indirekte Effekte, vermittelt über das Familienklima: Zum einen korreliert die Anzahl der Familienprobleme negativ mit einem guten Familienklima, was letztendlich externalisierendes Verhalten von Kindern verstärkt (0,020**). Zum anderen geht mit größeren Sorgen um finanzielle Dinge auch ein schlechteres Familienklima einher, was auch wiederum Externalisierung verstärkt (0,015*).

Zwischenfazit

Für den familialen Kontext zeigt sich erwartungsgemäß, dass zentrale Einflussfaktoren wie die Persönlichkeit der Mutter eine starke Korrelation mit den hier im Mittelpunkt stehenden kindlichen Outcomes aufweisen. Vor allem die Depressivität bleibt als ein relevanter Einflussfaktor auch dann noch bestehen, wenn andere kontrollierende Variablen mit aufgenommen werden. Eine optimistische Grundeinstellung der Mütter hat zwar ebenfalls einen Einfluss, dieser verliert aber dann an Bedeutung, wenn für weitere Variablen kontrolliert wird. Darüber hinaus hat die kindzentrierte Kommunikation, die Zuwendung zum Kind und zu den Belangen des Kindes zum einen einen positiven Einfluss auf kindliche Empathie, Selbstwirksamkeit und das Selbstbild des Kindes und ist zum anderen negativ korreliert mit internalisierenden oder externalisierenden Verhaltensweisen. Dieser Befund bestätigt entsprechend die bereits im Forschungsstand angeführten empirischen Ergebnisse. Hinsichtlich des Familienklimas zeigen die Befunde ebenfalls in die erwartete Richtung. Die Einflussfaktoren verlieren jedoch in dem Moment an Signifikanz, wenn die kindzentrierte Kommunikation, die ebenfalls erwartungsgemäß stark mit dem Familienklima korreliert, mit berücksichtigt wird.

Entgegen unseren Erwartungen zeigen sich keine, bzw. nur sehr wenige Effekte in Bezug auf die Beziehungsebene der Paare. So hatten wir vermutet, dass eine zufriedene Paarbeziehung sich positiv auf kindliche Empathie, Selbstwirksamkeit und die Wahrnehmung des eigenen Selbstbildes auswirkt. Zwar zeigen die Effekte in die erwartete Richtung, sie sind jedoch nicht signifikant. Es zeigt sich jedoch, dass der empfundene Stress in der Paarbeziehung sich erwartungsgemäß negativ auf Empathie, Selbstwirksamkeit und auf ein positives Selbstbild bzw. sich begünstigend auf internalisierende und externalisierende Verhaltensweisen auswirkt. Diese Befunde verlieren ebenfalls wiederum dann an Einflussstärke, wenn für proximalere Faktoren, wie die kindzentrierte Kommunikation, kontrolliert wird, was ein Anzeichen dafür ist, dass sich der partnerschaftliche Stress über die Kommunikation zum Kind vermittelt.

Hinsichtlich des Bildungseinflusses zeigt sich, dass Mütter mit höheren Bildungsabschlüssen signifikant weniger über externalisierende Verhaltensweisen berichten und sich eher höhere Korrelationen mit kindlicher Empathie und Selbstwirksamkeit zeigen. Diese Effekte verlieren dann an Bedeutung, wenn für die kindzentrierte Kommunikation, das Familienklima und die elterliche Kontrolle kontrolliert wird. Hinsichtlich des Erwerbsverhaltens zeigen sich keine durchgängigen Ergebnisse.

Obgleich im Folgenden eine Reihe von weiteren situativen Faktoren mit hineingenommen werden, bleiben die zuvor gefundenen signifikanten Einflussfaktoren bestehen: Sowohl die Persönlichkeitsvariablen der Mutter, als auch die kindzentrierte Kommunikation und das Familienklima sind weiterhin für die hier fokussierten abhängigen Variablen signifikant. Dieses Ergebnis unterstreicht, dass es insbesondere die Angaben zu den proximalen Prozessen sind, d.h. derjenigen Prozesse, die „näher" und direkter die sozialisatorische Interaktion in bestimmte Richtungen beeinflussen.

Es zeigt sich weiterhin, dass Armutserfahrungen, oder die subjektive Angabe über finanzielle Probleme, wie auch das Bildungsniveau keine direkten signifikanten Effekte zeigen, zumindest dann nicht, wenn bereits für die hier einbezogenen proximalen Effekte kontrolliert wird. Was sich aber zeigt, das sind zusätzliche direkte Effekte hinsichtlich der Anzahl genannter Familienprobleme. Je mehr Probleme genannt werden, desto größer ist auch eine positive Korrelation mit internalisierenden und externalisierenden Verhaltensweisen und umgekehrt liegen negative Korrelationen mit der Selbstwirksamkeit und Empathie vor. Es scheint, dass derartige Situationen auch direkter seitens der Kinder und deren Mütter wahrgenommen werden, selbst dann, wenn für die bereits angesprochenen proximalen Einflussfaktoren kontrolliert wird.

Ähnliches gilt für familienstrukturelle Faktoren: Die Ergebnisse zeigen, dass vor allem das Aufwachsen in Stieffamilien im Vergleich zu dem in Kernfamilien weniger mit Empathie und Selbstwirksamkeit korreliert und stärker mit Internalisierung und Externalisierung. Für alleinerziehende Familien zeigen sich ähnliche, auch relativ hohe Effekte vor allem in Bezug auf internalisierende und externalisierende Verhaltensweisen, wenngleich diese nicht signifikant sind. Interessant ist auch das Ergebnis, dass Angaben zur Wohnumgebung sich für die Selbstwirksamkeit als prädiktiv erwiesen haben: Dies unterstreicht auch, dass räumliche Faktoren einen Einfluss auf Gestaltungsprozesse haben, die sich auf die kindliche Persönlichkeit auswirken können. Betrachten wir die Anteile der erklärten Varianz, lässt sich sagen, dass die hier hinzugenommenen situativen Faktoren der Familie, die erklärte Varianz in den einzelnen Modellen nicht sonderlich stark erhöhen, am ehesten noch bei der Internalisierung und Externalisierung.

Es bestätigen sich ebenfalls die in den Hypothesen vermuteten indirekten Einflussmöglichkeiten. So vermitteln sich Angaben wie die Anzahl von Familienproblemen, die Sorgen um die Finanzen, das Aufwachsen in Stieffamilien und auch das Bildungsniveau der Mutter über die hier einbezogenen Mediatoren der mütterlichen Depressivität, die kindzentrierte Kommunikation und das Familienklima. Es ließen sich eine Reihe von Beispielen finden, dass situative Faktoren daher weniger direkt mit den kindlichen Persönlichkseigenschaften korrelieren, sondern stärker indirekt, vermittelt über die proximalen Faktoren sozialisatorischer Interaktion. Dieses Ergebnis bestätigt damit auch die theoretischen Ausführungen des sozialökologischen Ansatzes.

Nachdem diese unterschiedlichen Einflussmöglichkeiten nunmehr für den familialen Kontext im Detail beschrieben worden sind, erfolgt in einem letzten Schritt eine Modellanpassung. Die Modelle werden soweit angepasst, dass letztendlich nur diejenigen Einflussfaktoren im Modell bleiben, die den Modellfit signifikant verbessern. Hierzu werden sukzessive einzelne Einflussfaktoren fixiert und auf Null gesetzt. Wenn sich dadurch nur eine unwesentliche Veränderung im Chi²-Differenztest ergibt, dann wird diese Fixierung beibehalten. Ergibt sich allerdings unter Berücksichtigung der Veränderung der Freiheitsgrade des Modells eine signifikante Veränderung, dann sollte diese Variable im Modell bleiben, weil sie einen wesentlichen Einflussfaktor dargestellt (siehe ausführlicher Kapitel 5). Wir nehmen diese Modelloptimierung hier deswegen vor, weil wir in den späteren Analysen, wenn alle Einflussfaktoren der hier analysierten Kontexte vorliegen, ein Modell bilden wollen, welches dann über alle Kontexte hinweg, den besten Modellfit aufweist.

Die Ergebnisse der einzelnen Modellanpassungen sind im Anhang Tabelle 1-5 abgebildet. Hier werden nunmehr lediglich die Ergebnisse zusammenfassend aufgeführt. Es zeigt sich für das positive Selbstbild der Kinder, dass die Angaben zur Familienstruktur, zur kindzentrierten Kommunikation, zum Familienklima und zu den Persönlichkeitseigenschaften der Mutter signifikante Einflüsse auf die Korrelation mit dem positiven Selbstbild der Kinder haben. Andere Faktoren wie die Angaben zur räumlichen Situation, zur finanziellen Lage, zur Anzahl der Familienprobleme und zur Bildung haben keinen hohen Einfluss. Hinsichtlich der kindlichen Empathie und der Selbstwirksamkeit sind es vor allem die Indikatoren zur Familienstruktur, zu der Anzahl familialer Probleme und zur kindzentrierten Kommunikation und Familienklima. Wesentliche Einflussfaktoren für internalisierende Verhaltensweisen sind wiederum die Familienstruktur, die Anzahl der Familienprobleme und die psychische Befindlichkeit der Mutter. Angaben zur kindzentrierten Kommunikation und zum Familienklima spielen vor den psychischen Einflussfaktoren hier eine untergeordnete Rolle. Für externalisierende

Verhaltensweisen des Kindes sind es wiederum die Familienstruktur, Anzahl der Familienprobleme, kindzentrierte Kommunikation, Familienklima und auch die psychischen Eigenschaften der Mutter. Es lässt sich daher zusammenfassen, dass prädiktive Erklärungsfaktoren des Kontextes Familie insbesondere diejenigen Faktoren sind, die stärker die gemessenen Beziehungen, die Familienstrukturen, Anzahl von Problemen sowie deren jeweiligen Eigenschaften und Qualitäten erfassen, die – neben der Persönlichkeit der Mütter – wesentlich mit Outcomes der kindlichen Persönlichkeit korrelieren, d.h. die räumlich-situativen wie auch finanziellen Faktoren spielen eine weniger einflussreiche Rolle, und wenn dann eher indirekt.

Kap. 6.2 Mikrokontext Schule

Die Schule ist mehr und mehr nicht nur ein Ort des Lernens, sondern auch ein Lebensort von Kindern (Büchner & Krüger 1996; Horstkemper & Tillmann 2008). Die Schule ist Treffpunkt und Ausgangspunkt für weitere soziale Beziehungen, aber auch gekennzeichnet durch einen gewissen Erwartungs- und Erfolgsdruck. Kinder kommen stärker in Kontakt mit Hierarchie und Konkurrenz und es existiert so etwas wie ein „heimlicher Lehrplan" (Zinnecker 1975), welcher all die Verhaltensweisen und Strategien umfasst, die Kinder brauchen und ausbilden, um in der Institution Schule sowie in weiterführenden Kontexten zu bestehen. Schule ist aber auch ein Ort des Ausprobierens und des Auslebens sozialer Beziehungen unter Gleichaltrigen. Von der Schule gehen viele Impulse auf Kinder und ihre Gleichaltrigengruppen aus (z.B. Freizeitverhalten, Mediennutzungen), wodurch die Schule und die damit einhergehende Gruppe der Gleichaltrigen eine wichtige Sozialisationsinstanz von Kindern bildet (Krappmann & Oswald 1995).

Der Eintritt in die Grundschule und der Übergang in die Sekundarstufe und die sich daraus ergebenden Veränderungen stellen eine familiale Entwicklungsaufgabe dar, die nicht selten von Kindern (und Eltern) auch als ein kritisches Lebensereignis empfunden wird. Kinder und Eltern müssen mit einer neuen Organisation des Alltags zurechtkommen. Es ergeben sich neue Herausforderungen im Hinblick auf Lernmotivation, Hausarbeiten, Disziplin, Schulprobleme, neue Bezugspersonen wie Klassenkameraden und Lehrer usw. Dementsprechend läßt sich eine Reihe von Faktoren herausstellen, die primär aus dem schulischen Kontext kommend, Einflüsse auf die hier fokussierten kindlichen Persönlichkeitsfaktoren nehmen.

Das Thema der schulischen Sozialisationseinflüsse ist sehr umfangreich in theoretischer und empirischer Hinsicht bearbeitet worden (vgl. Pekrun 1994; Ulich 1998; Horstkemper & Tillmann 2008). Dies kann und soll an dieser Stelle nicht ausführlich dargestellt werden, sondern es erfolgt eine Beschränkung auf einige zentrale Einflussfaktoren, die sich in der Literatur als prädiktive Faktoren herausgestellt haben und die sich auch mit den hier zur Verfügung stehenden Daten abdecken lassen. Die Bedeutung der Schule fasst Oerter treffend zusammen: „Spätestens vom Schuleintritt an wird es unmöglich, Entwicklungsverläufe unabhängig vom Schulbesuch zu beschreiben und zu erklären" (Oerter 1995: 277). Dieser Herausforderung folgend werden wir entsprechend den schulischen Kontext als weiteren Einflussbereich analysieren.

Wohlbefinden in der Schule

Ein zentraler schulischer Einflussfaktor im Hinblick auf kindliche Persönlichkeit zielt auf die Qualität der in diesen Mikrokontext auftretenden Beziehungen und des dortigen Klimas ab. In diesem Sinne hat sich eine Reihe von Variablen als sehr prädiktiv herausgestellt. So fanden Wilk & Bacher (1994) in ihrer Untersuchung, dass die meisten der befragten Kinder gerne zur Schule gehen, sich dort wohlfühlen und selten Schulängste äußern (Czerwenke et al, 1990; Gisdakis 2007). Dieses schulische Wohlbefinden kann sich auf unterschiedliche Aspekte beziehen. So ist es z.B. ein genereller Indikator für die Zufriedenheit in der Schule, oder es bezieht sich differenzierter auf die Beziehungen zu spezifischen Bezugspersonen, wie Lehrer oder Schulkameraden.

Über die Zeit hinweg nimmt dieses positive schulische Wohlbefinden ab (Stecher 2000). Auch während der Grundschulzeit zeigen empirische Studien einen leichten Abwärtstrend. Hascher (2004) kommt zu dem Ergebnis, dass Schule kein Kontext ist, an dem man sich im Laufe der Zeit gewöhnt, so dass dies zu einem stabilen Wohlbefinden führen würde, sondern es kommen immer wieder neue Herausforderungen und Situationen hinzu, mit denen das Kind (und deren Eltern) umgehen muss. Gisdakis (2007) findet mit den Daten des DJI-Kinderpanels ebenfalls eine leichte Abnahme des schulischen Wohlbefindens mit steigender Schuldauer bei ansonsten sehr positiven Werten im Hinblick auf das schulische Wohlbefinden. Wild & Hofer (2002) führen die Abnahme des schulischen Wohlbefindens darauf zurück, dass entwicklungsbedingt mit zunehmendem Alter die Pubertät eintritt und insgesamt stärker identitätsrelevante Fragen und Sinnkrisen sowie Verunsicherungen durchschlagen könnten, wie auch der sich steigende Leistungsdruck zum Ende der Grundschulzeit.

Bisherige Analysen mit den DJI-Kinderpaneldaten haben Korrelationen zwischen kindlichen Persönlichkeitsfaktoren und dem schulischen Wohlbefinden festgestellt. So bestätigen Walper & Wendt (2005) den Befund, dass bspw. Schulkinder im Vergleich zu Kindergartenkindern eher negative Verhaltensweisen zeigen, so z.B. in Bezug auf externalisierende und internalisierende Verhaltensweisen. Empirische Ergebnisse bestätigen, dass über alle Klassenstufen hinweg ein positives Selbstbild, kindliche Selbstwirksamkeit sowie auch die soziale und kognitive Aufgeschlossenheit signifikant positiv mit einem schulischen Wohlbefinden korrelieren, während internalisierende oder externalisierende Verhaltensweisen sowie die motorische Unruhe von Kindern negativ mit dem schulischen Wohlbefinden zusammenhängen (Eder 1995; Hascher 2004; Schneider 2005; Gisdakis 2007). Insgesamt bestätigen viele Untersuchungen auch geschlechtsspezifische Effekte dahingehend, dass sich Mädchen wohler fühlen in der Schule als Jungen (Schneider 2005). Es zeigt sich ferner in empirischen Studien, dass das Schulklima, wenn es konstruktiv, emotional fördernd und weniger stark strukturierend ist, positiv mit sozialen Verhaltensweisen und negativ mit Verhaltensproblemen von Kindern korreliert (NICHD 2006). Zum schulischen Wohlbefinden können ergänzend auch die wahrgenommenen Belastungen in der Schule gezählt werden. So ist zu vermuten, dass Schüler, die „Angst vor dem Lehrer haben", die über „Kopf- oder Bauchschmerzen" klagen, oder „sehr aufgeregt sind, wenn sie dran sind in der Klasse", dass diese Situationen stärker mit internalisierenden Verhaltensweisen und weniger positiv mit einem positiven Selbstbild oder mit Selbstwirksamkeiterfahrungen korrelieren (Schneider 2005). Wobei auch hier keine Aussage über die zugrunde liegende Kausalität getroffen wird.

Ein Indikator, der sich im Rahmen des Mikrokontextes Schule auf die inhärenten sozialen Beziehungen bezieht, ist die Wahrnehmung der Beliebtheit in der Klasse und die Beziehungen zu Lehrern und Gleichaltrigen. Bei den Gleichaltrigen zeigt sich, dass die Beliebtheit in der Klasse in hohem Maße auch mit dem schulischen Wohlbefinden korreliert ist (Schneider 2005). Die Überzeugung zu haben, beliebt zu sein in der Klasse, gibt dem Schüler das Gefühl, so gemocht zu werden, wie er oder sie ist. Es kennzeichnet eine positive Bestätigung der eigenen Person und führt entsprechend auch zu einem stärker ausgeprägten Selbstwertgefühl. Eine hohe Beliebtheit geht mit einer hohen Anerkennung von Anderen einher. Diese Wahrnehmungen sollten stark positiv mit dem Selbstbild der Kinder korreliert sein und negativ mit internalisierenden oder externalisierenden Tendenzen.

Ein weiterer Indikator, der eng mit der Zufriedenheit einhergeht, ist die erfahrene Ablehnung von Schulkameraden. Beliebte Kinder haben mehr Freunde und berichten auch stärker über positive Beziehungsqualitäten zu ihren Freunden (Aboud & Mendelson 1996). Studien zeigen, dass die Gründe für Unbeliebtheit und Ablehnung verschieden sind. Einige bestätigen, dass Schüchternheit und Rückzugsverhalten von Kindern ein Grund für Ablehnung sein kann (Parke et al. 1997; Asher et al. 2001), andere benennen das aggressive Verhalten des Kindes. Aggressive Kinder überschätzen dabei ihre sozialen Fähigkeiten und Kompetenzen und sie unterschätzen, wie sehr sie von den Kindern abgelehnt werden (Dodge et al. 2003; Bellmore & Cillessen 2006). Gerade Kinder, die weniger beliebt sind und von anderen abgewiesen werden, zeigen eher internalisierende und externalisierende Verhaltensweisen, sie berichten über geringere Selbstwertgefühle und mehr Depressionen (Rubin et al. 2006; Sturaro et al. 2011). Dies kann letztendlich zu einem problematischen Kreislauf führen, da sich Kinder dann noch weiter aus ihren Peer-Netzwerken zurückziehen und sich dadurch das Verhalten anderer auch noch verstärken kann (Gazelle & Ladd 2003; Ladd 2006; Rubin et al. 2008). Ergebnisse des Kindersurveys '93 bestätigen diese Vermutung, wenn sie zeigen, dass die Probleme der Kinder mit Gleichaltrigen der weitaus höchste Prädiktor für depressives Verhalten ist (Reitzle & Silbereisen 1998: 375). Wir erwarten entsprechend, dass ein höheres schulisches Wohlbefinden, ein besseres Schulklima und eine höhere Beliebtheit bei anderen Schulkindern positiv mit einem positiven Selbstbild, mit Selbstwirksamkeit und Empathie korreliert und negativ mit internalisierenden und externalisierenden Verhaltensweisen.

Mitbestimmung im Unterricht

Lewin et al. (1939) haben bereits früh nachgewiesen, dass die Arbeitsleistungen und das Wohlbefinden von Kindern steigen, wenn sie an den Entscheidungsprozessen beteiligt werden, was er demokratische Erziehung nennt. Dazu gehören auch, Mehrheitsbeschlüsse der Gruppe, die nicht mit den eigenen Vorstellungen übereinstimmen, zu akzeptieren. Bedingung ist, dass Partizitationsmöglichkeiten vorliegen, was nicht zuletzt auch von der Klassengröße und dem Lehrer abhängig ist. In den überdurchschnittlichen Klassengrößen sind die Partizipationsmöglichkeiten geringer als in kleinen Klassen (Bacher et al. 2007). Wie in den theoretischen Ausführungen zu proximalen Prozessen im sozialökologischen Zugang betont, ist zu vermuten, dass die Gestaltbarkeit proximaler Prozesse entwicklungsfördernd ist, weil sie stärker eine aktive Aneignung und Auseinandersetzung mit der Umwelt ermöglicht (Ford & Lerner 1992). Es ist daher zu vermuten, dass hohe Partizipationsmöglichkeiten positiv mit der erlebten Selbstwirksamkeit von Kindern, mit einem positiven Selbstbild und auch mit kindlicher Empathie korreliert, weil stärker auch auf die Bedürfnisse und Meinungen der anderen Rücksicht genommen wird, bzw. ihre Entscheidungen repektiert werden. Bisherige Analysen bestätigen diese Vermutungen (Bacher et al. 2007). Auch Biedermann & Oser (2006) finden einen positiven Zusammenhang zwischen Partizipationsmöglichkeiten von Kindern und dem kindlichen Selbstkonzept. Weber et al. (2007) finden mit den Daten des DJI-Kinderpanels negative Korrelationen schulischer Partizipation mit der Externalisierung und der motorischen Unruhe. Es zeigen sich hingegen positive mit der sozialen und kognitiven Aufgeschlossenheit und dem positiven Selbstbild (Weber et al. 2007: 337). In Klassen mit einem sehr disziplinierten Unterrrichtsstil mit wenigen Möglichkeiten der eigenen Mitbestimmung treten nach amerikanischen Ergebnissen in höherem Maße Verhaltensprobleme wie Internalisierung und Externalisierung auf (NICHD 2006). Wir erwarten daher, dass bessere Mitbestimmungsmöglichkeiten im Unterricht positiv mit einem positiven Selbstbild, mit Selbstwirksamkeit und Empathie korreliert und negativ mit internalisierungen und externalisierenden Verhaltensweisen.

Schulerfolg

Der Schulerfolg ist ebenfalls ein zentraler Einflussfaktor auf die hier im Fokus stehenden Persönlichkeitsfaktoren. So kann angenommen werden, dass mangelnde Schulleistungen eher dazu führen, dass Kinder sich aus Scham, oder aufgrund eines mangelnden Selbstbewusstseins eher von anderen zurückziehen. Ferner ist zu vermuten, dass diejenigen mit geringem Schulerfolg eher auch versuchen könnten, dies durch externalisierende Verhaltensweisen zu kompensieren. Wenn Anerkennung von Anderen bspw. nicht durch die Leistung in der Schule erbracht werden kann, dann vielleicht dadurch sich als der Stärkste zu präsentieren. Ferner ist bestätigt worden, dass Lernerfolge sich positiv auf das Selbstwertgefühl von Kindern niederschlagen (Pekrun 1994). Der Schulerfolg sollte daher stärker mit einem positiven Selbstbild

Abbildung 19: Einflüsse des schulischen Kontextes auf kindliche Persönlichkeitseigenschaften

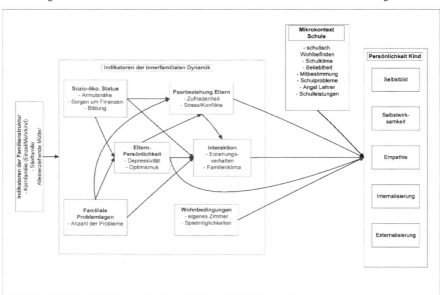

der Kinder einhergehen und es sollten sich auch höhere Anteile an empfundener Selbstwirksamkeit zeigen, da Kinder durch den Schulerfolg stärker die Überzeugungen haben, dass sie selber bestimmte Ziele erreichen können.

Eng damit zusammen hängt auch die Schul- und Leistungsangst. So fand Fend (1997; Schneider 2005), dass die Schul- und Leistungsangst ein wichtiger leistungshemmender Indikator ist und die Schulleistungen beeinträchtigt. Leistungsangst hat aber auch Auswirkungen auf die psychosoziale Befindlichkeit von Kindern und Jugendlichen. Ca. 20% der Jugendlichen weisen mittlere bis starke depressive Symptome auf, 48% klagen manchmal über Kopfschmerzen, 41% über Nervosität, 28% über Schlafprobleme (Helsper & Böhme 2002). Leistungsängste und Schulversagen gehen entsprechend auch negativ mit dem Selbstkonzept von Kindern sowie mit dem Kompetenzbewußtsein (in Bezug auf den Schulerfolg) einher.

Empirische Analysen

Zur Überprüfung der schulischen Einflussfaktoren werden folgende Variablen aufgenommen: schulisches Wohlbefinden[13] und Schulklima[14], Beliebtheit bei anderen[15], Mitbestimmungsmöglichkeiten im Unterricht[16], Schulprobleme[17], Angst vor Lehrern[18] und die Schulleistungen[19].

Die Verbreitung der einzelnen Items zeigt für das schulische Wohlbefinden einen Mittelwert von 2.4 (Standardabw. 0,59), ein Wert der etwas rechtssteil

---

[13] Das schulische *Wohlbefinden* wird erhoben aus der Mütterperspektive durch die Variable: „Wie wohl fühlt sich ihr Kind in der Schule?" (1= sehr wohl bis 4= überhaupt nicht wohl), Variable in der Richtung umcodiert.

[14] *Schulklima* wird erhoben aus der Kinderperspektive und setzt sich zusammen aus den Einzelitems („Bin gerne in der Schule"; „Lerne viel in der Schule"; „Fühle mich in der Klasse sehr wohl"; „Der Unterricht macht Spaß") (1=ja bis 4=nein), Variable umkodiert.

[15] Angabe zur *Beliebtheit* bei Mitschülern erhoben aus der Kindersicht (1= sehr beliebt bis 6= wenig beliebt), Variable in der Richtung umcodiert.

[16] *Mitbestimmung im Unterricht* wird gemessen anhand von vier Items („Schüler bestimmen, was gemacht wird"; „Schüler können über Dinge sprechen, die ihnen wichtig sind"; „Schüler haben Mitbestimmungsmöglichkeiten bei der Klassengestaltung"; „Schüler haben Mitbestimmungsmöglichkeiten bei den Pausenregelungen") (1=nie bis 4=fast immer).

[17] *Schulprobleme* besteht aus der Aufsummierung der „trifft zu"-Angaben der Items („Muss mehr lernen als andere"; „Probleme im Unterricht mitzukommen"; „Angst, Fehler zu machen"; „Langweilt sich in der Schule"), trifft nichts davon zu, wird der Wert 0 eingesetzt.

[18] Angst vor den Lehrern wird aus Elternsicht erhoben durch das Item „Zielkind hat Angst vor der Lehrerin oder vor dem Lehrer" (1 = trifft voll und ganz zu bis 4 trifft überhaupt nicht zu), Variable umkodiert.

[19] *Schulleistung* wird aus beiden Perspektiven erhoben, wir beziehen uns auf die Angaben der Mutter in Bezug auf Rechnen und Rechtschreibung (1= sehr gut bis 4= überhaupt nicht gut).

ist und anzeigt, dass sich die meisten der Kinder eher wohl in der Schule fühlen. Fast 6% geben jedoch an, dass sie sich sehr unwohl fühlen. Auch hinsichtlich des Schuklimas sind über den Mittelwert betrachtet die meisten eher mit der Schule zufrieden. Der Mittelwert liegt bei 3,54 (Standardabw. 0,45) und die Verteilung ist rechtssteil. Es finden sich insgesamt etwas mehr als 10% der Schüler, die auf die genannten Items eher ein „Nein" ankreuzen. Hinsichtlich der Beliebtheit bei Anderen, gemessen aus der Perspektive der Kinder selbst, ergibt sich ein Mittelwert von 4.63 (Standardabw. 0,98), d.h. auf der angelegten Skala von 1 bis 6 fühlen sich die meisten doch beliebt bei den anderen. Etwas mehr als 9% geben jedoch einen Wert zwischen 1-3 an, d.h. bei ihnen ist die Beliebtheit deutlich geringer im Vergleich zu anderen. Die Mistbestimmungsmöglichkeiten in der Schule sind nahezu gleichverteilt. Es ergibt sich ein Mittelwert von 2,53 (Standardabw. 0,58) auf einer Skala von 1 bis 4. Ca. 9% der Schüler geben an, dass sie nie oder selten den Unterrricht in den genannten Items mitbestimmen können. Für die Messung der Schulprobleme wurden vier Items mit in die Auswahl genommen. 47% berichten, dass sie überhaupt keinerlei Probleme in den genannten Items haben; 32% benennen einen Aspekt; 13% zwei und ca. 8% berichten, dass sie drei und mehr Probleme haben. Angst vor Lehrern liegt in dem hier vorliegenden Sample eher nicht vor. 73% geben an, dass für sie dies überhaupt nicht zutrifft, knapp 3% geben an, dass sie Angst vor ihren Lehrern/Lehrerinnen hätten. Hinsichtlich der Schulleistungen ergibt sich, dass ca. 81% angaben, dass sie gut bzw. sehr gut im Rechnen sind, und dementsprechend ca. 19% angeben, nicht so gut zu sein. Beim Lesen sind es 66%, die sich als gut/sehr gut einstufen und 34%, bei denen das eher nicht der Fall ist.[20]

In Tabelle 24 sind die empirischen Ergebnisse hinsichtlich des Selbstbildes des Kindes dargestellt. Es zeigen sich zunächst keine signifikanten Effekte. Die positiven Effekte für das schulische Wohlbefinden und für das Schulklima bestätigen zumindest der Tendenz nach die aufgestellte Hypothese. Während sich für die Beliebtheit bei anderen und für Schulprobleme nahezu keine Effekte zeigen, korreliert die Angst vor Lehrern erwartungsgemäß negativ mit dem Selbstbild. Im dritten Modell werden weitere Indikatoren mit hineingenommen, wie z.B. die Mitbestimmungsmöglichkeiten, und Schulleistungen. Die Ergebnisse zeigen, dass das schulische Wohlbefinden und die Angst vor Lehrern, nach Kontrolle weiterer Variablen, einen signifikant positiven bzw. negativen Effekt zeigen, allerdings lediglich auf dem 10%-Niveau. Der Anteil an erklärter Varianz ist mit 6,4% nicht sehr hoch.

---

[20] Da in diesem Sample auch alleinerziehende Familien berücksichtigt sind, erhöht sich die Fallzahl auf N=1093.

Tabelle 24: Lineare Regression der Einflüsse des schulischen Kontextes auf das positive Selbstbild

Unabhängige Variablen	1	2	3
schulisches Wohlbefinden	0,027	0,031+	0,033+
Schulklima	0,022	0,022	0,025
Beliebtheit bei anderen	-0,006	-0,007	-0,006
Schulprobleme		0,001	0,001
Angst vor Lehrern		-0,026	-0,027+
Mitbestimmungsmöglichkeiten			-0,019
sehr gut/gut im Rechnen			0,005
sehr gut/gut im Lesen			-0,001
Mädchen (Ref.: Junge)	-0,022	-0,015	-0,015
R^2	0,041	0,060	0,064
N / Chi2/	1093/37.31/	1093/ 44.04	1093/ 126.52/
df/CFI/	18/0,981/	26/0,983/	79/0,969/
RMSEA/SRMR	0,031/0,022	0,025/0,020	0,023/0,024

+= $p<0,10$; *=$p<0,05$; **=$p<0,01$; ***=$p<0,001$

Der Blick auf die Ergebnisse zur Selbstwirksamkeit der Kinder zeigt, dass sich die Erwartungen weitgehend bestätigen. Sowohl das schulische Wohlbefinden, das Schulklima als auch die Beliebtheit bei Anderen ist signifikant positiv korreliert mit den Selbstwirksamkeitserfahrungen der Kinder. Nehmen wir als weitere Variablen die Angaben zu den Schulproblemen und die Angst vor Lehrern mit hinein, so zeigen sich erwartungsgemäß negative Einflüsse. Beide Variablen korrelieren negativ mit der Selbstwirksamkeit. Diese wesentlichen Effekte bleiben auch dann noch bestehen, wenn für Variablen der Mitbestimmungsmöglichkeiten sowie für die Schulleistungen kontrolliert wird. Hierbei ergibt sich ein weiterer Effekt. Anscheinend haben diejenigen, die besonders gute Leistungen in Mathematik zeigen, auch höhere Anteile von Selbstwirksamkeitserfahrungen.

Tabelle 25: Lineare Regression der Einflüsse des schulischen Kontextes auf Selbstwirksamkeit

Unabhängige Variablen	1	2	3
schulisches Wohlbefinden	0,100**	0,079*	0,061*
Schulklima	0,099+	0,047	0,018
Beliebtheit bei anderen	0,040*	0,033+	0,037*
Schulprobleme		-0,068***	-0,050**
Angst vor Lehrern		-0,102**	-0,092**
Mitbestimmungsmöglichkeiten			0,082

Unabhängige Variablen	1	2	3
sehr gut/gut im Rechnen			$0,178^{***}$
sehr gut/gut im Lesen			0,058
Mädchen (Ref.: Junge)	0,015	0,013	0,015
R^2	0,072	0,114	0,145
N / Chi2/	1093 64.87/	1093/ 76.65	1093/ 172.74/
df/CFI/	35/0,985/	47/0,986/	112/0,977/
RMSEA/SRMR	0,028/0,025	0, 024/0,023	0,022/0,025

+= p<0,10; *=p<0,05; **=p<0,01; ***=p<0,001

Auch in Bezug auf kindliche Empathie lassen sich einige in den Hypothesen geäußerte Vermutungen bestätigen. So korreliert das schulische Wohlbefinden wie auch ein positives Schulklima ebenfalls positiv mit der wahrgenommenen kindlichen Empathie. Ein weiterer zusätzlicher Effekt ergibt sich, wenn die Angst vor den Lehrern bzw. Lehrerinnen mit hineingenommen wird. Hier zeigt sich ein deutlich negativer Zusammenhang. All die genannten Effekte bleiben auch dann bestehen, wenn für weitere Variablen des schulischen Kontextes kontrolliert wird, wie die Mitbestimmung und die Schulleistungen. Dies verdeutlicht für die Empathie als abhängige Variable einmal mehr, dass es gerade die proximalen Faktoren sind, die am ehesten signifikante Ausprägungen zeigen. Und es verdeutlicht ebenfalls nochmals, dass es nicht nur der familiale Kontext ist, der hier eine wesentliche Rolle spielt.

Tabelle 26: Lineare Regressionen der Einflüsse des schulischen Kontextes auf Empathie

Unabhängige Variablen	1	2	3
schulisches Wohlbefinden	$0,128^{***}$	$0,120^{**}$	$0,115^{*}$
Schulklima	$0,152^{**}$	$0,133^{**}$	$0,131^{*}$
Beliebtheit bei anderen	0,021	0,021	0,023
Schulprobleme		0,003	0,008
Angst vor Lehrern		$-0,077^{*}$	$-0,075^{*}$
Mitbestimmungsmöglichkeiten			-0,020
sehr gut/gut im Rechnen			0,069
sehr gut/gut im Lesen			0,009
Mädchen (Ref.: Junge)	$0,206^{***}$	$0,210^{***}$	$0,214^{***}$
R^2	0,161	0,168	0,174
N / Chi2/	1093/ 54.86/	1093/ 44.04	1093/ 145.37/
df/CFI/	19/0,970/	27/0,971/	80/0,963/
RMSEA/SRMR	0,042/0,026	0,035/0,024	0,027/0,025

+= p<0,10; *=p<0,05; **=p<0,01; ***=p<0,001

Tabelle 27: Lineare Regressionen der Einflüsse des schulischen Kontextes auf Internalisierung

Unabhängige Variablen	1	2	3
schulisches Wohlbefinden	-0,096[*]	-0,055	-0,041
Schulklima	-0,092	-0,016	0,004
Beliebtheit bei anderen	-0,054[*]	-0,041+	-0,045+
Schulprobleme		0,097[***]	0,081[**]
Angst vor Lehrern		0,200[***]	0,190[***]
Mitbestimmungsmöglichkeiten			-0,035
sehr gut/gut im Rechnen			-0,141[*]
sehr gut/gut im Lesen			-0,059
Mädchen (Ref.: Junge)	0,009	0,011	0,012
R^2	0,038	0,097	0,108
N / Chi2/ df/CFI/ RMSEA/SRMR	1093/ 116.20/ 44/0,956/ 0,039/0,036	1093/ 133.67 58/0,956/ 0,035/0,033	1093/ 257.81/ 129/0,943/ 0,030/0,031

+= p<0,10; [*]=p<0,05; [**]=p<0,01; [***]=p<0,001

In Bezug auf Internalisierung zeigen die Ergebnisse in Tabelle 27 erwartungsgemäß, dass eine höhere Beliebtheit bei anderen Kindern signifikant in geringem Ausmaß mit internalisierenden Verhaltensweisen einhergeht. Auf der anderen Seite zeigt sich, dass gerade die Anzahl von Schulproblemen sowie auch die Angst vor dem Lehrpersonal signifikante Prädiktoren für das Auftreten von Internalisierung sind. Interessant ist auch hier, dass gerade Kinder, die gut rechnen können auch weniger internalisierende Verhaltensweisen zeigen.

Die bereits bei der Internalisierung angesprochenen Effekte von Schulproblemen, Angst vor Lehrern und die Mathematikleistungen zeigen sich ebenso prädiktiv für das Auftreten von Externalisierung. Es kommen jedoch als zusätzliche Effekte das schulische Wohlbefinden sowie das Schulklima mit hinzu, beide korrelieren erwartungsgemäß negativ mit dem Auftreten von Externalisierung bei Kindern.

Es lässt sich für den schulischen Bereich konstatieren: Wie in den theoretischen Vermutungen geäußert, bestätigt sich, dass das schulische Wohlbefinden und ein positiv empfundenes Schulklima positiv mit dem kindlichen Selbstbild, der Selbstwirksamkeit und Empathie korrelieren und negativ mit internalisierenden oder externalisierenden Verhaltensweisen. Die empirischen Resultate bestätigen damit weitgehend die Erwartungen und bisherigen Befunde, wenngleich nicht alle Effekte auch signifikant sind oder durchgehend signifikant bleiben. Als ein weiterer Indikator wurde die Beliebtheit bei Anderen mit einbezogen. Dieser zeigt insbesondere im Hinblick auf die Selbstwirksamkeit und die Internalisierung signifikante Effekte.

Tabelle 28: Lineare Regressionen der Einflüsse des schulischen Kontextes auf Externalisierung

Unabhängige Variablen	1	2	3
schulisches Wohlbefinden	-0,179***	-0,155***	-0,144***
Schulklima	-0,109**	-0,081*	-0,077*
Beliebtheit bei anderen	-0,014	-0,003	0,008
Schulprobleme		0,069**	0,055*
Angst vor Lehrern		0,077*	0,071*
Mitbestimmungsmöglichkeiten			0,052
sehr gut/gut im Rechnen			-0,116*
sehr gut/gut im Lesen			-0,067
Mädchen (Ref.: Junge)	-0,033	-0,030	-0,025
R²	0,086	0,109	0,126
N / Chi2/	1093/ 110.94/	1093124.84	1093/ 248.11/
df/CFI/	45/0,968/	59/0,969/	130/0,957/
RMSEA/SRMR	0,037/0,032	0,032/0,029	0,029/0,030

+= $p<0,10$; *=$p<0,05$; **=$p<0,01$; ***=$p<0,001$

Für die anderen abhängigen Variablen spielt diese Informationen eine geringere Rolle. Dies mag damit zusammenhängen, dass die empfundene Selbstwirksamkeit gerade auch im Kontext mit anderen bewusst erlebt werden kann und wird. Eine Beliebtheit im Freundeskreis und bei Anderen könnte daher auch eine gewisse Stellung oder Position oder auch Anerkennung widerspiegeln, was auch mit der empfundenen Selbstwirksamkeit korreliert, z.B weil Freunde auch auf das Wert legen, was man sagt, welche Wünsche man äußert, welche Vorschläge man macht usw. Zwei weitere Indikatoren, die eher die negative Seite des Schulalltags beleuchten sollten, sind mit der Anzahl von Schulproblemen und der Angst vor dem Lehrpersonal einbezogen worden. Vor allem im Hinblick auf die Selbstwirksamkeit, Empathie und den internalisierenden und externalisierenden Verhaltensweisen zeigen sich diese Variablen als bedeutsame Prädiktoren in den erwarteten Richtungen. Nicht bestätigen konnte sich die Hypothese hinsichtlich der Mitbestimmung im Unterricht. So wurde eingangs vermutet, dass dies vor allem im Hinblick auf die empfundene Selbstwirksamkeit eine bedeutendere Rolle spielen könnte. Es scheint jedoch so zu sein, dass dieser Indikator nicht valide genug ist, diesen Einfluss abzubilden. Auch hinsichtlich der Schulleistungen zeigen sich zwar die Effekte in den erwarteten Richtungen, aber sie sind teilweise sehr gering. Interessant ist hingegen der Einfluss der Mathenote. Gerade diejenigen, die besonders gut in Mathe sind, haben auch höhere positive Werte in der Selbstwirksamkeit und weniger negative Zusammenhänge mit den internalisierenden und externalisierenden Verhaltensweisen.

Sieht man sich die Anteile der erklärten Varianz an, so variieren sie stark zwischen den abhängigen Variablen. Dennoch ist deutlich zu sehen, dass z.T. einige wenige Variablen schon relativ hohe Werte hinsichtlich der erklärten Varianz erreichen können, so vor allem in Bezug auf Empathie (in Verbindung mit dem Geschlecht), Selbstwirksamkeit oder Externalisierung. Es wird sich in späteren Analysen zeigen, ob diese Effekte sich additiv zu denen aus dem Mikrokontext Familie verhalten.

Tabelle 29: Korrelationsmatrix der einbezogenen Variablen zum schulischen Kontext (*=signifikant zum Niveau 0,05)

	Wohlbe-finden	Schul-klima	Beliebt-heit	Schulpro-bleme	Mitbe-stim-mung	Angst	Rechnen	Lesen
Wohlbefinden	1,000							
Schulklima	0,358*	1,000						
Beliebtheit	0,202*	0,198*	1,000					
Schulprobleme	-0,189*	-0,210*	-0,169*	1,000				
Mitbestimmung	0,165*	0,178*	0,143*	-0,088*	1,000			
Angst	-0,247*	-0,142*	-0,075*	0,170*	-0,061*	1,000		
Rechnen	0,184*	0,187*	-0,006	-0,215*	0,047	-0,143*	1,000	
Lesen	0,176*	0,118*	0,113*	-0,258*	0,108*	-0,102*	0,062*	1,000

Aufschlussreich ist schließlich auch die Korrelationsmatrix der einbezogenen Variablen: Tabelle 29 zeigt, dass die Variablen erwartungsgemäß zusammenhängen. Das schulische Wohlbefinden korreliert signifikant positiv mit dem Schulklima und beide Variablen hängen wiederum signifikant negativ mit genannten Schulproblemen sowie mit der Angst vor Lehrern zusammen. Ferner zeigt sich, dass gerade die Schulleistungen sowie auch die Beliebtheit in der Klasse positiv mit dem schulischen Wohlbefinden und dem Schulklima korrelieren. Angst vor dem Lehrpersonal hängt positiv mit den Schulproblemen und negativ mit dem Wohlbefinden, dem Schuklima und der Beliebtheit in der Klasse zusammen.

Eine wiederum erfolgte Modellanpassung (siehe Tabellen 6-10 im Anhang) ergab, dass hinsichtlich des Selbstbildes und der Empathie von Kindern das schulische Wohlbefinden und Schulklima sowie die Schulprobleme und die Angst vor Lehrern signifikante Einflussfaktoren sind. Hinsichtlich der Selbstwirksamkeit sind alle einbezogenen Dimensionen hier relevant: sowohl Informationen zum schulischen Wohlbefinden, zum Schulklima, zu den Schulproblemen, zur Angst vor Lehrern als auch Angaben zur Schulleistung. In Bezug auf internalisierende Verhaltensweisen zeigen insbesondere die Schulprobleme als auch die Schulleistungen signifikante Korrelationen, während bei den externalisierenden Verhaltensweisen sich sowohl das schulische Wohlbefinden, das Schulklima, die Schulprobleme und Angst vor Lehrern als auch die Schulleistungen als bedeutsame Faktoren zeigen.

Kap. 6.3 Mikrokontext Freunde

Gerade mit dem Übergang in die Schule werden für Kinder weitere Beziehungskontexte relevant: Lehrer, Schulkameraden aber auch Freundschaften, bestehende und neu hinzukommende, nehmen an Bedeutung für die Entwicklung der Kinder zu, d.h. das familiäre Setting wird durch weitere Kontexte und Bezugspersonen erweitert. Vor allem in der anschließenden Jugendphase nimmt die Bedeutung von Freundschaften und Peer-Gruppen nochmals zu (Krappmann 1994; Rubin et al. 2008; Oswald 2008).

In der Theorie zur sozialökologischen Betrachtung von Entwicklungsprozessen ist betont worden, dass den proximalen Prozessen und den inhärenten sozialisationsrelevanten Interaktionen eine hohe Bedeutung bei der kindlichen Entwicklung zugeschrieben wird. Dies gilt vor allem auch für Freundschaftsbeziehungen, wobei man unterscheiden muss zwischen Freundschaften und Peer-Beziehungen (Beziehungen zur Gruppe der Gleichaltrigen).

Der Beziehungstyp Freundschaft ist gekennzeichnet durch die gegenseitige Zuwendung und wechselseitige Anerkennung. Freunde erwarten voneinander gegenseitige Hilfe, Verlässlichkeit, Vertrauen und Intimität. Freundschaften sind entsprechend durch einen gewissen Grad an Selbstöffnungsbereitschaft charakterisiert, der auf Vertrauen aufbaut. Freundschaftsbeziehungen basieren in der Regel auf symmetrischen Beziehungen. Sie erfüllen damit ebenfalls wichtige Funktionen, die auch im Kontext einer sicheren Bindung von Kindern betont werden. Sie haben in der Regel zwar nicht die Bedeutung, die den Eltern zukommt, aber Freunde sind hinsichtlich des Bindungsverhaltens zentrale Bezugspersonen und können emotionale Sicherheit bieten.

Freundschaftliche Beziehungen dienen ebenfalls dazu, erworbene soziale Kompetenzen im Austausch mit anderen zu erproben, weiter zu entwickeln. Durch die größere Symmetrie der Beziehungen bieten sie andere Handlungsmöglichkeiten und Freiräume als Eltern und Lehrer. Das Maß des Ausprobierens, das Durchsetzenwollen und -müssen, die Abwesenheit von kognitiv und körperlich überlegenen Personen wie Eltern, die größere Machtbalance der Beziehung, die größere Gleichheit von Interessen, all dies ist eine Erweiterung und eine andere Qualität des Handlungsspielraums innerhalb von Freundschaften gegenüber Eltern-Kind-Beziehungen (Buhrmester & Furman 1986, 1987; Hartup 1989; Krappmann 1993; von Salisch 1993; Shulman et al. 1994; Buhrmester 1996; Newcomb & Bagwell 1996; Aboud & Mendelson 1996; Noack 2002). Mit anderen Worten, die Gruppen der Freunde und der Gleichaltrigen nehmen in der Entwicklung von Kin-

178

dern – neben anderen Sozialisationsinstanzen – einen zentralen Stellenwert ein, was auch in den entwicklungstheoretischen Arbeiten von Mead, Erikson, Sullivan, Piaget und Vygotsky explizit mit berücksichtigt wird (Krappmann 1994; Schmidt-Denter 2005; Oswald 2008).

Untersuchungen über den Einfluss von Freundschaften zeigen jedoch auch, dass Freundschaften nicht nur aus gemeinsam verbrachter Freizeit und wechselseitiger Unterstützung bestehen, sondern dass Freunde auch Hilfe verweigern, miteinander konkurrieren können oder sie sich auch intensiv streiten. Dies mag in einigen Fällen negative Auswirkungen haben, aber dies hat auch zur Folge, dass Freundschaften es ermöglichen, neue Situationen zu explorieren, Probleme anzusprechen, sich zu einigen, sich auf den anderen einzulassen, seine Meinung und Anliegen zu vertreten, mit Konflikten und Streit umzugehen lernen, d.h sie bieten auch einen Rahmen, um Selbstwirksamkeitserfahrungen zu machen.

Freundschaften bieten darüber hinaus einen relativ geschützten Raum, der es ermöglicht, über Gefühle zu sprechen. Freundschaften halten auch „schon mal eine unliebsame Wahrheit" aus. Es werden Themen angesprochen, die nicht unbedingt auch mit den Eltern besprochen werden, vielleicht auch schon die „erste Liebe". Diese Möglichkeiten – denen dann vor allem in der Jugendzeit nochmals wesentlich mehr Gewicht zukommt – fördern die Ausbildung und Anwendung sozialer und emotionaler Kompetenzen, d.h. den Freundschaftsbeziehungen kommt eine zentrale entwicklungspsychologische Rolle in Hinblick auf emotionale Kompetenzen zu (Buhrmester & Furman 1986, 1987; Krappmann 1994; Newcomb & Bagwell 1996; von Salisch & Kunzmann 2005; von Salisch 2008).

Viele empirische Ergebnisse sprechen dafür, dass Kinder, die in Freundschaften eingebunden sind, sozial kompetenter, kooperativer, altruistischer, geselliger, weniger einsam, selbstbewusster, empathischer sind als Kinder ohne Freunde (Krappmann 1994; Aboud & Mendelson 1996; Hartup 1996; Newcomb & Bagwell 1996; Ladd & Kochenderfer 1996; Rubin et al. 2006; Rubin et al. 2008; Howe 2010). Längsschnittdaten konnten bestätigen, dass der Mangel an oder der Verlust von Freundschaften bei Präadoleszenten zu späteren Einbußen im Selbstwertgefühl führte sowie ein Anstieg an internalisierendem Verhalten damit einherging (von Salisch 2000). Untersuchungen zeigen, dass sich vor allem zwischen solchen Kindern Freundschaften bilden, die sich hinsichtlich Alter, Geschlecht, ethnische Zugehörigkeit und Verhaltensweisen gleichen (Hartup & Abecassis 2002; Altermatt & Pomerantz 2003; Howe 2010). Zusammenfassend lässt sich sagen: Freundschaften können entsprechend entwicklungsfördernde Kontexte darstellen, die in der Regel eine gewisse Stabilität und Dauerhaftigkeit aufweisen. Diese Dauerhaftigkeit ist in der Kindheit zwar noch nicht in dem Maße gegeben wie in späteren Altersphasen, aber auch Kinder haben „ihren besten Freund" oder „ihre beste Freundin". Wie in den allgemeinen theoretischen Ausführungen dargelegt, sind gerade verlässliche Rahmenbedingungen in hohem Maße relevant für die Entwicklung von Kindern.

Von den Freundschaftbeziehungen ist definitorisch die Gruppe der Peers zu unterscheiden. Die Gruppe der Peers, oder auch als die Gruppe der Gleichaltrigen bezeichnet, bildet einen eigenständigen Beziehungstyp. Ein Peer ist nicht nur ein Gleichaltriger, sondern der Begriff Peers hebt ursprünglich darauf ab, dass Peers gleich sind hinsichtlich ihres Entwicklungsstandes und ihres sozialen Ranges. Ein Peer ist dann jemand, der aus der Perspektive der Kinder als ebenbürtig betrachtet wird, bzw. Personen, die sich in gewissen Kategorien gleichen, bzw. gleiche Funktionen übernehmen können: „Es sind die Kinder, von denen es erwartet, dass sie sich wieder und wieder auf die erwünschten Tätigkeiten einlassen und die Voraussetzungen dafür mitbringen" (Krappmann 1993: 46).

So berichten auch Studien, dass Kinder zwischen „engen" und „guten" Freunden differenzieren. Die „guten" Freunde werden dabei als die Gruppe der Peers angesehen, die anderen sind die „engen" Freunde. Bei engen Freunden suchen Kinder – wie bereits ausgeführt – Vertrauen und Intimität, bei guten Freunden eher so etwas wie Akzeptanz und Teilhabe. Im Folgenden werden wir uns wieder auf einige wenige, aber wesentliche Hypothesen zum Kontext Freundschaften in Bezug auf die hier fokussierten Persönlichkeitsvariablen beziehen und später wiederum mit den Daten des DJI-Kinderpanels empirisch überprüfen.

Anzahl der Freunde

Zunächst einmal kann als grober Indikator für die soziale Einbettung von Kindern die Anzahl der genannten Freunde herangezogen werden. Daten der World Vision Kinderstudie 2010 zeigen (Pupeter & Schneekloth 2010), dass über 60% der Kinder angeben, dass sie insgesamt mehr als 6 Freunde haben. Nur 1-3% sagen, dass sie 0 bis einen Freund haben. 10-14% geben zumindest 2-3 Freunde an, wobei Mädchen und ältere Kinder tendenziell einen etwas größeren Freundeskreis angeben als Jungen. Im Kindersurvey von 1993 geben über 90% der Kinder an, zumindest einen wirklich guten Freund bzw. Freundin zu haben (Zinnecker & Strzoda 1998). Hierbei handelt es sich überwiegend um gleichgeschlechtliche Freunde. Im DJI-Kinderpanel gaben die 8-9-Jährigen durchschnittlich an, 3,7 gute Freunde zu haben, wobei 10% auch gar keinen guten Freund hatten (Traub 2005). Gerade wenn Kinder keine Freunde haben wird dies als Entwicklungsnachteil gedeutet (Newcomb & Bagwell 1996). Untersuchungen bestätigen, dass diejenigen, die keinen besten Freund oder Freundin angeben können, eher über internalisierende und externalisierende Verhaltensprobleme berichten (Rubin et al. 2006). Fokussiert man die Auswirkungen von Freundschaftsbeziehungen auf kindliche Persönlichkeitsfaktoren so bestätigen Studien, dass Kinder, die darüber berichten gute und „beste" Freunde zu haben, dadurch, dass sie sich anerkannt, bestätigt fühlen, eingebunden in die jeweiligen Gruppen, auch höhere Werte hinsichtlich des Selbstwertgefühls aufweisen, während andere, die nicht über derartig gute Freundschaftsbeziehungen verfügen, eher über psychische Probleme berichten (Rubin et al. 2006; Lightfood et al. 2009). Kinder, die in Freundschaften eingebunden sind, sind ebenfalls sozial kompetenter, kooperativer, altruistischer, geselliger, weniger einsam und selbstbewusster als Kinder ohne Freunde (Hartup 1996; Salisch 2000). Sie können sich besser in andere Kinder hineinversetzen und weisen höhere Werte bei prosozialen, empathischen Verhaltensweisen auf (Newcomb & Bagwell 1995; Rubin et al. 2008). Bereits frühere Analysen mit den DJI-Kinderpaneldaten zeigen, dass Jungen und Mädchen mit einem großen Freundeskreis ein positiveres Selbstbild und auch mehr soziale und kognitive Aufgeschlossenheit sowie Selbstwirksamkeit zeigen (Traub 2005), während es auf der anderen Seite negative Zusammenhänge mit externalisierenden und internalisierenden Verhaltensweisen und der Anzahl der Freunde gibt.

Vor dem Hintergrund der allgemeinen Aussagen zur Bedeutung von Freundschaftsbeziehungen erwarten wir entsprechend, dass für diejenigen, die angeben gute Freunde zu haben, dies positiv mit einem positiven Selbstbild der Kinder, mit kindlicher Empathie und Selbstwirksamkeitserfahrungen korreliert und negativ mit internalisierenden oder externalisierenden Verhaltensweisen. Hierbei beschreibt eine vorliegende Korrelation selbstverständlich nicht den kausalen Mechanismus. So lässt sich das Ganze ebenfalls auch anders ausdeuten, nämlich dass je mehr Kinder über emotionale Fähigkeiten verfügen, die Emotionen von anderen zu erkennen und richtig zu interpretieren, desto größer ist ihre Eingebundenheit in Freundeskreise und desto positiver ist auch ihr prosoziales Verhalten (Saarni 1999; Denham et al. 2003).

Zufriedenheit mit Freundschaften

Zusätzlich zur Anzahl von Freunden ist jedoch die subjektive Einschätzung zur Zufriedenheit mit dem Freundeskreis bedeutsam (Ladd & Kochenderfer 1996). In der World Vision Kinderstudie 2010 gibt die Mehrheit an (57%), dass sie sehr zufrieden sind mit ihrem Freundekreis, nur 4% sehen es negativ bzw. sehr negativ (Pupeter & Schneekloth 2010). Im DJI-Kinderpanel sagen gar 93%, dass sie ihre Freunde großartig finden; 10% geben an, gerade Probleme mit den Freunden zu haben (Traub 2005). Es zeigt sich auch eine Tendenz dahingehend, dass die Anzahl der Freunde auch mit der Zufriedenheit korreliert, d.h. je mehr Freunde die Kinder haben, desto eher sind sie auch zufrieden mit dem Freundeskreis. Auch hier zeigen sich einige sozialstrukturelle Zusammenhänge: Kinder der Unterschicht sind deutlich unzufriedener, ebenso die, die nicht in einem Verein sind und auch die, die keine Geschwister haben (Traub 2005; Pupeter & Schneekloth 2010). Diese schlichte Anzahl sagt selbstverständlich noch nichts über die Qualität dieser Beziehungen aus. Es zeigen sich ebenfalls statistische Zusammenhänge zwischen der Anzahl von Freunden und der sozioökonomischen Situation der Familie: Die von Armut betroffenen Kinder nennen tendenziell eher weniger, einen guten Freund zu haben, das gilt vor allem für Mädchen (Traub 2005). Analysen bestätigen, dass eine bessere Freundschaftsqualität mit einem höheren Selbstwertgefühl einhergeht (Berndt 1996; Rubin et al. 2006). Wir erwarten entsprechend ähnliche Effekte wie hinsichtlich der Anzahl der Freunde, nämlich dass je zufriedener die Kinder mit ihren Freundeskreisen sind, desto positiver ihr Selbstbild, ihre Empathie, ihre wahrgenommene Selbstwirksamkeit und desto weniger werden internalisierende oder externalisierende Verhaltensweisen berichtet.

Ablehnungserfahrungen

Eng an Ablehnungserfahrungen angelehnt ist das erfahrene Bullying. Darunter werden Verhaltensweisen verstanden, die dazu führen, dass einige Kinder von anderen Kindern massiv geärgert, schikaniert, gehänselt, aus sozialen Prozessen ausgeschlossen werden, bis hin zu aggressiven Verhaltensweisen ihnen gegenüber (Scheithauer et al. 2003; Rubin et al. 2008). Die Forschung zu Bullying hat in den vergangenen Jahren in erheblichem Umfang zugenommen. In vielerlei Hinsicht sind Forscher, Sozialarbeiter und auch Lehrer zunehmend sensibilisiert für dieses Problem. Studien belegen, dass Kinder, die derartigen Erfahrungen ausgesetzt werden in höherem Maße über ein niedriges Selbstwertgefühl verfügen, depressive Symptome zeigen, Angst haben, bis hin zu Suizidgedanken (Smith & Ananiadou 2003; Alsaker 2003; Schäfer & Albrecht 2004). Studien belegen ebenfalls, dass es gerade solche Kinder sind, die selbst aggressiv sind, die Opfer von Bullying werden. Ablehnungserfahrungen sollten entsprechend negativ mit einem positiven Selbstbild der Kinder, negativ mit Selbstwirksamkeitserfahrungen und positiv mit internalisierenden und externalisierenden Verhaltensweisen korrelieren.

Freizeit mit Freunden

Nicht zu trennen von Freundschafts- und Peerbeziehungen sind die Freizeitaktivitäten von Kindern und das Eingebundensein in Vereine. Freizeitaktivitäten – und hierbei beziehen wir uns vor allem auf sportliche bzw.

vereinsbezogene Aktivitäten und nicht medienorientierte Freizeiten – können in mehrerer Hinsicht relevant für die Entwicklung kindlicher Persönlichkeitsfaktoren sein. Sie können zunächst ein bestimmtes Anregungspotential bereitstellen: Körperlich-betontes Spielen, gemeinsames (oder auch wettkampforientiertes) Spielen mit Anderen, das Ausprobieren neuer Spiele oder Spielgeräte kann stimulierend für die kindliche Psyche sein. Es kann Selbstwirksamkeitserfahrungen bestärken, das Selbstbild bei erfolgreichem Handeln positiv beeinflussen, aber auch dazu beitragen, dass Kinder sich im Austausch mit anderen – wie es bereits für die Freundschafts- und Peerbeziehungen erwähnt wurde – auch besser in deren Lage hineinversetzen können und stärker Empathie ausbilden, als im Vergleich zu Kindern, die deutlich weniger Freizeitmöglichkeiten und damit freizeitbezogene Interaktionen haben. Sieht man sich die Verteilungen von Freizeitaktivitäten von Kindern an, so sind die Ergebnisse stark davon abhängig, welche Faktoren in welcher Art und Weise abgefragt werden. Zerle (2007) hat bereits mit den Daten des DJI-Kinderpanels das Freizeitverhalten von Kindern untersucht. Sie kommt zu dem Ergebnis, dass Fernsehen mit 99,3% immer noch die verbreitetste Freizeitaktivität ist, gefolgt von Sportteiben (92,9), Ausflüge (88,1%), kulturelle Aktivitäten (86,5%) Spielkonsole (75,1) und Musizieren als Schlusslicht mit (44,8%). Stärker zu außerhäuslichen Freizeitaktivitäten befragt, sind der Spielplatz (86%) (bei den Kleineren), Schwimmen (90%), Kino/Theater (87%) und Sport (84%) weiterhin die Spitzenreiter, aber auch in die Bibliothek (59%) gehen, Musikschule (36%) oder Spielen auf der Spielstraße (38%) werden von den Kindern genannt. Spielen im Freizeitheim (25%), aber auch im Einkaufszentrum (14%), Tennis (11%) oder Ballet (9%) werden deutlich weniger angeführt. Es zeigt sich generell die Tendenz, dass ältere Kinder immer weniger Freizeitaktivitäten mit ihren Eltern verbringen und mehr und mehr die Freunde und Peers eine wichtigere Rolle in diesem Bereich spielen. In der 2. World Vision Kinderstudie (Hurrelmann & Andresen 2010) ist in der Liste von Freizeitaktivitäten der 10-11-Jährigen an erster Stelle angeführt „Freunde treffen" (69%), vor „Radfahren" (61%), „Sport treiben" (60%); „Musik hören" (55%) und „Fernsehen" (47%). Eine aus den Daten hervorgehende Typologie unterscheidet zwischen „Medienkonsumenten" (ca. ein Viertel der befragten Kinder), bei denen mediale Aktivitäten (Fernsehen, Playstation, Computer) im Vordergrund stehen. Ein weiteres Viertel bilden die sogenannten „vielseitigen Kids". Hier stehen eher kulturelle, musische und kommunikative Aktivitäten im Vordergrund. Ferner weisen sie eine größere Vielfalt hinsichtlich ihrer Freizeitaktivitäten auf und nennen in der Regel zwei weitere Aktivitäten als die „Medienkonsumenten". Die Hälfte der Kinder gehört zu den „normalen Freizeitlern". Sie sind nicht sonderlich „auffällig" hinsichtlich ihres Freizeitverhaltens (Leven & Schneekloth 2010). Interessant ist die Verteilung dieser Freizeittypen nach weiteren Merkmalen. So zeigt sich in einer Diskriminanzanalyse, dass Mädchen insbesondere zu den „vielseitigen Kids" zählen und Jungen eher zu den „Medienkonsumenten". Darüber hinaus sind „vielseitige Kids" eher in der oberen Schicht gemessen am Sozialstatus und die „Medienkonsumenten" in der Unterschicht (siehe auch Strzoda & Zinnecker 1998). Auch weisen die „Medienkonsumenten" eher ein Zuwendungsdefizit seitens der Eltern auf.

Ein weiterer Indikator findet sich in der Vereinszugehörigkeit. Viele Kinder sind bereits in einem Verein und erleben dort eine Art von „behüteter Autonomie" (Zerle 2007): Sie sind dort ohne Eltern aber dennoch in der Regel unter der Aufsicht einer anderen Bezugsperson (Trainer/in; Gruppenleiter/in usw.). Ergebnisse aus der World Vision Kinderstudie von 2010 zeigen, dass ca. 78% der Kinder zwischen 6-11 Jahre in einem Verein institutionell eingebunden sind, wobei die überwiegende Mehrheit davon in einem Sportverein ist (Leven & Schneekloth 2010). In Vereinen werden nicht nur Beziehungen zu Freunden und Peers gestärkt und weiter „erprobt", sondern in Vereinen lernen Kinder auch sich an bestimmte Regeln, Spielregeln, vereinbarte Zeiten und Absprachen zu halten. Sie übernehmen Aufgaben, Positionen und sind dafür teilweise auch verantwortlich (Hössle et al. 2002; Fuhs 1996). Die meisten der von der World Vision Kinderstudie 2010 befragten Kinder sind sehr zufrieden mit der Freizeit. Nur jedes zwanzigste Kind (5%) ist nicht zufrieden damit. Hier zeigt sich vor allem ein Statusge-

Abbildung 20: Einflüsse des Kontextes Freundschaften auf kindliche Persönlichkeitseigenschaften

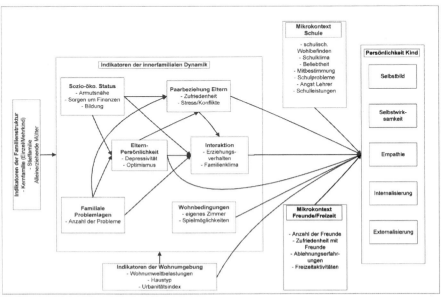

fälle: Kinder aus der Unterschicht sind deutlich weniger zufrieden als Kinder aus der Oberschicht. All diese Aktivitäten in einem institutionellen Kontext können sich positiv auf Selbstwirksamkeiterfahrungen, auf das positive Selbstbild und auch auf kindliche Empathie auswirken und sollten negativ mit internalisierenden und externalisierenden Verhaltensweisen einhergehen. Wobei auch hier in der Querschnittsbetrachtung die Kausalität nicht geklärt werden kann, d.h. sind diejenigen, die stärker über Internalisierungen und Externalisierungen berichten aufgrund dessen weniger in Vereine eingebunden, oder zeigen sie aufgrund geringerer vereinsbezogener Einbettung eher die eine oder andere negative Verhaltenseigenschaft?

Empirische Analysen

Zur Überprüfung der Einflüsse aus dem Kontext der Freundschaftsbeziehungen und der Freizeitaktivitäten werden die Variablen *Anzahl der Freunde*[21], *Zufriedenheit mit den Freunden*[22], *emotionale Unterstützung*[23], *Ablehnungserfahrungen*[24] und schließlich die *Aktivitäten mit Freunden*[25] erhoben.

Betrachten wir die Verteilungen der einbezogenen Variablen, so liegt die durchschnittlich genannte Anzahl an guten Freunden bei 4,1 (Standardabw. 2,7). Beachtenswert dabei ist, dass ca. 11% angeben, keinen einzigen guten Freund zu haben und ca. 7% haben lediglich einen guten Freund. Die meisten geben 3-5 Freunde an (ca. 45%). Die Angabe, wie sich die Kinder mit ihren Freunden fühlen, wird aus der Elternperspektive erhoben. Aufgrund einer sehr schiefen Verteilung wurde diese Variable dichotomisiert und zeigt nun den Anteil derer an, die sich sehr wohl fühlen in und mit ihrem

---

21 In einem Netzwerkmodul sollten die Kinder maximal 12 Kinder angeben, die ihnen wichtig sind. Zu jedem Kind wurden dann spezifische Deskriptoren erfragt, so auch, ob dieses Kind nur ein Kind ist, mit dem man was macht, oder ob es sich um einen guten Freund handelt. Aus der Aufsummierung der Anzahl der genannten guten Freunde ergibt sich die Anzahl guter Freunde.

22 Die Angabe wird aus der Perspektive der Mütter erhoben. Aufgrund einer schiefen Verteilung, wurde die Angabe dichotomisiert in 0= fühlt sich sehr wohl; 1= fühlt sich eher wohl oder schlechter.

23 Aus dem Netzwerkmodul wurde über alle genannten Kinder hinweg die Frage gestellt, inwieweit das Kind angibt, dass das genannte Kind es sehr gut aufmuntern kann, wenn man mal traurig ist. Es wurde ein Summenscore über alle genannten Kinder gebildet.

24 Es werden aus der Perspektive des Kindes drei Items aufsummiert: Wenn dem Kind Sachen kaputt gemacht oder gewaltsam weggenommen wurden oder das Kind von anderen bedroht wurde und das mindestens einmal im Monat, dann bekommt die Dummy-Variable den Wert 1, sonst 0.

25 Gebildet wird eine Dummy-Variable die den Wert 1 bekommt (sonst 0) wenn Kinder angeben, dass sie in Bezug auf eine der aufgeführten Freizeitaktivitäten (Spielkonsole, Playstation, Video, Fernsehen, Sport, Kino, Theater, Musik, Ausflüge) diese oft mit ihren Freunden gemeinsam machen.

Freundeskreis (71%) und diejenigen, die nicht die höchst mögliche Ausprägung angegeben haben, sondern sich eher oder nicht wohlfühlen (29%). Hinsichtlich der emotionalen Unterstützung wurden aus dem Netzwerkmodul der Kinder diejenigen Kinder herausgefiltert, die nach Angabe des Kindes in der Lage sind, dass Kind bei Traurigkeit sehr gut aufzumuntern, d.h. eine spezifische emotional unterstützende Rolle einnehmen können. Die Verteilung ergibt, dass 25% keine Person angeben, die diese Aufgabe sehr gut übernehmen kann. 18% geben eine Person an und 57% geben zwei Personen an. Hinsichtlich der Ablehnungserfahrungen, zeigen die Daten, dass 16% der befragten Kinder berichten, dass ihnen im letzten Monat mindestens einmal Sachen kaputt gemacht worden sind, oder Dinge gewaltsam weggenommen oder das Kind bedroht wurde. In Bezug auf die Freizeitaktivitäten wurde ein Indikator gebildet, der nicht im einzelnen jede Tätigkeit und die Anzahl der beteiligten Freunde erhebt, sondern ein stärker polarisierender Einflussfaktor, der danach fragt, ob es für eine Reihe von Freizeitaktivitäten überhaupt einen Freund gibt, der das oft mit dem befragten Kind unternimmt. D.h. auch dies ist eher ein Indikator der Einbettung in Freundeskreise als die Abfrage, wer welche Aktivitäten macht. Die Auswertungen ergeben, dass ca. 19% keine Person angeben können, mit denen sie oft die genannten Freizeitaktivitäten durchführen, sondern dies entweder gar nicht, oder gelegentlich mit wechselnden Personen/Freunden machen.

Im Folgenden werden die zentralen multivariaten Ergebnisse für die Einflüsse aus dem Freundeskreis auf die kindlichen Persönlichkeitsfaktoren dargestellt. Zunächst kommen wir zur Anzahl der Freunde. Wie theoretisch vermutet, korreliert die Anzahl von Freunden mit den hier fokussierten Persönlichkeitsvariablen. Je größer die Anzahl genannter Freunde im Netzwerk der Kinder ist, desto weniger berichten Kinder über internalisierende Verhaltensweisen. Für Externalisierungen ließe sich kein Effekt finden. Ferner bestätigen die Analysen schwach positive Effekte mit kindlicher Empathie sowie mit der Selbstwirksamkeit von Kindern. Es bestätigt sich daher die Vermutung, dass je mehr Kinder über Freunde verfügen, desto besser können sie sich auch in andere Kinder hineinversetzen. Ferner zeigt sich, dass die kindlichen Freundeskreise auch einen Handlungsspielraum für Selbstwirksamkeitserfahrungen bereitstellen. Das Spielen mit den Freunden und das damit einhergehende Aushandeln, das kooperative Spielen führt auch dazu, dass Kindern mehr Gelegenheiten geboten werden, eher Selbstwirksamkeitserfahrungen zu sammeln.

Tabelle 30: Einflüsse von Freundschaftsindikatoren auf Persönlichkeitsvariablen des Kindes[26]

Unabhängige Variablen	Selbstbild		Selbstwirksamkeit		Empathie		Internalisierung		Externalisierung	
Anzahl der Freunde	0,002	0,002	0,019***	0,019***	0,012*	0,011+	-0,027***	-0,026***	-0,006	-0,004
Emotionale Unterstützung vorh.	0,004	0,004	0,030+	0,027+	0,019	0,017	-0,008	-0,005	0,016	0,023
häufig Aktivitäten mit Freunde	0,039	0,029	0,081*	0,068+	0,088*	0,071+	-0,129**	-0,118*	-0,105*	-0,075
Bullying-Erfahrungen	-0,030	-0,014	-0,019	-0,004	-0,066	-0,052	0,161**	0,129*	0,191***	0,160**
weniger Zufrieden mit Freunde		-0,185***		-0,124***		-0,192***		0,125*		0,271***
Mädchen (Ref.: Junge)	-0,017	-0,024	0,022	0,017	0,209***	0,214***	-0,002	0,001	-0,058	-0,048
R²	0,014	0,150	0,041	0,062	0,085	0,125	0,039	0,049	0,029	0,080

N=1093

*=p<0,05; **=p<0,01; ***=p<0,001

26 Alle Modelle sind ausreichend gut spezifiziert: CFI >0,950; RMSEA / SRMR <0,04

Nimmt man neben der puren Anzahl von Freunden die Informationen mit hinein, ob sie häufig bestimmte Freizeitaktivitäten (wie Spielkonsole, Playstation, Video, Fernsehen, Sport, Kino, Theater, Musik, Ausflüge) mit ihren Freunden machen, so zeigen sich weitere Effekte. Die, die häufigere Freizeitaktivitäten mit ihren Freunden angeben, zeigen signifikant weniger externalisierende bzw. internalisierende Verhaltensweisen. Es zeigen sich ebenfalls positive Korrelationen mit Selbstwirksamkeitserfahrungen und mit der kindlichen Empathie. Die vorgefundenen Einflüsse verlieren an Effektstärke, wenn die Unzufriedenheit mit den Freundeskreisen als Information mit hineingenommen wird. Dieser generelle Indikator aus der Perspektive der Mütter korreliert mit den anderen einbezogenen unabhängigen Variablen und verringert entsprechend auch die Einflussstärke einzelner Indikatoren. Überraschend ist hingegen das Ergebnis, dass die Angabe darüber, ob die befragten Kinder Freunde haben, die sie bei Traurigkeit aufheitern könnten, keinerlei zusätzliche signifikanten Effekte hat. Hier scheinen die einbezogenen Items nicht die gewünschte inhaltliche Trennschärfe aufzuweisen.

Hinsichtlich gemachter Ablehnungserfahrungen zeigen sich die erwarteten negativen Korrelationen mit dem positiven Selbstbild, den Selbstwirksamkeitserfahrungen und der Empathie, jedoch sind diese Effekte nicht signifikant. Lediglich in Bezug auf internalisierende und externalisierende Verhaltensweisen schlagen diese Erfahrungen stärker durch und korrelieren signifikant positiv mit diesen beiden Verhaltensweisen.

Den stärksten Einfluss zeigt jedoch die Variable über die Unzufriedenheit mit dem Freundeskreis. Es zeigen sich für alle Persönlichkeitseigenschaften die erwarteten signifikanten Effekte: Je schlechter die Beziehung zu den Freunden seitens der Mütter wahrgenommen werden, um so eher zeigen sich signifikant negative Korrelationen mit dem positiven Selbstbild, der Selbstwirksamkeitserfahrung und der Empathie. Auf der anderen Seite zeigen sich signifikante Korrelationen mit den internalisierenden und externalisierenden Verhaltensweisen.

Insgesamt lassen sich für die hier einbezogenen wenigen, aber zentralen Indikatoren hinsichtlich des Einflusses von Freundschaftsbeziehungen auf die kindliche Persönlichkeit die theoretisch erwartbaren Einflüsse nachweisen. Die Anteile der erklärten Varianz variieren dabei deutlich zwischen einem und 15%. Wir werden uns im Folgenden anschauen, inwieweit diese Einflüsse auch dann noch Bestand haben, wenn für die anderen Kontexte Schule und Familie kontrolliert wird und wenn weitere Indikatoren der kontextuellen Mesoebene mit aufgenommen werden.

Nehmen wir auch hier entsprechende Modellanpassungen vor (Tabellen 11-15 im Anhang), so zeigt sich, dass im Hinblick auf die abhängige Variable des Selbstbildes lediglich die Einschätzung der Zufriedenheit mit dem Freundeskreis einen signifikanten Einfluss hat. Bei der Empathie sind es die

Zufriedenheit und auch die Aktivitäten mit Freunden. In Bezug auf die Selbstwirksamkeit kommen neben der Zufriedenheit und den Aktivitäten mit den Freunden noch die Anzahl der Freunde mit hinzu. Bei internalisierenden Verhaltensweisen haben sich die Anzahl der Freunde, die Aktivitäten mit den Freunden, die Bullying-Erfahrungen als auch die Zufriedenheit als signifikant erwiesen. Und bei den externalisierenden Verhaltensweisen sind es zum einen die Bullying-Erfahrungen und zum anderen die Zufriedenheit.

Kap. 6.4 Mesokontextuelle Einbettung

Wie in den theoretischen Ausführungen bereits erwähnt, beschäftigt sich die Analyse mesokontextueller Einflüsse damit, nach Interdependenzen zwischen verschiedenen Mikrosystemen zu fragen und ihre Auswirkungen auf die im Fokus stehenden abhängigen Prozesse zu analysieren. Für die hier interessierenden Prozesse kindlicher Entwicklung beziehen wir uns auf die Mesokontexte Familie und Schule sowie auf Familie und Freundeskreise.

Abbildung 21:   Einflüsse der Mikro- und Mesoebene

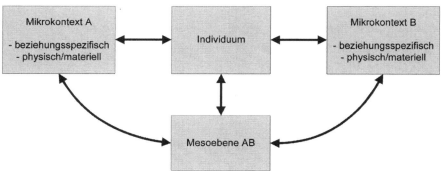

Das Mesosystem stellt nach Bronfenbrenners sozialökologischem Ansatz die nächste Einflussebene dar, die zur Analyse von Entwicklungsprozessen berücksichtigt werden sollte. Die Mesoebene umfasst das System von Wechselbeziehungen, welches *zwischen* den Mikrosystemen auftritt und Einflüsse auf proximale Prozesse hat. Hierbei lassen sich verschiedene Formen von Wechselbeziehungen unterscheiden (Bronfenbrenner 1981: 199ff.): *Primärverbindungen*: Die *Beteiligung von Personen an mehreren Lebensbereichen* ist Grundform, damit überhaupt ein Mesosystem vorliegt. Das Kind ist sowohl im familialen Kontext verankert als auch in der Schule und in seinen weiteren Netzwerken und Freundeskreisen. Eine *Primärverbindung* liegt vor, wenn die entwickelnde Person direkt an zwei Lebensbereichen beteiligt und aktiv ist. *Ergänzende Verbindungen* bilden Personen, die *ebenfalls* an beiden Lebensbereichen teilnehmen, an denen auch die Kinder beteiligt sind (z.B. Freunde, die im selben Freundeskreis sind als auch in der gleichen Schulklasse, oder die Mutter: einerseits in der Familie, aber auch auf Elternabenden). *Indirekte Verbindungen* liegen dann vor, wenn *keine direkte* Beteiligung der entwickelnden Personen an mehreren Lebensbereichen besteht, sondern diese über vermittelnde Personen erfolgt (so z.B. Eltern, die keinen direkten Kontakt zu den Freundeskreisen ihrer Kinder haben, sondern nur von den Kindern Informationen darüber erfahren).

Aus diesen Mesosystemen ergeben sich spezifische Anforderungen und Möglichkeiten, die für Entwicklungsprozesse bedeutsam sind. Bronfenbrenner führt entsprechend einige Faktoren an: Das entwicklungsfördernde Potential von Lebensbereichen in einem Mesosystem wird gesteigert, wenn die *Rollenanforderungen* in den verschiedenen Lebensbereichen einander vereinbar sind und wenn die Rollen, Tätigkeiten und Dyaden gegenseitiges Vertrauen, positive Orientierung und Zielübereinstimmung in den Lebensbereichen fördern. Die positiven Entwicklungseffekte in mehreren Lebensbereichen werden weiterhin verstärkt, wenn die kulturellen oder subkulturellen Kontexte um diese Lebensbereiche sich in ethnischer, sozialer oder religiöser Hinsicht oder nach Altersgruppen oder anderen Hintergrundfaktoren unterscheiden (Bronfenbrenner 1981: 203). Wenn das Kind mit einer Vielfältigkeit in Kontexten konfrontiert wird (die aber nicht überfordernd sein sollten), steigert dies die Entwicklungschancen. Je komplexer das Mesosystem und die Einbindung in Lebensbereiche sind, desto größer sind die Handlungs- und Entwicklungsmöglichkeiten des Individuums. Mit diesen Optionserweiterungen gehen aber auch höhere Anforderungen, eine Steigerung der Komplexität und evtl. des Konfliktpotenzials damit einher. Eine weitere wichtige Rolle in der Entwicklung spielen *mikrosystem-übergreifende Dyaden*, d.h. Beziehungen zu Personen, die nicht nur in einem Mikrokontext bedeutsam sind, sondern auch noch in anderen Zusammenhängen (Bronfenbrenner 1981: 204). Modelle zur Mesoebene sind aufschlussreich, weil sie das Zusammenspiel der jeweiligen Kontexteffekte modellieren. Diese können unabhängig voneinander und additiv sein, sie können sich ergänzen und verstärken, sich negativ beeinflussen oder auch neutral zueinander sein.

Bevor im Folgenden gezielt weitere Informationen erhoben und in die Analyse mit einbezogen werden, die Auskunft über das Zusammenspiel von zwei Mikrokontexten geben, werden zunächst in einem ersten Schritt die zuvor getrennt durchgeführten Analysen zu den Mikrokontexten Familie, Freundschaftsbeziehungen der Kinder und Kontext Schule analysiert und nach Wechselwirkungen gesucht. Es geht dabei zunächst darum, zu prüfen, inwieweit es Korrelationen zwischen den einbezogenen unabhängigen Variablen gibt, d.h. inwieweit es durch den Einbezug weiterer Variablen zu Wechselwirkungen kommt, ob bestehende Effekte bestehen bleiben. Im Anschluss werden die Mesokontexte der Bereiche Familie, Schule und Freundschaftskreise analysiert. Wenn im Folgenden mesokontextuelle Einflüsse untersucht werden sollen, so muss einschränkend betont werden, dass damit selbstverständlich keine umfassende Betrachtung möglich ist. Es können lediglich einige Einflussfaktoren berücksichtigt werden, was insbesondere der Datenlage geschuldet ist. Es gibt daher entsprechend eine Reihe von Beschränkungen, die aber in Kauf genommen werden, um das sozialökologische Setting weiter zu komplettieren. Es stellt sich daher für das folgende Kapitel die Frage, ob es weiterführende vermittelnde Effekte zwischen den Mikrokontexten gibt. Bronfenbrenner (1981) hat selbst mehrmals darauf verwiesen, dass weiterführende Kontextanalysen in vielerlei Hinsicht Analysen zu indirekten Effekten zwischen Kontexten darstellen. Auch in der methodologischen Literatur wird diesem Umstand sehr stark Rechnung getragen (Card et al. 2009).

Elternhaus und Freundeskreise

Die Idee, dass die Beziehungen zu den Freunden auch beeinflusst werden von den Beziehungen zu den eigenen Eltern, wird schon seit langem diskutiert. Es wird im Allgemeinen angenommen, dass die psychische Entwicklung des Kindes, die Bindungsrepräsentationen, die sich insbesondere durch die Mutter-Kind-Beziehung entwickeln, auch relevante Einflussfaktoren dahingehend sind, auf welche Weise und wie erfolgreich Kinder später selbst Freundschaftsbeziehungen aufbauen und gestalten (Dunn 2004; Knoester et al. 2006). Frühe Ansätze von Nye (1958) und auch die Arbeiten von Parke & Buriel (2006; Parke & Ladd 1992; Pettit et al. 2007) analysieren die unterschiedlichen Einflussmöglichkeiten.

Eltern beeinflussen die Ausgestaltung der Freundeskreise ihrer Kinder dahingehend, dass sie ihren Kindern bestimmte Werte, Persönlichkeitsfaktoren, soziale Kompetenzen vermitteln (Dunn 2004; Rubin et al. 2006). Studien zeigen, dass sicher gebundene Kinder später besser soziale Kompetenzen im Hinblick auf das Eingehen und die Ausgestaltung von Freundschaftsbeziehungen haben (z.B. Empathie, Konfliktlösungsstrategien, Reziprozität, Affektivität, Emotionsregulation) (Elicker et al. 1992; Parke et al. 1992; Dunn 2004). Eltern vermitteln ebenfalls Werte die bspw. ein delinquentes Verhalten oder stärker ein externalisierendes Verhalten missbilligen, was sich bei den Kindern dahingehend auswirken kann, dass sie sich stärker von solchen Peer-Beziehungen zurückhalten und eher nach solchen Personen suchen, die mit ihren Einstellungen und Verhaltensweisen übereinstimmen. In diesem Sinne beeinflusst die Sozialisation der Eltern auch die Selektion der Freundeskreise der heranwachsenden Kinder (Simons et al. 2004). Haben Eltern und Kinder eine positive Beziehung zueinander, dann wählen Kinder stärker solche Freunde, von denen sie wissen, dass ihre Eltern diese eher akzeptieren. Sie halten sich dann von solchen fern, von denen sie annehmen, dass Eltern dies nicht gutheißen würden (Parke & Bhavnagri 1989; Warr 2005; Knoester et al. 2006).

Psychologische Studien haben nachgewiesen, dass Kinder, die eine sichere Beziehung zu ihren Eltern während der Kindheit hatten, eher davon berichten, einen engen Freund im Alter von 10 zu haben (Rubin et al. 2006). Clark und Ladd (2000) finden, dass eine enge Beziehung zu den Eltern damit einhergeht, dass Kinder eher über harmonische Beziehungen mit ihren Freunden berichten und weniger Konflikte mit ihnen haben und über bessere soziale Kompetenzen verfügen, was dann wiederum förderlich für das Eingehen und die Gestaltung von Freundschaftsbeziehungen ist (Dishion 1990; Doyle & Markiewicz 1996; Granic et al. 2003; Fuhrer 2005; Lightfood et al. 2009). Auch andere Studien zeigen einen empirischen Zusammenhang zwischen dem Bindungsverhalten zu den Eltern und zu den eigenen Peers (Contreras & Kerns 2000; Mize et al. 2000).

Hinsichtlich des elterlichen Erziehungsverhaltens zeigen Studien, dass eine elterliche Erziehung, die mit strenger Kontrolle oder einem autoritären Erziehungsstil einhergeht, eher dazu führt, dass sich Kinder gegenüber ihren Freunden feindseliger verhalten, was sich letztendlich in einem stärkeren externalisierenden Verhalten zeigt und auch schlechtere Freundschaftsbeziehungen nach sich ziehen könnte (Weiss et al. 1992). Auch Schneewind et al. (1983) kommen zu ähnlichen Ergebnissen: Ein strenger Erziehungsstil und die Einschränkung kindlicher Freiräume gehen eher mit Schüchternheit und einer größeren sozialen Distanz gegenüber Gleichaltrigen einher (Dishion 1990; Fuhrer 2005), während ein autoritativer Erziehungsstil eher mit höherer sozialer Kompetenz und sicherer Bindung der Kinder auftritt und dies dann auch wiederum zu besseren Freundschaftsbeziehungen führt (Doyle & Markiewicz 1996). Als ein weiterer Punkt kommt der Zusammenhang hinzu, dass eine problematische, konflikthafte Beziehung zwischen Kindern und ihren Eltern sich auch negativ auf die Beziehung zu Freunden niederschlagen kann (Dunn 2004).

Studien zeigen ferner, dass eine schlechte Qualität der Eltern-Kind-Beziehung und ihre Wirkung auf externalisierende oder internalisierende Verhaltensweisen von Kindern dadurch reduziert wird, wenn diese Kinder in einem guten Freundschaftskreis eingebunden sind, d.h. Freundschaften können die negativen Auswirkungen schlechter Erziehungsqualität zum Teil kompensieren (Bolger et al. 1998; Criss et al. 2002; Noack 2002; Lansford et al. 2003).

So zeigt die bisherige Forschung, dass es in vielerlei Hinsicht Wechselwirkungen zwischen Eltern-Kind-Beziehungen und Freundschaftsbeziehungen gibt. Diese Mechanismen können sich, dem theoretischen Annahmen des sozialökologischen Modells folgend, ergänzend verhalten, sich widersprechen, aber auch kompensatorisch für die einzelnen Mechanismen sein. Nicht vollends geklärt ist aufgrund ausstehender Untersuchungen die Richtung. Es ist sowohl denkbar, dass die Eltern-Kind-Beziehung einen signifikanten Einfluss auf die Beziehung der Kinder zu ihren Peers hat. Aber auch umgekehrt ist dies nachgewiesen worden: Problematische Beziehungen zu Peers oder zu Freunden, mit denen die Eltern nicht einverstanden sind, führen dazu, dass die Beziehung zwischen Eltern und Kindern sich verschlechtert (Dunn 2004).

Zu den direkten Einflüssen zählt das elterliche Monitoring: Eltern können durch die Beaufsichtigung ihrer Kinder oder durch das Einholen von Informationen über die Eltern ihrer Freunde oder anderer Personen stärker darüber wachen, mit wem das eigene Kind einen Umgang pflegt (Ladd 1999; Pettit et al. 2007). Sie können direkt Einfluss darauf nehmen, ob ihr Kind mit einem bestimmten anderen Kind spielen darf oder nicht. Genauso nehmen Eltern einen Einfluss darauf, ob ein Kind ein Freund oder mehrere Freunde zu sich nach Hause einladen darf oder nicht. Diese Faktoren beeinflussen die Freundschaftsbeziehungen von Kindern direkt (Ladd et al. 1992; Ladd & Hart 1992; Ladd et al. 1993; Knoester et al. 2006; Warr 2005; Rubin et al. 2006). Wir erwarten entsprechend, dass es eine Korrelation gibt zwischen der Eltern-Kind-Beziehung und den Beziehungen zu den Freunden, dass je positiver die Eltern-Kind-Beziehung desto positiver auch die Beziehungen zu relevanten Freundschaftsmerkmalen, was sich dann letztendlich auch positiv auf die Persönlichkeitsmerkmale der Kinder auswirken soll.

Elternhaus und Schule

Die Analyse wechselseitiger Einflüsse zwischen Familie und Schule ist in vielen Studien thematisiert worden (Ryan & Adams 1995; Booth & Dunn 1996; Bogenschneider 1997; Kramer & Helsper 2000; Henderson & Mapp 2002; Hill & Taylor 2004; Powell et al 2010). Durch die hohe und zunehmende Bedeutung von Bildungsabschlüssen ist Schule und sind Schulleistungen auch innerhalb der Familie zu einem Dauerthema geworden. Stecher & Maschke (2007) sprechen von einer „Verschulung des Familienlebens". Das Thema Schule stellt Familie und deren Mitglieder nicht nur vor neue Aufgaben, sondern bietet in vielerlei Hinsicht auch Gesprächs-, aber auch Konfliktstoff innerhalb der Familie (Busse & Helsper 2004; Stecher 2005).

Elterliches Schulengagement umfasst dabei eine Reihe von Merkmalen: freiwillige Mitarbeit im Unterricht, Gespräche mit Lehrern und Schulleitung, Beteiligung und Betreuung an den Hausarbeiten, und in einem etwas weiter gefassten Rahmen entsprechend auch die Erwartungen an Schule und den Schulerfolg von Kindern, oder auch die Teilhabe an Elternabenden (Hill & Taylor 2004). Hill & Taylor (2004) benennen zwei zentrale Mechanismen, die den Zusammenhang von Schulengagement und Schulerfolg von Kindern verdeutlichen. Zum einen erhöht das elterliche Engagement das soziale Kapital der Eltern. Durch die Gespräche mit Lehrern und auch mit anderen

Eltern sind nicht nur bessere Abstimmungen möglich, sondern es erfolgt auch ein inhaltsbezogener Austausch, sowie ein Austausch über bestimmte Verhaltensweisen der Kinder usw. Dies führt ebenfalls dazu, dass Eltern wesentlich besser informiert sind und dadurch auch spezifischer auf die Entwicklung ihrer Kinder reagieren können (Epstein 1996; Powell et al. 2010).

Ein weiterer Mechanismus, der sich daran anschließt, ist die damit einhergehende gesteigerte soziale Kontrolle. Ein enger Kontakt zur Schule ermöglicht nicht nur eine bessere Informiertheit hinsichtlich der Vorgänge innerhalb der Schule, sondern Eltern und Lehrer und auch Eltern unter sich können sich dadurch besser abstimmen, was auch dazu führt, dass abweichende Verhaltensweisen deutlich weniger auftreten. Das Wissen darum, dass sich Eltern aktiv in schulische Angelegenheiten mit einbringen, erhöht die Leistungsmotivation von Kindern und geht eher mit positiven schulischen Kompetenzen einher. Dabei kommt es aber auch auf die Art und Weise des Engagements an. Beteiligen sich Eltern an der Mitarbeit in der Schule, bspw. um die Lehrer hinsichtlich ihrer fachlichen Qualifikationen zu überprüfen, verstärkt dies auch das Misstrauen des Kindes in die Institution Schule, was sich wiederum negativ auf den Schulerfolg aber auch auf Einstellungen und Befindlichkeiten auswirken kann (Hill & Taylor 2004).

Sieht man sich die Forschungslage zum Verhältnis von Elternhaus und Schule an, so liegt der Schwerpunkt auf der Analyse nach dem Einfluss familialer Bedingungen auf den Schulerfolg von Kindern und Jugendlichen (Busse & Helsper 2004). Viele Studien weisen nach, dass das elterliche Engagement den Bildungserfolg von Kindern positiv beeinflusst (Hill & Craft 2003; Hill & Taylor 2004). So konnte festgestellt werden, dass das elterliche Bildungsniveau, ein autoritatives Erziehungsverhalten, zufriedenstellende familiale Beziehungen und Eltern-Kind-Interaktionen, gute sozioökonomische Bedingungen, eine prozessorientierte Hausaufgabenbetreuung, elterliches Schulengagement und höhere Bildungsaspirationen von Eltern und Kindern positive Einflüsse auf den Schulerfolg haben (Steinberg et al. 1992; Ryan et al. 1995; Busse & Helsper 2004; Wild & Hofer 2002). Studien zeigen, dass Eltern in hohem Maße auf die Schulleistungen ihrer Kinder achten und Zeugnisse sehr ernst nehmen (Zinnecker & Silbereisen 1998; Stecher 2005).

Wie Ludwig Stecher mit den Daten des DJI-Kinderpanels nachweist, sind hierbei die Zufriedenheit der Eltern sowie die wechselseitige Wahrnehmung der Übereinstimmung zwischen Eltern und Kindern sehr hoch. In ca. 90% der Fälle sind die Eltern mit den schulischen Leistungen ihrer Kinder zufrieden; Stecher (2005) berichtet, dass in ca. 8% der Fälle keine Übereinstimmung vorliegt.

Weniger erforscht wurden die Wechselwirkungen zwischen Familie und Schule mit Blick auf Einflüsse auf die kindliche Persönlichkeit und deren Wohlbefinden. Zwar ist im Allgemeinen die Frage nach dem Schulerfolg in diesem Mesokontext vorrangig, es lassen sich jedoch auch Effekte auf kindliche Befindlichkeiten nachweisen, die im Zusammenhang mit dem elterlichen Schulengagement und dem Bildungserfolg von Kindern in Beziehung stehen (Busse & Helsper 2004). Wir erwarten entsprechend, dass ein gesteigertes elterliches Schulengagement auch positiv mit einem positiven Selbstbild und mit der Selbstwirksamkeit korreliert da Eltern sich verstärkt auch um weitere Belange des alltäglichen Lebens kümmern. Es sollte hingegen negativ mit internalisierenden und externalisierenden Verhalten zusammmenhängen.

Zufriedenheit mit Schulleistungen

Ein zentraler Einflussfaktor hinsichtlich des Verhältnisses von Familie und Schule, welcher sich auf kindliche Entwicklungsprozesse auswirken kann, sind die Bildungsaspirationen von Eltern. Empirische Studien belegen, dass sich in den letzten Jahrzehnten die elterlichen Bildungsaspirationen deutlich erhöht haben (Valtin 2002; Hadjar & Becker 2006), resultierend aus dem zunehmenden Wissen um die Bedeutung von Bildung für den zukünftigen beruflichen und ökonomischen Erfolg. Stellt man nun den Bildungsaspirationen der Eltern einerseits den tatsächlichen Schulerfolg von Kindern anderseits gegenüber, so stellt sich heraus, dass nicht alle Kinder die hohen Erwartungen von Eltern erfüllen können. Ein nicht unerheblicher Anteil von Eltern wird demnach enttäuscht sein von dem Schulerfolg ihrer Kinder (Busse & Helsper 2004). Realistische Leistungserwartungen wirken Studien zufolge dabei als entwicklungsfördernd (Helmke et al. 1991), während überzogene Leistungsansprüche zu Konflikten führen, zu einem negativen Familienklima und einer oftmals damit einhergehenden kindlichen Überforderung, gesundheitlichen und psychosomatischen Problemen (Hurrelmann, 1990; Holler & Hurrelmann 1991; Hurrelmann & Mansel 1998; Hurrelmann 2002; Pekrun 2002). Diese Diskrepanz zwischen den Erwartungen einerseits und den tatsächlichen Leistungen anderseits kann zu erheblichen Belastungen und Misserfolgserlebnissen der Kinder führen, die sich negativ auf das Selbstwertgefühl auswirken können und auch eher zu internalisierenden und externalisierenden Verhaltensweisen führen (Pekrun 2002). Dies ist insbesondere dann der Fall, wenn die Eltern einen hohen Schulabschluss haben, die Kinder diesen aber nicht erreichen. Eltern wissen, dass das kulturelle Kapital von Kindern ein wichtiger Einflussfaktor für den späteren beruflichen Werdegang ist. Daraus resultieren auch ihre hohen Bildungsaspirationen. Gerade aber in dem Moment, wenn Eltern nicht mit den Leistungen ihrer Kinder in der Schule zufrieden sind, ergeben sich häufig Konflikte (Büchner et al. 1996; Busse & Helsper 2004; Fuhrer 2005).
Von besonderer Bedeutung ist die emotionale Unterstützung der Eltern hinsichtlich einer Stärkung und Stabilisierung schulischer Lernfreude und

Motivation. Diese wirkt sich positiv auf den schulischen Erfolg der Kinder als auch positiv auf die Persönlichkeit und das Wohlbefinden der Kinder aus, während starke soziale Kontrolle und strafende Maßnahmen eher zu negativen Effekten führen (Pekrun 2002; Busse & Helsper 2004). So hängt der Schulerfolg von Kindern auch vom elterlichen Erziehungsstil ab (Pekrun 1997). Wir erwarten entsprechend auch hier Wechselwirkungen zwischen dem schulischen und dem familialen Kontext.

Empirische Analysen

Für die folgenden Analysen wurden einige Variablen, die sich durch die Analyse der Modellanpassungen für die einzelnen Mikrokontexte als wenig prädiktiv erwiesen haben, aus den Modellen zunächst herausgenommen. In Bezug zu den Interdependenzen zwischen Elternhaus und Freundeskreis werden wir lediglich indirekte Effekte berechnen, da Informationen über diesen Mesokontext nicht in ausreichender Form vorhanden sind. Es gibt zwar Items dahingehend, dass abgefragt wird, wie oft Kinder Freunde zum Spielen mit nach Hause bringen dürfen, aber diese Abfrage wird nur den Kindern der jüngsten Alterskohorte gestellt. Als weitere neu hinzukommende Variablen werden Informationen zum Verhältnis Elternhaus und Schule mit einbezogen: Zufriedenheit der Eltern mit den Schulleistungen[27], schulisches Engagement der Eltern[28], Beurteilung der Schule durch die Mutter[29].

Im Folgenden werden wiederum die Ergebnisse nacheinander für die einzelnen Persönlichkeitsvariablen dargestellt. Hinsichtlich des positiven Selbstbildes der Kinder wurde schon in der Analyse der einzelnen Mikrokontexte sichtbar, dass hierbei vor allem das Familienklima einen signifikanten Effekt ausübt. Dieser Effekt bleibt durchgehend auch dann noch bestehen, wenn die wesentlichen Einflussvariablen der Kontexte Schule und Freundeskreis mit einbezogen werden. Beziehen wir zunächst die Angaben zum Kontext Schule mit hinein, so zeigt sich, dass weiterhin das schulische Wohlbefinden einen positiven und die Angst vor Lehrern einen negativen Effekt haben. Diese Effekte waren auch schon in den Einzelanalysen zum Kontext Schule schwach signifikant, und kommen jetzt noch besser durch. Ferner zeigt sich der nicht so leicht zu erklärende Effekt der Beliebtheit. Dieser zeigt eine negative Korrelation mit der Beliebtheit in der Klasse und

---

27 Zufriedenheit der Eltern mit den Schulleistungen des Kindes (Antwortmuster 1= sehr zufrieden bis 4=sehr unzufrieden), wurde dichotomisiert: Unzufriedenheit/sehr unzufrieden=1, zufrieden/sehr zufrieden=0.

28 Schulisches Engagement der Eltern: Item Besuch von Elternabenden (1=nie bis 4=öfters); dichotomisiert nie/einmal=0, zweimal/öfters=1.

29 Beurteilung der Schule durch die Mutter: Welche Note würden Sie der Schule insgesamt geben (1= sehr gut bis 6=ungenügend).

dem positiven Selbstbild an. Eventuell könnten hier Selbstüberschätzungen oder sozial erwünschtes Antwortverhalten der Kinder vorliegen.

Lassen wir die Schulindikatoren außen vor und beziehen die des Freundeskreises mit hinein, so bleiben einerseits die Effekte des Familienkontextes bestehen und andererseits zeigt sich wiederum – wie in den Einzelanalysen zum Freundschaftskontext auch – der einzige Effekt mit der Zufriedenheit mit den Freunden. Eine Unzufriedenheit mit den Freunden korreliert mit einem negativen Selbstbild der Kinder.

Tabelle 31: Lineare Regressionen der Kontexte Familie, Schule und Freundeskreise auf das positive Selbstbild

Unabhängige Variablen	1	2	3	4
Kontext Familie				
Depressivität der Mutter	0,005	0,053	0,046	0,046
Optimismus der Mutter	0,036	0,068+	0,056	0,058
kindzentr. Kommunikation	0,010	0,018	0,006	0,005
Familienklima	0,153*	0,255**	0,217**	0,212**
Anzahl Familienprobleme	-0,005	-0,002	0,001	0,001
Kontext Schule				
schulisches Wohlbefinden	0,034*		0,008	0,009
Schulklima	0,024		0,036	0,040
Beliebtheit bei anderen	-0,012*		-0,022*	-0,022*
Schulprobleme	0,004		0,003	0,004
Angst vor Lehrern	-0,038**		-0,041*	-0,041*
Kontext Freunde				
Anzahl der Freunde		0,004	0,003	0,003
häufig Aktivitäten mit Freunde		0,028	0,025	0,024
Bullying-Erfahrungen		-0,002	0,002	0,001
weniger Zufrieden mit Freunde		-0,137***	-0,114***	-0,110**
Mesokontexte				
Unzufriedenheit Mutter mit Schulleistung				-0,009
Partizipation Elternabende				-0,007
Benotung der Schule				0,017
Mädchen (Ref.: Junge)	-0,012	-0,010	-0,013	-0,014
R^2	0,172	0,270	0,271	0,271
N / Chi2/ df/CFI/ RMSEA/SRMR	1083/ 506.74/ 288/0,951/ 0,026/0,034	1083/ 390.43 261/0,952/ 0, 027/0,033	1083/588.02 451/0,949/ 0,025/0,031	1083/682.29/ 399/0,940/ 0,026/0,031

+=<0,10, *=p<0,05; **=p<0,01; ***=p<0,001

Im dritten Modell sind nunmehr alle drei zentralen Kontexte mit einbezogen. Die Analysen zeigen, dass die bisherigen Effekte weiterhin ihre Signifikanz behalten und sich auch hinsichtlich der standardisierten Effektstärken (Resultate nicht gezeigt) nur wenige Veränderungen ergeben. D.h. wir können daraus schließen, dass wir hier keine signifikanten Interaktionseffekte zwischen den einzelnen Kontexten haben, sondern diese stark additiv zueinander stehen. Dies ändert sich auch nicht, wenn wir die drei Variablen zum Mesokontext Schule und Familie mit einbeziehen. Diese zeigen keine signifikanten Korrelationen und verändern die Effekte des vorangehenden Modells auch nicht.

Tabelle 32: Lineare Regressionen der Kontexte Familie, Schule und Freundeskreise auf Selbstwirksamkeit

Unabhängige Variablen	1	2	3	4
Kontext Familie				
Depressivität der Mutter	-0,001	-0,017	0,025	0,043
Optimismus der Mutter	0,053	0,078	0,068	0,071
kindzentr. Kommunikation	0,129**	0,147**	0,113*	0,098*
Familienklima	0,110	0,151	0,141	0,134
Anzahl Familienprobleme	-0,022	-0,017	-0,014	-0,012
Kontext Schule				
schulisches Wohlbefinden	0,042		0,025	0,004
Schulklima	0,004		0,005	-0,001
Beliebtheit bei anderen	0,028+		0,016	0,017
Schulprobleme	-0,061***		-0,057***	-0,049**
Angst vor Lehrern	-0,087**		-0,079*	-0,070*
Kontext Freunde				
Anzahl der Freunde		0,022***	0,019***	0,019***
häufig Aktivitäten mit Freunde		0,084*	0,062	0,068+
Bullying-Erfahrungen		0,001	0,026	0,033
weniger Zufrieden mit Freunde		-0,078*	-0,059	-0,068+
Mesokontexte				
Unzufriedenheit Mutter mit Schulleistung				-0,075**
Partizipation Elternabende				0,015
Benotung der Schule				-0,025
Mädchen (Ref.: Junge)	0,029	0,031	0,025	0,016
R^2	0,154	0,141	0,176	0,189
N / Chi2/ df/CFI/ RMSEA/SRMR	1083/ 615.61/ 343/0,951/ 0,027/0,034	1083/ 445.55 248/0,958/ 0, 027/0,033	1083/ 6272.52 516/0,952/ 0,025/0,031	1083/ 807.11/ 588/0,942/ 0,026/0,032

+=<0,10, *=p<0,05; **=p<0,01; ***=p<0,001

In Tabelle 32 sind die Ergebnisse für die Selbstwirksamkeit der Kinder angeführt. Es zeigt sich zunächst einmal die positive Korrelation der kindzentrierten Kommunikation mit der Selbstwirksamkeit. Wenn für die schulischen Variablen kontrolliert wird, bleibt dieser Effekt ebenfalls bestehen. Aus den schulischen Kontexten kommt ins erste Modell mit hinein die Beliebtheit bei anderen sowie die negativen Korrelationen mit den Schulproblemen und die Angst vor den Lehrern. Auch diese Effekte bleiben bestehen, selbst wenn für weitere Einflussvariablen des Freundeskreises kontrolliert wird. Bezüglich des Freundeskreises bleibt die positive Korrelation zwischen der Anzahl der Freunde und den Selbstwirksamkeitserfahrungen.

Ebenfalls bleibt die negative Korrelation zwischen einer geringen Zufriedenheit mit den Freunden und der Selbstwirksamkeit bestehen. Werden hingegen die Effekte des Schulkontextes mit hineingenommen, so reduziert sich dieser Effekt und verliert an Signifikanz. Es lässt sich zeigen, dass hier insbesondere eine signifikante Korrelation zwischen der Unzufriedenheit mit den Freunden und den Schulproblemen vorliegt, d.h. dass sich diese Informationen evtl. nicht so deutlich voneinander trennen lassen. Die Information bezüglich der Unzufriedenheit der Mutter mit der Schulleistung des Kindes ergibt eine zusätzliche negative Korrelation mit der Selbstwirksamkeit des Kindes. Es bestätigt sich jedoch auch hier weitgehend, dass die Effekte der einzelnen Kontexte relativ unabhängig voneinander sind.

Hinsichtlich der Empathie zeigt sich weiterhin der Befund der kindzentrierten Kommunikation aus dem Kontext Familie. Auch für das schulische Wohlbefinden bestätigt sich wiederum ein signifikanter Effekt. Es bleibt ebenfalls der Effekt der Unzufriedenheit mit dem Freundeskreis und der Empathie, selbst unter Kontrolle der Einflüsse aus dem familialen Kontext. Allerdings nimmt dann der Einfluss schulischer Kontexte ab. Es scheint hier eine stärkere Korrelation zwischen dem schulischen Wohlbefinden und der Zufriedenheit mit den Freunden im Hinblick auf kindliche Empathie vorzuliegen, während die Einflussfaktoren aus der Familie weiterhin bestehen bleiben. Die Einbeziehung weiterer Merkmale aus den Überschneidungen zwischen Familie und Schule erbringt keine weiteren signifikanten Effekte.

Die Internalisierungserfahrungen von Kindern korrelieren weiterhin sehr stark mit dem Persönlichkeitszustand der Mutter, vor allem mit der Depressivität. Ferner liegt eine signifikante Korrelation mit der Anzahl der genannten Familienprobleme vor. Diese Effekte bleiben bestehen, wenn für den Schulkontext kontrolliert wird, der ebenfalls die bereits in den Einzelanalysen aufgefunden Effekte zeigt: Sowohl die Anzahl genannter Schulprobleme als auch die Angst vor Lehrern korreliert positiv mit internalisierenden Verhaltensweisen. Interessant ist hierbei auch, dass die Korrelation der

Tabelle 33: Lineare Regressionen der Kontexte Familie, Schule und Freundeskreise auf Empathie

Unabhängige Variablen	1	2	3	4
Kontext Familie				
Depressivität der Mutter	0,162	0,178+	0,195+	0,198+
Optimismus der Mutter	0,071	0,095	0,085	0,086
kindzentr. Kommunikation	0,284***	0,305***	0,276***	0,281***
Familienklima	0,044	0,075	0,051	0,052
Anzahl Familienprobleme	-0,026+	-0,025+	-0,018	-0,018
Kontext Schule				
schulisches Wohlbefinden	0,079*		0,046	0,046
Schulklima	0,095		0,102+	0,105+
Beliebtheit bei anderen	0,010		0,001	0,001
Schulprobleme	0,010		0,011	0,012
Angst vor Lehrern	-0,054+		-0,046	-0,046
Kontext Freunde				
Anzahl der Freunde		0,009	0,006	0,006
häufig Aktivitäten mit Freunde		0,068+	0,057	0,058
Bullying-Erfahrungen		-0,052	-0,033	-0,033
weniger Zufrieden mit Freunde		-0,132***	-0,107**	-0,106**
Mesokontexte				
Unzufriedenheit Mutter mit Schulleistung				-0,012
Partizipation Elternabende				0,011
Benotung der Schule				0,013
Mädchen (Ref.: Junge)	0,201***	0,208***	0,203***	0,200***
R^2	0,255	0,246	0,271	0,273
N / Chi2/ df/CFI/ RMSEA/SRMR	1083/ 530.03/ 288/0,949/ 0,027/0,034	1083394.30 202/0,950/ 0, 030/0,034	1083/ 586.33 336/0,948/ 0,026/0,032	1083/ 712.04/ 400/0,938/ 0,026/0,032

+=<0,10, *=p<0,05; **=p<0,01; ***=p<0,001

Schulprobleme auch dann bestehen bleibt, wenn für die Familienprobleme kontrolliert wird. D.h. auch hier ergeben sich entsprechend eher additive Effekte. Diese Modelle verändern sich wiederum auch dann nicht, wenn die Variablen für den Freundeskreis mit einbezogen werden. Auch hier zeigt sich, wie auch in den vorangegangenen Einzelanalysen, weiterhin eine negative Korrelation mit der Anzahl der Freunde und der Internalisierung von Kindern. Weiterführende Informationen zum Mesokontext Schule und Familie zeigen kaum nennenswerte Wirkungen. Der Effekt von Bullying-Erfahrungen sowie der Einfluss der Aktivitäten mit Freunden lassen sich unter Einbezug der anderen Kontexte jedoch nicht wiederfinden.

Tabelle 34: Lineare Regressionen der Kontexte Familie, Schule und Freundeskreise auf Internalisierung

Unabhängige Variablen	1	2	3	4
Kontext Familie				
Depressivität der Mutter	0,534***	0,568***	0,514***	0,504***
Optimismus der Mutter	0,177*	0,137+	0,159*	0,148+
kindzentr. Kommunikation	0,017	-0,026	0,027	0,030
Familienklima	-0,024	-0,072	-0,045	-0,043
Anzahl Familienprobleme	0,053**	0,052**	0,047*	0,046*
Kontext Schule				
schulisches Wohlbefinden	-0,046		-0,042	-0,055
Schulklima	-0,001		0,004	0,031
Beliebtheit bei anderen	-0,044+		-0,036	-0,039
Schulprobleme	0,077*		0,070**	0,067**
Angst vor Lehrern	0,177***		0,174***	0,175***
Kontext Freunde				
Anzahl der Freunde		-0,022*	-0,017*	-0,017*
häufig Aktivitäten mit Freunde		-0,084	-0,046	-0,046
Bullying-Erfahrungen		0,087	0,050	0,054
weniger Zufrieden mit Freunde		0,037	-0,005	-0,011
Mesokontexte				
Unzufriedenheit Mutter mit Schulleistung				0,048
Partizipation Elternabende				0,039
Benotung der Schule				-0,045
Mädchen (Ref.: Junge)	0,014	0,001	0,010	0,014
R^2	0,158	0,117	0,166	0,172
N / Chi2/ df/CFI/ RMSEA/SRMR	1083/ 727.87/ 450/0,932/ 0,030/0,040	1083/ 606.27 273/0,923/ 0,034/0,041	1083 855.76 448/0,925/ 0,029/0,039	1083/ 955.79/ 504/0,918/ 0,029/0,036

+=<0,10, *=p<0,05; **=p<0,01; ***=p<0,001

Hinsichtlich externalisierender Verhaltensweisen von Kindern zeigen sich wiederum zunächst die bekannten Effekte aus dem familialen Kontext: Die mütterliche Depressivität und die Anzahl genannter Familienprobleme korreliert positiv, die kindzentrierte Kommunikation korreliert negativ mit externalisierenden Verhaltensweisen von Kindern. Die aus den Einzelkontextanalysen bekannten Effekte des Schulklimas, der Schulprobleme sowie der Angst vor Lehrern finden sich hingegen in den Modellen unter Kontrolle familialer Einflüsse nicht in der Form wieder.

Tabelle 35: Lineare Regressionen der Kontexte Familie, Schule und Freundeskreise auf Externalisierung

Unabhängige Variablen	1	2	3	4
Kontext Familie				
Depressivität der Mutter	0,419***	0,418***	0,387**	0,371**
Optimismus der Mutter	0,046	0,035	0,040	0,037
kindzentr. Kommunikation	-0,217**	-0,246***	-0,216**	-0,206**
Familienklima	-0,250+	-0,241+	-0,239+	-0,224+
Anzahl Familienprobleme	0,055**	0,054**	0,049**	0,047**
Kontext Schule				
schulisches Wohlbefinden	-0,073*		-0,032	-0,014
Schulklima	-0,046		-0,055	-0,049
Beliebtheit bei anderen	0,007		0,013	0,013
Schulprobleme	0,039+		0,041*	0,034
Angst vor Lehrern	0,018		0,011	0,002
Kontext Freunde				
Anzahl der Freunde		0,002	0,004	0,005
häufig Aktivitäten mit Freunde		-0,039	-0,030	-0,032
Bullying-Erfahrungen		0,103*	0,080	0,073
weniger Zufrieden mit Freunde		0,133**	0,125***	0,132**
Mesokontexte				
Unzufriedenheit Mutter mit Schulleistung				0,070*
Partizipation Elternabende				0,025
Benotung der Schule				0,019
Mädchen (Ref.: Junge)	-0,033	-0,037	-0,029	-0,021
R^2	0,248	0,247	0,261	0,269
N / Chi2/ df/CFI/ RMSEA/SRMR	1083/ 707.99/ 371/0,942/ 0,029/0,039	1083/ 552.97 272/0,943/ 0, 031/0,040	1083 800.97 447/0,941/ 0,027/0,037	1083/ 907.00/ 504/0,934/ 0,027/0,035

+=<0,10, *=p<0,05; **=p<0,01; ***=p<0,001

Schauen wir auf die Einflüsse aus den Freundschaftsbeziehungen, unter der Kontrolle der Angaben aus der Familie, so gibt es weiterhin eine positive Korrelation zwischen den Bullying-Erfahrungen und der Unzufriedenheit mit dem Freundeskreis und mit externalisierenden Verhaltensweisen. Dies ist ähnlich zu den Ergebnissen aus den Einzelanalysen. Nehmen wir hingegen jetzt noch zusätzlich die Informationen aus dem schulischen Kontext mit auf, dann verschwindet der signifikante Effekt von Bullying, während der Effekt von Schulproblemen signifikant ist. Hier könnte entsprechend eine Beziehung zwischen den Bullying-Erfahrungen und den Schulproblemen mit Blick auf Externalisierung von Kindern vorliegen. Dies könnte bedeuten, dass Bullying vor allem im schulischen Kontext problematisch ist. Ferner zeigt sich, dass die negative Korrelation zwischen den Schulproblemen und der Externalisierung an Bedeutung verliert, wenn wir genauer die Unzufriedenheit der Mutter mit den Schulleistungen kontrollieren, d.h. die Unzufriedenheit auch mit den genannten Schulproblemen korreliert.

Es lässt sich konstatieren: Die Einflüsse aus den jeweiligen Kontexten Familie, Schule, Freundschaftsbeziehungen zeigen in den dargelegten Modellen überwiegend ähnliche Ergebnisse, wie in den einzelnen Kontextanalysen. Dies bedeutet auch, dass die Kontexte hinsichtlich der hier fokussierten abhängigen Variablen eher unabhängig voneinander wirken und die Einflüsse eher additiv sind und weniger über die einzelnen Kontexte moderiert oder mediiert werden. Dieses Ergebnis wird später nochmals durch die Berücksichtigung aller Einflussfaktoren überprüft. Es zeigt sich ferner, dass die neu hinzugenommenen Variablen zu den Mesokontexten nicht die vermuteten Effekte zeigen. Höchstens die Angabe über die Zufriedenheit mit den Schulleistungen der Kinder hat sich in zwei Modellen als signifikant offenbart.

Tabelle 36: Korrelationen der Kontextvariablen Familie und Freunde

Kontext Familie	Anzahl der Freunde	häufig Aktivitäten mit Freunde	Bullying-Erfahrungen	weniger zufrieden mit Freunden
Depressivität der Mutter	0,028	-0,013	0,059	0,148**
Optimismus der Mutter	-0,071	-0,041	-0,016	-0,093*
kindzentr. Kommunikation	0,033	-0,016	-0,038	-0,153**
Familienklima	-0,075	-0,046	0,055	-0,073
Anzahl Familienprobleme	-0,139**	-0,011	0,131**	0,215***

+=<0,10, *=p<0,05; **=p<0,01; ***=p<0,001

Um einen genaueren Überblick über die Zusammenhänge zwischen den einzelnen Kontexten zu bekommen, sind in den Tabellen 36,37,38 einzelne bivariate Korrelationen dargestellt. Hinsichtlich der Kontexte Familie und Freundeskreis ergeben sich vor allem Korrelationen zwischen den zentralen familialen Kontextvariablen und der Zufriedenheit mit den Freundschaftskreisen. Höhere Werte bei der Depressivität der Mutter korrelieren positiv mit einer geringeren wahrgenommenen Zufriedenheit ihrer Kinder mit ihren Freundschaftskreisen, während Optimismus und kindzentrierte Kommunikation negativ damit korrelieren. Anschaulich ist ebenfalls, dass die Anzahl der angegebenen Familienprobleme sowohl mit der von den Kindern angegebenen Zahl von Freundschaften, mit Bullying-Erfahrungen und auch mit einer geringeren Freundschaftszufriedenheit korreliert. D.h. es lassen sich hier schon, wie auch theoretisch vermutet wurde, Interdependenzen und Spill-Over-Effekte aus einem Kontext in einen anderen vermuten.

Tabelle 37: Korrelationen der Kontextvariablen Familie und Schule

Kontext Familie	schul. Wohl-befinden	Schulklima	Beliebtheit	Schulpro-bleme	Angst vor Lehrern
Depressivität der Mutter	-0,170[***]	-0,066	0,002	0,203[***]	0,163[***]
Optimismus der Mutter	0,172[***]	0,087	0,109[*]	-0,124[**]	-0,137[**]
kindzentr. Kommunikation	0,188[***]	0,153[**]	0,139[**]	-0,175[***]	-0,110[*]
Familienklima	0,051	-0,045	0,049	-0,050	-0,059
Anzahl Familienprobleme	-0,219[***]	-0,174[***]	-0,075	0,131[**]	0,130[**]

+=<0,10, [*]=p<0,05; [**]=p<0,01; [***]=p<0,001

Weitere Überschneidungen ergeben sich auch zwischen den Kontexten Schule und Familie. Die Depressivität der Mutter korreliert negativ mit dem seitens der Mutter wahrgenommenen Wohlbefinden ihrer Kinder in der Schule und es korreliert positiv mit der Anzahl genannter Schulprobleme und der empfundenen Angst ihrer Kinder vor den Lehrern. Die Effekte für eine optimistische Haltung der Mutter und kindzentrierte Kommunikation sind ebenfalls signifikant und laufen – wie erwartet – in die entgegenliegende Richtung. Es zeigt sich dabei, dass eine stärker kindzentrierte Kommunikation signifikant positiv mit dem aus der Perspektive der Kinder angegebenen Schulklima und auch mit der von den Kindern angegebenen Beliebtheit im Freundeskreis korreliert. Das bestätigt ebenfalls, dass es sich hierbei nicht nur um Korrelationen auf der subjektiven Ebene allein der Mutter handelt, sondern dass auch die einbezogenen Informationen aus der Perspektive der Kinder in die erwarteten Richtungen zeigen. Interessant sind diesbezüglich die Angaben zu den genannten Familienproblemen: Je höher die Anzahl eigener Probleme in der Familie desto geringer auch das schulische Wohlbefinden und das Schulklima aus der Sicht der Kinder und desto größer die Probleme in der Schule und die Angst vor Lehrern. Auch dies ist ein Zeichen dafür, dass sich die Kontexte in ihren Wirkungen überlagern. Dies ist ein Ergebnis, welches bei den multivariaten Analysen mit Blick allein auf die Signifikanz der Ergebnisse in der Form nicht so stark herauskam.

Tabelle 38: Korrelationen der Kontextvariablen Schule und Freunde

Kontext Familie	schul. Wohl-befinden	Schulklima	Beliebtheit	Schulpro-bleme	Angst vor Lehrern
Anzahl der Freunde	0,110[*]	0,083	0,107[*]	-0,198[***]	-0,126[**]
häufig Aktiv. m. Freunde	0,023	0,139[**]	0,195[***]	-0,099[*]	-0,136[**]
Bullying-Erfahrungen	-0,222[***]	-0,184[***]	-0,126[**]	0,225[***]	0,035
weniger zufr. mit Freunden	-0,430[***]	-0,092[*]	-0,200[***]	0,100[*]	0,191[***]

+=<0,10, [*]=p<0,05; [**]=p<0,01; [***]=p<0,001

Werfen wir nun abschließend den Blick auf die Überschneidungen zwischen dem schulischen Kontext und den Freundeskreisen, so finden sich auch hier eine Reihe von überschneidenden Variablen: Es zeigt sich, dass die Anzahl der Freunde positiv mit dem schulischen Wohlbefinden und mit der Beliebtheit bei anderen korreliert, wie es auch zu erwarten war. Ferner, dass die Schulprobleme und auch die Angst vor Lehrern sich dazu negativ verhalten. Ähnliche Ergebnisse finden sich auch für die Angabe der Häufigkeit von Aktivitäten. In die andere Richtung zeigen die Bullying-Erfahrungen. Je eher Kinder solche Erfahrungen im Freundeskreis erleben, desto geringer das schulische Wohlbefinden, das Schulklima und die wahrgenommene Beliebtheit und je größer die Angaben zu den Schulproblemen. Dies ist ein Hinweis für die enge Verstrickung dieser beiden Kontexte. Eine Korrelation mit der Angst vor Lehrern gibt es dabei nicht, was auch nochmals anzeigt, dass dies zunächst ein Problem zwischen den Kindern ist. Die mütterlichen Angaben zur Unzufriedenheit ihrer Kinder über deren Freundeskreis sind ähnlich wie die Aussagen der Kinder dazu: Auch hier finden sich negative Korrelationen mit dem schulischen Wohlbefinden, dem Schulklima und der Beliebtheit, sowie positive Korrelationen mit den Schulproblemen und der Angst vor Lehrern. Die Ergebnisse bestätigen wie in den Vermutungen geäußert, dass es nennenswerte Überschneidungen zwischen den Kontexten gibt und die Kontexte nicht unabhängig voneinander gesehen werden sollten. Es verdichten sich durch die vorgefundenen Korrelationen Hinweise, dass über alle einbezogenen Kontexte hinweg sich bestimmte negative oder positive Konstellationen herauskristallisieren, die sich über die Kontexte hinweg verstärken, bzw. sich zu Syndromen verdichten, also das gemeinsame Auftreten mehrerer Faktoren (Symptome), die sich als prädiktiv für einen bestimmten Zustand zeigen.

Kap. 6.5 Exosystem: Erwerbstätigkeit der Eltern

Wie in den theoretischen Ausführungen bereits näher erläutert, unterscheidet Bronfenbrenner zusätzlich zur Mesoebene noch die Exosysteme. Exosysteme sind definiert als Lebensbereiche an denen Personen, die im Blickpunkt der Analysen stehen, wie in diesem Fall Kinder, *nicht direkt* beteiligt sind. Sie sind es nur indirekt, vermittelt über andere Personen, mit denen sie soziale Beziehungen haben. Exosysteme bestimmen daher Ereignisse oder Prozesse und damit einhergehende Restriktionen oder Opportunitäten denen Personen ausgesetzt sind, die eng mit den fokussierten abhängigen Prozessen in Verbindung stehen. Für die vorliegende Fragestellung sind das insbesondere die Eltern.

Abbildung 22: Darstellung der Einflüsse von Mikrokontexte, Mesoebene und Exosysteme

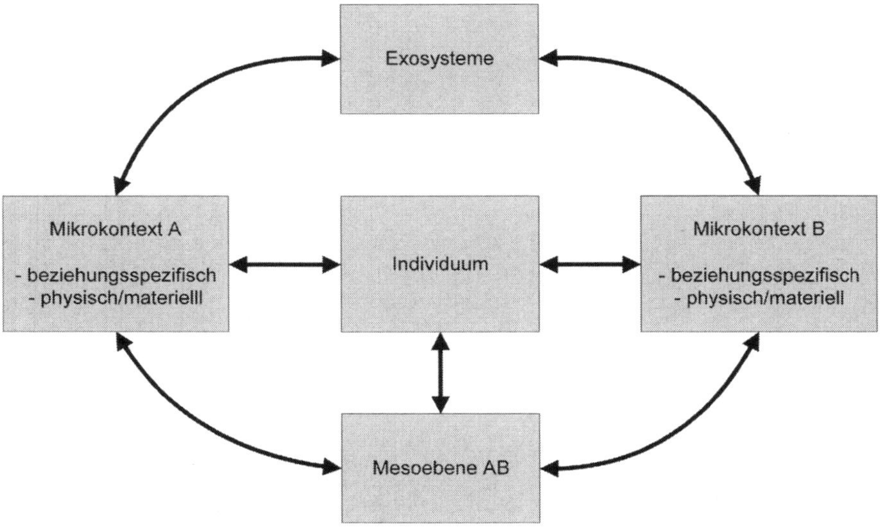

Der Bereich der Exosysteme ist sehr umfassend. Es können rein theoretisch alle Arten sozialer Beziehungen (Freunde der Eltern, Nachbarschaften, Vereinsmitgliedschaften) oder korporative Akteure (Arbeitgeber, Versicherungen, Krankenkassen usw.) darin Berücksichtigung finden. Wir werden uns hier lediglich einem zentralen Einflussbereich, dem Erwerbsbereich der Eltern, zuwenden.

Erwerbsstatus der Eltern

Das Verhältnis von Arbeit und Familie ist Thema vielzähliger Publikationen und Studien geworden. Neben der Diskussion um die Vereinbarkeit von Familie und Beruf vor dem Hintergrund sinkender Geburtenraten ist vor allem die Erforschung der Auswirkungen mütterlicher Erwerbstätigkeit auf kindliche Entwicklungsprozesse seit langem im Fokus empirischer und theoretischer Untersuchungen, vor allem weil die mütterliche Erwerbstätigkeit und damit auch die Notwendigkeit einer zusätzlichen Kinderbetreuung in den letzten Jahrzehnten zugenommen hat. Obgleich dieses Gebiet seit mehr als 50 Jahren beforscht wird, werden Ergebnisse immer noch kontrovers diskutiert (Waldfogel 2007; Jaursch & Lösel 2010). Vorreiter waren auch hier Studien aus dem US-amerikanischen Raum. Während in früheren Untersuchungen vereinzelt über negative Auswirkungen von Fremdbetreuung auf das Bindungsverhalten zwischen Müttern und Kindern berichtet wurde, finden neuere Untersuchungen dagegen keine, und wenn dann nur sehr schwache negative Zusammenhänge zwischen der Fremdbetreuung und der Bindungsqualität im frühen Kindesalter. Im Gegenteil, es wurden teilweise auch positive Effekte gefunden (Gottfried & Gottfried 2006; Parke & Buriel 2006; Waldfogel 2007; Lucas-Thomson et al. 2010; Jaursch & Lösel 2010). Auch die Dauer der zeitlichen An- oder Abwesenheit der Mutter hängt nicht negativ mit dem Bindungsverhalten und Merkmalen kindlichen Verhaltens zusammen (Huston & Rosenkranz Aronson 2005). Jaursch & Lösel (2010) finden in einer Längsschnittstudie nahezu keine signifikanten Effekte zwischen einer frühen und aktuellen Berufstätigkeit von Müttern und dem Sozialverhalten von Kindern im Alter bis zu 12 Jahren.

Eine Information, die dabei zunächst relevant ist, ist der Erwerbsstatus an sich und die Frage nach einer vorliegenden Arbeitslosigkeit. Kurzzeitige, insbesondere jedoch eine länger andauernde Arbeitslosigkeit bzw. häufige Wechsel des Erwerbsstatus geht in der Regel mit erheblichen Veränderungen in allen anderen Lebensbereichen und Kontexten einher. Arbeitslosigkeit zieht oftmals finanzielle Einbußen nach sich und kann sich auch negativ auf die von Arbeitslosigkeit betroffenen Personen z.B. im Hinblick auf soziale Anerkennung, Selbstachtung, Selbstwertgefühl, Selbstwirksamkeit, Auftreten von Depressionen, auswirken (Strehmel 2005). Analysen mittels Daten des DJI-Kinderpanels bestätigten ebenfalls, dass Arbeitslosigkeit eines oder beider Elternteile mit einer deutlich geringeren Ausstattung an Spielsachen, Medien, Sachbücher, Musikinstrumente, Lernsoftware einhergeht (Strehmel 2005). Es traten darüber hinaus mehr Nennungen von Problemen aller Art auf: Probleme in der Schule des Kindes, mehr Anspannung und Hektik im familialen Alltag, wenig Zeit zum Abschalten – obgleich sie arbeitslos waren. Hier scheinen sich also ebenfalls bestimmte „Bündelungen" mehrerer negativer Eigenschaften zu ergeben. So zeigen sich im Zusammenhang mit Arbeitslosigkeit negative Effekte auf gemeinsame Aktivitäten von Müttern und Kindern, wenn die Mütter arbeitslos waren; Eltern sind deutlich weniger an Elternabenden engagiert, beurteilten die Leistungen ihrer Kinder in der Schule schlechter, machten sich größere Sorgen um den schulischen Erfolg ihrer Kinder (Strehmel 2005).

Aber nicht nur dem Erwerbsstatus und der Frage, ob arbeitslos oder nicht, werden Einflüsse zugesprochen, sondern insbesondere hinsichtlich der mütterlichen Erwerbstätigkeit werden auch andere Aspekte wie die Arbeitsbedingungen, der empfundene Stress, die subjektive Zufriedenheit mit dem Beruf und der Gesamtsituation betont (Parke & Buriel 2008; 2006). Bisherige Studien zeigen, dass Erwerbstätigkeit von Müttern nicht per se zu negativen Auswirkungen auf die Entwicklung von Kindern führt (Conley et al. 2004; Fuhrer 2007; Powdthavee & Vignoles 2008). Kinder wünschen sich vor allem mehr Zeit mit ihren Vätern (Klenner & Pfahl 2005). Argumente, die einen negativen Effekt mütterlicher Erwerbstätigkeit betonen, beziehen sich oftmals – wie bereits oben erwähnt – auf eine bindungstheoretische Argumentation, darauf aufbauend, dass Forschungsergebnisse zeigen, dass der Abbruch frühkindlicher Bindungen von Kindern zu ihren Müttern zu negativen Entwicklungen von Kindern führen kann. Eine Übertragung dieser Ergebnisse auf die Erwerbstätigkeit von Müttern und ihre Bindung zu ihren Kindern ist jedoch unzulässig (Nave-Herz 2012; Hopf 2005), da schlichtweg eine Erwerbstätigkeit nicht mit dem Abbruch von Beziehungen gleichzusetzen ist.

Es zeigt sich ferner, dass der Grund der Erwerbstätigkeit, ob freiwillig oder nicht, ob ökonomisch notwendig oder nicht, die Einstellung zur Berufsarbeit, die Einstellung des Partners, die Art und Qualität der Ersatzbetreuung relevante Einflussfaktoren sind, die prädiktiver sind zur Vorhersage von Persönlichkeitsentwicklungen als das schlichte Faktum der Erwerbstätigkeit. Ähnliches gilt auch für die Rolle als Ganztags-Hausfrau/oder -mann. Auch hier ist entscheidend die Freiwilligkeit oder Nicht-Freiwilligkeit sowie die eigene Einstellung und die des Partners, der Partnerin zur Situation (Nave-Herz 2012). Es lassen sich daher keine generellen Hypothesen über den Zusammenhang von mütterlicher Erwerbstätigkeit und kindliche Outcomes formulieren. Zentral scheint einerseits der Grund zu sein, warum Mütter arbeiten müssen, d.h. besteht eine ökonomische Notwendigkeit, und andererseits die Zufriedenheit mit den Arbeitsbedingungen und der Situation insgesamt (Parke & Buriel 2006).

Arbeitsbedingungen, -stress und Arbeitszeit

Studien belegen, dass ein hohes Arbeitspensum mit großem Umfang an Arbeitsstunden Auswirkungen auf den familialen Bereich haben. So steht die Zeit, die auf der Arbeit oder unterwegs verbracht wird, in der Regel nicht der Familie zur Verfügung. Es erhöht sich die Wahrscheinlichkeit, dass die erwerbstätige Person erschöpft von der Arbeit nach Hause kommt und dann evtl. auch nicht mit weiteren familialen Problemen und Abläufen konfrontiert wird bzw. konfrontiert werden will, mit der Folge, dass die Integration in die Familie und deren Alltag gering sein könnte. Dies hat nicht selten auch Probleme in der Partnerschaft zur Folge (Streich 1994; Rosenstiel 2002). Diese Situation – mit und ohne elterliche Partnerschaftsprobleme –

kann ebenfalls negative Folgen auf die Beziehungsqualität zu den Kindern beinhalten. Studien belegen, dass Eltern, die beruflich unter hohem Druck arbeiten und sehr gestresst von ihrer Arbeit sind, vermehrt über Konflikte mit ihren Kindern berichten, oder sich stärker von den Kindern zurückziehen (Repetti 1994; Repetti & Wood 1997; Crouter et al. 1999; Crouter & Bumpus 2001; Parke & Buriel 2006). Powdthavee & Vignoles (2008) finden in einer Längsschnittanalyse, dass es vor allem der väterliche Stress ist, der sich negativ auf Kinder auswirkt. Belastende und unbefriedigende Arbeitsbedingungen können dazu führen, dass sich Eltern weniger mit ungeteilter Aufmerksamkeit auf die Bedürfnisse der Kinder einstellen können (Crouter & McHale 1993). Auch die Anzahl der Stunden scheint ein Effekt zu haben: Es zeigen sich mehr negative Effekte auf kindliche Outcomes, wenn Eltern Vollzeit arbeiten (Waldfogel 2007). Eltern können sich weniger in der Erziehung engagieren, wenn sie mehr Stunden am Tag arbeiten müssen, auch weil Zeit für Regeneration fehlt (Bornstein et al. 2003).

Abbildung 23: Einflüsse der Mikrokontexte und des Exosystems

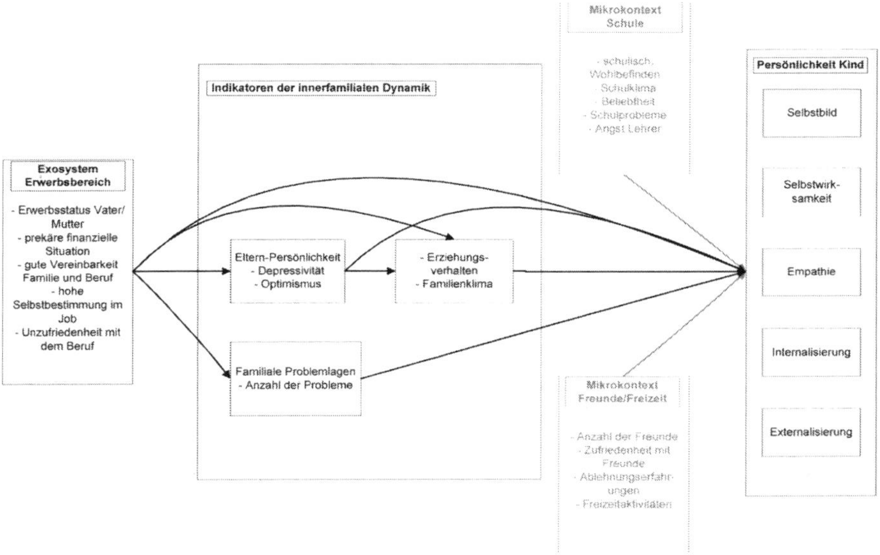

Andere Studien berichten hingegen, dass diejenigen, die eine hohe Job-Zufriedenheit haben, auch stärker über positive Beziehungen zu ihren Kindern berichten, selbst dann, wenn sie zeitlich sehr stark eingespannt sind. Dies unterstreicht die Notwendigkeit zwischen der Quantität und Qualität berufsbedingt nicht zur Verfügung stehender Zeit zu unterscheiden (Parke & Buriel 2006; Waldfogel 2007). Frühe Studien von Kohn (1981) verdeutlichen, dass auch die Art und Weise der Arbeitsbedingungen einen Einfluss auf die Eltern-Kind-Beziehung und auf die Paar-Beziehung haben können, was sich dann wiederum auf kindliche Entwicklungsprozesse auswirkt. In dieser Hinsicht findet Cooksey et al. (1997), dass die Kinder von berufstätigen Müttern weniger über Verhaltensprobleme berichten, wenn den Müttern mehr Autonomie in ihrer Arbeit zugesprochen wird, oder die Arbeit anspruchsvoller und herausfordernder ist (Parcel und Menaghan 1994; Hoffman & Youngblade 1999; Waldfogel 2007). Eng mit dem Erwerbsstatus hängt der Ausbildungsabschluss zusammen. Hier bestätigen empirische Studien immer wieder bekannte Effekte: Mütter mit höherer Bildung investieren mehr Zeit in die Erziehung ihrer Kinder, unterstützen häufiger ihre körperliche, sportliche Entwicklung, engagieren sich stärker in sozialen Netzwerken und sprechen auch häufiger mit ihren Kindern, versorgen ihre Kinder stärker mit einer besser ausgestatteten Anregungsumwelt (Bornstein et al. 2003). Ähnliche Effekte werden auch für die vorliegende Fragestellung erwartet (Conger & Donnellan 2007).

Empirische Analysen

Für die weiteren Analysen werden entsprechend den Hypothesen folgende Variablen mit in die Modelle hineingenommen: Erwerbsstatus der Eltern[30], gute Vereinbarkeit von Familie und Beruf[31], hohe Selbstbestimmung im Job[32] und Zufriedenheit mit der beruflichen Tätigkeit insgesamt[33].

Hinsichtlich der Angabe zur mütterlichen Erwerbstätigkeit zeigt sich, dass 33% angeben keiner Erwerbstätigkeit nachzugehen, 51% sind Teilzeit erwerbstätig und 16% sind Vollzeit erwerbstätig. Bei den Vätern sehen die Zahlen erwartungsgemäß anders aus: 81% sind Vollzeit erwerbstätig und 19% entweder Teilzeit oder gar nicht erwerbstätig. 41% der erwerbstätigen Mütter geben an, dass sie in ihrer Erwerbsarbeit beträchtliche Spielräume haben, frei und unabhängig zu entscheiden. Von den erwerbstätigen Müttern geben 61% an, dass ihnen ihr Job Gelegenheit gibt, frei und unabhän-

---

30 Erwerbsstatus der Mutter und des Vaters: Unterschieden wird, ob die Mutter Vollzeit, Teilzeit oder gar nicht arbeitet; da der Anteil der teilzeitarbeitenden Väter sehr gering ist, wird hier nur unterschieden zwischen Vollzeit und nicht Vollzeit tätige Väter.

31 Zustimmung auf das Item: „Meine Arbeit läßt sich gut mit meiner Familie vereinbaren" (Skala 1= stimmt völlig bis 4 stimmt gar nicht, gebildet wurde eine Dummyvariable mit 1 wenn auf Antwortskala 1=stimmt völlig, sonst 0).

32 Zustimmung zu Item: „Meine Arbeit gibt mir beträchtliche Gelegenheit, frei und unabhängig zu entscheiden" (1= stimmt völlig bis 4 stimmt gar nicht; Dummyvariable=1 wenn auf Antwortskala 1=stimmt völlig und 2 =stimmt eher, sonst 0).

33 Antwort auf das Item: „Sind Sie mit dieser Arbeit ... 1= sehr zufrieden bis 4 sehr unzufrieden", gebildet wurde eine Dummyvariable mit 1 wenn auf Antwortskala 3 bzw. 4 sehr unzufrieden angekreuzt wurde; sonst 0). Diese Angabe ist nur eine Annäherung, weil sie auch an diejenigen geht, die nicht erwerbstätig sind und z.B. „nur" Hausarbeit machen, aber auch für diese Mütter könnte eine Unzufriedenheit mit der Situation insgesamt negative Auswirkungen haben).

gig zu entscheiden; 43% der erwerbstätigen Mütter geben an, dass sich ihre Erwerbsarbeit gut mit der Familie vereinbaren lässt und 33% sagen, dass sie sehr zufrieden mit ihrer Erwerbssituation sind.

Betrachten wir die empirischen Ergebnisse, so zeigen die Analysen hinsichtlich des positiven Selbstbildes in einem ersten Modell lediglich einen Effekt von der Vereinbarkeit von Familie und Beruf auf das positive Selbstbild, d.h. Mütter, die angeben, dass sich ihre beruflichen gut mit den familialen Interessen arrangieren lassen, geben eher ein positives Selbstbild ihrer Kinder an. Werden nunmehr die zentralen familienrelevanten Variablen mit einbezogenen, so verliert dieser Vereinbarkeitseffekt seine Einflussstärke und Signifikanz. Hier ist es nunmehr, wie in allen anderen Modellen vorher auch, insbesondere das Familienklima, das eine hohe Korrelation mit dem positiven Selbstbild des Kindes hat. Dies legt dann wiederum nahe, dass der Effekt der Vereinbarkeit evtl. über das Familienklima vermittelt wirken könnte. D.h. die Vereinbarkeit von Beruf und Familie korreliert mit dem Familienklima, was letztendlich dazu führt, dass die ursprüngliche Korrelation an Einfluss verliert und das Familienklima als ein Mediator wirken könnte. Um dies zu testen, wird zunächst im Folgenden eine Regression der berufsbezogenen Variablen auf das Familienklima gerechnet.

Tabelle 39: Lineare Regressionen des Erwerbsbereichs und des Mikrokontext Familie auf Persönlichkeitsvariablen des Kindes

Unabhängige Variablen	Selbstbild	Selbstwirksamkeit	Empathie	Internalisierung	Externalisierung
Kontext Familie					
Depressivität der Mutter	0,005	-0,028	0,163+	0,593***	0,413***
Optimismus der Mutter	0,052	0,051	0,076	0,149+	0,062
kindzentr. Kommunikation	0,035	0,229***	0,458***	-0,093	-0,542**
Familienklima	0,233**	0,084	0,050	-0,050	-0,177
Anzahl von genannten Problemen	-0,012	-0,018	-0,036*	0,062**	0,067***
Exosystem					
Vater nicht Vollzeit (Ref.: Vater Vollzeit)	-0,007	-0,045	-0,002	0,002	0,135**
Mutter Vollzeit (Ref.: nicht erwerbstätig)	0,041	-0,080	-0,133*	0,106	0,023
Mutter Teilzeit (Ref.: nicht erwerbst.)	0,022	-0,098*	-0,104*	0,075	-0,001

Unabhängige Variablen	Selbstbild		Selbstwirksamkeit		Empathie		Internalisierung		Externalisierung	
hohe Selbstbestimmung im Job (Ref.: Nein)	0,015	0,003	0,046	0,035	0,056	0,042	0,016	0,017	-0,047	-0,030
gute Vereinbarkeit Familie / Beruf (Ref.: nein)	0,075**	0,018	0,076*	0,035	-0,001	-0,053	-0,015	0,017	-0,047	0,035
geringe Zufriedenheit mit Job (Ref.: Nein)	-0,012	0,030	-0,048	-0,021	-0,085+	-0,077	0,110	0,032	0,060	-0,031
Fach/Hochschulreife (Ref.: Real/Hauptschule)	-0,014	0,005	0,045	0,027	0,083*	0,053	-0,095+	-0,058	-0,123**	-0,057
Mädchen (Ref.: Junge)	-0,011	-0,009	0,027	0,017	0,215***	0,193***	0,002	0,008	-0,049	-0,015
R^2	0,031	0,182	0,021	0,112	0,081	0,269	0,012	0,101	0,034	0,305
N/Chi2/	1083/10.985	1083/417.13	1083/58.63	1083/52726	1083/3.705	1083/421.25	1083/57.614	1083/589.65	1083/83.51	1083/595.30
df/CFI/	7/0,968	240/0,950	26/0,972	293/0,950	7/0,999	240/0,953	35/0,970	319/0,937	35/0,963	319/0,944
RMSEA/SRMR	0,023/0,008	0,026/0,031	0,034/0,017	0,027/0,031	0,001/0,005	0,026/0,030	0,024/0,019	0,028/0,036	0,036/0,035	0,028/0,034

+=p<0,10; *=p<0,05; **=p<0,01; ***=p<0,001

213

Tabelle 40: Lineare Regression beruflicher Faktoren auf den Mediator Familienklima in Bezug auf die abhängige Variable positives Selbstbild

Unabhängige Variablen	Familienklima
Vater nicht Vollzeit (Ref.: Vater Vollzeit)	-0,064[**]
Mutter Vollzeit (Ref.: nicht erwerbstätig)	-0,009
Mutter Teilzeit (Ref.: nicht erwerbstätig)	-0,078[**]
gute Vereinbarkeit Familie / Beruf (Ref.: nein)	0,115[***]
hohe Selbstbestimmung im Job (Ref.: Nein)	-0,004
geringe Zufriedenheit mit Job (Ref.: Nein)	-0,079[*]
Fach/Hochschulreife (Ref.: Real/Hauptschule)	-0,029
R^2	0,066
N / Chi2/	1083 / 596.37
df/CFI/	315/0,902
RMSEA/SRMR	0,036/0,051

+=<0,10, [*]=p<0,05; [**]=p<0,01; [***]=p<0,001

Die Ergebnisse der Mediationsregression zeigen, dass die väterliche Arbeitslosigkeit sowie die mütterliche Teilzeiterwerbstätigkeit (im Vergleich zur Nicht-Erwerbstätigkeit) sowie eine geringe Jobzufriedenheit negativ mit dem Familienklima korreliert, während die Angabe einer guten Vereinbarkeit von Familie und Beruf damit positiv assoziiert ist. Entsprechend dieser Einflüsse werden drei indirekte Effekte getestet. Es zeigt sich, dass die gute Vereinbarkeit in der Tat einen indirekten Effekt aufweist (0,026**). D.h. die gute Vereinbarkeit korreliert positiv mit dem Familienklima und der indirekte Effekt (das Produkt beider Effektstärken, siehe Kap. 5) ist signifikant und korreliert positiv mit dem Selbstbild des Kindes. Einen ähnlichen signifikanten indirekten Effekt wird auch für die Jobzufriedenheit bestätigt. Wenn eine geringere Jobzufriedenheit vorliegt, korreliert dies negativ mit dem Familienklima, was dann wiederum rein statistisch gesehen einen indirekt negativen Effekt zum positiven Selbstbild des Kindes ergibt (-0,018*). Auch für die beiden anderen Variablen, die Arbeitslosigkeit des Vaters als auch die Teilzeiterwerbstätigkeit der Mutter zeigen sich in der gleichen Art und Weise signifikant negative Effekte (-0,015* und -0,018*). Beide Ergebnisse bestätigen damit die vorangehenden Vermutungen, dass der elterliche Erwerbsbereich als ein Exosystem einen direkten, vor allem aber auch einen indirekten Effekt auf weitere Variablen hat. Erwähnt werden muss, dass die Güte des Modells hier noch gerade vertretbar ist (siehe Kap. 5).

Hinsichtlich der kindlichen Selbstwirksamkeit liegen die Ergebnisse ähnlich. Auch hier zeigen sich zunächst nur geringe, signifikante direkte Effekte des beruflichen Exosystems auf die abhängige Variable (Tabelle 39). Lediglich die Teilzeiterwerbstätigkeit der Mutter (im Vergleich zur Nicht-Erwerbs-tätigkeit) als auch die gute Vereinbarkeit von Familie und Beruf zeigen signifikante Korrelationen mit der Selbstwirksamkeit auf. Werden nunmehr die familienrelevanten Variablen mit einbezogen, so verliert zumindest wiederum die Variable zur Vereinbarkeit seine Signifikanz. Hier ist die kindzentrierte Kommunikation der entscheidende Einflussfaktor, und wir werden entsprechend wiederum eine Regression berufsrelevanter Variablen auf diesen vermuteten Mediator rechnen.

Tabelle 41: Lineare Regression beruflicher Faktoren auf den Mediator kindzentrierte Kommunikation in Bezug auf die abhängige Variable Selbstwirksamkeit

Unabhängige Variablen	kindzentr. Kommunikation
Vater nicht Vollzeit (Ref.: Vater Vollzeit)	-0,135**
Mutter Vollzeit (Ref.: nicht erwerbstätig)	-0,022
Mutter Teilzeit (Ref.: nicht erwerbstätig)	0,017
gute Vereinbarkeit Familie / Beruf (Ref.: nein)	0,068+
hohe Selbstbestimmung im Job (Ref.: Nein)	0,011
geringe Zufriedenheit mit Job (Ref.: Nein)	-0,012
Fach/Hochschulreife (Ref.: Real/Hauptschule)	0,110**
R^2	0,051
N / Chi2/	1083 / 613.73
df/CFI/	298/0,932
RMSEA/SRMR	0,031/0,044

+=<0,10, *=p<0,05; **=p<0,01; ***=p<0,001

Die Ergebnisse zeigen hier eine signifikant negative Korrelation mit der Erwerbslosigkeit des Vaters und der kindzentrierten Kommunikation. Ferner einen schwach signifikanten positiven Effekt wiederum mit der Vereinbarkeit sowie einen hohen Bildungseffekt, dahingehend, dass diejenigen, die über die (Fach)Hochschulreife (im Vergleich zu niedrigeren Schulabschlüssen) verfügen eher einen kindzentrierten Kommunikationsstil haben. Auch für diese Zusammenhänge werden indirekte Effekte berechnet. Hierbei zeigen die Analysen einen signifikanten indirekten Effekt zwischen der Arbeitslosigkeit des Vaters, vermittelt über die kindzentrierte Kommunikation auf die Selbstwirksamkeit des Kindes (-0,031*). D.h. statistisch gesehen geht die Arbeitslosigkeit mit einer verringerten kindzentrierten Kommunikation einher und diese Reduzierung verringert den Effekt der kindzentrierten Kommunikation auf die Selbstwirksamkeit signifikant. Ein weiterer Effekt findet sich für die Bildung: Hier bestätigen die Analysen einen indirekten positiven Effekt von Bildung über kindzentrierte Kommunikation auf die Selbstwirksamkeit (0,026*).

Einflussfaktoren auf die kindliche Empathie zeigen (Tabelle 39), dass vor allem die Teilzeit- und die Vollzeiterwerbstätigkeit der Mutter signifikant negativ mit kindlicher Empathie korreliert ist. Auch der Effekt höherer Bildung und kindlicher Empathie lässt sich wiederum finden. Nach Einbeziehung der weiteren Variablen bleiben diese erwähnten Effekte jedoch bestehen, was entsprechend nicht vermuten lässt, dass hier weiterführende Mediationen vorhanden sind. Dies wird auch in den weiteren Analysen (Ergebnisse nicht gezeigt) bestätigt. Es liegen keine indirekten Effekte vor. Interessant ist jedoch vor allem der Effekt der Erwerbstätigkeit. Es hat den Anschein, als wenn mütterliche Erwerbstätigkeit zumindest für den Faktor der kindlichen Empathie einen Einfluss hat. Dies mag daran liegen, dass evtl. zu wenig Zeit für die Kinder vorhanden ist oder auch die Empathie der Kinder aufgrund dessen falsch eingeschätzt wird.

Mit Blick auf internalisierende Verhaltensweisen zeigen die Variablen des beruflichen Exosystem keinerlei Effekte (Tabelle 39). Es bestätigen sich lediglich die bereits bekannten Effekte der mütterlichen Persönlichkeit und der Anzahl genannter Familienprobleme.

Anders ist es bei der Externalisierung. Dort ist es wiederum die Arbeitslosigkeit des Vaters, welche positiv mit externalisierenden Verhaltensweisen von Kindern korreliert, und es lässt sich eine negative Korrelation mit dem Bildungsniveau der Mutter finden. Wir berechnen daher auch hier die Regressionen für die vermuteten Mediatoren.

Wie Tabelle 42 zeigt, korreliert die Arbeitslosigkeit des Vaters signifikant positiv mit der mütterlichen Depressivität sowie mit der Anzahl genannter Familienprobleme. Ferner ergibt sich eine negative Korrelation mit der kindzentrierten Kommunikation. Die Daten bestätigen ferner einen positiven Zusammenhang zwischen der Erwerbstätigkeit der Mutter, sowohl in Bezug auf Teilzeit als auch Vollzeit mit der Anzahl genannter Familienprobleme. Wiederum erkennbar ist der Zusammenhang mit der Vereinbarkeitsinformation. Die Ansicht darüber, Familie und Beruf gut vereinbaren zu können, korreliert auch signifikant negativ mit der Anzahl genannter Familienprobleme. Schließlich zeigen sich ebenfalls positive Korrelationen mit einer geringeren Jobzufriedenheit und der mütterlichen Depressivität sowie der Anzahl von Familienproblemen.

Wir können entsprechend zusammenfassen, dass es eine Vielzahl von Zusammenhängen zwischen den beruflichen Indikatoren und den hier einbezogenen Mediationen gibt. Ein Blick auf die berechneten indirekten Effekte zeigt nun, dass die Arbeitslosigkeit des Vaters einen signifikant indirekten Effekt auf externalisierendes Verhalten hat, vermittelt sowohl über die mütterliche Depressivität (0,029*) als auch über die kindzentrierte Kommunikation (0,062**) und auch über die Anzahl genannter Familienprobleme (0,015+). Es ergibt sich ferner ein signifikant positiver indirekter Effekt der mütterli-

Tabelle 42: Einflüsse beruflicher Faktoren auf die Mediatoren mütterl. Depressivität, kindz. Kommunikation und Anzahl der Familienprobleme in Bezug auf die abhängige Variable Externalisierung

Unabhängige Variablen	mütterliche Depressivität	kindzentr. Kommunikation	Anzahl Familienprobleme
Vater nicht Vollzeit (Ref.: Vater Vollzeit)	0,075*	-0,130**	0,197*
Mutter Vollzeit (Ref.: nicht erwerbstätig)	0,042	-0,020	0,455**
Mutter Teilzeit (Ref.: nicht erwerbst.)	0,032	0,021	0,379**
gute Vereinbarkeit Familie / Beruf (Ref.: nein)	-0,043+	0,063	-0,300**
hohe Selbstbestimmung im Job (Ref.: Nein)	-0,022	0,014	-0,092
geringe Zufriedenheit mit Job (Ref.: Nein)	0,146***	-0,020	0,216+
Fach/Hochschulreife (Ref.: Real/Hauptschule)	-0,043*	0,109**	0,086
R^2	0,058	0,057	0,027
N / Chi2/ df/CFI/ RMSEA/SRMR	1083/ 799.94 399/0,904/ 0,037/0,058	1083/ 684.48 324 / 0,927 0,032/ 0,047	1083 / 711.28 324/0,922 0,03/0,044

+=<0,10, *=p<0,05; **=p<0,01; ***=p<0,001

chen Teilzeit- und Vollzeiterwerbstätigkeit auf externalisierende Verhaltensweisen ihrer Kinder, vermittelt über die Anzahl genannter Familienprobleme (0,034** und 0,028**), während sich die Ansicht über eine gute Vereinbarkeit von Familie und Beruf rein statistisch gesehen reduzierend auf Externalisierung auswirkt (-0,022*). Bleibt zu erwähnen, dass eine geringe Jobzufriedenheit sich verstärkend auf die mütterliche Depressivität auswirkt und sich daraus ein indirekter positiver Effekt auf Externalisierung ergibt (0,057**), während eine höhere Bildung vermittelnt über die kindzentrierte Kommunikation sich reduzierend auf externalisierende Verhaltensweisen äußert.

Hinsichtlich der Analysen zum Exosystem Beruf der Eltern lässt sich entsprechend konstatieren, dass die direkten Einflüsse auf die Persönlichkeitsvariablen der Eltern eher vereinzelt auftreten. Insbesondere die väterliche Arbeitslosigkeit aber auch die Angabe zur Qualität der Vereinbarkeit von Beruf und Familie zeigen direkte Effekte. Diese Effekte verlieren jedoch insbesondere dann an Effektstärke, wenn weitere Informationen über proximale Faktoren des familialen Kontextes mit einbezogen werden. Es zeigt sich eine Reihe von signifikanten indirekten Effekten und es bestätigt sich daher die Hypothese, dass hier vor allem indirekte Effekte des Erwerbssystems auf kindliche Persönlichkeitsfaktoren wirken.

Kap. 6.6 Makrokontext: Wohnumwelt

Schließlich lässt sich als weitere Ebene die umgebende Makrostruktur analysieren. Das Makrosystem ist allgemein definiert als ein allgemeines kulturelles Muster, welches aber auch soziale Institutionen und Organisationen umspannt. Die Makrostruktur beinhaltet die Kultur und Subkulturen, gesamtgesellschaftliche Rahmenbedingungen, oder auch rechtliche Rahmenbedingungen und Rollenerwartungen (Eltern-Rollen), die sich auf alle unteren Ebenen auswirken und den Handlungsraum beeinflussen. „Der Begriff des Makrosystems bezieht sich auf die grundsätzliche formale und inhaltliche Ähnlichkeit der Systeme niedriger Ordnung (Mikro-, Meso-, Exo-), die in der Subkultur oder der ganzen Kultur bestehen oder bestehen könnten, einschließlich der ihnen zugrundeliegenden Weltanschauungen und Ideologien" (Bronfenbrenner 1981: 42). Dies bedeutet, dass sich kulturelle Muster des Makrosystems auch auf anderen Analyseebenen wie dem Mikro-, Meso- und Exosystem kristallisieren. Diese kulturellen Diffusionsprozesse können wir hier nicht abbilden und werden hier auch nicht weiter verfolgt. Uns geht es lediglich darum, abschließend nach Zusammenhängen zwischen den sozialstrukturellen Bedingungen und Opportunitätsstrukturen einerseits und den Outcomes kindlicher Persönlichkeit andererseits zu suchen, d.h. es geht ausschließlich darum, das Wohnumfeld sowie regionale Faktoren, zu berücksichtigen. Es wird entsprechend auch keine konkrete sozialgeografische Kinder- und Jugendforschung betrieben (Reutlinger 2008). Diesen interessanten Ansatz können wir hier nicht weiter verfolgen.

Wir haben entsprechend in den theoretischen Ausführungen darauf verwiesen, dass Umwelt dann relevant wird, wenn Individuen damit einen subjektiven Sinn verbinden bzw. die Umwelt auf Wahrnehmungsprozesse und auf Opportunitätsstrukturen in welcher Form auch immer einwirkt bzw. mitbestimmt (Harloff & Ritterfeld 1993; Hellbrück & Fischer 1999; Reutlinger 2008). Während der Wohnkontext im Zusammenhang mit den Mikrosystemen behandelt wurde, liegt hier dementsprechend der Fokus auf der Wohnumwelt.

Das entwicklungsfördernde Potential eines Lebensbereichs steigert sich in dem Maße, in dem die materielle und soziale Umwelt in diesem Lebensbereich der sich entwickelnden Person ermöglicht, an fortschreitend komplexeren Tätigkeiten, wechselseitigen Interaktionsmustern und primärdyadischen Beziehungen zu anderen Menschen in diesem Lebensbereich teilzunehmen (Bronfenbrenner 1981: 162). „Je responsiver dabei die physische wie die soziale Umwelt sind, desto eher kann das Kind die Erfahrung von Verhaltens-Verstärkungs-Kontingenz machen, d.h. sich selbst als Verursacher emotional positiv getönter Umweltveränderungen erleben. Die Verdichtung derartiger Erlebnisse zu situationsübergreifenden, stabilen Selbstwirksamkeits-Erwartungen setzt eine Vielfalt an Umweltbedingungen, setzt deren Komplexität und Variabilität voraus" (Hellbrück & Fischer 1999: 444). So hat Hart (1979) bereits früh auf den „Aktionsraum" von Kindern hingewiesen, als den Bereich, den Kinder alleine und ohne direkte Beaufsichtigung „erkunden" können. Dieser Raum dürfte umso größer sein, je weniger Gefahrenzonen (Straßen, Fabriken, Wasserflächen) sich in der Umgebung befinden. Zu dieser Thematik zählen auch das Freizeitangebot oder Mitgliedschaften in Vereinen, die einen positiven Einfluss auf die kindliche Entwicklung haben können.

Steinhübl (2005), der ebenfalls die DJI-Daten unter raumsoziologischen Aspekt analysiert hat, hebt zurecht hervor, dass konkret festgelegt werden muss, in welcher Weise der Raum positiv oder negativ auf die Entwicklung von Kindern wirken kann und was unter positiv und negativ dabei zu verstehen ist: „Ein optimaler Lebensraum für Kinder ist dadurch gekennzeichnet, dass er Kindern die Möglichkeit gibt, sich zu entdecken (in Spiel und sozialer Interaktion), sich gemäß ihrer Anlagen, Begabungen und Interessen zu entwickeln und zu lernen, sich allein, mit den Eltern sowie mit Peers und Freunden zu beschäftigen und selbstverantwortliches, soziales Handeln einzuüben. Hierfür sollte der Lebensraum, das heißt: die physisch-räumliche Umwelt, möglichst vielgestaltig sein und vielfältige Funktionen übernehmen können" (Steinhübl 2005: 243). Steinhübl (2005) findet mit den Daten des DJi-Kinderpanels, dass Kinder, die in risikobelasteten Wohnlagen leben, deutlich häufiger angeben, nicht sozial integriert zu sein. Vor allem steigt auch die Zufriedenheit von Kindern mit der Nachbarschaft, wenn sich die Wohnsituation verbessert, wobei die dahinter steckende Kausalität nicht ganz klar ist. In Bezug auf das Familienklima wurden keine Effekte bezüglich räumlicher Indikatoren gefunden (Steinhübl 2005). Einen deutlichen Effekt gab es jedoch mit der Internalisierung: Diejenigen, die in einer schlechteren Wohnlage aufwachsen, weisen stärkere Tendenzen der Internalisierung auf (Steinhübl 2005).

Ferner kann das Ambiente näher spezifiziert werden. So ließe sich die Wohnumgebung danach unterscheiden, ob die Reizzufuhr durch einzelne spezifische Objekte erfolgt (fokal) oder ob es sich um diffuse Lärm- und Aktivitätspegel handelt (ambient); gerade wenn Kinder sich nur schwer ambienten Reizüberflutungen, Stresssituationen entziehen können, sind räumliche, wohnlichbezogene Fluchtpunkte wichtig. Eine hohe Lärmbelastung kann mit negativen Folgen auf die kognitive Entwicklung einhergehen (Flade 2006; Hellbrück & Fischer 1999) und gerade dann ist ein Rückzugsort sehr wichtig.

Betrachtet man sich die Einflüsse der physikalischen Umwelt, dann muss man ferner unterscheiden zwischen direkten und indirekten Effekten auf kindliche Entwicklungsprozesse (BMFSFJ 1998). So kann man einerseits direkte Effekte vermuten, bspw. eine Korrelation zwischen der Bewegungsfreiheit von Kindern und ihrem Explorationsverhalten. Zum zweiten ist ein indirekter Effekt denkbar, d.h. die räumlich-physikalischen Bedingungen strukturieren bspw. die Interaktionsmöglichkeiten der Eltern mit ihren Kindern, bzw. können sich auch auf die Möglichkeiten der Ausgestaltung von Freundschaftsbeziehungen (Treffen, gemeinsame Unternehmungen usw.) auswirken (BMFSFJ 1998).

Empirische Analysen

Abbildung 24: Einflüsse der Mikrokontexte, der Mesoebene und der räumlichen Makroebene

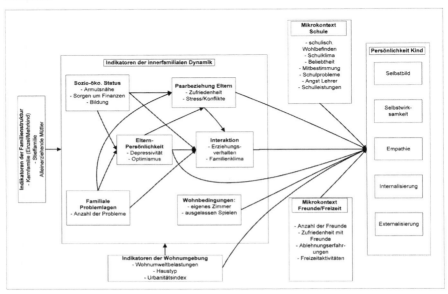

Wie bereits erwähnt, werden im Folgenden lediglich einige wenige Indikatoren der räumlichen Situation mit in die Analysen aufgenommen. Zum einen ein Indikator zur Messung der Verkehrssicherheit[34], zur Messung der Umweltbelastung in der Umgebung[35], zum Haustyp, in dem die Familie wohnt[36] sowie eine Angabe über den Urbanitätsindex[37]. Diese Variablen

---

34 Summe aus den beiden Items: Verkehrssicherheit 1= sehr gut bis 4= sehr schlecht, und genügend Orte für ungefährliches Spielen vorhanden 1=ja bis 4=nein (gebildet wurde eine Dummy-Variable mit 1= gefährliche Wohnumgebung wenn die Summe aus beiden Variablen größer 2 ist, sonst 0).

35 Gebildet wird ein Summenscore aus zwei Items: Belastung in Bezug auf Lärm und in Bezug auf Schmutz und Abgase, 1=sehr groß, 4= sehr gering (gebildet wurde eine Dummyvariable mit 1= Belastung sehr groß wenn der Durchschnitt des Summenscores kleiner 2,5 ist, sonst wird der Wert 0 zugeteilt).

36 Gemessen an der Anzahl der Wohnungen (gebildet wurde eine Dummy-Variable für Ein/Zweifamilienhaus=1 und für Mehrparteienwohnungen =0).

bilden das räumliche Umfeld der jeweiligen Familie ab und beschreiben die soziale kontextuelle Einbettung der Familie nochmals.

Die Verteilungen der Häufigkeiten zeigen, dass 68% der befragten Kinder in einem Ein-bzw. Zweifamilienhaus wohnen, 32% wohnen in Mehrparteienhäusern. 32% wohnen in einem Gebiet mit geringer Bevölkerungsdichte (bis 300 Einwohner/qkm); 37% in einem Gebiet mit mittlerer Dichte und 31% mit einer starken Verdichtung (mehr als 1200 Einwohner/qkm). Insgesamt kommen 84% der Familien aus Westdeutschland. 16% weisen eine größere Umweltbelastung auf und 22% geben an, dass die Verkehrssicherheit eher schlecht ist und nicht genügend Orte für ungefährliches Spielen vorhanden sind.

Tabelle 43: inflüsse des Mikrokontext Familie und der räumlichen Makroebene auf Persönlichkeitsvariablen des Kindes

Unabhängige Variablen	Selbstbild	Selbstwirksamkeit	Empathie	Internalisierung	Externalisierung
Kontext Familie					
Depressivität der Mutter	0,018	-0,060	0,146	0,599***	0,421***
Optimismus der Mutter	0,055+	0,065	0,081	0,158*	0,072
kindzentr. Kommunikation	0,030	0,175***	0,320***	-0,048	-0,564***
Familienklima	0,221**	0,124	0,082	-0,059	-0,131
Anzahl von genannten Problemen	-0,011	-0,030	-0,038	0,063**	0,063***
Kontext Makroebene					
höhere Belastungen Wohnumfeld	0,006	0,079	0,007	0,016	0,039
unsichere Wohngegend	-0,020	-0,036	-0,0057	0,029	0,026
geringer Urbanitätsindex	0,013	0,008	-0,018	-0,006	0,009
Mehrfamilienhäuser (Ref.: Ein/ Zwei-Fam.)	-0,001	-0,028	-0,030	0,022	-0,008
Mädchen (Ref.: Junge)	-0,007	0,032	0,206***	0,007	-0,017
R^2	0,172	0,109	0,220	0,095	0316
N/Chi2/ df/CFI/ RMSEA/SRMR	1083/ 445.38 202 / 0,929 0,033/0,037	1083/ 461.01 248 / 0,953 0,028 / 0,033	1083/ 406.50 202/ 0,945/ 0,031/ 0,034	1083/ 559.30 272 / 0,931 0,031/ 0,040	1083/ 554.50 271/0,940 0, 031/0,036

+=<0,10, *=p<0,05; **=p<0,01; ***=p<0,001

---

[37] Es wurde auf die bereits generierte Variable der zweiten Welle zurückgegriffen und eine Dummy-Variable gebildet, mit 0= geringe Verdichtung (bis 300 Einwohner/ km); 1= mittlere Verdichtung (301-1200 Einwohner/qkm) bzw. starke Verdichtung (mehr als 1200 Einwohner/qkm).

Die empirischen Ergebnisse für die Auswirkungen der Makrokontexte lassen sich schnell zusammenfassen. Es lassen sich keinerlei signifikante Effekte zwischen den Indikatoren der räumlichen Makroebene und den Persönlichkeitseigenschaften von Kindern nachweisen. Selbst wenn die Modelle ohne die zentralen familialen Einflussvariablen separat für sich gerechnet werden, zeigen sich keine wesentlichen Effekte, so dass auch hier keine substantiellen indirekten Effekte zu erwarten sind. Es lässt sich entsprechend konstatieren, dass die hier einbezogenen räumlichen Indikatoren der Makroebene anscheinend „zu weit" entfernt sind hinsichtlich der Erklärung kindlicher Persönlichkeisfaktoren und daher ihre Erklärungskraft in den multivariaten Analysen in der Form nicht durchkommen. Sieht man sich hingegen einige bivariate Analysen an, so zeigen sich zumindest einige Ergebnisse, die die theoretischen Zusammenhänge unterstützen.

Tabelle 44: Korrelationen der Kontextvariablen Familie und räumliche Makrokontexte

Kontext Familie	höhere Belastungen Wohnumfeld	unsichere Wohngegend	geringer Urbanitätsindex	Mehrfamilienhäuser (Ref.: Ein/Zwei-Fam.)
Depressivität der Mutter	0,150**	0,064	0,017	0,133**
Optimismus der Mutter	-0,087	-0,064+	-0,017	-0,080+
kindzentr. Kommunikation	-0,032	-0,005	-0,041	-0,151**
Familienklima	-0,016	-0,039	-0,020	0,001
Anzahl Familienprobleme	0,075	0,035	0,039	-0,022

+=<0,10, *=p<0,05; **=p<0,01; ***=p<0,001

So zeigt sich, dass die Depressivität der Mütter positiv mit höheren Belastungen in der Wohnumwelt und auch mit dem Haustyp Mehrfamilienhaus korreliert: Wohnen Mütter eher in Mehrparteienhäusern, dann steigt die Wahrscheinlichkeit des Auftretens depressiver Stimmungen. Ferner ergibt sich, dass für Mehrparteienhäuser auch die kindzentrierte Kommunikation negativer ist. Hier kommt evtl. der Effekt durch, dass sich in beengteren Wohnungsverhältnissen weniger Rückzugsräume befinden und die Kommunikation weniger bedürfnisbezogen ist und mehr Kontrolle und Verbote aufweist. Weitere Analysen ergeben, dass diese Effekte auch stark mit der ökonomischen Situation korrelieren. Diejenigen, die nahe an der Armutsgrenze leben, berichten eher darüber, dass sie in belastenden Wohngegenden und in Wohnblöcken leben, d.h. hier kommt stärker auch der negative Effekt kindzentrierter Kommunikation, der mit der prekären finanziellen Lage auftritt, durch.

Kap. 6.7 Resümee der kontextuellen Einflüsse

Im Folgenden werden nunmehr die einzelnen kontextuellen Einflüsse dahingehend überprüft, ob die einzelnen Einflussvariablen, die sich in den Kontexten als signifikant für die Modellanpassungen erwiesen haben, auch weiterhin Einflussstärke besitzen, selbst dann, wenn für andere Einflüsse aus den ergänzenden Kontexten kontrolliert wird. Hinsichtlich der kontextuellen Analyse erfolgt damit eine Überprüfung, ob den einzelnen Mikrokontexten ein signifikanter Einfluss zukommt, oder ob es nur einige wenige bspw. familiale Einflussfaktoren sind, die letztendlich den Anteil der aufgeklärten Varianz ausmachen.

Es wird entsprechend im Folgenden eine weitere Modellanpassung durchgeführt und zunächst alle Einflussfaktoren, die sich in den Kontexten und den bereits dort durchgeführten Modellanpassungen (siehe Ergebnisse im Anhang) als einflussreich erwiesen haben, in das Modell aufgenommen. Dann werden diese einzelnen Faktoren nach und nach wiederum restringiert (d.h. ihre Einflussstärke wird auf Null festgelegt) und mittels eines Chi²-Differenztest geprüft, ob die Restriktion eine signifikante Veränderung ergibt oder nicht. Ergibt sich keine signifikante Veränderung, dann ist der Einfluss dieses Kontextes nahe Null und damit eher gering. Alle Modellanpassungen werden jeweils unter der Kontrolle der Variablen sozioökonomischer Status, Bildung der Mutter sowie Geschlecht des Kindes durchgeführt. Diese Variablen sind als Kontrollvariablen immer einbezogen. Weitere Einflussfaktoren aus dem Exokontext und die räumlichen Indikatoren des Makrokontextes werden hier nicht weiter berücksichtigt, da sie sich nicht als eigenständige Einflussfaktoren erwiesen haben, sondern wenn sie einen Einfluss hatten, dann jeweils vermittelt über zentrale Variable der drei Mikrokontexte.

Tabelle 45: Modellanpassungen für die abhängige Variable positives Selbstbild

Modell			Modelfit: CFI/ RMSEA/SRMR	R^2
Nr. 1	Ausgangsmodell (AM), alle freigesetzt	$\chi^2 = 264{,}2/160$	0,951/ 0,025/0,027	0,27
Nr. 2	AM, Kontext Familie restringiert, sonstige freigesetzt (vgl. zu Modell 1)	$\chi^2 = 315{,}4{,}/165$ χ^2-Test=51,20[***]	0,930/ 0,029/0,035	0,16
Nr. 3	AM, Kontext Schule restringiert, sonstige freigesetzt (vgl. zu Modell 1)	$\chi^2 = 273{,}2/163$ χ^2-Test=9,00[*]	0,949/ 0,025/0,028	0,26
Nr. 4	AM, Kontext Freunde restringiert, sonstige freigesetzt (vgl. zu Modell 1)	$\chi^2 = 293{,}1/161$ χ^2-Test=28,90[***]	0,938/ 0,028/0,029	0,19

[*]=p<0,05; [**]=p<0,01; [***]=p<0,001

Hinsichtlich des positiven Selbstbildes wurde für den familialen Kontext die Information zum Optimismus der Mutter, zum Familienklima, zur kindzentrierten Kommunikation sowie zur Familienstruktur einbezogen. Diese Variablen haben sich in den vorangehenden Modellanpassungen (siehe Anhang) als signifikant erwiesen. Es zeigt sich nunmehr auch hier, dass diese Variablen im Zusammenspiel mit allen anderen Kontexten einen zentralen Einflussbereich bilden. Restringieren wir die Variablen des familialen Kontextes, dann erhöht sich der Chi^2-Wert und der Modellfit verschlechtert sich ebenfalls. Ein Differenztest gegenüber dem Ausgangsmodell zeigt einen signifikanten Wert an, d.h. das Modell mit den restringierten Variablen verschlechtert sich signifikant gegenüber dem Ausgangsmodell. Ebenso lässt sich erkennen, dass der Anteil der aufgeklären Varianz (R^2) sich deutlich verringert. Da die Einflusstärken des familialen Kontextes sich bedeutend von Null unterscheiden führt das Festsetzen dieser Einflüsse auf Null zu einem schlechteren Modellfit.

Werfen wir nunmehr einen Blick auf die Indikatoren des schulischen Kontextes und restringieren diese Einflussvariablen auf Null (und wiederum nur diese, alle anderen jeweils freigesetzt), dann zeigt sich auch hier, dass sich ein signifikanter Wert beim Differenztest ergibt, d.h. auch die schulischen Variablen haben einen bedeutenden Einfluss. Dieser ist aber deutlich geringer als der familiale, da sich zum einen der Modellfit gegenüber dem Ausgangsmodell (Model 1) nicht so stark verändert wie bspw. beim familialen Kontext und auch der Anteil der aufgeklärten Varianz verringert sich nur wenig. Dies bedeutet, dass die Annahme, der Einfluss der schulischen Variablen sei gleich Null, nicht so sonderlich stark das Modell verschlechtert, als wenn man einen von Null verschiedenen Effekt ermöglicht.

Wiederum deutlicher kommt der Kontext der Freunde durch. Zwar wird hier lediglich die Variable der Zufriedenheit mit Freunden einbezogen, da sie sich in den vorangehenden Modellanpassungen (siehe Anhang) als signifikant für das positive Selbstbild herausgestellt hat, aber diese Variable hat einen bedeutenden signifikanten Einfluss. Setzt man diese Variable der Zufriedenheit mit den Freunden auf Null, dann verschlechtert sich das Modell signifikant, der Modellfit wird schlechter und auch der Anteil der aufgeklärten Varianz verringert sich deutlich. Es lässt sich daher für das positive Selbstbild konstatieren, dass die Effekte aus den einzelnen Kontexten sich für das positive Selbstbild als stabil erweisen und jeweils einen eigenständigen Einfluss haben.

Tabelle 46: Modellanpassungen für die abhängige Variable Empathie

Modell			Modelfit: CFI/ RMSEA/SRMR	R^2
Nr. 1	Ausgangsmodell (AM), alle freigesetzt	χ^2=371,4/204	0,940/ 0,028/0,030	0,31
Nr. 2	AM, Kontext Familie restringiert, sonstige freigesetzt (vgl. zu Modell 1)	χ^2= 433,8/209 χ^2-Test=62,40[***]	0,920/ 0,032/0,037	0,18
Nr. 3	AM, Kontext Schule restringiert, sonstige freigesetzt (vgl. zu Modell 1)	χ^2= 382,7/208 χ^2-Test=11,30[*]	0,937/ 0,028/0,031	0,30
Nr. 4	AM, Kontext Freunde restringiert, sonstige freigesetzt (vgl. zu Modell 1)	χ^2= 381,0/206 χ^2-Test=9,60[***]	0,937/ 0,028/0,031	0,29

[*]=p<0,05; [**]=p<0,01; [***]=p<0,001

Hinsichtlich der Empathie als abhängige Variable finden sich ähnliche Ergebnisse. Die einbezogenen Variablen für den familialen Kontext sind das Familienklima, die kindzentrierte Kommunikation, die Familienstruktur sowie das Vorhandensein von Familienproblemen. Auch hier zeigt die Modellanpassung, dass sich das Modell signifikant verschlechtert, wenn wir diese familialen Einflüsse auf Null setzen. Der Modellfit sowie auch der Anteil der aufgeklärten Varianz nehmen ebenfalls an Güte ab. Bezüglich der Einflussfaktoren des schulischen Kontextes haben sich in den vorangehenden Analysen das schulische Wohlbefinden, das Schulklima, vorhandene Schulprobleme, Angst vor Lehrern sowie die Beliebtheit in der Klasse als einflussreich erwiesen. Restringieren wir diese Variablen hinsichtlich ihres Einflusses auf Null, dann verschlechtert sich zwar das Modell gegenüber dem Ausgangsmodell signifikant, jedoch nicht in der Stärke, wie es beim familialen Kontext der Fall ist. Ein ähnliches Ergebnis findet sich in Bezug zu den Einflussfaktoren des Kontextes Freunde. Die hier einbezogenen Variablen wie die Aktivitäten mit Freunden und die Zufriedenheit mit Freunden haben zwar einen signifikanten Beitrag zum Ausgangsmodell, aber der Modellfit und auch die aufgeklärte Varianz verringern sich nicht gravierend.

Betrachten wir nunmehr die Selbstwirksamkeit als weitere abhängige Variable, so lassen sich die Ergebnisse auch hier recht kurz zusammenfassen. Hinsichtlich des Kontextes Familie wurde das Familienklima, die kindzentrierte Kommunikation und die Angaben zur Familienstruktur einbezogen. Setzen wir diese Einflüsse auf Null verschlechtert sich wiederum das Modell signifikant gegenüber dem Ausgangsmodell. Ähnliches gilt für den schulischen Kontext. Die verwendeten Variablen, die sich in den Voranalysen zu diesem Kontext als prädiktiv herausgestellt haben (schulische Wohlbefinden, Schulprobleme, Angst vor Lehrern; Beliebtheit, Schulleistung), haben insgesamt einen signifikanten, eigenständigen Einfluss auf die Selbstwirksamkeit von Kindern. Gleiches gilt für den Kontext Freunde und die diesbezüg-

Tabelle 47: Modellanpassungen für die abhängige Variable Selbstwirksamkeit

Modell			Modelfit: CFI/ RMSEA/SRMR	R^2
Nr. 1	Ausgangsmodell (AM), alle freigesetzt	χ^2=333,5/191	0,947/ 0,026/0,026	0,19
Nr. 2	AM, Kontext Familie restringiert, sonstige freigesetzt (vgl. zu Modell 1)	χ^2= 364,9/195 χ^2-Test=31,40[***]	0,937/ 0,038/0,032	0,14
Nr. 3	AM, Kontext Schule restringiert, sonstige freigesetzt (vgl. zu Modell 1)	χ^2= 372,6/196 χ^2-Test=39,10[***]	0,934/ 0,039/0,031	0,16
Nr. 4	AM, Kontext Freunde restringiert, sonstige freigesetzt (vgl. zu Modell 1)	χ^2= 351,8/194 χ^2-Test=18,30[***]	0,941/ 0,027/0,028	0,17

[*]=p<0,05; [**]=p<0,01; [***]=p<0,001

lich berücksichtigten Variablen: Anzahl der Freunde, Aktivitäten mit Freunde und die Zufriedenheit mit Freunden.

Ein Blick auf die Modellanpassungen zur abhängigen Variable Internalisierung zeigt – wie inzwischen nicht anders zu erwarten war –, dass wiederum der familiale Kontext und die einbezogenen Variablen (Persönlichkeit der Mutter, Familienstruktur, Anzahl Familienprobleme) einen signifikanten Einfluss zur Verbesserung des Modells haben. Während dieses Ergebnis auch für die schulischen Variablen (schulisches Wohlbefinden, Schulprobleme, Angst vor Lehrern; Schulleistung) zutrifft, gilt dies nicht für die Variablen des Kontextes Freundschaft. Setzen wir die einbezogenen Variablen (Anzahl der Freunde, Aktivitäten, Zufriedenheit mit Freunden, Bullying) auf Null so verschlechtert sich das Modell nicht signifikant, der Modellfit und auch der Anteil der aufgeklärten Varianz verändern sich ebenfalls nicht bedeutend. M.a.W.: Wir würden in Bezug auf die Erklärung der Varianz internalisierender Verhaltensweisen nicht viel verlieren, wenn wir die Indikatoren

Tabelle 48: Modellanpassungen für die abhängige Variable Internalisierung

Modell			Modelfit: CFI/ RMSEA/SRMR	R^2
Nr. 1	Ausgangsmodell (AM), alle freigesetzt	χ^2=361,4/175	0,936/ 0,031/0,030	0,18
Nr. 2	AM, Kontext Familie restringiert, sonstige freigesetzt (vgl. zu Modell 1)	χ^2= 391,7/180 χ^2-Test=30,30[***]	0,927/ 0,033/0,036	0,12
Nr. 3	AM, Kontext Schule restringiert, sonstige freigesetzt (vgl. zu Modell 1)	χ^2= 396,1/179 χ^2-Test=34,70[***]	0,925/ 0,033/0,034	0,13
Nr. 4	AM, Kontext Freunde restringiert, sonstige freigesetzt (vgl. zu Modell 1)	χ^2= 368,2/179 χ^2-Test=6,70/ n.s.	0,935/ 0,031/0,031	0,17

[*]=p<0,05; [**]=p<0,01; [***]=p<0,001

Tabelle 49: Modellanpassungen für die abhängige Variable Externalisierung

Modell			Modelfit: CFI/ RMSEA/SRMR	R^2
Nr. 1	Ausgangsmodell (AM), alle freigesetzt	$\chi^2=861{,}2/485$	0,937/ 0,027/0,034	0,34
Nr. 2	AM, Kontext Familie restringiert, sonstige freigesetzt (vgl. zu Modell 1)	$\chi^2= 984{,}2/492$ χ^2-Test=123,0***	0,917/ 0,030/0,048	0,14
Nr. 3	AM, Kontext Schule restringiert, sonstige freigesetzt (vgl. zu Modell 1)	$\chi^2= 865{,}3/489$ χ^2-Test=4,10/n.s.	0,937/ 0,027/0,034	0,34
Nr. 4	AM, Kontext Freunde restringiert, sonstige freigesetzt (vgl. zu Modell 1)	$\chi^2= 870{,}6/487$ χ^2-Test=9,40***	0,936/ 0,027/0,034	0,34

*=p<0,05; **=p<0,01; ***=p<0,001

des Freundeskreises nicht mit einbeziehen würden. Hier sind es stärker der familiale und schulische Kontext, die eine bedeutsamere Rolle spielen.

Schließlich erfolgt ein Blick auf die Ergebnisse zu externalisierenden Verhaltensweisen. Auch hier wiederum ergibt sich das bekannte Bild, dass der familiale Kontext den größten Einflussfaktor (gemessen am Modellfit und am Anteil der aufgeklärten Varianz) hat. Setzen wir die familialen Indikatoren (hier die Persönlichkeit der Mutter, die Familienstruktur, das Familienklima, die kindzentrierte Kommunikation, Anzahl, Familienprobleme) auf Null, verschlechtert sich das Modell gegenüber dem Ausgangsmodell signifikant, und auch der Modellfit und die aufgeklärte Varianz nehmen an Güte ab. Es zeigt sich nunmehr aber auch, dass die schulischen Variablen (schulisches Wohlbefinden, Schulprobleme, Angst vor Lehrern, Schulleistung) das Modell nicht bedeutend verschlechtern würden, wenn wir die Einflussstärke auf Null setzen. Weder ist der Chi^2-Differenztest signifikant, noch verändert sich der Modellfit oder die aufgeklärte Varianz in bedeutsamem Maße. Ähnlich sind die Ergebnisse für den Kontext Freunde mit den Variablen Zufriedenheit mit Freunden und Bullying-Erfahrungen. Zwar ist der Chi^2-Differenztest signifikant, aber der Modellfit und das R^2 unterscheiden sich wenig vom Ausgangsmodell.

Es lassen sich daher hinsichtlich der kontextuellen Einflüsse zwei wesentliche Ergebnisse resümieren: Zum einen weisen die drei wesentlichen Mikrokontexte Familie, Schule und Freunde signifikante Einflüsse – jeweils unter wechselseitiger Kontrolle – auf. Für das positive Selbstbild, Empathie und Selbstwirksamkeit trägt jeder Kontext eigenständig etwas zur Verbesserung des Modells bei. Bei den internalisierenden Verhaltensweisen spielt der Freundschaftskontext, bei den externalisierenden Verhaltensweisen der schulische Kontext eher eine untergeordnete Rolle – zumindest nach diesen Querschnittsergebnissen. Zum zweiten zeigt sich, dass im Vergleich der Einflussstärken der jeweiligen Kontexte dem familialen Kontext ein bedeutsamerer Einfluss, gemessen an der Einflussstärke und der erklärten Varianz, zukommt, als dies im Vergleich zu den anderen Kontexten der Fall ist. Dies bestätigt auch nochmals die These des sozial-ökologischen Modells dahingehend, dass es zunächst einmal die proximalen Faktoren sind, die hinsichtlich der Entwicklung kindlicher Persönlichkeitsstrukturen einen relevanten Einfluss haben.

Kap. 6.8 Typisierungen kindlicher Persönlichkeiten und kontextuelle Einbettung

Bis hier haben wir gemäß einer sozialökologischen Perspektive die einzelnen Einflüsse aus den jeweiligen Kontexten im Hinblick auf relevante Persönlichkeitsmerkmale analysiert. Im letzten Schritt der empirischen Analysen wollen wir das empirische Material danach betrachten, ob sich gemessen über die Variablen einzelner Kontexte hinweg, spezifische Typisierungen und Syndrome ergeben, in denen die beobachteten Kinder eingeteilt werden können. Es geht darum, ob sich am Ausgang der Kindheit hinsichtlich der hier interessierenden abhängigen Variablen und deren wesentlichen Einflussfaktoren typische kindbezogene Lebenslagen nachweisen lassen, die sich auch im Hinblick auf die hier einbezogenen abhängigen Variablen unterscheiden. Es wird demnach abschließend der Schritt unternommen, die vielfältigen Einflüsse aus den unterschiedlichsten Kontexten nunmehr durch Typisierungen zu verdichten.

Wir haben im Folgenden eine Clusteranalyse (zur Methodik siehe Kap. 5) durchgeführt, um zu sehen, ob sich aus den einbezogenen Merkmalen typische Cluster generieren lassen. Dafür haben wir die wesentlichen Einflussfaktoren aus den jeweiligen Kontexten mit aufgenommen. Da sich der Makrokontext als wenig prädiktiv erwiesen hat, ist er aus den Analysen herausgenommen worden. Die Clusteranalyse erbrachte eine 3er Clusterlösung[38]. In der Abbildung 25 sind für die einbezogenen Merkmale die jeweiligen Abweichungen vom Mittelwert dargestellt.

Betrachten wir zunächst das zweite Cluster. Es umfasst 37% des Samples. Es zeigen sich hinsichtlich der uns interessierenden Merkmale leicht unterdurchschnittliche Werte für internalisierendes und externalisierendes Verhalten sowie überdurchschnittliche Werte für Empathie und Selbstwirksamkeit. Das positive Selbstbild zeigt über alle Cluster hinweg nahezu wenige Ab-

---

[38] Die Wahl der Clusterzahl kann nach technisch-statistischen Kriterien erfolgen (z.B. nach Duda/Hart 1973). Allgemeingültige Kriterien dafür, welche Clusterzahl optimal ist, gibt es aber nicht. Ein wichtiges Entscheidungskriterium ist daher immer, dass sich die Clusterlösung inhaltlich theoretisch im Hinblick auf die vorliegende Fragestellung begründen lässt.

Abbildung 25: Darstellung der Abweichungen der einbezogenen Variablen vom jeweiligen Mittelwert in den Kontexten

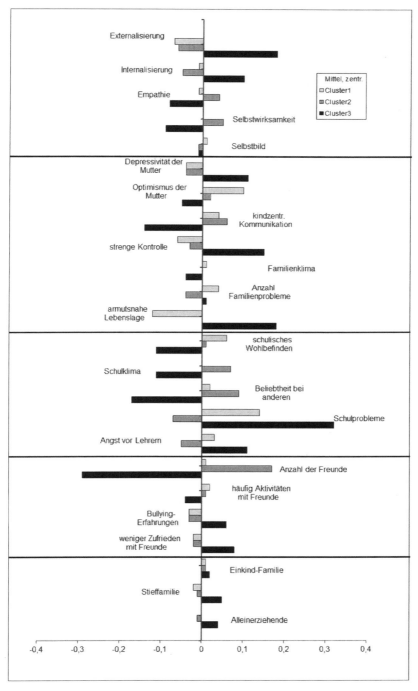

weichungen. D.h. hinsichtlich der hier interessierenden identitätsrelevanten abhängigen Variablen sind überdurchschnittlich günstige Ausprägungen bei dieser Gruppe von Kindern vorhanden.

Das Cluster 2 zeigt nun weitere positive, entwicklungsfördernde Merkmale für den familialen Kontext: Die Depressivität der Mutter, die strenge Kontrolle und die Anzahl von Familienproblemen sind unterdurchschnittlich ausgeprägt, während der Optimismus der Mutter und die kindzentrierte Kommunikation überdurchschnittliche Werte haben. Auch der schulische Kontext ist positiv: Schulklima und Beliebtheit bei anderen ist deutlich überdurchschnittlich, Schulprobleme und Angst vor Lehrern deutlich unterdurchschnittlich ausgeprägt. Ebenso der Freundschaftskontext: Die Anzahl der Freunde ist deutlich höher, Bullying-Erfahrungen und die geringe Zufriedenheit niedriger als in den anderen Clustern. Sozialstrukturell lässt sich dieses Cluster weiter beschreiben: Die Mutter ist eher Vollzeit oder eher nicht erwerbstätig. Die subjektive Einschätzung der Vereinbarkeit von Familie und Beruf wird jedoch als nicht sonderlich gut angesehen und weist unterdurchschnittliche Werte auf und so ist auch die Zufriedenheit mit dem Job unterdurchschnittlich ausgeprägt. Hinsichtlich des Bildungsstands handelt es sich dabei vor allem um Frauen mit Realabschluss und Abitur. Es liegt entsprechend eine Gruppe mit positiven Entwicklungsbedingungen vor, gemessen an den hier fokussierten Outcomes. Die Kontexte Familie, Schule und Freundschaften sind überdurchschnittlich gut ausgeprägt, lediglich bei den beruflichen Bedingungen werden einige negative Aspekte erwähnt, die sich aber nicht auf die Familiensituation und die Persönlichkeit der Kinder durchschlagen.

Sehen wir uns kontrastierend dazu Cluster 3 an. Es umfasst 24% der Stichprobe. Hier sehen wir bezogen auf die fokussierten abhängigen Variablen eine überdurchschnittliche Ausprägung von externalisierenden und internalisierenden Verhaltensweisen, während die Angaben zur Empathie und zur Selbstwirksamkeit deutlich unterdurchschnittlich ausgeprägt sind. D.h. hier liegen in Bezug auf die interessierenden, identitätsrelevanten Variablen eher ungünstige Bedingungen vor.

Betrachten wir für dieses Cluster die Ausprägungen der einzelnen Kontexte, so zeigt sich zunächst, dass der familiale Kontext deutliche Einschränkungen im Vergleich zum zweiten Cluster aufzeigt: Die Depressivität der Mutter und die strenge Kontrolle sind deutlich überrepräsentiert. Vor allem handelt es sich um eine Gruppe, die häufiger in einer finanziell schlechteren Situation lebt. Ebenso ist der Optimismus der Mutter als auch die kindzentrierte Kommunikation geringer entwickelt. Diese Beeinträchtigungen zeigen sich auch durch den schulischen Kontext: Das schulische Wohlbefinden, das Schulklima als auch die Beliebtheit bei anderen ist deutlich unterdurchschnittlich ausgeprägt, während die Schulprobleme und die Angst vor Lehrern überdurchschnittlich positive Werte aufweisen. Auch der

Kontext Freundeskreis zeigt negative Tendenzen: Die Anzahl der Freunde ist deutlich geringer, die Bullying-Erfahrungen sowie auch die Unzufriedenheit mit den Freunden deutlich erhöht. Sozialstrukturell betrachtet handelt es sich um eine Gruppe, die in erhöhtem Maße von väterlicher Arbeitslosigkeit betroffen sind, die Mehrheit der Mütter hat einen Hauptschulabschluss und auch der Anteil der Stieffamilien und Alleinerziehenden ist überdurchschnittlich vorhanden.

Es liegt mit diesem Cluster demnach eine Gruppe vor, die eher negative Ausprägungen hinsichtlich der fokussierten Variablen aufweist und es zeigt sich ebenfalls, dass die Einflussfaktoren dafür nicht nur in einem Kontext zu suchen sind. Dieses Cluster weist ein Syndrom von Einflussfaktoren auf, die über alle Kontexte gehen: Familie, Schule, Freunde und weitere sozialstrukturelle Merkmale.

Bleibt das erste Cluster (39%). Dieses ist zunächst gekennzeichnet durch durchschnittliche und damit in dieser Darstellung wenig auffällige Ausprägungen hinsichtlich der interessierenden abhängigen Variablen. Der familiale Kontext weist positive Entwicklungen (weniger Depressivität, mehr Optimismus, kindzentrierten Kommunikation, weniger soziale Kontrolle, weniger prekäre Lebenslagen), aber auch einen negativen Aspekt aus, wie die Anzahl der Familienprobleme. Ähnlich der schulische Kontext: Neben positiven Einflüssen wie das Wohlbefinden und das Schulklima existieren auch negative Aspekte wie die Anzahl an Schulproblemen sowie die Angst vor Lehrern. Der Kontext Freunde zeigt sich tendenziell positiv bzw. eher neutral mit wenigen zu betonenden Ausprägungen. Sozialstrukturell betrachtet ist die Teilzeit arbeitende Mutter deutlich überrepräsentiert, die Vereinbarkeit ist eher positiv und das Bildungsniveau deutlich höher, vergleichbar mit dem Cluster 2. D.h. dieses Cluster zeigt sowohl eine Vielzahl von positiven Entwicklungsbedingungen, aber auch eine Reihe von negativen Eigenschaften in verschiedenen Kontexten.

Kap. 7 Fazit und Ausblick

Die vorliegende Arbeit fokussiert einen Teil des kindlichen Wohlbefindens (Bertram & Bertram 2009: 175; Bertram 2008), keinesfalls den gesamten Aspekt. Die Analysen betrachten wichtige Outcomes zum Ausgang der Kindheit, die gerade auch prädiktiv für den weiteren Verlauf und Lebenslauf des Kindes sind. Es sind Variablen, die – so wurde theoretisch argumentiert – auch für den Prozess der anstehenden Identitätsphase bedeutsam sind, und zwar: Externalisierung und Internalisierung, Empathie, Selbstwirksamkeit und das positive Selbstbild.

Um nach möglichen Einflussfaktoren für diese genannten Faktoren zu suchen, bedienten wir uns der sozialökologischen Betrachtungsweise von Urie Bronfenbrenner (1976). Dieser theoretische Ansatz wird zwar oft theoretisch als ein wesentlicher Zugang hervorgehoben, aber in der Umsetzung beschränken sich die meisten Analysen darauf, einzelne Aspekte des jeweiligen Zusammenhangs zu fokussieren, ohne die anderen Kontexte mit einzubeziehen, oder aufgrund der Datenlage mit einbeziehen zu können. Um für die vorliegende Fragestellung einen breiteren Zugang zu haben, wählten wir eine theoretische Vorgehensweise, die versucht, eine Vielzahl relevanter Kontexte mit einzubeziehen und aufeinander zu beziehen. In dem Fall der hier interessierenden Fragestellung waren das vor allem die Kontexte der Familie, der Schule, der Freundeskreise und der Erwerbsbereich der Eltern.

Im Anschluss an eine theoretische Diskussion über die Wirkungsweise proximaler Faktoren im sozialökologischen Kontexte erfolgte dann eine – wenngleich immer noch mit Einschränkungen verbundene – Überprüfung der Kontextrelevanz mit Daten der zweiten und dritten Welle des Kinderpanels vom Deutschen Jugendinstitut (Alt 2005). Es wurde hierbei versucht, möglichst wesentliche Einflussfaktoren aus den jeweiligen Kontexten zu identifizieren, diese auf die abhängigen Variablen zu beziehen und nach Wechselwirkungen innerhalb und zwischen den einzelnen Kontexten zu schauen. Ohne die einzelnen Analysen hier en detail nochmals zu wiederholen, lassen sich abschließend eine Reihe von Ergebnissen festhalten.

Es sei zunächst angemerkt, dass die Ergebnisse und Einflussfaktoren, die sich entlang der einzelnen Kontexte in Bezug auf die abhängigen Variablen nachweisen ließen, in der Mehrheit keineswegs neu sind, sondern es ließ sich zeigen, dass die gefundenen Ergebnisse in hohem Maße bereits bekannte Effekte und Analysen unterstützten. Vor allem die thematisch vielfältigen, bereits mit dem DJI-Kinderpanel durchgeführten Analysen haben sehr informativ und detailliert die einzelnen Kontexte untersucht (siehe die Sammelbände von Alt 2005 a,b; 2007; 2008). Wenngleich das Set an kindlichen Persönlichkeitsvariablen in dieser Arbeit etwas anders zugeschnitten und theoretisch eingeführt wurde, decken sich viele Ergebnisse mit den bereits durchgeführten Analysen. Das Ziel dieser Arbeit liegt jedoch nicht in der Replikation bereits vorliegender Ergebnisse, sondern vielmehr darin, nunmehr systematisch die einzelnen Kontexte stärker aufeinander zu beziehen, um letztendlich den sozialökolgischen Zugang nicht nur theoretisch, sondern auch empirisch mit den vorhandenen möglichen Daten umzusetzen.

Die empirischen Analysen haben diesbezüglich gezeigt, dass im Hinblick auf die fokussierten Persönlichkeitseigenschaften nicht nur dem familialen Kontext eine wichtige Erklärungskraft zukommt, wie es auch zu erwarten war, sondern der schulische Kontext als auch die Beziehungen zu den Freundeskreisen ergänzen die direkten familialen Einflussfaktoren und bilden einen eigenständigen, zusätzlichen Wirkungsfaktor. Dieses Ergebnis bestätigt den sozialökologischen Zugang und verdeutlicht, dass es notwendig ist, sofern es die Daten erlauben, weitere Kontexte mit einzubeziehen um ein kompletteres Bild von relevanten Einflussfaktoren zu erhalten. Die Analysen bestätigen daher nachdrücklich, dass eine verstärkte Sichtweise auf die ganzheitliche soziale Einbettung entlang verschiedener Kontexte eine notwendige Perspektive ist, wie es auch schon mehrfach betont wurde (Bertram & Betram 2009).

Es ergeben sich, so wie es die empirischen Daten zeigen, eine Vielfalt von indirekten Effekten und Wechselwirkungen innerhalb eines Kontextes (Persönlichkeit der Mutter und Erziehungsverhalten und Familienklima) als auch *zwischen* den einzelnen Kontexten. Auch dies stützt den theoretischen Zugang, der in hohem Maße dafür plädiert, sich den Wechselwirkungen mit den angrenzenden Kontexten zuzuwenden. Die Ergebnisse bestätigen, wie in den Vermutungen geäußert, dass es nennenswerte Überschneidungen zwischen den Kontexten gibt und die Kontexte nicht unabhängig voneinander gesehen werden sollten. Es ergaben sich Hinweise, dass bestimmte Konstellationen sich über alle einbezogenen Kontexte hinweg zu eher positiven oder eher negativen Lebenslagen von Kindern verdichten, deren Ausprägungen, ob förderlich oder hinderlich, sich für die Kinder über die Kontexte hinweg verstärken bzw. sich zu Syndromen verdichten.

Der sozialökologische Zugang hebt die besondere Bedeutung proximaler Prozesse hervor und den Umstand, dass distale Faktoren sich eher indirekt auf die proximalen Faktoren übertragen. Die vorliegenden empirischen Analysen bestätigen dieses Ergebnis. Es lassen sich zum einen zwar eigenständige Effekte aus den einzelnen Kontexten benennen, es zeigt sich aber, dass bspw. der familiale Kontext mit den Variablen der kindzentrierten Kommunikation, dem Familienklima und der mütterlichen Persönlichkeit wesentliche Einflussfaktoren darstellen, die sich durchgängig als prädiktiv erwiesen haben, die aber wiederum durch andere Faktoren mit beeinflusst werden, wie z.B. durch die Familienstruktur, durch den Erwerbsstatus und die Erwerbsbedingungen, durch die finanzielle Situation. Diese Einflussfaktoren wirken entsprechend eher indirekt, vermittelt über proximale Faktoren auf die Persönlichkeit von Kindern. Dieser theoretisch vermutete Zusammenhang lässt sich mit den Daten und Analysen bestätigen.

Sieht man sich die einzelnen Effekte in den einzelnen Kontexten an, vor allem auch die, die sich weitestgehend als signifikante Faktoren zeigen, selbst wenn für die anderen Kontexte kontrolliert wird, dann lassen sich hier übergreifende Muster erkennen. Es scheint darauf hinauszulaufen, dass gerade diese Variablen sich in den jeweiligen Kontexten als prädiktiv erweisen, die sich stärker an den Bedürfnissen des Kindes orientieren, die eher emotionale Wärme, Offenheit, konstruktives Interaktionsverhalten, Anerkennung und Wertschätzung beinhalten, wie die kindzentrierte Kommunikation, das Familienklima, die Anzahl von engen Freunden, das schulische Wohlbefinden, die Beliebtheit bei anderen. Während Variablen, die eher das Gegenteil messen, eher Missachtung und Ablehnung, Angst vor anderen, die kindlichen Bedürfnisse nicht in den Blick nehmend, sich durchgehend als negative Faktoren zeigen (wie z.B. strenge Kontrolle, Angst vor Lehrern, Unzufriedenheit mit Freunden). Es lässt sich entsprechend allgemeiner vermuten, dass auf wechselseitige Anerkennung basierende soziale Beziehungen sich über alle Kontexte hinweg als prädiktiv für ein positives Selbstbild, für höhere Selbstwirksamkeit und Empathie und im geringeren Maße für externalisierendes und internalisierendes Verhalten erweisen.

Hinsichtlich der Analyse der Bedeutsamkeit kontextueller Einflüsse ließ sich zeigen, dass die drei wesentlichen Mikrokontexte Familie, Schule und Freunde signifikante Einflüsse – jeweils unter wechselseitiger Kontrolle – in Bezug auf die kindliche Persönlichkeit aufweisen. Ferner bestätigt sich die Vermutung, dass im Vergleich der Einflussstärken der jeweiligen Kontexte dem familialen Kontext ein bedeutsamerer Einfluss, gemessen an der Einflussstärke und der erklärten Varianz, zukommt, als dies im Vergleich zu den anderen Kontexten der Fall ist. Dies bestätigt auch nochmals die These des sozialökologischen Modells dahingehend, dass es zunächst einmal die proximalen Faktoren sind, die hinsichtlich der Entwicklung kindlicher Persönlichkeitsstrukturen einen relevanten Einfluss haben. Aber es zeigt sich in den vorangehenden Analysen eben auch, dass die Ausgestaltung dieser proximalen Faktoren auch von einer Reihe anderer Einflüsse beeinflusst wird (z.B. dem Exosystem der elterlichen Erwerbstätigkeit). Es dürfte sehr interessant sein, die Veränderungen der Einflussstärken proximaler Faktoren und Kontexte über den Längsschnitt zu analysieren. Zwar finden wir hier für den Ausgang der Kindheit das Ergebnis, dass gerade die familialen Einflussfaktoren die entscheidenden Variablen sind, aber dies braucht nicht so zu bleiben. Gerade mit dem Eintritt in die anschließende Jugendphase, könnten sich die Gewichte der Einflüsse zwischen den Kontexten verschieben – was nicht zuletzt auch mit erhöhtem Konfliktpotential einhergehen könnte.

Das leitet auch über zu dem Ergebnis, dass sich in den Clusterungen über alle Kontexte hinweg gewisse Syndrome von Symptome finden lassen. Es scheint so zu sein, dass sich kindliche Lebenslagen im Hinblick auf die hier fokussierten Persönlichkeitseigenschaften nach gewissen förderlichen und nicht-förderlichen Faktoren bündeln lassen. Eine positive Entwicklung zeigt sich dann nicht nur entlang der gemessenen abhängigen Variable, sondern sowohl im familialen Kontext, als auch zugleich in den anderen Kontexten. Das gleiche gilt für eher negative Entwicklungen. Kinder in derartigen negativen Konstellationen sind nicht nur ökonomisch benachteiligt, sondern leben in multiplen Deprivationslagen: nicht nur in der Familie, sondern auch in der Schule und im Freundeskreis. Und es zeigte sich dabei auch, dass der Anteil derjenigen, die unter nicht so idealen Bedingungen aufwachsen – und das über mehrere Kontexte hinweg – mit 24% eine relativ hohe Gruppe ist. Selbstverständlich ließen sich hier weitere Abstufungen von Deprivationslagen vornehmen. Die Ergebnisse zeigen aber, dass es nicht einzelne Einflussfaktoren oder nur einzelne Kontexte sind, sondern dass sich ungünstige Bedingungen auch über mehrere Kontexte hinweg bündeln. Was nun letztendlich kausal der Auslöser für die eine oder andere Bedingung war, lässt sich nur im Längsschnitt beantworten. Dazu sind die Daten DJI-Kinderpanels, obgleich als Längsschnitt angelegt, durch die Panelmortalität, wechselnde Erhebungsinstrumente und durch den zu kurzen Erhebungszeitrum nicht geeignet. Diese Ergebnisse decken sich aber interessanter Weise auch mit Befunden aus der Jugendforschung. Im Kontext der Shell-Jugendstudie kommen Albert et al. (2011) zu dem Ergebnis, dass ca. 20% der Jugendlichen den gegenwärtigen Anforderungen nicht gewachsen sind und sich als „abgehängt" betrachten.

Dies führt dann letztendlich zu dem Punkt, in der Zukunft stärker danach zu schauen, was die ursächlichen Faktoren für diese multiplen Deprivationslagen sind, welche Ausgangspunkte sich finden lassen und in welcher Art und Weise sich „kontextuelle Ansteckungseffekte" ergeben. Damit erhebt sich auch die Frage nach möglichen wechselseitigen Kompensationsmustern über die Kontexte hinweg. Derartige Fragen lassen sich aber nicht in einem reinen Querschnitt beantworten und sie lassen sich auch nicht innerhalb eines Kontextes beantworten. Sich diesen Fragen empirisch zu widmen, bedarf einer gezielten multikontextuellen Längsschnittanalyse (Card et al. 2009), die es auch ermöglicht, stärker danach zu schauen, wo und wie Interventionsprogramme stärker anzusetzen haben. Die derzeitig auf den Weg gebrachten Studien (pairfam, FID, NEPS, SOEP) werden mit weiteren Erhebungswellen gerade auch das Potential für weiterführende Fragestellungen in diesen thematischen Feldern bereitstellen.

Literatur

Abels, H. (2006): Identität. Wiesbaden.

Abels, H. (2007): Interaktion, Identität, Präsentation. Wiesbaden.

Aboud, F.E. und Mendelson, M.J. (1996): Determinants of friendship selection and quality: developmental perspectives. In: Bukowski, W.M., Newcomb, A.F. und Hartup, W.W. (Hrsg.): The company they keep. Friendship in childhood and adolescence. Cambridge, S. 87-115.

Achenbach, T.M. und Edelbrock, C.S. (1981): Behavior problems and competencies. Reported by parents of normal and disturbed children aged 4 to 16. Monographs of the Society for Research in Child Development, 46. Serial No. 188.

Ainsworth, M.D.S. (1964): Patterns of attachment behavior shown by the infant in interaction with his mother. In: Merrill-Palmer Quarterly, 10, S. 51-58.

Ainsworth, M.D.S. (1985): Bindungen im Verlauf des Lebens. In: Grossmann, K.E. und Grossmann, K. (Hrsg.): Bindung und menschliche Entwicklung. Stuttgart, 2003, S. 341-367.

Ainsworth. M.D.S. und Wittig, B. (1969): Bindungs- und Explorationsverhalten einjähriger Kinder in einer Fremden Situation. In: Grossmann, K.E. und Grossmann, K. (Hrsg.): Bindung und menschliche Entwicklung, Stuttgart 2003, S.112-146.

Ainsworth, M.D.A., Bell, S.M.V. und Stayton, D.J. (1971): Individuelle Unterschiede im Verhalten in der Fremden Situation bei ein Jahr alten Kindern. In: Grossmann, K.E. und Grossmann, K. (Hrsg.): Bindung und menschliche Entwicklung, Stuttgart 2003, S. 169-211.

Ainsworth, Mary D.S. und Bowlby, John (1991): Ein ethologischer Zugang zur Persönlichkeitsentwicklung. In: Grossmann, K.E. und Grossmann, K. (Hg.): Bindung und menschliche Entwicklung, Stuttgart 2003, S. 70-97.

Aken, M. und Riksen-Walraven, Marianne J.v. (1992): Parental support and the development of competence in children. In: International Journal of Behavioral Development, 15, S. 101-123.

Alsaker, F.D. (2003): Quälgeister und ihre Opfer. Mobbing unter Kindern und wie man damit umgeht. Bern.

Alt, Chr. (2005a): Kinderleben – Aufwachsen zwischen Familie, Freunden und Institutionen. Bd.1: Aufwachsen in Familien. Wiesbaden.

Alt, Chr. (2005b): Kinderleben – Aufwachsen zwischen Familie, Freunden und Institutionen. Bd.2: Aufwachsen zwischen Freunden und Institutionen. Wiesbaden.

Alt, Ch. (2005c): Das Kinderpanel. Einführung. In: Alt, Christian (Hg): Kinderleben – Aufwachsen zwischen Familie, Freunden und Institutionen. Bd.1: Aufwachsen in Familien. Wiesbaden, S. 7-23.

Alt, Chr. (2007): Kinderleben – Start in die Grundschule. Bd.3: Ergebnisse aus der zweiten Welle. Wiesbaden.

Alt. Chr. (2008): Kinderleben – Individuelle Entwicklungen in sozialen Kontexten. Bd.5: Persönlichkeitsstrukturen und ihre Folgen. Wiesbaden.

Alt, Ch. und Quellenberg, H. (2005): Daten, Design und Konstrukte. In: Alt, Chr. (Hrsg.): Kinderleben – Aufwachsen zwischen Familie, Freunden und Institutionen. Bd.1: Aufwachsen in Familien. Wiesbaden, S. 277-303.

Alt, Ch., Teubner, M. und Winklhofer, U. (2005): Familie und Schule – Übungsfelder der Demokratie. In: Aus Politik und Zeitgeschichte, 41, S. 24-31.

Alt, Chr. und Gloger-Tippelt, G. (2008): Persönlichkeitsentwicklung und Sozialstruktur. In: Alt. Chr. (Hrsg.): Kinderleben – Individuelle Entwicklungen in sozialen Kontexten. Bd.5: Persönlichkeitsstrukturen und ihre Folgen. Wiesbaden, S. 7-27.

Altermatt, E.R. und Pomerantz, E.M. (2003): The devlopment of competence-related and motivational beliefs: An investigation of similarity and influence among friends. In: Journal of Educational Psychology, 95, S. 111-123.

Amaniti, M., Speranza, A.M. und Fedele, S. (2005): Attachment in infancy and in early and late childhood: a longitudiinal study. In: Kerns, K.A. und Richardson, R.A. (Hrsg.): Attachment in middle childhood. New York, S. 115-136.

Amato, P.R. (2000): The consequences of divorce for adults and children. In: Journal of Marriage and the Family, 62, S. 1269-1287.

Amato, P. R. (2001): Children of divorce in the 1990s: An update of the Amato and Keith (1991) meta-analysis. In: Journal of Family Psychology, 15, S. 355-370.

Amato, P.R. und Keith, B. (1991): Parental Divorce and the well-being of children: a meta-analysis. In: Psychological Bulletin, 110, S. 26-46.

Archer, S.L. (1982): The Lower Age Boundaries of Identity Development. In: Child Development, 53, S. 1551-1556.

Asendorpf, J. (2005): Psychologie der Persönlichkeit. Berlin.

Asendorpf, J. (2008): Genetische Grundlagen der Sozialisation. In: Hurrelmann, K., Grundmann, M. und Walper, S. (Hrsg.): Handbuch der Sozialisationsforschung. Weinheim, S. 70-82.

Asendorpf, J. und Aken, M. v. (1993): Deutsche Versionen der Selbstkonzeptskalen von Harter. In: Zeitschrift für Entwicklungspsychologie und Pädagogische Psychologie, 25, S. 64-86.

Asendorpf, J. und Aken, M. v. (2003): Validity of big five personality judgments in childhood: a 9 year old longitudinal study. In: European Journal of Personality, 17, S. 1-17.

Asher, S.R., Rose, A. J. und Gabriel, S.W. (2001): Peer rejection in everyday life. In: Leary, M.R. (Hrsg.): Interpersonal rejection. London, S. 105-142.

Bacher, J. (1997): Einkommensarmutsgefährdung von Kindern in Österreich und deren Auswirkungen auf die Schullaufbahn und das subjektive Wohlbefinden – eine Sekundäranalyse des Sozialen Surveys. In: Sozialwissenschaftliche Rundschau, 1, S. 39-62.

Bacher, J., Winklhofer, U. und Teubner, M. (2007): Partizipation von Kindern in der Grundschule. In: Alt, Chr. (Hrsg.): Kinderleben – Start in die Grundschule. Bd.3: Ergebnisse aus der zweiten Welle. Wiesbaden, S. 271-299.

Backhaus, K., Erichson, B., Plinke, W. und Weiber, R. (2003): Multivariate Analysemethoden. Berlin.

Ball, J., Lohaus, A. und Miebach, Chr. (2006): Psychische Anpassung und schulische Leistungen beim Wechsel von der Grundschule zur weiterführenden Schule. In: Zeitschrift für Entwicklungspsychologie und Pädagogische Psychologie, 38, S. 101-109.

Bandura, A. (1976): Lernen am Modell. Stuttgart.

Bandura, A. (1977): Self-Efficacy: toward a unifiying theory of behavioural change. In: Psychological Review, 84, S. 191-215.

Bandura, A. (1997): Self-Efficacy. New York.

Bandura, A., Barbaranelli, C., Caparra, G.V. und Pastorelli, C. (2001): Self-Efficacy beliefs as shapers of children's aspirations and career trajectories. In: Child Development, 72, S. 187-206.

Barkhaus, A., Mayer, M., Roughly, N. und Thürnau, D. (1998): Identität. Leiblichkeit. Normativität. Frankfurt/M.

Barker, R.G. (1968): Ecological Psychology. Stanford.

Baron, R.M. und Kenny, D.A. (1986): The moderator-mediator distinction in social psychological research: Conceptual, strategic and statistical considerations. Journal of Personality and Social Psychology, 51, S. 1173-1182.

Barquero, B. und Geier, B. (2008): Elterliches Erziehungsverhalten. In: Alt. Chr. (Hrsg.): Kinderleben – Individuelle Entwicklungen in sozialen Kontexten. Bd.5. Wiesbaden, S. 125-149.

Baumann, Z. (1995): Ansichten der Postmoderne. Hamburg.

Bauman, Z. (1997): Flaneure, Spieler und Touristen, Essays zu postmodernen Lebensformen. Hamburg.

Baumrind, D. (1971): Note: Harmonious parents and their preschool children. In: Developmental Psychology, 4, S. 99-102.

Baumrind, D. (1989): Rearing competent children. In: Damon, W. (Hrsg.): Child development today and tomorrow. San Francisco, S. 349-378.

Baumrind, D. (1991): Parenting styles and adolescent development. In: Lerner, R.M., Petersen, A.C. und Brooks-Gunn, J. (Hrsg.): Encyclopaedia of adloescence. New York, S. 746-758.

Beck, U. (1986): Risikogesellschaft. Frankfurt/M.

Behnken, I. und Zinnecker, J. (1987): Vom Straßenkind zum verhäuslichten Kind. Zur Modernisierung städtischer Kindheit 1900 – 1980. In: Sozialwissenschaftliche Informationen, Nr.2, 87–96.

Beisenherz, G. (2005): Wie wohl fühlst du dich? Kindliche Persönlichkeit und Umwelt als Quelle von Wohlbefinden und Unwohlsein bei Grundschulkindern. In: Alt, Chr. (Hrsg): Kinderleben – Aufwachsen zwischen Familie, Freunden und Institutionen. Bd.1: Aufwachsen in Familien. Wiesbaden, S. 157-187.

Bellmore, A.D. und Cillessen, A.H.N. (2006): Reciprocal influences of victimization, percieved social preference, and self-concept in adolescence. In: Self and Identity, 5, S. 209-229.

Belsky, J. (1981): Early Human Experience: a Family Perspective. In: Developmental Psychologie, 17, S. 3-23.

Belsky, J. (1984): The Determinants of parenting. A process model. In: Child Development, 55, S. 83-96.

Belsky, J. (1990): Parental and nonparental care and children's socioemotional development: A decade in review. In: Journal of Marriage and the Family, 52, S. 885-903.

Belsky, J. (1999): Interactional and contextual determinants of attachment security. In: Cassidy, J. und Shaver, P. (Hrsg.): Handbook of Attachment. New York, S. 249-264.

Belsky, J. und Pasco Fearon, R.M. (2008): Precursors of attachment security. In: Cassidy, J. und Shaver, P.R. (Hrsg.): Handbook of Attachment. New York, S. 295-317.

Berndt, T.J. (1996): Friendship quality affects adolescents´ self-esteem and social behavior. In: Bukowski, W.M., Newcomb, A.F. und Hartup, W.W. (Hrsg.): The company they keep. Friendship during childhood and adolescence. New York, S. 346-365.

Bertram, H. (1978): Gesellschaft, Familie und moralisches Urteil. Weinheim.

Bertram, H. (1981): Sozialstruktur und Sozialisation. Neuwied.

Bertram, H. (1982): Von der schichtspezifischen zur sozialökologischen Sozialisationsforschung. In: Vaskovics, L.A. (Hg.): Umweltbedingungen familialer Sozialisation. Stuttgart, S. 25-55.

Bertram, H. und Bertram, B. (2009): Familie, Sozialisation und die Zukunft der Kinder. Opladen.

Betz, T., Lange, A. und Alt, Chr. (2007): Das Kinderpanel als Beitrag zur Sozialberichterstattung über Kinder – Theoretisch-konzeptionelle Rahmung sowie methodologische und methodische Implikationen. In Alt, Chr. (Hrsg.): Kinderleben – Start in die Grundschule. Bd.3: Ergebnisse aus der zweiten Welle. Wiesbaden, S. 19-61.

Biedermann, H. und Oser, F. (2006): Junge Menschen zwischen Gefügigkeit und Mitverantwortung: Partizipationserfahrungen und Aspekte sozialer sowie politischer Identität. In: Quesel, C. und Oser, F. (Hrsg.). Die Mühen der Freiheit: Probleme und Chancen der Partizipation von Kindern und Jugendlichen. Zürich, S. 95-136.

Bischof-Köhler, D. (2011): Soziale Entwicklung in Kindheit und Jugend. Stuttgart.

BMFSFJ (Bundesministerium für Familie, Senioren, Frauen und Jugend) (1998): Kinder und ihre Kindheit in Deutschland. Eine Politik für Kinder im Kontext von Familienpolitik. Stuttgart.

BMFSFJ (Bundesministerium für Familie, Senioren, Frauen und Jugend) (2003): Stärkung familialer Erziehungskompetenzen. Berlin.

BMFSFJ (Bundesministerium für Familie, Senioren, Frauen und Jugend) (2005): Zwölfter Kinder- und Jugendbericht. Berlin.

Boardman, J.D. und Robert, St.A. (2000): Neighborhood socioeconomic status and perceptions of self-efficacy. In: Sociological Perspectives, 43, S. 117-136.

Bogenschneider, K. (1997): Parental involvement in adolescent schooling: A proximal process with transcontextual validity. In: Journal of Marriage and Family, 59, S. 718-733.

Bolger, K.E., Patterson, C.J. und Kupersmidt, J.B. (1998): Peer relations and self esteem among children who have been matreated. In: Child Development, 72, S. 549-568.

Bollen, K.A. (1989): Structural Equations with latent variables. New York.

Booth, A. und Amato, P.R. (1991): Divorce and psychological stress. In: Journal of Health and Social Behavior, 32, S. 369-407.

Booth, C., Rose-Krasnor, L., McKinnon, J.-A. und Rubin, K-H. (1994): Predicting social adjustment in middle childhood: the role of preschool attachment security and maternal role. In: Social Development, 3, S. 189-205.

Booth, A. und Dunn, J. (1996): Family-school links. Mahwah.

Bornstein, M.H. und Bradley, R.H. (2003): Socioeconomic status, parenting, and child development, Mahwah.

Bornstein, M.H., Hahn, C.-S., Suwalsky, J.T.D. und Haynes, M.O. (2003): Socioeconomic status, parenting, and child development: The Hollinghead Four-Factor Index of social status and the socioeconomic index of occupation. In: Bornstein, M.H. und Bradley, R-H. (Hrsg.): Socioeconomic status, parenting, and child development, Mahwah, New Jersey, S. 29-83.

Bowlby, J. (1987): Bindung. In: Grossmann, K.E. und Grossmann, K. (Hrsg.): Bindung und menschliche Entwicklung, Stuttgart 2003, S. 22-29.

Bowlby, J. (2009): Das Glück und die Trauer. Stuttgart.

Bowlby, J., Mandy, G. und Stern, D.N. (2006): Bindung und Verlust. Bd.1: Bindung. München.

Bowlby, J. und Nosbüsch, E. (2006): Bindung und Verlust. Bd.2: Trennung. München.

Bowlby, J. und Scheidt, E.v. (2006): Bindung und Verlust. Bd.3: Verlust. München.

Brandtstädter, J. und Greve W. (1992): Das Selbst im Alter. In: Zeitschrift für Entwicklungspsychologie und Pädagogische Psychologie, 23, S. 269-297.

Bradley, R.H. und Caldwell, B.M. (1979): Home environment and locus of control. In: Journal of Clinical Child Psychology, 8, S. 107-11.

Bradley, R. H., Caldwell, B. M., Rock, S., Ramey, C. T., Barnard, K. E., Gray, C., Hammond, M. A., Mitchell, S., Gottfried, A. W., Siegel, L., und Johnson, D. L. (1989): Home environment and cognitive development in the first 3 years of life: A collaborative study involving six sites and three ethnic groups in North America. In: Developmental Psychology, 25, S.217–235.

Bradley, R.H. und Corwyn, R.F. (2002): Socioeconomic status and child development. In: Annual Review Psychology, 53, S. 371-399.

Brake, A. (2005): Wohlfühlen in der Familie? Wie Mütter und 8- bis 9-jährige Kinder ihr Zusammenleben bewerten. In: Alt, Chr. (Hrsg.): Kinderleben – Aufwachsen zwischen Familie, Freunden und Institutionen. Bd.1: Aufwachsen in Familien. Wiesbaden, S. 45-63.

Brake, A. und Büchner, P (1996): Kindsein in Ost- und Westdeutschland: allgemeine Rahmenbedingungen des Lebens von Kindern und jungen Jugendlichen. In: Büchner, P., Fuhs, B. und Krüger, H.-H. (Hrsg.): Vom Teddybär zum ersten Kuss. Opladen, S. 43-65.

Bretherton, I. (1991): Pouring new wine into old bottles: The social self as internal working model. In: Gunnar, M.R. und Sroufe, L.A. (Hrsg.): Self process and development: The Minnesota Symposia on Child Development. Hillsdale, S. 1-41.

Bronfenbrenner, U. (1976): Ökologische Sozialisationsforschung. Stuttgart.

Bronfenbrenner, U. (1978): The social role of the child in ecological perspective. In: Zeitschrift für Soziologie, 7, S. 4-20.

Bronfenbrenner, U. (1981): Die Ökologie der menschlichen Entwicklung. Stuttgart.

Bronfenbrenner, U. (1988): Interacting systems in human development. Research paradigms: Present and future. In: Bronfenbrenner, U. (Hrsg.): Making human beings human. Thousand Oaks, S. 67-94.

Bronfenbrenner, U. (1989): The developing ecology of human development: Paradigm lost or paradigm regained. In: Bronfenbrenner, U. (Hrsg.): Making human beings human. Thousand Oaks, S. 94-106.

Bronfenbrenner, U. (1992): Ecological Systems Theory. In: Bronfenbrenner, U. (Hrsg.): Making human beings human. Thousand Oaks, S. 106-174.

Bronfenbrenner, U. (1994): Ecological models of human development. In: Husen, T. und Postlethwaite, T.N.(Hrsg.): International encyclopedia, Oxford, 3, S. 1643-1647.

Bronfenbrenner, U. (2001): The bioecological theorie of human development. In: Bronfenbrenner, U. (Hrsg.): Making human beings human. Thousand Oaks, S. 3-16.

Bronfenbrenner, U. und Crouter, A.C. (1983): The evolution of environmental models in developmental research. In: Kessen, W. und Mussen, P.H. (Hrsg.): Handbook of Child Psychology. New York, S. 357-414.

Bronfenbrenner, U. und Morris, P.A. (1998): The ecology of developmental processes. In: Damon, W. und Lerner, R.M. (Hrsg.): Theoretical models of human development. New York, S. 993-1029.

Bruner. J. (1997): Sinn, Kultur und Ich-Identität. Heidelberg.

Brunner, K.M. (1987): Zweisprachigkeit und Identität. In: Psychologie und Gesellschaftskritik, 44, S. 57-75.

Bucher, A. (2001): Was Kinder glücklich macht. Weinheim.

Büchner, P. und Krüger, H.-H. (1996): Schule als Lebensort von Kindern und Jugendlichen. In: Büchner, P., Fuhs, B. und Krüger, H.-H. (Hrsg.): Vom Teddybär zum ersten Kuss. Opladen, S. 201-225.

Bugental, D.B und Grusec, J.E. (2006): Socialization processes. In: Eisenberg, N. (Hrsg.): Social, emotional, and personality development. Handbook of child psychology. Vol. 3. New York, S. 366-429.

Buhrmester, D. (1996): Needs fulfillment, interpersonal competence, and the developmental contexts of early adloscent friendship. In: Bukowski, W.M., Newcomb, A.F. und Hartup, W.W. (Hrsg.): The company they keep. Friendship in childhood and adolescence. Cambridge, S. 158-186.

Buhrmester, D. und Furman, W. (1986): The changing functions of friends in childhood. In: Derlega, V.J. und Winstead, B.A. (Hrsg.): Friendship and social interaction, S. 41-62.

Buhrmester, D. und Furman, W. (1987): The devlopment of companionship and intimacy. In: Child Development, 58, S. 1101-1103.

Busse, S. und Helsper, W. (2004): Familie und Schule. In: Helsper, W. und Böhme, J. (Hrsg.): Handbuch der Schulforschung. Opaden, S. 439-465.

Butterwegge, Chr. (2011): Armut in einem reichen Land. Frankfurt/M.

Butterworth, G. E. (1990): Self-perception in infancy. In Cicchetti, D. und Beeghly, M. (Hrsg.): The self intransition: Infancy to childhood. Chicago, S. 119-137.

Card, N.A., Little, T.D. und Bovaird, J.A. (2009): Modeling ecological and contextual effects in longitudinal studies of human development. In: Little, T.D., Bovaird, J.A. und Card, N.A. (Hrsg.): Modeling contextual effects in longitudinal studies. New York, S. 1-13.

Caspi, A. und Moffitt, T.E. (2004): Maternal expressed emotion predicts children's antisocial behaviour problems: using monozygotic-twin differences to identify environmental effects on behavioural development. In: Developmental Psychology, 40, S. 149-161.

Cassidy, T. (1997): Environmental Psychology. Behaviour and experience in context. Hove.

Cervone, D., Mor, N., Orom, H., Shadel, W.G. und Scott, W.D. (2007): Self-Efficacy beliefs on the architecture of personalty: on knowledge, appraisal, and self-regulation. In: Baumeister, R.F. und Vohs, K.D. (Hrsg.): Handbook of Self-Regulation. New York, S. 188-211.

Chassé, K.A., Zander, M. und Rasch, K. (2010): Meine Familie ist arm. Wiesbaden.

Clark, K.E. und Ladd, G.W. (2000): Connectedness and autonomy support in parent-child relationships: Links to children's socioemotional orientiations and peer relationships. In: Developmental Psychology, 36, S. 485-498.

Cohen, D.S und Strayer, J. (1996): Empathy in conduct-disordered and comparison youth. In: Developmental Psychlogy, 32, S. 988-998.

Collins, M. und Nowicki, S. (2001): African American children's ability to identify emotion in facial expressions and tones of voice of European Americans. Journal of Genetic Psychology, 162, S. 334-346.

Conger, R.C., Conger, K.J., Elder, G.H., Lorenz, F.O., Simons, R.L. und Withbeck, L.B. (1993): Family economic stress and adjustment of early adolsecent girls. In: Developmental Psychology, 29, S. 206-219.

Conger, R. C.; Ge, X.; Elder, G.H.; Lorenz, F.O. und Simons, R.L. (1994): Economic Stress, coercive family process, and developmental problems of adolescents. In: Child Development, 65, S. 541-561.

Conger, R.D. und Conger, K.J. (2002): Resilience in Midwestern families: selected findings from the first decade of a prospective, longitudinal study. In: Journal of Marriage and Family, 64, S. 361-373.

Conger, R.D. und Donnellan, B.M. (2007): An interactionist perspective on the socioeconomic context of human development. In: Annual Review of Psychologie, 58, S. 175-199.

Conley, C.S., Caldwell, M.S., Flynn, M., Dupre, A.J. und Rudolph, K.D. (2004): Parenting and mental health. In: Hoghughi, M. und Long, N. (Hrsg.): Handbook of parenting. Theory and research for practise. London, S. 279-296.

Contreras, J.M. und Kerns, K.A. (2000): Emotion Regulation Processes: Explaining Links between parent-child attachment and peer relationships.

In: Kerns, K.A., Contrereas, J.M. und Neal-Barnett, A.M. (Hrsg.): Family and peers. Linking two social worlds. Westport, S. 1-27.

Cooksey, E.C., Menaghan, E.G. und Jekielek, S.M. (1997): Life course effects of work and family circumstances on children. In: Social Forces, 76, S. 637-667.

Cooley, Ch.H. (1902): Human Nature and Social Order. New Brunswick.

Copersmith, S. (1967): The antecedents of self-esteem. San Francisco.

Cowen, E.L., Work, W. C. und Wyman, P.A. (1997): The Rochester Child Resilience Project (RCRP): Facts found, lessons learned, future directions divined. In: Luthar, S.S., Burack, J.A., Cicchetti, D. und Weisz, J.R. (Hrsg.): Developmental Psychopathology: Perspectives on adjustment, risk, and disorder. Cambridge, S. 527-547.

Cox, M.J., Paley, B. und Harter, K. (2001): Interparental conflict and parent-child relationships. In: Grych, J.H. und Fincham, F.D. (Hrsg.): Interparental conflict and child development. Cambridge, S. 249-273.

Criss, M.M., Pettit, G.S., Bates, J.E., Dodge, K.A und Lapp, A.L. (2002): Family adversity, positive peer relationships, and children externalizing behavior: A longitudinal perspective on risk and resilience. In: Child Development, 73, S. 1220-1237.

Crouter, A.C. und McHale, S.M. (1993): The long arm of the job: Influences of parental work on childrearing. In: Luster, T. und Okagaki, L. (Hrsg.): Parenting: an ecological perspective. Hillsdale, S. 179-202.

Crouter, A.C., Bumpus, M.F., Maguire, M.C. und McHale, S.M. (1999): Linking parents's work pressure and adolescents's well-being: Insights into dynamics in dual-earner families. In: Developmental Psychology, 35, S. 1453-1461.

Crouter, A.C. und Bumus, M.F. (2001): Linking parents' work stress to children's and adolescents' psychological adjustment. In: Current Directions in Psychological Science, 10, S. 156-159.

Cummings, M.E. und Davies, P. (1994): Children and marital conflict. New York.

Cummings, M.E. und Cardoza-Fernandes, S. (2001): Understanding the impact of interparental conflict on children: the role of social cognitive processes. In: Grych, J.H. und Fincham, F.D. (Hrsg.): Interparental conflict and child development. Cambridge, S. 157-188.

Cummings, M.E. und Davies, P.T. (2002): Effects on marital conflict on children: recent advances and emerging themes in process-oriented research. In: Journal of Child Psychology and Psychiatry, 43, S. 31-63.

Cummings. E.M., Goeke-Morey, M.C. und Raymond, J.A. (2004): Fathers in family context: Effects of marital quality and marital conflict. In:

Lamb, M.E. (Hrsg.): The role of the father in child development. Hoboken, New York.

Cummings, E.M., Schermerhorn, A.C., Davies, P.T., Goeke-Morey, M.C. und Cummings, J.S. (2006): Interparental discord and child adjustment: Prospective investigations of emotional security as an explanatory mechanism. In: Child Development, 77, S. 132-152.

Cutting, A.L. und Dunn, J. (1999): Theory of mind, emotional understanding, and family background: individual differences and interrelations. In: Child Development, 70, S. 853-865.

Czerwenka, K., Nölle, K., Pause, G., Schlotthaus, W., Schmidt, H.-J. und Tessloff, J. (1990): Schülerurteile über die Schule. Frankfurt/M.

Damon, W. und Lerner, R.M. (1998): Theoretical models of human development. Handbook of child psychology. Bd.1. New York.

Damon, W. und Lerner, R.M. (2008): Child and adolescent development. New York.

Davidov, M. und Grusec, J.E. (2006): Untangling the links of parental responsiveness to distress and warmth to child outcomes. In: Child development, 77, S. 421-426.

Davis, P. und Cummings, E. (1994): Marital conflict and child adjustment. An emotional security hypothesis. In: Psychological Bulletin, 116, S. 387-411.

Deimann, P., Kastner-Koller, U., Benka, M. Kainz, S. und Schmidt, H. (2005): Mütter als Entwicklungsdiagnostikerinnnen. Der Entwicklungsstand von Kindergartenkindern im Urteil ihrer Mütter. In: Zeitschrift für Entwicklungspsychologie und Pädagogische Psychologie, 37, S. 122-134.

Denham, S. A. (1998): Emotional development in young children. New York.

Denham, S.A., McKinley, M., Couchoud, E.A. und Holt, R. (1990): Emotional and behavioral predictors of preschool peer ratings. In: Child Development, 61, S. 1145-1152.

Denham, S.A., Zoller, D. und Couchoud, E.A. (1994): Socialization of preschoolers´ emotion understanding. In: Developmental Psychology, 30, S. 928-936.

Denham, S. A., Mitchell-Copeland, J., Strandberg, K., Auerbach, S. und Blair, K. (1997): Parental contributions to preschoolers' emotional competence: Direct and indirect effects. In: Motivation and Emotion, 21 , S. 65–86.

Denham, S.A., Blair, K.A., DeMulder, E., Levitas, J., Sawyer, K., Auerbach-Major, S. und Queenan, P. (2003): Preschool emotional competence: Pathway to social competence? In: Child Development, 74, S. 238-256.

De Wolff, M. und Ijzendoorn, M. v. (1997): Sensitivity and attachment. A meta-analysis on parental antecedents of infant attachment. In: Child Development, 68, S. 571-591.

Diethelm, K. (1991): Mutter-Kind-Interaktion: Entwicklung von ersten Kontrollüberzeugungen. Bern.

Dishion, T.J. (1990): The family ecology of boy's peer relations in middle childhood. In: Child Development, 61, S. 874-892.

Dodge, K.A., Pettit, G.S. und Bates, J.E. (1994): Socialization mediators of the relations between socioeconimc status and child conduct problems. In: Child Development, 65, S. 649-665.

Dodge, K.A., Lansford, J.E., Burks, V.S., Bates, J.E., Pettit, G.S. und Fontaine, R. (2003): Peer rejection and social information-processing factors on the development of aggressive behaviour problems in children. In: Child Development, 74, S. 374-393.

Dodge, K.A., Coie, J.D. und Lynam, D. (2006): Aggression and antisocial behaviour in youth. In: Eisenberg, N. (Hrsg.): Social, emotional, and personality development. Handbook of child psychology. Bd.3. New York, S. 719-789.

Döbert, R. und Nunner-Winkler, G. (1975): Adoleszenzkrise und Identitätsentwicklung. Frankfurt/M.

Döbert, R., Habermas, J. und Nunner-Winkler, G. (1980): Entwicklung des Ichs. Königstein.

Dollinger, St. J., Dollinger, St., Clancy, M. und Centeno, L. (2005): Identity and Creativity. In: Identity, 5, S. 315-339.

Doyle, A.B. und Markiewicz, D. (1996): Parent's interpersonal relationships and children's friendships. In: Bukowski, W.M., Newcomb, A.F. und Hartup, W.W. (Hrsg.): The company they keep. Cambridge, S. 115-137.

Duda, R.O. und Hart, P. E. (1973): Pattern classification and scene analysis. New York: Wiley.

Duncan, G.J. und Magnuson, K.A. (2003): Off with Hollingshead: Socioeconomic resources, parenting, and child development. In: Bornstein, M.H. und Bradley, R.H. (Hrsg.): Socioeconomic status, parenting, and child development, Mahwah, New Jersey, S. 83-107.

Duncan, G.J., Brooks-Gunn J. und Klebanov P. (1994): Economic deprivation and early childhood development. In: Child Development, 65, S. 296–318

Dunn, J. (1983): Sibling relationships in early childhood. In: Child Development, 54, S. 787-811.

Dunn, J. (2004): Children's friendships. The beginnings of intimacy. Oxford.

Eccles, J.P. und Midgley, C. (1989): State environment fit: Developmentally appropriate classrooms for early adolescents. In: Ames, R. und Ames, C. (Hrsg.): Research on motivation in education. New York, S. 139-181.

Edelstein, W. und Habermas, J. (1984): Soziale Interaktion und soziales Verstehen. Frankfurt/M.

Eder, F. (1995): Das Befinden von Kindern und Jugendlichen in der Schule. Innsbruck.

Eid, M., Gollwitzer, M. und Schmitt, M. (2010): Statistik und Forschungs-methoden. Weinheim.

Eikelpasch, R. und Rademacher, C. (2004): Identität. Bielefeld.

Eisenberg, N. (1989): Empathie and sympathy. In: Damon, W. (Hrsg.): Child development today and tomorrow. San Francisco, S. 137-155.

Eisenberg, N. und Miller, P.A. (1987): Empathy, sympathy, and altruism: empirical and conceptual links. In: Eisenberg, N. und Strayer, J. (Hrsg.): Empathy and its development. New York, S. 292-316.

Eisenberg, N., Fabes, R.A., Shepard, S.A., Murphy, B.C., Guthrie, I.K., Jones, S., Friedman, J., Poulin, R. und Maszk, P. (1997): Contemporane-ous and longitudinal prediction of children's social functioning from regulation and emotionality. In: Child Development, 68, S. 642-664.

Eisenberg, N. und Fabes, R.A. (1998): Prosocial development. In: Damon, W. und Eisenberg, N. (Hrsg.): Handbook of child psychology, Bd.3: So-cial, emotional and personality development, New York, S. 701-778.

Eisenberg, N., Fabes, R.A., Guthrie, I.K. und Reiser, M. (2000): Disposi-tional emotionality and regulation: Their role in predicting quality and social functioning. In: Journal of Personality and Social Psychology, 78, S. 136-157.

Eisenberg, N., Cumberland, A., Spinrad, T.L., Fabes, R.A., Shepard, St.A., Reiser, M., Murphy, B.C., Losoya, S.H. und Guthrie, I.K. (2001): The re-lations of regulation and emotionality to children's externalizing and in-ternalizing problem behavior. In: Child Development, 72, S. 1112-1134.

Eisenberg, N., Fabes, R.A. und Spinrad, T.L. (2006): Prosocial development. In: Eisenberg, N. (Hrsg.): Social, emotional, and personality develop-ment. Handbook of child psychology. Bd.3. New York, S. 646-719.

Elder, G.H.; Conger, R.C., Forster, E.M. und Ardelt, M. (1992): Families under economic pressure. In: Journal of Family Issues, 13, S. 5-37.

Elicker, J., Englund, M. und Sroufe, L.A. (1992): Predicting peer compe-tence and peer relationships in childhood from early parent-child rela-tionships. In: Parke, R.D. und Ladd, G.W. (Hrsg.): Family-peer relation-ships. Hillsdale, S. 77-107.

Emery, R. und O'Leary, K. (1982): Children's perception of marital discord and behaviour problems of boys and girls. In: Journal of Abnormal Child Psychology, 10, S. 11-24.

Engfer, A., Hinderer, J. und Schneewind, K.A. (1978): Die Familien-Klima-Skalen. München.

Epstein, J.L. (1996): Perspectives and previews on research and policy for school, family, and community partnerships. In Booth, A. und Dunn, F.

(Hrsg.): Family-school links: How do they affect educational outcomes? Mahwah, S. 209–246.

Erel. O. und Burman, B. (1995): Inter-relatedness of marital relations and parent-child relations: A meta-analytic review. In: Psychological Bulletin, 118, S. 108-132.

Erikson, E.H. (1971): Kindheit und Gesellschaft, Stuttgart.

Erikson, E.H. (1973): Identität und Lebenszyklus. Frankfurt/M.

Esser, H. (1999): Soziologie. Allgemeine Grundlagen. Frankfurt/M.

Evans, G.W., Sagert, S. und Harris, R. (2001): Residential density and psychological health among children in low-income families. In: Environment and Behavior, 33, 165-180.

Everitt, B.S. (1993): Cluster Analysis. London.

Eysenck, H.J. (1953): The structure of human personality. Methuen.

Fend, H. (1991): Soziale Erfolge im Bildungswesen – die Bedeutung der sozialen Stellung in der Schulklasse. In: Pekrun, R. und Fend, H. (Hrsg.): Schule und Persönlichkeitsentwicklung. Stuttgart, S. 200-217.

Fend, H (1997): Der Umgang mit Schule in der Adoleszenz – Aufbau und Verlust von Lernmotivation, Selbstachtung und Empathie. Bern.

Filipp, S.H. (1995): Kritische Lebensereignisse. Weinheim.

Filipp, S.H. und Mayer, A.-K. (2005): Selbstkonzept-Entwicklung. In: Asendorpf, J.B. (Hrsg.): Soziale, emotionale und Persönlichkeitsentwicklung. Göttingen, S. 259-314.

Fischer, K.W. (1980): A theory of cognitive devlopment: the control and construction of hierachies of skills. In: Psychological Review, 87, S. 477-531.

Fischer, K. W. und Bidell, T. R. (1998): Dynamic development of psychological structures in action and thought. In: Lerner, R.M. und Damon, W. (Hrsg.): Handbook of child psychology, Vol 1: Theoretical models of human development. New York, S. 467–561.

Flade, A. (1993): Spielen von Kindern im Wohnviertel: das home range Konzept. In: Harloff, H. J. (Hrsg.): Psychologie des Wohnungs- und Siedlungsbaus. Göttingen, S. 185-194.

Flade, A. (2006): Wohnen psychologisch betrachtet. Bern.

Fonagy, P. (2000): Das Verständnis für geistige Prozesse, die Mutter-Kind-Interaktion und die Entwicklung des Selbst. In: Petermann, F., Niebank, K. und Scheithauer, H. (Hrsg.): Risiken der frühkindlichen Entwicklung. Göttingen, S. 241-257.

Ford, D.H. und Lerner, R.M. (1992): Developmental Systems Theory. London.

Franiek, S. und Reichle, B. (2007): Elterliches Erziehungsverhalten und Sozialverhalten im Grundschulalter. In: Kindheit und Entwicklung, 16, S. 240-249.

Frazier, P.A., Tix, A.P. und Barron, K.E. (2004): Testing moderator and mediator effects in counselling psychology research. In: Journal of Counselling Psychology 51: 15-134.

Freud, S. (1915): Das Unbewußte. In: Freud, Sigmund: Studienausgabe Bd III. Frankfurt/M., S. 119-175.

Freud, S. (1923): Das Ich und Es. In: Freud, Sigmund: Studienausgabe Bd III. Frankfurt/M., S. 273-331.

Frey, H.P. und Hauser, K. (1987): Identität. Stuttgart.

Fromm, E. (2006): Wege aus einer kranken Gesellschaft. München.

Fromm, E. (2009): Haben oder Sein. München.

Fuchs, P. (1992): Die Erreichbarkeit der Gesellschaft. Frankfurt/M.

Fuchs, R. und Schwarzer, R. (1994): Gesundheitserziehung und Gesundheitsförderung. In: Schneewind, K.A. (Hrsg.): Psychologie der Erziehung und Sozialisation. Göttingen, S. 403-424.

Fuhrer, U. (2005): Lehrbuch Erziehungspsychologie. Bern.

Fuhrer, U. (2007): Erziehungskompetenz. Bern.

Fuhs, B. (1996): Das außerschulische Kinderleben in Ost- und Westdeutschland...vom kindlichen Spielen zur jugendlichen Freizeitgestaltung. In: Bücher, P., Fuhs, B. und Krüger, H.-H. (Hrsg.): Vom Teddybär zum ersten Kuss. Wege aus der Kindheit in Ost und Westdeutschland. Opladen, S. 129-159.

Gabriel, B. und Bodenmann, G. (2006): Elterliche Kompetenzen und Erziehungskonflikte. In: Kindheit und Entwicklung, 15, S. 9-18.

Gazelle, H. und Ladd, G.W. (2003): Anxious solitude and peer exclusion: A diathesis-stress model of internalizing trajectories in childhood. In: Child Development, 74, S. 257-278.

Gecas, V. (1989): The social psychology of self-efficacy. In: Annual Review of Sociology, 15, S. 291-316.

Gerris, J.R.M., de Brock, A. und Kentges-Kirschbaum, C. (1991): Ein system-ökologisches Prozess-Modell als Rahmenkonzept der Familienforschung. In: Psychologie in Erziehung und Unterricht, 38, S. 242-262.

Geulen, D. (2004): Ungelöste Probleme im sozialisationstheoretischen Diskurs. In: Geulen, D. und Veith, H. (Hrsg.): Sozialisationstheorie interdisziplinär. Stuttgart, S. 3-23.

Geulen, D. und Hurrelmann, K. (1980): Zur Programmatik einer umfassenden Sozialisationstheorie. In: Hurrelmann, K. und Ulich, D. (Hrsg.): Handbuch der Sozialisationsforschung. Weinheim. S. 551-67.

Giddens, A. (1991): Modernity and Self-Identity. Stanford.

Gifford, R. (1997): Environmental Psychology. Principles and practise. Boston.

Gisdakis, B. (2007): Oh, wie wohl ist mir in der Schule ... Schulisches Wohlbefinden – Veränderungen und Einflussfaktoren im Laufe der Grundschulzeit. In: Alt, Chr. (Hrsg.): Kinderleben – Start in die Grundschule. Bd. 3: Ergebnisse aus der zweiten Welle. Wiesbaden, S. 107-137.

Gloper-Tippelt, G. und Vetter, J. (2005): Ein kleiner Unterschied. Geschlechtsspezifische schulische Entwicklung aus der Sicht von Müttern und ihren 8- bis 9-jährigen Töchtern und Söhnen. In: Alt, Chr. (Hg.): Kinderleben – Aufwachsen zwischen Familie, Freunden und Institutionen. Bd.2: Aufwachsen zwischen Freunden und Institutionen. Wiesbaden, S. 231-257.

Gloger-Tippelt, G. und Lahl, O. (2008): Wie früh entwickeln Anna und Lukas ihre individuelle Persönlichkeit. Persönlichkeitsmerkmale und Problemverhalten in der Kindheit. In: Alt, Chr. (Hrsg.): Kinderleben – Individuelle Entwicklungen in sozialen Kontexten. Bd.5: Persönlichkeitsstrukturen und ihre Folgen. Wiesbaden, S. 47-81.

Goffman, E. (1973): Interaktion. Spaß am Spiel. Rollendistanz. München.

Goffman, E. (1975): Stigma. Frankfurt/M.

Goffman, E. (1980): Rahmen-Analyse. Frankfurt/M.

Goffman, E. (2001): Interatkion und Geschlecht. Frankfurt/M.

Goduka, I.N., Poole, D.A. und Aotaki-Phenice, L. (1992): A comparative study of black South African children from three different contexts. In: Child Development, 63, 509-525.

Goodman, S.H. und Gottlib, I.H. (1999): Risk for psychopathology in the children of depressed mothers: a developmental model for understanding mechanismens of transmission. In: Psychological Review, 106, S. 458-490.

Gottfried, A.W., Gottfried, A.E., Bathurst, K., Guerin, D.W. und Parramore, M.M. (2003): Socioeconomic status in children's development and family environment: infancy through adolescence. In: Bornstein, M.H. und Bradley, R.H. (Hrsg.): Socioeconomic status, parenting, and child development. Mahwah, S. 189-209.

Gottfried, A.E. und Gottfried, A.W. (2006): A long-term investigation of the role of maternal and dual-earner employment in children's development. The Fullerton Longitudinal Study. In: American Behavioral Scientist, 49, S. 1310-1327.

Gottlieb, G., Wahlstein, D. und Lickliter, R. (1998): The significance of biology for human development: A developmental psychobiological systems view. In: Damon, W. und Lerner, R.M. (Hrsg.): Handbook of child psychology. Bd.1: Theoretical models of human development. New York, S. 233-275.

Gower; J.C. (1971): A General Coefficient of Similarity and Some of Its Properties. In: Biometrics, 27, S. 857-871.

Granic, I., Hollenstein, T., Dishion, T.J. und Patterson, G.R. (2003): Longitudinal analysis of flexibility and reorganization in early adolescence: A dynamic systems study of family interactions. In: Developmental Psychology, 39, S. 606-617.

Greve, W. (2000): Psychologie des Selbst. Weinheim.

Gross, P. (1995): Multioptionsgesellschaft. Frankfurt/M.

Grossmann, K. E. und Grossmann, K. (2003): Bindung und menschliche Entwicklung. Stuttgart.

Grossmann, K. und Grossmann, K.E. (2008): Bindungen – das Gefüge psychischer Sicherheit. Stuttgart.

Groves, M.O. (2005): Personality and the intergenerational transmission of economic status. In: Bowles, S., Gintins, H. und Groves, M.O. (Hrsg.): Unequal Chances. Family background and economic success. Princeton.

Grundmann, M. (2000): Kindheit, Identitätsentwicklung und Generativität. In: Lange, A. und Lauterbach, W. (Hrsg.): Kinder in Familie und Gesellschaft zu Beginn des 21sten Jahrhunderts. Stuttgart, S. 87-104.

Grundmann, M. (2006): Sozialisation. Konstanz.

Grundmann, M. (2008): Humanökologie, Sozialstruktur und Sozialisation. In: Hurrelmann, K., Grundmann, M. und Walper, S. (Hrsg.): Handbuch der Sozialisationsforschung. Weinheim, S. 173-184.

Grundmann, M. und Keller, M. (1999): Perspektivität, soziale Kognition und die (Re-)Konstruktion sozialisationsrelevanter Handlungsstrukturen. In: Grundmann, M. (Hrsg.): Konstruktivistische Sozialisationsforschung. Frankfurt/M., S. 118-148.

Grych, J. H., Fincham, F. D., Jouriles, E. N. und McDonald, R. (2000): Interparental conflict and child adjustment: Testing the mediational role of appraisals in the cognitive – contextual frame-work. In: Child Development, 71, S. 1648–1661.

Grych, J.H. und Cadoza-Fernandes, S. (2001): Understanding the impact of interparental conflict on children: The role of social cognitive processes. In: Grych, J.H. und Fincham, F.D. (Hrsg.): Interparental conflict and child development. Cambridge, S. 157-188.

Grych, J.H. und Fincham, F.D. (2001): Interparental conflict and child development. Cambridge.

Habermas, J. (1973): Kultur und Kritik. Frankfurt/M.

Habermas, J. (1981): Theorie des kommunikativen Handelns. Frankfurt/M.

Habermas, J. (1984): Vorstudien und Ergänzungen zur Theorie des kommunikativen Handelns. Frankfurt/M.

Habermas, J. (1992): Erläuterungen zur Diskursethik. Frankfurt/M.

Hadjar, A. und Becker, R. (2006): Erwartete und unerwartete Folgen. In: Hadjar, A. und Becker, R. (Hrsg.): Die Bildungsexpansion. Wiesbaden, S. 11-27.

Halberstadt, A.G., Denham, S.A. und Dunsmore, J.C. (2001): Affective social competence. In: Social Development, 10, S. 79-117.

Hammarberg, A. und Hagekull, B. (2006): Changes in externalizing and internalizing behaviour over a school-year: differences between 6-year-old boys and girls. In: Infant and Child Development, 15, S. 123-137.

Harloff, H.J. und Ritterfeld, U. (1993): Psychologie im Dienste von Wohnungs- und Siedlungsplanung. In: Harloff, H.J. (Hrsg.): Psychologie des Wohnungs- und Siedlungsbaus. Göttingen, S. 31-45.

Harold, G. T., Shelton, K.H., Goeke-Morey, M.C. und Cummings, E.M. (2004): Martial conflict, child emotional security about family relationships, and child adjustment. In: Social Development, 13, S. 350-376.

Hart, R. (1979): Children's experience of place. New York.

Harter S. (1988) Manual for the Self-Perception Profile for Adolescents. Denver.

Harter, S. (1999): The construction of the self: a developmental perspective. New York.

Harter, S. (2006): The development of self-representation. In: Eisenberg, N. (Hg.): Social, emotional, and personality. Handbook of child psychology, Bd.3, New York, S.505-571.

Harter, S. (2008): The developing self. In: Damon, W. und Lerner, R.M. (Hrsg.): Child and adolescent development. New York, S. 216-263.

Hartup, W.W. (1989): Behavioral manifestations of children's friendships. In: Berndt, Th. und Ladd, G.W. (Hrsg.): Peer relationships in child development, New York, S. 46-68.

Hartup, W.W. (1996): The company they keep: Friendships and their developmental significance. In: Child Development, 67, S. 1-13.

Hartup, W.W. (1996): Cooperation, close relationships, and cognitive development. In: Bukowski, W.M., Newcomb, A.F. und Hartup, W.W. (Hrsg.): The company they keep. Friendship in childhood and adolescence. Cambridge, S. 213-238.

Hartup, W.W. und Abecassis, M. (2002): Friends and enemies. In: Smith, P.K. und Hart, C.H. (Hrsg.): Blackwell handbook of childhood social development, 59, S. 1590-1600.

Hascher, T. (2004): Wohlbefinden in der Schule. Münster.

Hay, D.F. und Pawlby, S. (2003): Prosocial development in relation to children's and mother's psychological problems. In: Child Development, 74, S. 1314-1327.

Hellbrück, J. und Fischer, M. (1999): Umweltpsychologie. Göttingen.

Helmke, A., Schrade, F.-W. und Lehneis-Klepper, G. (1991): Zur Rolle des Elternverhaltens für die Schulleistungsentwicklung ihrer Kinder. In: Zeitschrift für Entwicklungspsychologie und Pädagogische Psychologie, 23, 1-22.

Helsper, W. und Böhme, J. (2002): Jugend und Schule. In: Krüger, H.-H. und Grunert, C. (Hrsg.): Handbuch Kindheits- und Jugendforschung. Opladen, S. 567-597. ·

Henderson, A.T. und Mapp, K.L. (2002): A new wave of evidence. The impact of school, family and community connections on student achievement. Austin.

Herkner, W. (2001): Lehrbuch Sozialpsychologie. Bern.

Herlth, A., Böcker, S. und Ossyssek, F. (1995): Ehebeziehungen und Kompetenzentwicklung von Kindern. In: Nauck, B. und Onnen-Isemann, C. (Hrsg.): Familie im Brennpunkt von Wissenschaft und Forschung. Neuwied, S. 221-237.

Herzog, W. (1984): Modell und Theorie in der Psychologie. Göttingen.

Hetherington, E.M. (1989): Coping with family transitions: Winners, loosers, and survivors. In: Child Development, 60, S. 1-14.

Hill, N. E. und Craft, S. A. (2003): Parent-school involvement and school performance: Mediated pathways among socioeconomically comparable African American and Euro-American families. In: Journal of Educational Psychology, 95, S. 74–83.

Hill, N. E. und Taylor, L. C. (2004): Parental School Involvement and Children's Academic Achievement: Pragmatics and Issues. In: Current Directions in Psychological Science, 13, S. 161–164.

Hitzler, R. und Honer, A. (1994): Bastelexistenz. Über subjektive Konsequenzen der Individualisierung. In: Beck, U. und Beck-Gernsheim, E. (Hrsg.): Riskante Freiheiten. Individualisierung in modernen Gesellschaften. Frankfurt/M., S. 307-325.

Hofer, M. (2002): Familienbeziehungen in der Entwicklung. In: Lehrbuch Familienbeziehungen. Eltern und Kinder in der Entwicklung. Göttingen, S. 4-28.

Hoff, E.H. (1995): Frühes Erwachsenenalter: Arbeitsbiographie und Persönlichkeitsentwicklung. In: Oerter, R. und Montada, L. (Hg.): Entwicklungspsychologie. Weinheim, S. 423-438.

Hoffman, L.W. und Youngblade, L. (1999): Mothers at work: Effects on children's well-being. New York.

Hoffman, L.W. (2003): Methodological issues in studies of SES, parenting, and child development. In: Bornstein, M.H. und Bradley, R.H. (Hrsg.): Socioeconomic status, parenting, and child development, Mahwah, New Jersey, S. 125-145.

Hoffmann, M.L. (1987): The contribution of empathy to justice and moral judgement. In: Eisenberg, N. und Strayer, J. (1987): Empathy and its development. New York, S. 47-80.

Holler, B. und Hurrelmann, K. (1991): Die psychosozialen Kosten hoher Bildungserwartungen: Eine Vier-Jahres-Studie über das Bildungsverhalten Jugendlicher. In: Pekrun, R. und Fend, H. (Hrsg.): Schule und Persönlichkeitsentwicklung. Stuttgart, S. 254-272.

Honneth, A. (1999): Die zerrissene Welt des Sozialen. Frankfurt/M.

Hopf, C. (2005): Bindungen und Sozialisation. Weinheim.

Horkheimer, M. und Adorno, Th.W. (2001): Dialektik der Aufklärung. Frankfurt/M.

Horstkemper, M. und Tillmann, K.-J. (2008): Sozialisation in Schule und Hochschule. In: Hurrelmann, K., Grundmann, M. und Walper, S. (Hrsg.): Handbuch Sozialisationsforschung. Weinheim, S. 290-306.

Hössl, A., Janke, D., Kellermann, D. und Lipski, J. (2002): Freizeitinteressen und Lernen – ein Resüme. In: Furtner-Kallmützer, M., Hössl, A., Janke, D., Kellermann, D. und Lipski, J. (Hrsg.): In der Freizeit für das Leben lernen. München, S. 213-218.

Howe, C. (2010): Peer groups and children's development Oxford.

Howes, C. und Spieker, S. (2008): Attachment raletionships in the context of multiple caregivers. In: Cassidy, J. und Shaver, P.R. (Hg.): Handbook of attachment. New York, S. 317-333.

Huber, J. (2008): Der Dritte im Bunde ist immer dabei. Die Bedeutung des Vaters im familiären Erziehungsgeschehen. In: Alt, Chr. (Hrsg.): Kinderleben – Individuelle Entwicklungen in sozialen Kontexten. Wiesbaden, S. 149-181.

Huinink, J. (1986): Mehrebenensystem-Modelle in den Sozialwissenschaften. Wiesbaden.

Huinink, J. und Feldhaus, M. (2008): Beziehungs- und Familienentwicklung – eine konzeptionelle Einführung in ein Forschungsprogramm. In: Feldhaus, M. und Huinink, J. (Hrsg.): Neuere Entwicklungen in der Beziehungs- und Familienforschung. Vorstudien zum Beziehungs- und Familienentwicklungspanel (pairfam). Würzburg, S. 13-45.

Huinink, J., Brüderl, J., Nauck, B., Walper, S., Castiglioni, L. und Feldhaus, M. (2011): Panel Analysis of Intimate Relationships and Family Dynamics (pairfam): Conceptual Framework and Design. In: Zeitschrift für Familienforschung, 23, S. 77-102.

Hurrelmann, K. (1990): Familienstress, Schulstress, Freizeitstress. Gesundheitsförderung für Kinder und Jugendliche. Weinheim.

Hurrelmann, K. (1998): Einführung in die Sozialisationstheorie. Weinheim.

Hurrelmann, K. und Mansel, J. (1998): Gesundheitliche Folgen wachsender schulischer Leistungserwartungen. In: Zeitschrift für Sozialisationsforschung und Erziehungssoziologie, 18, S. 168-182.

Hurrelmann, K. (2002): Kindheit in der Leistungsgesellschaft. In: Deutsches Kinderhilfswerk (Hrsg.): Kinderreport Deutschland. Daten, Fakten, Hintergründe, München, S. 43-62.

Hurrelmann, K., Grundmann, M. und Walper, S. (2008): Handbuch Sozialisationsforschung. Weinheim.

Hurrelmann, K. und Andresen, S. (2010): Kinder in Deutschland 2010. Frankfurt/M.

Huston, A. C. und Rosenkranz Aronson, S. (2005): Mother's time with infant and time in employment and child academic achievement. In: Journal of Child Psychology and Psychiatry, 40, S. 1013-1024.

Huston, A.C. und Ripke, M.N. (2006): Middle Childhood: Contexts of development. In: Huston, A.C. und Ripke, M.N. (Hrsg.): Developmental contexts in middle childhood. Cambridge, S. 1-23.

Isabella, R.A. (1994): Origins of maternal role satisfaction and its influences upon maternal interactive behavior and infant-mother attachment. In: Infant Behavior and Development, 17, S. 381-388.

Izard, C., Fine, S., Schultz, D., Mostow, A., Ackermann, B. und Youngstrom, E. (2001): Emotion knowledge as a predictor of social behavior and academic competence in children at risk. In: Psychological Science, 12, S. 18-23.

Jackson, A.P. und Huang, C.C. (2000): Parenting stress and behavior among single mothers of preschoolers: the mediating role of self-efficacy. In: Journal of Social Service Research, 26, S. 29-42.

Jaffee, S. R. und Poulton, R. (2006): Reciprocal effects of mothers' depression and children's problem behaviors from middle childhood to early adolescence. In: Huston, A.C., Ripke, M. N. und McCord, J. (Hrsg.): Developmental contexts in middle childhood: Bridges to adolescence and adulthood. New York, S. 107-129.

James, W. (1890): The principles of psychology. Oxford.

Jaursch, St. und Lösel, F. (2010): Mütterliche Berufstätigkeit und kindliches Sozialverhalten. In: Kindheit und Entwicklung, 20, S. 164-172.

Jerusalem, M. und Schwarzer, R. (1986): Selbstwirksamkeit. In Schwarzer, R. (Hrsg.): Skalen zur Befindlichkeit und Persönlichkeit. Berlin, S. 15-28.

Joas, H. (1991): Rollen- und Interaktionstheorien in der Sozialisationsforschung. In: Hurrelmann, K. und Ulich, D. (Hrsg.): Neues Handbuch der Sozialisationsforschung. Weinheim, S. 137-153.

John, O.P., Caspi, A., Robins, R.W., Moffitt, T.E. und Stouthamer-Loeber, M. (1994): The "Little Five": Exploring the Nomological Network of the Five-Factor Model of Personality in Adolescent Boys. In: Child Development, 65, S. 160-178.

Jung, V. und Wahl, K. (2008): Kindliche Aggressivität im Zeitverlauf. In: Alt, Chr. (Hrsg.): Kinderleben – individuelle Entwicklungen in sozialen Kontexten. Bd.5: Persönlichkeitsstrukturen und ihre Folgen. Wiesbaden, S. 99-125.

Kasten, H. (1995): Einzelkinder. Aufwachsen mit und ohne Geschwister. Berlin.

Kasten, H. (2003): Geschwister. Vorbilder, Rivalen, Vertraute. München.

Kaufmann, F.-X., Herlth, A., Strohmeier, K.P. und Schulze, H.-J. (1980): Sozialpolitik und familiale Sozialisation. Stuttgart.

Keller, H. (1993): Entwicklungspsychologische Überlegungen zur Funktion von Kinderzimmern. In: Harloff, H. (Hrsg.): Psychologie des Wohnungs- und Siedlungsbaus. Göttingen, S. 123-138.

Kerns, K.A. (2008): Attachment in middle childhood. In: Cassidy, J. und Shaver, P.R. (Hg.): Handbook of attachment. New York, S. 366-383.

Kerns, K.A., Klepac, L. und Cole, A. (1996): Peer relationships and preadolescents'perceptions of security in the child-mother relationship. In: Developmental Psychology, 32, S. 457-466.

Kerns, K.A., Tomich, P.L., Aspelmeier, J.E. und Contreras, J.M. (2000): Attachment-based assessments of parent-child relationships in middle childhood. In: Developmental Psychology, 36, S. 614-626.

Kerns, K.A. und Richardson, R.A. (2005): Attachment in middle childhood. New York.

Keupp, H. (1987): Auf der Suche nach der verlorenen Identität. In: Keupp, H. und Bilden, H. (Hrsg.): Verunsicherungen. Göttingen, S. 47-69.

Keupp, H. (1996): Bedrohte und befreite Identitäten in der Risikogesellschaft. In: Barkhaus, A., Mayer, M., Roughly, N. und Thürnau, D. (1998): Identität. Leiblichkeit. Normativität. Frankfurt/M., S. 380-404.

Keupp, H. (1997): Diskursarena Identität: Lernprozesse in der Identitätsforschung. In: Keupp, H. und Höfer, R. (Hrsg.): Identitätsarbeit heute. Klassische und aktuelle Perspektiven der Identitätsforschung. Frankfurt/M., S. 11-40.

Keupp, H. und Höfer, R. (1997): Identitätsarbeit heute. Klassische und aktuelle Perspektiven der Identitätsforschung. Frankfurt/M.

Keupp, H., Ahbe, Th., Gmür, W., Höfer, R., Mitzscherlich, B., Kraus, W. und Straus, F. (2006): Identitätskonstruktionen. Reinbek.

Kienbaum, J. (1993): Empathisches Mitgefühl und prosoziales Verhalten deutscher und sowjetischer Kindergartenkinder. Regensburg.

Kienbaum, J. (2003): Entwicklungsbedingungen prosozialer Responsivität in der Kindheit. Lengerich.

Kienbaum, J. (2008): Entwicklungsbedingungen von Mitgefühl in der Kindheit. In: Malti, T. und Perren, S. (Hrsg.): Soziale Kompetenz bei Kindern und Jugendlichen. Stuttgart, S. 35-52.

Kim, K.J., Conger, R.D., Elder, G.H. und Lorenz, F.O. (2003): Reciprocal influences between stressful life events and adolescent internalizing and externalizing problems. In: Child Development, 74, S. 127-143.

Klenner, C. und Phahl, S. (2005): Stabilität und Flexibilität. Ungleichmäßige Arbeitszeitmuster und familiale Arrangements. In: Seifert, H. (Hrsg.): Flexible Zeiten in der Arbeitswelt. Frankfurt/M., S. 124-168.

Kline, R.B. (2005): Principles and Practise of Structural Equation Modeling. New York: Guilford Press.

Klocke, A. (1996): Aufwachsen in Armut. In: Zeitschrift für Sozialisationsforschung und Erziehungssoziologie, 16, S. 390-409.

Knoester, Chr., Haynie, D.L. und Stephens, C.M. (2006): Parenting practices and adolescents' friendship networks. In: Journal of Marriage and Family, 68, S. 1247-1260.

Kochanska, G., Gross, J.N., Lin, M.H. und Nichols, K.E. (2002): Guilt in young children: Development, determinants, and relations with a broader system of standards. In: Child Development, 73, S. 461-482.

Koglin, U. und Petermann, F. (2008): Kindergarten- und Grundschulalter: Entwicklungsrisiken und Entwicklungsabweichungen. In: Petermann, F. (Hrsg.): Lehrbuch der Klinischen Kinderpsychologie, Göttingen, S. 81-98.

Kohn, M. (1981) Persönlichkeit, Beruf und soziale Schichtung. Stuttgart.

Kohn, M.L. und Schooler, C. (1982): Job conditions and personality: a longitudinal assessment of their reciprocal effects. In: American Journal of Sociology, 87, S. 1257-1286.

Korpela, K.M. (1989): Place-Identity as a Product of Environmental Self-Regulation. In: Journal if Environmental Psychology, 9, S. 241-256.

Kötter, Ch., Stemmler, M., Bühler, A. und Lösel, F. (2010): Mütterliche Depressivität, Erziehung und kindliche Erlebens- und Verhaltensprobleme. In: Kindheit und Entwicklung, 19, S. 109-118.

Kouros, Chr.D., Merrilees, Chr.E. und Cummings, E.M. (2008): Marital conflict and children's emotional security in the context of parental depression. In: Journal of Marriage and the Family, 70, S. 684-697.

Kramer, R.-T. und Helsper, W. (2000): Schülerinnen zwischen Familie und Schule – systematische Bestimmungen, methodische Überlegungen und biographische Rekonstruktionen. In: Krüger, H.-H. und Wenzel, H. (Hrsg.): Schule zwischen Effektivität und sozialer Verantwortung. Opladen, S. 201-235.

Krampen, G. (1982): Familiäre und schulische Entwicklungsbedingungen von Kontrollüberzeugungen. In: Schweizerische Zeitschrift für Psychologie und ihre Anwendungen, 41, S. 16-35.

Krampen, G. (1989): Perceived childrearing practices and the development of locus of control in early adolescence. In: International Journal of Behavioral Development, 12, S. 177-193.

Krampen, G. (1994): Kontrollüberzeugungen in der Erziehung und Sozialisation. In: Schneewind, K.A. (Hrsg.): Psychologie der Erziehung und Sozialisation. Göttingen, S. S. 375-402.)

Krappmann, L. (1985): Mead und die Sozialisationsforschung. In: Joas, H. (Hrsg): Das Problem der Intersubjektivität. Frankfurt/M., S. 156-179.

Krappmann, L. (1993): Die Entwicklung vielfältiger sozialer Beziehungen unter Kindern. In: Auhagen, A.E. und Salisch, M. v. (Hrsg.): Zwischenmenschliche Beziehungen. Göttingen, S. 37-59.

Krappmann, L. (1994): Sozialisation und Entwicklung in der Sozialwelt gleichaltriger Kinder. In: Schneewind, K.A. (Hrsg.): Psychologie der Erziehung und Sozialisation. Göttingen, S. 495-524.

Krappmann, L. (1996). Amicitia, drujba, shin-yu, philia, Freundschaft, friendship: On the cultural diversity of human relationship. In: Bukowski, W.M., Newcomb, A.F. und Hartup, W.W. (Hrsg.): The company they keep: Friendship in childhood and adolescence. New York, S. 19-40.

Krappmann, L. (2005): Die soziologischen Dimensionen der Identität. Stuttgart.

Krappmann, L. (2006): Sozialisationsforschung im Spannungsfeld zwischen gesellschaftlicher Reproduktion und entstehender Handlungsfähigkeit. In: Schneider, W. und Wilkening, F. (Hrsg.): Theorien, Modelle und Methoden der Entwicklungspsychologie. Göttingen, S. 369-411.

Krappmann, L. und Oswald, H. (1995): Alltag von Schulkindern. Weinheim.

Krevans, J. und Gibbs, J.C. (1996): Parents' use of inductive discipline: Relations to children's empathy and prosocial behaviour. In: Child Development, 67, S. 3263-3277.

Krewer, B. und Eckensberger, L. H. (1998): Selbstentwicklung und kulturelle Identität. In: Hurrelmann, K. und Ulich, D. (Hrsg.): Handbuch der Sozialisationsforschung. Weinheim, S. 573-595.

Krumm, V. (1998): Elternhaus und Schule. In: Rost, D.H. (Hrsg.): Handwörterbuch Pädagogische Psychologie, 55, S. 81-85.

Kruse, J. (2001): Erziehungsstil und kindliche Entwicklung, Wechselwirkungsprozesse. In: Walper, S. und Pekrun, R. (Hrsg.): Familie und Entwicklung. Aktuelle Perspektiven der Familienpsychologie. Göttingen, S. 63-83.

Kruse, L.; Graumann, C.F. und Lantermann, E.-D. (1996): Ökologische Psychologie. München.

Kupersmidt, J. und Dodge, K.A. (2004): Children's peer relations: From development to intervention to policy. Washington.

Ladd, G.W. (1999): Peer relationships and social competence during early and middle childhood. In: Annual Review of Psychology, 50, S. 333-359.

Ladd, G.W. (2002): Parenting and the development of children's peer relationships. In: Bornstein, M.H. (Hrsg.): Handbook of parenting, Bd.5: Practical issues in parenting, Mahwah, S. 269-309.

Ladd, G.W. (2006): Peer rejection, aggressive or withdrawn behavior, and psychological maladjustment from ages 5 to 12. In: Child Development, 77, S. 822-846.

Ladd, G. W. und Hart, C. (1992): Creating informal play opportunities: Are parents'and preschoolers' initiations related to children's competence with peers? In: Developmental Psychology, 28, S. 1179-1187.

Ladd, G.W., Profilet, S.M. und Hart, C.H. (1992): Parent's management of children's peer relations: Facilitating and supervising children's activities in the peer culture. In: Parke, R.D. und Ladd, G.W. (Hrsg.): Family-peer relationships. Hillsdale, S. 215-255.

Ladd, G.W., LeSieur, K. und Profilet, S.M. (1993): Direct parental influences on young children's peer relations. In: Druck, S. (Hrsg.): Learning about relationships. London, S. 152-183.

Ladd, G.W. und Kochenderfer, B.J. (1996): Linkages between friendship and adjustment during early school transitions. In: Bukowski, W.M., Newcomb, A.F. und Hartup, W.W. (Hrsg.): The company they keep. Friendship in childhood and adolescence. Cambridge, S. 322-346.

Laible, D.J. und Thompson, R.A. (1998): Attachment and emotional understanding in preschool children. In: Developmental Psychology, 34, S. 1038-1045.

Lamborn, S.D., Mounts, N.S., Steinberg, L. und Dornbusch, S.M. (1991): Patterns of competence and adjustment among adolescents from authoritative, authoritarian, indulgent and neglectful families. In: Child Development, 62, S. 1049-1065.

Lang, S. (1985): Lebensbedingungen und Lebensqualität von Kindern. Frankfurt/M.

Lansford, J.E., Criss, M.M., Pettit, G.S., Dodge, K.A. und Bates, J.E. (2003): Friendship quality, peer group affiliation, and peer antisocial behavior as moderators of the link between negative parenting and adolescent externalizing behavior. In: Journal of Research on Adolescence, 13, S. 161-184.

Laubstein, C., Holz, G., Dittmann, J. und Sthamer, E. (2012): Von alleine wächst sich nichts aus...Frankfurt/M.

LBS-Kinderbaramoter Deutschland 2009.

LBS-Kinderbaramoter Deutschland 2011.

Leary, M.R. und Tangney, J. P. (2005): Handbook of self and identity. New York.

LeDoux, J. (2002): Das Netz der Persönlichkeit. München.

Lennon, R. und Eisenberg, N. (1987): Gender and age differences in empathy and sympathy. In: Eisenberg, N. und Strayer, J. (Hrsg.): Empathy and its development. New York, S. 195-217.

Lenz, K., Schlinzig, T., Stephan, Chr., Lehmann, M. und Fehser, St. (2012): Lebenslagen Dresdner Mädchen und Jungen. Dresden.

Lenzen, D. (1985): Mythologie der Kindheit, Die Verewigung des Kindlichen in der Erwachsenenkultur. Reinbek.

Lepenies, A. (1999): Die Jungen und die Alten. In: Lepenies, A. (Hrsg.): Kindliche Entwicklungspotentiale. Opladen, S. 9-53.

Lerner, R.M (1991): Changing Organism-Context Relations as the Basis Process if Development: A Developmental Contextual Perspective. In: Developmental Psychology, 27, S. 27-32.

Lerner, R.M. (1998): Theories of human development: contemporary perspectives. In: Damon, W. und Lerner, R.M. (Hrsg.): Theoretical models of human development. New York, S. 1-25.

Leven, I. und Schneekloth, U. (2010): Die Freizeit: Sozial getrennte Kinderwelten. In: Hurrelmann, K. und Andresen, S. (Hrsg.): Kinder in Deutschland. 2010. Frankfurt/M.

Lewin, K. (1931): Environmental Forces in Child Behaviour and Development. In: Handbook of child psychology, Worcester, S. 94-127.

Lewin, K. (1963): Feldtheorie in den Sozialwissenschaften. Bern.

Lewin, K., Lippitt, R., und White, R. K. (1939): Patterns of aggressive behavior in experimentally created 'social climates. In: Journal of Social Psychology, 10, 271–299.

Lightfoot, C., Cole, M. und Cole, S. R. (2009): The development of children. New York.

Little, T.D., Bovaird, J.A. und Card, N.A. (2009): Modeling contextual effects in longitudinal studies. Mahwah.

Lucas-Thompson, R.G., Goldberg, W.A. und Prause, J.A. (2010): Maternal work early in the lives of children and its distal associations with achievemt and behavior problems: a meta-analysis. In: Psychological Bulletin, 136, S. 915-942.

Luhmann, N. (1984): Soziale Systeme. Frankfurt/M.

Luhmann, N. (1994): Copierte Existenz und Karriere. Zur Herstellung von Individualität. In: Beck, U. und Beck-Gernsheim, E. (Hrsg.): Riskante Freiheiten. Individualisierung in modernen Gesellschaften. Frankfurt/M., S. 191-200.

Maccoby, E. und Martin, J.A. (1983): Socialization in the context of the family: parent child interaction. In: Hetheringhton E.M. (Hrsg.): Handbook of child psychology. Bd. 4: Socialization, personality and social development. New York, S. 1-101.

Maddux, J. E. und Gosselin, J. T. (2003): Self-Efficacy. In: Leary, M.R. und Tangney, J.P. (Hg.): Self and Identity. New York, S. 218-239.

Magnusson, D. und Endler, N.S. (1977): Interactional Psychology: Present Status and Future Prospects. In: Magnusson, D. und Endler, N.S. (Hrsg.): Personality at the crossroads. New York, S. 3-37.

Magnusson, D. (1980): Personality in an Interactional Paradigm of Research. In: Zeitschrift für Differentielle und Diagnostische Psychologie, 1, S. 17-34.

Magnusson, D. und Stattin, H. (1998): Person-context interaction theories. In: Damon, W. und Lerner, R.M. (Hrsg.): Theoretical models of human development. New York, S. 685-761.

Main, M. und Solomon, J. (1986): Discovery of an insecure disorganized/disoriented attachment pattern: Prodecures, findings and implications for the classification of behaviour. In: Brazelton, T.B. und Yogman, M. (Hrsg.): Affective Development in Infancy. Norwood, S. 95-124.

Malti, T., Bayard, S. und Buchmann, M. (2008): Mitgefühl, soziales Verstehen und prosoziales Verhalten: Komponenten sozialer Handlungsfähigkeit in der Kindheit. In: Malti, T. und Perren, S. (Hrsg.): Soziale Kompetenz bei Kindern und Jugendlichen. Stuttgart, S. 52-69.

Marbach, J.H. (2005): Soziale Netzwerke von Acht- bis Neunjährigen. In: Alt, Chr. (Hrsg.): Kinderleben – Aufwachsen zwischen Familie, Freunden und Institutionen. Bd.2: Aufwachsen zwischen Freunden und Institutionen. Wiesbaden, S. 83-123.

Marcia, J.E. (1966): Development and validation of ego identiy status. In: Journal of Personality and Social Psychology, 3, S. 551-558.

Marcia, J.E. (1980): Identity in adolescence. In: Adelson, J. (Hrsg.): Handbook of adolescent psychology. New York.

Marcia, J. E. (1988): Common processes underlying ego identity, cognitive/moral development, and individuation. In: Lapsley, D.K. und Power, F.C. (Hrsg.): Self, ego, and identity: Integrative approaches. New York, S. 211-266.

Marcia, J.E. (1993): Common processes underlying Ego Identity, cognitive/moral development, and individuation. In: Marcia, J.E, Waterman, A.S, Matteson, D.R., Archer, S.L. und Orlofsky, J.L. (Hrsg.): Ego Identity. New York, S. 211-225.

Marcia, J.E. (2002): Identity and Psychosocial Development in Adulthood. In: Identity, 2, S. 7-28.

Marcia, J.E., Waterman, A.S., Matteson, D.R., Archer, S.L. und Orlofsky, J. L (1993): Ego Identity. New York.

Marcuse, H. (1994): Der eindimensionale Mensch. München.

Markus, H. (1977): Self-schemata and processing information about the self. In: Personality and Social Psychology, 35, S. 63-78.

Marsh, H.W., Craven, R.G. und Debus, R. (1991): Self-concepts of young children 5 to 8 years of age: measurement and multidimensional structure. In: Journal of educational psychology, 83, S. 377-392.

Maxwell, L.E: (2003): Home and school density. Effects on elementary school children. In: Environment and Behavior, 35, 566-578.

Mayer, K.U. (1990): Lebensverläufe und sozialer Wandel – Anmerkungen zu einem Forschungsprogramm. In: Mayer, K.U. (Hrsg.): Lebensverläufe und sozialer Wandel. Opladen, S. 7-21.

McHale, J.P., Kuerstens, R. und Lauretti, A. (1996): New directions in the study of family-level dynamics during infancy and early childhood. In: McHale, J.P. und Cowan, P.A. (Hrsg.): Understanding how family-level dynamics affect children's development: Studies of two-parent families. In: New directions for Child Development, 74, S. 5-26.

McLoyd, V.C. (1990): The impact of economic hardship on black families and children: Psychological distress, parenting, and socioemotional development. In: Child Development, 61, S. 311-346.

Mead, G.H. (1934/1973): Geist, Identität und Gesellschaft. Frankfurt/M.

Mead, G.H. (1987): Gesammelte Aufsätze. Bd. I und II. Frankfurt/M.

Mize, J., Pettit, G.S. und Meece, D. (2000): Explaining the link between parenting behavior and children's peer competence: a critical examination of the 'Mediating-process' hyothesis. In: Kerns, K.A., Contrereas, J.M. und Neal-Barnett, A.M. (Hrsg.): Family and peers. Linking two social worlds. Westport, S. 137-169.

Möller, J. und Köller, O. (2004): Die Genese akademischer Selbstkonzepte. In: Psychologische Rundschau, 55, S. 19-27.

Moffitt, T.E., Caspi, A., Rutter, M. und Silva, P.A. (2001): Sex Differences in Antisocial Behaviour. Cambridge.

Moos, R.H. (1974): Combined preliminary manual for the Family, Work, and Group Environment Scale. Palo Alto.

Mummendey, H. D. (1990): Psychologie der Selbstdarstellung. Göttingen.

Muthén, L.K. und Muthén, B.O. (2007): MPlus User's Guide.

Myers, D.G. (2005): Einführung in die Psychologie. Göttingen.

Nave-Herz, R. (2012): Familie heute. Darmstadt.

Nave-Herz, R. und Feldhaus, M. (2005): Geschwisterbeziehungen. Psychologische und soziologische Fragestellungen. In: Busch, F.W. und Nave-Herz, R. (Hrsg.): Familie und Gesellschaft. Beiträge zur Familienforschung. Oldenburg, S. 111-125.

Newcomb, A.F. und Bagwell, C. (1995): Children's friendship relations: A meta-analytic review. In: Psychological Bulletin, 117, S. 306-347.

Newcomb, A. F. und Bagwell, C. L. (1996): The developmental significance of children's friendship relations. In: Bukowski, W.M.; Newcomb, A.F. und Hartup, W.W. (Hrsg.): The company they keep. Friendship in childhood and adolescence. Cambridge, S. 289-322.

NICHD (2006): Classroom Contexts and Children's Behavior. In: Huston, A.C. und Ripke, M.N. (Hrsg.): Developmental Contexts in Middle Childhood. Cambridge, S. 217-237.

Niepel, G. (1994): Alleinerziehende. Abschied von einem Klischee. Opladen.

Noack, P. (2002): Familie und Peers. In: Hofer, M., Wild, E. und Noack, P. (Hrsg.): Lehrbuch Familienbeziehungen. Göttingen, S. 143-168.

Nowicki, S. und Schneewind, K.A. (1982): Relation of family climate variables to locus of control in German and American students. In: Journal of Genetic Psychology, 141, S. 277-286.

Nye, F.I. (1958): Family Relationships and Delinquent Behavior. New York.

Oerter, R. (1995): Kultur, Ökologie und Entwicklung. In: Oerter, R. und Montada, L. (Hrsg.): Entwicklungspsychologie. Weinheim, S. 84-128.

Oerter, R. und Montada, L. (1995): Entwicklungspsychologie. Weinheim.

Olweus, D.und Endresen, I.M. (1998): The importance of sex-of-stimulus object: age trends and sex differences in empathic responsiveness. In: Social Development, 7, S. 370-388.

Oswald, H. (2008): Sozialisation in Netzwerken Gleichaltriger. In: Hurrelmann, K., Grundmann, M. und Walper, S. (Hrsg.): Handbuch Sozialisationsforschung. Weinheim, S. 321-333.

Papastefanou, Chr. und Hofer, M. (2002): Familienbildung und elterliche Kompetenzen. In: Hofer, M., Wild, E. und Noack, P. (Hrsg.): Lehrbuch Familienbeziehungen. Göttingen, S. 265-290.

Parcel, Th. und Menaghan, E.G. (1994): Parents Job and Children's Lives. New York.

Parke, R.D. und Bhavnagri, N.P. (1989): Parents as Managers of Children's Peer Relationships. In: Belle, D. (Hrsg.): Children's Social Networks and Social Support. New York.

Parke, R.D. und Ladd, G.W (1992): Family-peer relations. Models of linkage. Hillsdale.

Parke, R.D., Cassidy, J., Burks, V.M., Carson, J.L und Boyum, L. (1992): Familial contribution to peer competence among young children: the role of interactive and affective processes. In: Parke, R.D. und Ladd, G.W. (Hrsg.): Family-peer relationships. Hillsdale, S. 107-135.

Parke, R.D., O'Neil, R., Spitzer, S., Isley, S. Welch, M. und Wang, S. (1997): A longitudinal assessment of sociometric stability and the behavioral correlates of children's social acceptance. In: Merrill-Palmer Quarterly, 43, S. 635-662.

Parke, R.D. und Buriel, R. (2006): Socialization in the family: Ehtnic and ecological perspectives. In: Eisenberg, N. (Hrsg.): Handbook of child psychology, Hoboken, S. 429-505.

Parke, R.D. und Buriel, R. (2008): Socialization in the family: Ehtnic and ecological perspectives. In: Damon, W. und Lerner, R.M. (Hrsg.): Child and adolescent development. New York, S. 95-141.

Parsons, T. (1979): Sozialstruktur und Persönlichkeit. Frankfurt/M.

Parsons, T. und Bales, R.F. (1955): Family, socialization and interaction process. London.

Pekrun, R. (1994): Schule als Sozialisationsinstanz. In: Schneewind, K.A. (Hrsg.): Psychologie der Erziehung und Sozialisation. Göttingen, S. 465-492.

Pekrun, R. (1997): Kooperation zwischen Elternhaus und Schule. In: Vaskovics, L.A. und Lipinski, H. (Hrsg.): Familiale Lebenswelten und Bildungsarbeit. Opladen, S. 51-81.

Pekrun, R. (2001): Familie, Schule und Entwicklung. In: Walper, S. und Pekrun, R. (Hrsg.): Familie und Entwicklung. Göttingen, S. 84-106.

Pekrun, R. (2002): Familie, Schule und Entwicklung. In: Walper, S. und Pekrun, R. (Hrsg.): Familie und Entwicklung. Aktuelle Perspektiven der Familienpsychologie, Göttingen, S. 84-105.

Pekrun, R. und Helmke, A. (1991): Schule und Persönlichkeitsentwicklung: Theoretische Perspektiven und Forschungsstand. In: Fend, H. und Pekrun, R. (Hrsg.): Schule und Persönlichkeitsentwicklung: Ein Resümee der Längsschnittforschung. Stuttgart, S. 33-56.

Petermann, F., Niebank, K. und Scheithauer, H. (2004): Entwicklungswissenschaft. Berlin.

Petermann, F. und Wiedebusch, S. (2008): Emotionale Kompetenz bei Kindern. Göttingen.

Pettit, G.S., Keiley, M.K., Laird, R.D., Bates, J.E. und Kenneth A. D. (2007): Predicting the developmental course of mother-reported monitoring across childhood and adolescence from early proactive parenting, Child temperament, and parents' worries. In: Journal of Family Psychology, 21, S. 206-217.

Petzold, M. (1991): Paare werden Eltern. München.

Petzold, M. (1999): Entwicklung und Erziehung in der Familie. Hohengehren.

Petzold, M. und Nickel, H. (1989): Grundlagen und Konzept einer entwicklungspsychologischen Familienforschung. In. Psychologie in Erziehung und Unterricht, 36, S. 241-257.

Piaget, J. (2003): Meine Theorie der geistigen Entwicklung. Weinheim.

Piaget, J. (2009): Die Psychologie des Kindes. München.

Powdthavee, N. und Vignoles, A. (2008): Mental health of parents and life satisfaction of children: a within-family analysis of intergenerational transmission of well-being. In: Social Indicators Research, 88, S. 397-422.

Powell, D.R., Seung-Hee Son, File, N. und San Juan, R.R. (2010): Parent–school relationships and children's academic and social outcomes in public school pre-kindergarten. In: Journal of School Psychology, 48, S. 269–292.

Premack, D. und Woodruff, G. (1978): Does the chimpanzee have a theory of mind? In: Behavioral & Brain Sciences, 1, 515-526.

Pupeter, M. und Schneekloth, U. (2010): Die Gleichaltrigen: Gemeinsame – getrennte Welten. In: Hurrelmann, K. und Andresen, S. (Hrsg.): Kinder in Deutschland 2010. Frankfurt/M.

Raadal M, Milgrom P, Cauce, AM und Manel L. (1994): Behaviour problems in 5 to 11 year old children from low income families. In: Journal of the Academy of Child and Adolescent Psychiatry, 33, 1017-1025.

Raikes, H.A. und Thompson, R.A. (2006): Family emotional climate, attachment security, and young children's emotion understanding in a high-risk sample. In: British Journal of Developmental Psychology, 24, S. 89-104.

Rauschenbach, Th. und Bien, W. (2012): Aufwachsen in Deutschland. AID:A – Der neue DJI-Survey. Weinheim.

Reinecke, J. (2005): Strukturgleichungsmodelle. München.

Reinecke, J. und Pöge, A. (2010): Strukturgleichungsmodelle. In: Wolf, Chr. und Best, H. (Hrsg.): Handbuch der sozialwissenschaftlichen Datenanalysen. Wiesbaden, S. 775-805.

Reisel, B. (1986): Scheidung aus der Perspektive des Kindes. Unveröff. Diss. Wien.

Reitzle, M. und Silbereisen, R.K. (1998): Internalisierung von Problemen: Depression. In: Zinnecker, J. und Silbereisen, R.K. (Hrsg.): Kindheit in Deutschland. Aktueller Survey über Kinder und ihre Eltern. Weinheim, S. 371-383.

Repetti, R.V. (1994): Short-term and long-term processes linking job stressors to father-child interactions. In: Social Development, 3, 1-15.

Repetti, R.L. und Wood, J. (1997): The effects of daily stress at work on mother's interactions with preschoolers. In: Journal of Family Psychology, 11, S. 90-108.

Reutlinger, Chr. (2008): Sozialisation in räumlichen Umwelten. In: Hurrelmann, K., Grundmann, M. und Walper, S. (Hrsg.): Handbuch Sozialisationsforschung. Weinheim, S. 333-351.

Ries, H.A. (1982): Fünf Forderungen zur Konzeptualisierung familialer Umwelt aus der Sicht ökologischer Sozialisationsforschung. In: Vaskovics, L.A. (Hrsg.): Umweltbedingungen familialer Sozialisation. Stuttgart, S. 96-120.

Rinker, B. und Schwarz, B. (1998a): Selbstwirksamkeit. In: Zinnecker, J. und Silbereisen, R.K. (Hrsg.): Kindheit in Deutschland. Aktueller Survey über Kinder und ihre Eltern. Weinheim, S. 267-291.

Rinker, B. und Schwarz, B. (1998b): Familiäre Belastungen in der Kindheit und das Entwicklungstempo von Kindern. In: Zinnecker, J. und Silbereisen, R.K. (Hrsg.): Kindheit in Deutschland. Aktueller Survey über Kinder und ihre Eltern. Weinheim, S. 359-371.

Rizzolatti, G. und Sinigaglia, C. (2008): Empathie und Spiegelneurone. Die biologische Basis des Mitgefühls. Frankfurt/M.

Robinson, J.J., Zahn-Waxler, C. und Emde, R.N. (1994): Patterns of development in early empathic behavior: environmental and child constitutional influences. In: Social Development, 3, 125-145.

Rose-Krasnor, L. (1997): The nature of social competence: a theoretical review. In: Social Development, 6, S. 111-135.

Rosenstiel, L. v. (2002): Arbeit und Familie. In: Walper, S. und Pekrun, R. (Hrsg.): Familie und Entwicklung. Göttingen, S. 106-131.

Roth, G. (2003): Aus der Sicht des Gehirns. Frankfurt/M.

Rothbart, M.K., Ahadi, St. und Evans, D.E. (2000): Temperament and personality. In: Journal of Personality and Social Psychology, 78, S. 122-135.

Rotter, J. B. (1954): Social learning and clinical psychology. New York

Rotter, J.B. (1966): Generalized expectancies for internal versus external control of reinforcement. In: Psychological Monographs, 80, No. 609.

Rotter, J.B. (1990): Internal versus external locus of reinforcement. In: American Psychologist, 45, S. 489-493.

Rubin, K.H., Bukowski, W. M. und Parker, J.G. (2006): Peer interactions, relationships, and groups. In: Eisenberg, N. (Hrsg.): Handbook of Child Psychology, Bd.3: Social, emotional, and personality development. New York, S. 571-646.

Rubin, K.H., Bukowski, W. M., Parker, J.G. und Bowker, J.C. (2008): Peer interactions, relationships, and groups. In: Damon. W. und Lerner R.M. (Hrsg.): Child and adolescent development. New Jersey, S. 141-181.

Ruble. D.N. und Frey, K.S. (1991): Changing patterns of comparative behaviour as skills are acquired: a functional model of self-evaluation. In: Suls, J. und Wills, T.A. (Hrsg.): Social comparison. Contemporary theory and research. Hillsdale, S. 70-112.

Rutter, M. (1990): Psychosocial resilience and protective mechanisms. In: Rolf, J.A., Masten, A.S., Cicchetti, D., Nuechterlein, K.H. und Weintraub, S. (Hrsg.): Risk and protective factors in the development of psychopathology. New York, S. 181-214.

Ryan, B.A. und Adams, G.R. (1995): The family-school relationships model. In: Ryan, B.A., Adams, G.R., Gullotta, T.P., Weissberg, R.P. und Hampton, R.L. (Hrsg.): The family-school connection. Theory, research, and practice. Thousand Oaks, S. 3-28.

Saarni, C. (1999): The development of emotional competence. New York.

Saarni, C. (2002): Die Entwicklung von emotionaler Kompetenz in Beziehungen. In: Salisch, M. v. (Hrsg.): Emotionaler Kompetenz entwickeln: Grundlagen in Kindheit und Jugend. Stuttgart, S. 3-31.

Saarni, C., Mumme, D.L. und Campos, J.J. (1998): Emotional development: Action, communication, and understanding. In: Eisenberg, N. (Hrsg.): Handbook of Child Psychology, Bd.3. New Jersey, S. 237-309.

Saarni, C., Campos, J.J.; Camras, L.A. und Witherington, D. (2006): Emotional development: action, communication, and understanding. In: Eisenberg, N. (Hrsg.): Handbook of child psychology. Bd.3: Social, emotional, and personality development. New Jersey, 226-300.

Saarni, C., Campos, J.J., Camras, L.A. und Witherington, D. (2008): Principles of emotion and emotional competence. In: Damon, W. und Lerner, R.M. (Hrsg.): Child and adolescent development. New Jersey, S. 361-406.

Salisch, M. v. (1993): Kind-Kind Beziehungen: Symmetrie und Asymmetrie unter Peers, Freunden und Geschwistern. In: Auhagen, A.E. und Salisch, M. v. (Hrsg.): Zwischenmenschliche Beziehungen. Göttingen, S. 59-81.

Salisch, M. v. (2000): Zum Einfluss von Gleichaltrigen (Peers) und Freunden auf die Persönlichkeitsentwicklung. In: Amelang, M. (Hrsg.): Enzyklopädie der Psychologie. Themenbereich C: Theorie und Forschung. Bd. 4: Göttingen.

Salisch, M. v. (2002): Emotionaler Kompetenz entwickeln: Hintergründe, Modellvergleich und Bedeutung für die Entwicklung und Erziehung. In: Salisch, M. v. (Hrsg.): Emotionale Kompetenz entwickeln: Grundlagen in Kindheit und Jugend. Stuttgart, S. 31-51.

Salisch, M.v. (2008): Ärger – Aushandlungen in der Freundschaft als Weg zu sozialer und emotionaler Kompetenz. In: Alt. Chr. (Hrsg.): Kinderleben – Individuelle Entwicklungen in sozialen Kontexten. Bd.5: Persönlichkeitsstrukturen und ihre Folgen. Wiesbaden, S. 81-99.

Salisch, M.v. und Kunzmann, U. (2005): Emotionale Entwicklung über die Lebensspanne. In: Asendorpf, J. (Hrsg.): Soziale und emotionaler Persönlichkeitsentwicklung. Göttingen, S. 1-74.

Salovey, P. und Meyer, J.D: (1990): Emotional Intelligence. In: Imagination, Cognition and Personality, 9, S. 185-211.

Satorra, A. und Bentler, P.M. (1999): A scaled difference chi-square test statistic for Moment Structure Analysis. Los Angeles.

Schäfer, M. und Albrecht, A. (2004): „Wie du mir so ich dir?" Prävalenz und Bullying in Grundschulklassen. In: Psychologie in Erziehung und Unterricht, 51, S. 136-150.

Scheithauer, H. und Petermann, F. (2002): Aggression. In: Petermann, F. (Hrsg.): Lehrbuch der klinischen Kinderpsychologie und -psychotherapie. Göttingen, S. 187-226.

Scheithauer, H., Petermann, F., Niebank, K. (2002): Frühkindliche Risiko- und Schutzbedingungen: Der familiäre Kontext aus entwicklungspsychopathologischer Sicht. In: Rollert, B. und Werneck, H. (Hrsg.): Klinische Entwicklungspsychologie der Familie. Göttingen, S. 69-97.

Scheithauer, H., Mehren, F. und Petermann, F. (2003): Entwicklungsorientierte Prävention von aggressiv-dissozialem Verhalten und Substanzmissbrauch. In: Kindheit und Entwicklung, 12, S. 84-99.

Scheithauer, H., Hayer, T. und Petermann, F. (2003): Bullying unter Schülern. Göttingen.

Schimank, U. (2002): Handeln und Strukturen. Weinheim.

Schmidt-Denter, U. (1994): Prosoziales und aggressives Verhalten. In: Schneewind, K.A. (Hrsg.): Psychologie der Erziehung und Sozialisation. Göttingen, S. 285-304.

Schmidt-Denter, U. (2005): Soziale Beziehungen im Lebenslauf. Weinsheim.

Schneewind, K.A. (1985): Entwicklung personaler Kontrolle im Kontext der Familie. In: Kugemann, W.F., Preiser, S. und Schneewind, K.A. (Hg.): Psychologie und komplexe Lebenswirklichkeit. Göttingen, S. 203-223.

Schneewind, K.A. (1991): Familienpsychologie. Stuttgart.

Schneewind, K.A. (1994): Enzyklopädie der Psychologie. Bd.1: Pädagogische Psychologie – Psychologie der Erziehung und Sozialisation. Göttingen.

Schneewind, K.A. (1995): Impact of family processes on control beliefs. In: Bandura, A. (Hrsg.): Self-Efficacy in changing societies. Cambridge, S. 114-149.

Schneewind, K.A. (2002a): Freiheit in Grenzen – Wege zu einer wachstumsorientierten Erziehung. In: Krüsselberg, H.-G. und Reichmann, H. (Hrsg.): Zukunftsperspektive Familie und Wirtschaft. Vom Wert von Familie für Wirtschaft, Staat und Gesellschaft. Grafschaft, S. 213-262.

Schneewind, K.A. (2002b): "Freiheit in Grenzen" – die zentrale Botschaft zur Stärkung elterlicher Erziehungskompetenz. In: Krüsselberg, H.-G. und Reichmann, H. (Hrsg.): Zukunftsperspektive Familie und Wirtschaft. Vom Wert von Familie für Wirtschaft, Staat und Gesellschaft. Grafschaft, S. 393-404.

Schneewind, K.A., Beckmann, M. und Engfer, A. (1983): Eltern und Kinder. Stuttgart.

Schneewind, K.A., Beckmann, M. und Hecht-Jackl, A. (1985): Familiendiagnostisches Testsystem (FDTS). München.

Schneewind, K.A. und Pekrun, R. (1994): Theorien der Erziehungs- und Sozialisationstheorie. In: Schneewind, K.A. (Hrsg.): Psychologie der Erziehung und Sozialisation. Göttingen, S. 3-32.

Schneider, S. (2005): Lernfreude und Schulangst. Wie es 8- bis 9-jährigen Kindern in der Grundschule geht. In: Alt, Chr. (Hrsg.): Kinderleben – Aufwachsen zwischen Familie, Freunden und Institutionen. Bd.2: Aufwachsen zwischen Freunden und Institutionen. Wiesbaden, S. 199-231.

Schultz, D., Izaard, C.E., Ackermann, B.P. und Youngstrom, E.A. (2001): Emotional knowledge in economically disadvantaged children: Self-regulatory antecedents and relations to social difficulties and withdrawal. In: Development and Psychopathology, 33, S. 78-90.

Schütz, A. (1974): Der sinnhafte Aufbau der sozialen Welt. Frankfurt/M.

Schütz, A. und Luckmann, Th. (1979): Strukuren der Lebenswelt. Bd.1. Frankfurt/M.

Schunk, D.H. und Pajares, F. (2002): The development of academic self-efficacy. In: Wigfield, A. und Eccles, J.S. (Hrsg.): Development of achievement motivation. San Diego, S. 15-32.

Schwarz, B., Walper, S., Gödde, M. und Jurasic, S. (1997): Dokumentation der Erhebungsinstrumente der 1. Hauptbefragung. Berichte aus der Arbeitsgruppe „Familienentwicklung nach der Trennung" (Nr. 14/1997). München.

Schwarz, B. und Silbereisen, R.K. (1998): Anteil und Bedeutung autoritativer Erziehung in verschiedenen Lebenslagen. In: Zinnecker, J. und Silbereisen, R.K. (Hrsg.): Kindheit in Deutschland. Aktueller Survey über Kinder und ihre Eltern. Weinheim, S. 229-243.

Schwarz, B. (1999): Die Entwicklung Jugendlicher in Scheidungsfamilien. Weinheim.

Schwarz, B. und Rinker, B. (1998): Temperament. In: Zinnecker, J. und Silbereisen, R.K. (Hrsg.): Kindheit in Deutschland. Aktueller Survey über Kinder und ihre Eltern. Weinheim, S. 159-168.

Schwarz, B. und Noack, P. (2002): Scheidung und Ein-Elternteil-Familien. In: Hofer, M., Wild, E. und Noack, P. (Hrsg.): Lehrbuch Familienbeziehungen. Göttingen, S. 312-336.

Schwarzer, R. (2000): Angst, Stress und Handlungsregulation. Stuttgart.

Seiler, T.B. (1980): Entwicklungstheorien in der Sozialisationsforschung. In: Hurrelmann, K. und Ulich, D. (Hrsg.): Handbuch der Sozialisationforschung. Weinheim, S. 101-122.

Selman, R.L. (1980): The growth of interpersonal understanding: Developmental and clinical analyses. New York.

Shavelson, R.J., Hubner, J.J. und Stanton, G.C. (1976): Self-Concept: Validation of construct interpretations. In: Review of Educational Research, 46, S. 407-441.

Shulman, S., Elicker, J. und Sroufe, L.A. (1994): Stages of friendships growth in preadolescence as related to attachment history. In: Journal of Social and Personal Relationships, 11, S. 341-361.

Siegler, R. S. (1991): Children's thinking. Englewood Cliffs.

Silbereisen, R. K. (1995): Soziale Kognition: Entwicklung von sozialem Wissen und Verstehen. In R. Oerter & L. Montada (Hrsg.): Entwicklungspsychologie. Weinheim, S. 823-861.

Silbereisen, R.K. und Schwarz, B. (1998): Körperliche Entwicklung. In: Zinnecker, J. und Silbereisen, R.K. (Hrsg.): Kindheit in Deutschland. Aktueller Survey über Kinder und ihre Eltern. Weinheim, S. 147-159.

Silbereisen, R.K. und Noack, P. (2006): Kontexte und Entwicklung. In: Schneider, W. und Wilkening, F. (Hrsg.): Theorien, Modelle und Methoden der Entwicklungspsychologie. Göttingen, S. 311-369.

Simons, R., Lorenz, F., Conger, R.D. und Wu, Chy-In (1992): Support from spouse as mediator and moderator of the disruptive influence of early economic strain on parenting. In: Child Development, 63, S. 1282-1301.

Simons, R. L.; Simons, L.G. und Wallace, L.E. (2004): Families, delinquency, and crime. Los Angeles.

Singer, W. (2002): Der Beobachter im Gehirn. Frankfurt/M.

Skinner, B.F. (1938): The behavior of organisms: An experimental analysis. Cambridge.

Skinner, E.A. (1986): The origins of young children's perceived control: mother contingent and sensitive behavior. In: International Journal of Behavioral Development, 9, S. 359-382.

Skinner, E.A., Chapman, M. und Baltes, P.B. (1988a): Children's beliefs about control, means-ends, and agency: developmental differences during middle childhood. In: International Journal of Behavioral Development, 11, S. 369-388.

Skinner, E.A.; Chapman, M. and Baltes, P.B. (1988b): Control, means-ends, and agency beliefs: a new conceptualization and its measurement. In: Journal of Personality and Social Psychology, 54, S. 117-133.

Smith, P.K. und Ananiadou, K. (2003): The nature of school bullying and the effectiveness of school-based interventions. In: Journal of Applied Psychoanalytic Studies, 5, S. 189-209.

Sroufe, L.A. (1990): An organizational perspective on the self. In: Cicchetti, D. und Beeghly, M. (Hrsg.): The self in transition: Infancy to childhood. Chicago, S. 281-308.

Sroufe, L.A., Egeland, B., Carlson, E. und Collins, W.A. (2005a): Placing early attachment experiences in developmental context. In: Grossmann, K.E., Grossmann, K. und Waters, E. (Hrsg.): Attachment from infancy to adulthood: The major longitudinal studies. New York, S. 48-70.

Sroufe, L.A., Egeland. B., Carlson, E. und Collins, W. (2005b): The Minnesota Study of Risk and Adaptation from birth to maturity: the development of a person. New York.

Stattin, H. und Magnusson, D. (1996): Antosocial behavior: A holistic approach. In: Development and Psychopathology, 4, S. 617-645.

Stecher, L. (1996): Schulhabitus und soziales Kapital in der Familie. In: Zinnecker, J. und Silbereisen, R.K. (Hrsg.): Kindheit in Deutschland. Aktueller Survey über Kinder und ihre Eltern. Weinheim, S. 267-291.

Stecher, L. (2000): Entwicklung der Lern- und Schulfreude im Übergang von der Kindheit zur Jugend – Welche Rolle spielt die Familienstruktur und die Qualität der Eltern-Kind-Beziehung. In: Zeitschrift für Sozialisationsforschung und Erziehungssoziologie, 20, S. 70-88.

Stecher, L. (2005): Schule als Familienproblem? In: Alt, Chr. (Hrsg.): Kinderleben – Aufwachsen zwischen Familie, Freunden und Institutionen. Bd. 2. Wiesbaden, S. 183-199.

Stecher, L. und Maschke, S. (2007): Schule, wie sie von Eltern und Kindern gesehen wird. In: Alt, Chr. (Hrsg.): Kinderleben – Individuelle Entwicklungen in sozialen Kontexten. Bd 5. Wiesbaden, S. 239-259.

Steinberg, L., Lamborn, S.D., Darling, N., Mounts, N.S. und Darling, N. (1992): Impacts on parenting practices on adolescents achievement: authoritative parenting, school involvement, and encouragement to succeed. In: Child Development, 63, S. 1266-1281.

Steinberg, L., Lamborn, S.D., Darling, N., Mounts, N.S. und Dornbusch, S. (1994): Over-Time changes in adjustment and competence among adolescents from authoritative, athoritarian, indulgent, and neglectful families. In: Child Development, 65, S. 754-770.

Steinhübl, D. (2005): Sag mir wo du wohnst … Risiken und Ressourcen unterschiedlicher Räume für Kinder. In: Alt, Christian (Hg): Kinderleben – Aufwachsen zwischen Familie, Freunden und Institutionen. Band 1: Aufwachsen in Familien. Wiesbaden, S. 239-277.

Steinkamp, G. (1982): Arbeitsplatzerfahrungen und familiale Sozialisation. Ergebnisse und Probleme einer empirischen Untersuchung an Eltern und Kindern. In: Vaskovics, L.A. (Hrsg.): Umweltbedingungen familialer Sozialisation. Stuttgart, S. 120-143.

Steinkamp, G. (1998): Sozialstruktur und Sozialisation. In: Hurrelmann, K. und Ulich, D. (Hrsg.): Handbuch der Sozialisationsforschung. Weinheim, S. 251-279.

Stern, W. (1927): Psychologie der frühen Kindheit. Leipzig.

Stern, W. (1911; 1994): Die differentielle Psychologie in ihren methodischen Grundlagen. Bern.

Stiller, J., Würth, S. und Alfermann, D. (2004): Die Messung des physischen Selbstkonzepts (PSK). In: Zeitschrift für Differentielle und Diagnostische Psychologie, 25, S. 239-257.

Stiller, J. und Alfermann, D. (2005): Selbstkonzept im Sport. In: Zeitschrift für Sportpsychologie, 12, S. 119-126.

Straub, J. (1991): Identitätstheorie im Übergang? Über Identitätsforschung, den Begriff der Identität und die zunehmende Beachtung des Nicht-Identischen in subjekttheoretischen Diskursen. In: Sozialwissenschaftliche Literatur Rundschau, 23, S. 49-71.

Straus, F. und Höfer, R. (1997): Entwicklungslinien alltäglicher Identitätsarbeit. In: Keupp, H. und Höfer, R. (Hrsg.): Identitätsarbeit heute. Frankfurt/M., S. 270-307.

Strayer, J (1987): Affective and cognitive perspectives on empathy. In: Eisenberg, N. und Strayer, J. (Hrsg.): Empathy and its development. Cambridge, S. 218-244.

Strehmel, P. (2005): Weniger gefördert? Elterliche Arbeitslosigkeit als Entwicklungskontext der Kinder. In: Alt, Chr. (Hrsg): Kinderleben – Aufwachsen zwischen Familie, Freunden und Institutionen. Bd 1: Aufwachsen in Familien. Wiesbaden, S. 217-239.

Streich, R. (1994): Managerleben. München.

Strom, R., Collinsworth, P. und Fisharah, F. (1989): Parental expectations and children's locus of control. In: Journal of Instructural Psychology, 16, S. 81-84.

Strzoda, Chr. und Zinnecker, J (1998): Interessen, Hobbies und deren institutioneller Kontext. In: Zinnecker, J. und Silbereisen, R.K. (Hrsg.): Kindheit in Deutschland. Weinheim, S: 41-81.

Sturaro, C., van Lier, P.A.C., Cuijpers, P. und Koot, H.M. (2011): The role of peer relationships of early school-age externalizing problems. In: Child Development, 82, S. 758-765.

Sutter, T. (1999): Strukturgenese und Interaktion. Die Perspektive des interaktionistischen Konstruktivismus. In: Grundmann, M. (Hrsg.): Konstruktivistische Sozialisationsforschung. Frankfurt/M., S. 53-79.

Sutter, T. (2004): Sozialisaiton als Konstruktion subjektiver und sozialer Strukturen. In: Geulen, D. und Veith, H. (Hrsg.): Sozialisationstheorie interdisziplinär. Stuttgart, S. 93-117.

Tausch, R. und Tausch A.-M. (1998): Erziehungspsychologie. Göttingen.

Teachman, J. D. (2002). Childhood living arrangements and the intergenerational transmission of divorce. In: Journal of Marriage and Family, 64, S. 717-729.

Teubner, M. (2005): Brüderchen komm tanz mit mir … Geschwister als Entwicklungsressource für Kinder? In: Alt, Chr. (Hrsg.): Kinderleben – Aufwachsen zwischen Familien, Freunden und Institutionen. Bd 1: Aufwachsen in Familien. Wiesbaden, S. 63-99.

Thelen, E. und Smith, L.B. (1998): Dynamic system theories. In: Damon, W. und Lerner, R.M. (Hrsg.): Theoretical models of human development. New York, S. 563-635.

Thompson, R.A. (2008): Early attachment and later development. In: Cassidy, J. und Shaver, P.R. (Hrsg.): Handbook of attachment. New York, S. 348-366.

Thompson, R. A. (1987): Empathy and emotional understanding: the early development of empathy. In: Eisenberg, N. und Strayer, J. (Hrsg.): Empathy and its development. New York, S. 119-145.

Thompson, R.A. (2006): The development of a person: social understanding, relationships, conscience, self. In: Eisenberg, N. (Hrsg.): Handbook of Child psychology. Bd.3: Social, Emotional, and Personality Development. New Jersey, S. 24-99.

Tomasello, M. (2009): Die Ursprünge der menschlichen Kommunikation. Frankfurt/M.

Traub, A. (2005): Ein Freund, ein guter Freund...Die Gleichaltrigenbeziehungen der 8- bis 9-Jährigen. In: Alt, Chr. (Hrsg.): Kinderleben – Aufwachsen zwischen Familie, Freunden und Institutionen. Bd.2: Aufwachsen zwischen Freunden und Institutionen. Wiesbaden, S. 23-63.

Uexküll, J.v. (1940): Bedeutungslehre. Leipzig.

Ulich, D. (1998): Schulische Sozialisation. In: Hurrelmann, K. und Ulich, D. (Hrsg.): Handbuch der Sozialisationsforschung. Weinheim, S. 377-397.

Ulich, D., Kienbaum, J. und Volland, C. (2002): Empathie mit anderen entwickeln. Wie entwickelt sich Mitgefühl? In: Salisch, M. v. (Hrsg.): Emotionale Kompetenz entwickeln: Grundlagen in Kindheit und Jugend. Stuttgart, S. 111-136.

Urban, D. und Mayerl, J. (2008): Regressionsanalyse: Theorie, Technik und Anwendung. Wiesbaden.

Valiente, C., Eisenberg, N., Smith, C.L, Reiser, M., Losoya, S., Guthrie, I.K. und Murphy, B.C. (2003): The relations of effortful control and reactive control to children's externalizing problems: a longitudinal assessment. In: Journal of Personality, 71, S. 1171-1196.

Valtin, R. (2002): Was ist ein gutes Zeugnis. Weinheim.

Vandewater, E.A. und Lansford, J.E. (1998): Influences of family structure and parental conflict on children's well being. In: Family Relations, 47, S. 323-330.

Vaskovics, L.A. (1982): Sozialökologische Einflussfaktoren familialer Sozialisation. In: Vaskovics, L.A. (Hrsg.): Umweltbedingungen familialer Sozialisation. Stuttgart, S. 1-25.

Vygotsky, L.S. (1978): Mind in Society. Harvard.

Wachs, T.D. und Gruen, G.E. (1982): Early Experience and human development. New York.

Wagner, H.-J. (2004): Thesen zu einer zukünftigen Sozialisationstheorie. In: Geulen, D. und Veith, H. (Hrsg.): Sozialisationstheorie interdisziplinär. Stuttgart, S. 183-213.

Wahl, K. (2005): Aggression bei Kindern. In: Alt, Chr. (Hrsg): Kinderleben – Aufwachsen zwischen Familie, Freunden und Institutionen. Bd. 1: Aufwachsen in Familien. Wiesbaden, S. 123-157.

Waldfogel, J. (2007): Parental work arrangements and child development. In: Canadian Public Policy, 33, S. 251-271.

Walper, S. (1988): Familiäre Konsequenzen ökonomischer Deprivation. München.

Walper, S. (1997): Wenn Kinder arm sind – Familienarmut und ihre Betroffenen. In: Böhnisch, L. und Lenz, K. (Hrsg.): Familien. Eine interdisziplinäre Einführung. Weinheim, S. 265-282.

Walper, S. (1999): Auswirkungen von Armut auf die Entwicklung von Kindern. In: Lepenies, A. (Hrsg.): Kindliche Entwicklungspotentiale. Opladen, S. 291-360.

Walper, S. (2008): Sozialisation und Armut. In: Hurrelmann, K., Grundmann, M. und Walper, S. (Hrsg.): Handbuch Sozialisationsforschung. Weinheim, S. 203-217.

Walper, S. und Pekrun, R. (2001): Entwicklungen der Familienpsychologie: Einleitung. In: Walper, S. und Pekrun, R. (Hrsg.): Familie und Entwicklung. Göttingen, S. 9-21.

Walper, S., Gerhard, A.-K., Schwarz, B. und Gödde, M. (2002): Wenn an den Kindern gespart werden muss: Einflüsse der Familienstruktur und finanzieller Knappheit auf die Befindlichkeit von Kindern und Jugendlichen. In: Walper, S. und Pekrun, R. (Hrsg.): Familie und Entwicklung. Göttingen, S. 266-292.

Walper, S. und Wendt, E.-V. (2005): Nicht mit beiden Eltern aufwachsen – ein Risiko? In: Alt, Chr. (Hrsg.): Kinderleben – Aufwachsen zwischen Familien, Freunden und Institutionen. Bd 1: Aufwachsen in Familien. Wiesbaden, S. 187-217.

Warr, M. (2005): Making delinquent friends: Adult supervision and children's affiliations. In: Criminology, 43, S. 77-106.

Wartner, U., Grossmann, K., Frommer-Bombik, E. und Suess, G. (1994): Attachment patterns at age six in South Germany: Predictability from infancy and implications for preschool behavior. In: Child Development, 65, S. 1014-1027.

Waters, E. und Sroufe, L.A. (1983): Social competence as a developmental construct. In: Developmental Review, 3, S. 79-97.

Waters, E., Merrick, S., Treboux, D., Crowell, J. und Albersheim, L. (2000): Attachment security in infancy and early adulthood: a twenty year longitudinal study. In: Child Development, 71, S. 684-689.

Weber, Chr., Winklhofer, U. und Bacher, J. (2007): Partizipation von Kinder in der Grund und Sekundarstufe. In: Alt, Chr. (Hrsg.): Kinderleben – Individuelle Entwicklungen in sozialen Kontexten. Bd. 5. Wiesbaden, S. 317-345.

Weiss, B., Dodge, K., Bates, J. und Pettit, G. (1992): Some consequences of early harsh discipline: Childaggression and a maladaptive information processing style. In: Child Development, 63, S. 1321-1335.

Wheeler, V. und Ladd, G. (1982): Assessment of children's self-efficacy for social interactions with peers. In: Developmental Psychology, 18, S. 795-805.

Whitbeck, L.B., Simons, R.L., Conger, R.D., Wickrama, K.A. und Elder, G. (1997): The Effects of parent's working conditions and family economic hardship on parenting behaviours and children self-efficacy. In: Social Psychological Quarterly, 60, S. 291-303.

Wigfield, A., Eccles, J.S., MacIver, D., Reumann, D.A. und Midgley, C. (1991): Transition during early adolescence: Changes in children's domain-specific self-perceptions and general self-esteem across transition to junior high school. In: Developmental Psychology, 27, S. 552-565.

Wiggershaus, R. (1993): Die Frankfurter Schule. München.

Wild, E. und Hofer, M. (2002): Familien mit Schulkindern. In: Hofer, M., Wild, E. und Noack, P. (Hrsg.): Lehrbuch Familienbeziehungen. Göttingen, S. 216-241.

Willems, H. (1997): Rahmen und Habitus. Frankfurt/M.

Wilk, L. und Bacher, J. (1994): Kindliche Lebenswelten. Opladen.

Wilk, L. und Beham, M. (1994): Familienkindheit heute: Vielfalt der Formen – Vielfalt der Chancen. In: Wilk, L. und Bacher, J. (Hrsg.): Kindliche Lebenswelten. Opladen, S. 89-159.

Windle, M. und Lerner R. M. (1986): Reassessing the dimensions of temperamental individuality across the life span. The revised dimensions of Temperament Survey. In: Journal of Adolescent Research, 1, S. 213-230.

Wolf, Ch. (1983): Voraussetzungen einer Erzählung: Kassandra. Darmstadt.

Zaboura, N. (2009): Das empathische Gehirn. Spiegelneuronen als Grundlage menschlicher Kommunikation. Wiesbaden.

Zahn-Waxler, C. und Radke-Yarrow, M. (1990): The origins of empathic concerns. In: Motivation and Emotion, 14, S. 107-130.

Zahn-Waxler, C., Cole, P.M. und Barrett, K.C. (1991): Guilt and empathy: sex differences and implications for the development of depression. In: Gaber, J. und Dodge, K. (Hrsg.): The development of emotional regulation and dysregulation. New York, S. 243-273.

Zahn-Waxler, C., Radke-Yarrow, M. und Wagner, E. (1992): Development of concern for others. In: Developmental Psychology, 28, S. 126-136.

Zerle, C. (2007): Wie verbringen Kinder ihre Freizeit. In: Alt, Chr. (Hrsg.): Kinderleben – Start in die Grundschule, Wiesbaden, S. 243-271.

Zhou, Q., Eisenberg, N., Losoya, S.H., Fabes, R.A., Reiser, M., Guthrie, I.K., Murphy, B.C., Cumberland, A.J. und Shepard, St.A. (2002): The relations if parental warmth and positive expressiveness to children's empathy-related responding and social functioning. a longitudinal study. In: Child Development, 73, S. 893-915.

Zimmermann, P., Suess, G.J, Scheuerer-Englisch, H. und Grossmann, K.E. (2000): Der Einfluss der Eltern-Kind-Bindung auf die Entwicklung psychischer Gesundheit. In: Petermann, F., Niebank, K. und Scheithauer, H. (Hrsg.): Risiken der frühkindlichen Entwicklung. Göttingen, S. 301-331.

Zinnecker, J. (1975): Der heimliche Lehrplan. Weinheim.

Zinnecker, J. und Silbereisen, R.K. (1996/1998): Kindheit in Deutschland. Aktueller Survey über Kinder und ihre Eltern. Weinheim.

Zinnecker, J. und Strzoda, Chr. (1998): Freundschaft und Clique. Das informelle Netzwerk der Gleichaltrigen. In: Zinnecker, J. und Silbereisen, R.K. (Hrsg.): Kindheit in Deutschland. Weinheim, S. 81-99.

Zinnecker, J. und Georg, W. (1998): Soziale Interaktion in der Familie und ihre Wirkung auf Schuleinstellung und Schulerfolg der Kinder. In: Zinnecker, J. und Silbereisen, R.K. (Hrsg.): Kindheit in Deutschland. Aktueller Survey über Kinder und ihre Eltern. Weinheim, S. 303-315.

Anhang

Tabelle 1: Modellanpassungen für den familialen Kontext und der abhängigen Variablen positives Selbstbild

Modell		Selbstbild
Nr. 1	Ausgangsmodell (AM)/Freiheitsgrade; alle freigesetzt	$\chi^2 = 520{,}6/320$
Nr. 2	AM, räumliche Indikatoren restringiert, sonstige freigesetzt (vgl. zu Modell 1)	$\chi^2 = 525{,}7/322$ χ^2-Test=5,10/n.s.
Nr. 3	AM, räumliche Indikatoren restringiert, finanzielle Lage restringiert, Bildung restringiert, sonstige freigesetzt (vgl. zu Modell 2)	$\chi^2 = 527{,}5/325$ χ^2-Test=1,80/n.s
Nr. 4	AM, räumliche Indikatoren restringiert, finanzielle Lage restringiert, Bildung restringiert, Familienstruktur restringiert, sonstige freigesetzt (vgl. zu Modell 3)	$\chi^2 = 536{,}1/328$ χ^2-Test=8,60[*]
Nr. 5	AM, räumliche Indikatoren restringiert, finanzielle Lage restringiert, Bildung restringiert, Familienstruktur freigesetzt, Familienprobleme restringiert, sonstige freigesetzt (vgl. zu Modell 3)	$\chi^2 = 528{,}1/326$ χ^2-Test=0,60/n.s.
Nr. 6	AM, räumliche Indikatoren restringiert, finanzielle Lage restringiert, Bildung restringiert, Familienstruktur freigesetzt, Familienprobleme restringiert, kindz. Kommunikation und strenge Kontrolle und Familienklima restringiert, sonstige freigesetzt (vgl. zu Modell 5)	$\chi^2 = 562{,}8/329$ χ^2-Test=34,70[***]
Nr. 7	AM, räumliche Indikatoren restringiert, finanzielle Lage restringiert, Bildung restringiert, Familienstruktur freigesetzt, Familienprobleme restringiert, kindz. Kommunikation und strenge Kontrolle und Familienklima freigesetzt, Depressivität und Optimismus restringiert (vgl. zu Modell 5)	$\chi^2 = 534{,}9/328$ χ^2-Test=6,80[*]

[*]=p<0,05; [**]=p<0,01; [***]=p<0,001

Tabelle 2: Modellanpassungen für den familialen Kontext und der abhängigen Variablen Empathie

Modell		Empathie
Nr. 1	Ausgangsmodell (AM)/Freiheitsgrade; alle freigesetzt	$\chi^2 = 516,9/320$
Nr. 2	AM, räumliche Indikatoren restringiert, sonstige freigesetzt (vgl. zu Modell 1)	$\chi^2 = 520,6/322$ χ^2-Test=3,70/n.s.
Nr. 3	AM, räumliche Indikatoren restringiert; finanzielle Lage restringiert, Bildung restringiert, sonstige freigesetzt (vgl. zu Modell 2)	$\chi^2 = 523,9/325$ χ^2-Test=3,30/n.s.
Nr. 4	AM, räumliche Indikatoren restringiert, finanzielle Lage restringiert, Bildung restringiert, Familienstruktur restringiert, sonstige freigesetzt (vgl. zu Modell 3)	$\chi^2 = 537,6/328$ χ^2-Test=13,70[***].
Nr. 5	AM, räumliche Indikatoren restringiert, finanzielle Lage restringiert, Bildung restringiert, Familienstruktur freigesetzt, Familienprobleme restringiert, sonstige freigesetzt (vgl. zu Modell 3)	$\chi^2 = 529,1/326$ χ^2-Test=5,20[***].
Nr. 6	AM, räumliche Indikatoren restringiert, finanzielle Lage restringiert, Bildung restringiert, Familienstruktur freigesetzt, Familienprobleme freigesetzt, kindz. Kommunikation und strenge Kontrolle und Familienklima restringiert, sonstige freigesetzt (vgl. zu Modell 3)	$\chi^2 = 593,8/328$ X^2-Test=69,90[***]
Nr. 7	AM, räumliche Indikatoren restringiert, finanzielle Lage restringiert, Bildung restringiert, Familienstruktur freigesetzt, Familienprobleme freigesetzt, kindz. Kommunikation und strenge Kontrolle und Familienklima freigesetzt, Depressivität und Optimismus restringiert (vgl. zu Modell 3)	$\chi^2 = 525,4/327$ χ^2-Test=1,50/n.s.

[*]=p<0,05; [**]=p<0,01; [***]=p<0,001

Tabelle 3: Modellanpassungen für den familialen Kontext und der abhängigen Variablen Selbstwirksamkeit

Modell		Selbstwirksamkeit
Nr. 1	Ausgangsmodell (AM)/Freiheitsgrade; alle freigesetzt	χ^2= 588,7/380
Nr. 2	AM, räumliche Indikatoren restringiert, sonstige freigesetzt (vgl. zu Modell 1)	χ^2= 593,1/382 χ^2-Test=4,40/n.s.
Nr. 3	AM, räumliche Indikatoren restringiert; finanzielle Lage restringiert, Bildung restringiert, sonstige freigesetzt (vgl. zu Modell 2)	χ^2= 600,7/385 χ^2-Test=7,60/n.s
Nr. 4	AM, räumliche Indikatoren restringiert, finanzielle Lage restringiert, Bildung restringiert, Familienstruktur restringiert, sonstige freigesetzt (vgl. zu Modell 3)	χ^2= 614,2/388 χ^2-Test=13,50[***]
Nr. 5	AM, räumliche Indikatoren restringiert, finanzielle Lage restringiert, Bildung restringiert, Familienstruktur freigesetzt, Familienprobleme restringiert, sonstige freigesetzt (vgl. zu Modell 3)	χ^2= 604,9/386 χ^2-Test=4,20[*]
Nr. 6	AM, räumliche Indikatoren restringiert, finanzielle Lage restringiert, Bildung restringiert, Familienstruktur freigesetzt, Familienprobleme freigesetzt, kindz. Kommunikation und strenge Kontrolle und Familienklima restringiert, sonstige freigesetzt (vgl. zu Modell 3)	χ^2= 631,5/388 χ^2-Test=30,80[***]
Nr. 7	AM, räumliche Indikatoren restringiert, finanzielle Lage restringiert, Bildung restringiert, Familienstruktur freigesetzt, Familienprobleme freigesetzt, kindz. Kommunikation und strenge Kontrolle und Familienklima freigesetzt, Depressivität und Optimismus restringiert (vgl. zu Modell 3)	χ^2= 605,3/387 χ^2-Test=4,60/n.s

[*]=p<0,05; [**]=p<0,01; [***]=p<0,001

Tabelle 4: Modellanpassungen für den familialen Kontext und der abhängigen Variablen Internalisierung

Modell		Internalisierung
Nr. 1	Ausgangsmodell (AM)/Freiheitsgrade; alle freigesetzt	χ^2= 696,6/411
Nr. 2	AM, räumliche Indikatoren restringiert, sonstige freigesetzt (vgl. zu Modell 1)	χ^2= 699,9/413 χ^2-Test=3,30/n.s.
Nr. 3	AM, räumliche Indikatoren restringiert; finanzielle Lage restringiert, Bildung restringiert, sonstige freigesetzt (vgl. zu Modell 2)	χ^2= 705,1/416 χ^2-Test=5,20/n.s
Nr. 4	AM, räumliche Indikatoren restringiert, finanzielle Lage restringiert, Bildung restringiert, Familienstruktur restringiert, sonstige freigesetzt (vgl. zu Modell 3)	χ^2= 717,1/419 χ^2-Test=12,00***
Nr. 5	AM, räumliche Indikatoren restringiert, finanzielle Lage restringiert, Bildung restringiert, Familienstruktur freigesetzt, Familienprobleme restringiert, sonstige freigesetzt (vgl. zu Modell 3)	χ^2= 713,2/417 χ^2-Test=8,10***
Nr. 6	AM, räumliche Indikatoren restringiert, finanzielle Lage restringiert, Bildung restringiert, Familienstruktur freigesetzt, Familienprobleme freigesetzt, kindz. Kommunikation und strenge Kontrolle und Familienklima restringiert, sonstige freigesetzt (vgl. zu Modell 3)	χ^2= 705,2/419 χ^2-Test=0,10/n.s.
Nr. 7	AM, räumliche Indikatoren restringiert, finanzielle Lage restringiert, Bildung restringiert, Familienstruktur freigesetzt, Familienprobleme freigesetzt, kindz. Kommunikation und strenge Kontrolle und Familienklima restringiert, Depressivität und Optimismus restringiert (vgl. zu Modell 6)	χ^2= 736,9/421 χ^2-Test=31,70***

*=p<0,05; **=p<0,01; ***=p<0,001

Tabelle 5: Modellanpassungen für den familialen Kontext und der abhängigen Variablen Externalisierung

Modell		Externalisierung
Nr. 1	Ausgangsmodell (AM)/Freiheitsgrade; alle freigesetzt	$\chi^2 = 716,8/410$
Nr. 2	AM, räumliche Indikatoren restringiert, sonstige freigesetzt (vgl. zu Modell 1)	$\chi^2 = 719,0/412$ χ^2-Test=3,30/n.s.
Nr. 3	AM, räumliche Indikatoren restringiert; finanzielle Lage restringiert, Bildung restringiert, sonstige freigesetzt (vgl. zu Modell 2)	$\chi^2 = 725,3/415$ χ^2-Test=6,30/n.s
Nr. 4	AM, räumliche Indikatoren restringiert, finanzielle Lage restringiert, Bildung restringiert, Familienstruktur restringiert, sonstige freigesetzt (vgl. zu Modell 3)	$\chi^2 = 737,1/418$ χ^2-Test=11,80[***]
Nr. 5	AM, räumliche Indikatoren restringiert, finanzielle Lage restringiert, Bildung restringiert, Familienstruktur freigesetzt, Familienprobleme restringiert, sonstige freigesetzt (vgl. zu Modell 3)	$\chi^2 = 736,9/416$ χ^2-Test=11,6[***]
Nr. 6	AM, räumliche Indikatoren restringiert, finanzielle Lage restringiert, Bildung restringiert, Familienstruktur freigesetzt, Familienprobleme freigesetzt, kindz. Kommunikation und strenge Kontrolle und Familienklima restringiert, sonstige freigesetzt (vgl. zu Modell 3)	$\chi^2 = 808,3/418$ χ^2-Test=83,00[***]
Nr. 7	AM, räumliche Indikatoren restringiert, finanzielle Lage restringiert, Bildung restringiert, Familienstruktur freigesetzt, Familienprobleme freigesetzt, kindz. Kommunikation und strenge Kontrolle und Familienklima freigesetzt, Depressivität und Optimismus restringiert (vgl. zu Modell 3)	$\chi^2 = 749,2/417$ χ^2-Test=23,90[***]

[*]=p<0,05; [**]=p<0,01; [***]=p<0,001

Tabelle 6: Modellanpassungen für den schulischen Kontext und der abhängigen Variablen positives Selbstbild

Modell		Selbstbild
Nr. 1	Ausgangsmodell (AM)/Freiheitsgrade; alle freigesetzt	$\chi^2 = 126,5/79$
Nr. 2	AM, schulisches Wohlbefinden, Schulklima restringiert, sonstige freigesetzt (vgl. zu Modell 1)	$\chi^2 = 165,4/81$ χ^2-Test=38,90[***]
Nr. 3	AM, schulisches Wohlbefinden, Schulklima freigesetzt, Beliebtheit restringiert, sonstige freigesetzt (vgl. zu Modell 1)	$\chi^2 = 129,2/80$ χ^2-Test=2,70/n.s
Nr. 4	AM, schulisches Wohlbefinden, Schulklima freigesetzt, Beliebtheit restringiert, Lehrerangst und Schulprobleme restringiert, sonstige freigesetzt (vgl. zu Modell 3)	$\chi^2 = 142,9/82$ χ^2-Test=13,70[***]
Nr. 5	AM, schulisches Wohlbefinden, Schulklima freigesetzt, Beliebtheit restringiert, Lehrerangst und Schulprobleme freigesetzt; Schulleistung und Mitbestimmung restringiert (vgl. zu Modell 3)	$\chi^2 = 130,5/83$ χ^2-Test=1,30/n.s.

[*]=p<0,05; [**]=p<0,01; [***]=p<0,001

Tabelle 7: Modellanpassungen für den schulischen Kontext und der abhängigen Variablen Empathie

Modell		Empathie
Nr. 1	Ausgangsmodell (AM)/Freiheitsgrade; alle freigesetzt	$\chi^2 = 145,3/80$
Nr. 2	AM, schulisches Wohlbefinden, Schulklima restringiert, sonstige freigesetzt (vgl. zu Modell 1)	$\chi^2 = 176,3/82$ χ^2-Test=31,00[***]
Nr. 3	AM, schulisches Wohlbefinden, Schulklima freigesetzt, Beliebtheit restringiert, sonstige freigesetzt (vgl. zu Modell 1)	$\chi^2 = 147,1/82$ χ^2-Test=1,80/n.s
Nr. 4	AM, schulisches Wohlbefinden, Schulklima freigesetzt, Beliebtheit restringiert, Lehrerangst und Schulprobleme restringiert, sonstige freigesetzt (vgl. zu Modell 3)	$\chi^2 = 152,5/83$ χ^2-Test=5,40[***]
Nr. 5	AM, schulisches Wohlbefinden, Schulklima freigesetzt, Beliebtheit restringiert, Lehrerangst und Schulprobleme freigesetzt; Schulleistung und Mitbestimmung restringiert (vgl. zu Modell 3)	$\chi^2 = 149,1/84$ χ^2-Test=2,00/n.s.

[*]=p<0,05; [**]=p<0,01; [***]=p<0,001

Tabelle 8: Modellanpassungen für den schulischen Kontext und der abhängigen Variablen Selbstwirksamkeit

Modell		Selbstwirksamkeit
Nr. 1	Ausgangsmodell (AM)/Freiheitsgrade; alle freigesetzt	$\chi^2 = 172,7/112$
Nr. 2	AM, schulisches Wohlbefinden, Schulklima restringiert, sonstige freigesetzt (vgl. zu Modell 1)	$\chi^2 = 178,6/114$ χ^2-Test=7,40[*]
Nr. 3	AM, schulisches Wohlbefinden, Schulklima freigesetzt, Beliebtheit restringiert, sonstige freigesetzt (vgl. zu Modell 1)	$\chi^2 = 177,7/113$ χ^2-Test=5,00[*]
Nr. 4	AM, schulisches Wohlbefinden, Schulklima freigesetzt, Beliebtheit freigesetzt, Lehrerangst und Schulprobleme restringiert, sonstige freigesetzt (vgl. zu Modell 1)	$\chi^2 = 193,2/114$ χ^2-Test=20,50[***]
Nr. 5	AM, schulisches Wohlbefinden, Schulklima freigesetzt, Beliebtheit restringiert, Lehrerangst und Schulprobleme freigesetzt; Schulleistung und Mitbestimmung restringiert (vgl. zu Modell 3)	$\chi^2 = 197,6/115$ χ^2-Test=24,90[***].

[*]=p<0,05; [**]=p<0,01; [***]=p<0,001

Tabelle 9: Modellanpassungen für den schulischen Kontext und der abhängigen Variablen Internalisierung

Modell		Internalisierung
Nr. 1	Ausgangsmodell (AM)/Freiheitsgrade; alle freigesetzt	$\chi^2 = 257,8/129$
Nr. 2	AM, schulisches Wohlbefinden, Schulklima restringiert, sonstige freigesetzt (vgl. zu Modell 1)	$\chi^2 = 258,3/131$ χ^2-Test=0,50/n.s
Nr. 3	AM, schulisches Wohlbefinden, Schulklima restringiert, Beliebtheit restringiert, sonstige freigesetzt (vgl. zu Modell 2)	$\chi^2 = 262,6/132$ χ^2-Test=4,30[*]
Nr. 4	AM, schulisches Wohlbefinden, Schulklima restringiert, Beliebtheit freigesetzt, Lehrerangst und Schulprobleme restringiert, sonstige freigesetzt (vgl. zu Modell 2)	$\chi^2 = 298,1/133$ χ^2-Test=39,80[***]
Nr. 5	AM, schulisches Wohlbefinden, Schulklima restringiert, Beliebtheit freigesetzt, Lehrerangst und Schulprobleme freigesetzt; Schulleistung und Mitbestimmung restringiert (vgl. zu Modell 2)	$\chi^2 = 267,2/134$ χ^2-Test=8,90[*].

[*]=p<0,05; [**]=p<0,01; [***]=p<0,001

Tabelle 10: Modellanpassungen für den schulischen Kontext und der abhängigen Variablen Externalisierung

Modell		Externalisierung
Nr. 1	Ausgangsmodell (AM)/Freiheitsgrade; alle freigesetzt	χ^2= 248,1/130
Nr. 2	AM, schulisches Wohlbefinden, Schulklima restringiert, sonstige freigesetzt (vgl. zu Modell 1)	χ^2= 276,0/132 χ^2-Test=27,90***
Nr. 3	AM, schulisches Wohlbefinden, Schulklima freigesetzt, Beliebtheit restringiert, sonstige freigesetzt (vgl. zu Modell 1)	χ^2= 247,7/131 χ^2-Test=-0,40[1]/n.s.
Nr. 4	AM, schulisches Wohlbefinden, Schulklima freigesetzt, Beliebtheit restringiert, Lehrerangst und Schulprobleme restringiert, sonstige freigesetzt (vgl. zu Modell 3)	χ^2= 260,1/133 χ^2-Test=12,40***
Nr. 5	AM, schulisches Wohlbefinden, Schulklima freigesetzt, Beliebtheit restringiert, Lehrerangst und Schulprobleme freigesetzt; Schulleistung und Mitbestimmung restringiert (vgl. zu Modell 3)	χ^2= 255,6/134 χ^2-Test=7,90*.

*=p<0,05; **=p<0,01; ***=p<0,001

Tabelle 11: Modellanpassungen für den Kontext Freundschaft und der abhängigen Variablen positives Selbstbild

Modell		
Nr. 1	Ausgangsmodell (AM)/Freiheitsgrade; alle freigesetzt	χ^2= 4,7/5
Nr. 2	AM, Anzahl der Freunde restringiert, sonstige freigesetzt (vgl. zu Modell 1)	χ^2= 4,9/6 χ^2-Test=1,2/n.s
Nr. 3	AM, Anzahl der Freunde restringiert, emotionale Unterstützung restringiert, sonstige freigesetzt (vgl. zu Modell 2)	χ^2= 5,02/7 χ^2-Test=0,12/n.s
Nr. 4	AM, Anzahl der Freunde restringiert, emotionale Unterstützung restringiert, Aktivitäten restringiert, sonstige freigesetzt (vgl. zu Modell 3)	χ^2= 6,80/8 χ^2-Test=1,84/n.s
Nr. 5	AM, Anzahl der Freunde restringiert, emotionale Unterstützung restringiert, Aktivitäten restringiert, Bullying restringiert, sonstige freigesetzt (vgl. zu Modell 4)	χ^2= 7,09/9 χ^2-Test=0,31/n.s.
Nr. 6	AM, Zufriedenheit restringiert, sonstige freigesetzt (vgl. zu Modell 1)	χ^2= 110,2/6 χ^2-Test=82,03***

*=p<0,05; **=p<0,01; ***=p<0,001

---

[1] Schätzungen mit dem MLR-Schätzer und der Satorra/Bentler-Korrektur können in Ausnahmen auch negative Werte aufweisen: statmodel.com.

Tabelle 12: Modellanpassungen für den Kontext Freundschaft und der abhängigen Variablen Empathie

Modell		Empathie
Nr. 1	Ausgangsmodell (AM)/Freiheitsgrade; alle freigesetzt	$\chi^2 = 7{,}7/5$
Nr. 2	AM, Anzahl der Freunde restringiert, sonstige freigesetzt (vgl. zu Modell 1)	$\chi^2 = 11{,}1/6$ χ^2-Test$=3{,}39$
Nr. 3	AM, Anzahl der Freunde restringiert, emotionale Unterstützung restringiert, sonstige freigesetzt (vgl. zu Modell 2)	$\chi^2 = 13{,}1/7$ χ^2-Test$=2{,}00/$n.s
Nr. 4	AM, Anzahl der Freunde restringiert, emotionale Unterstützung restringiert, Aktivitäten restringiert, sonstige freigesetzt (vgl. zu Modell 3)	$\chi^2 = 17{,}6/8$ χ^2-Test$=4{,}50^{*}$
Nr. 5	AM, Anzahl der Freunde restringiert, emotionale Unterstützung restringiert, Aktivitäten freigesetzt, Bullying restringiert, sonstige freigesetzt (vgl. zu Modell 3)	$\chi^2 = 14{,}8/8$ χ^2-Test$=1{,}70/$n.s.
Nr. 6	AM, Anzahl der Freunde restringiert, emotionale Unterstützung restringiert, Aktivitäten freigesetzt, Bullying restringiert, Zufriedenheit restringiert (vgl. zu Modell 5)	$\chi^2 = 47{,}6/9$ χ^2-Test$=33{,}36^{***}$

*=p<0,05; **=p<0,01; ***=p<0,001

Tabelle 13: Modellanpassungen für den Kontext Freundschaft und der abhängigen Variablen Selbstwirksamkeit

Modell		Selbstwirksamkeit
Nr. 1	Ausgangsmodell (AM)/Freiheitsgrade; alle freigesetzt	$\chi^2 = 49{,}0/20$
Nr. 2	AM, Anzahl der Freunde restringiert, sonstige freigesetzt (vgl. zu Modell 1)	$\chi^2 = 62{,}7/21$ χ^2-Test$=13{,}70/^{***}$
Nr. 3	AM, Anzahl der Freunde freigesetzt, emotionale Unterstützung restringiert, sonstige freigesetzt (vgl. zu Modell 1)	$\chi^2 = 51{,}8/21$ χ^2-Test$=2{,}80/$n.s
Nr. 4	AM, Anzahl der Freunde freigesetzt, emotionale Unterstützung restringiert, Aktivitäten restringiert, sonstige freigesetzt (vgl. zu Modell 3)	$\chi^2 = 55{,}7/22$ χ^2-Test$=3{,}90^{*}$
Nr. 5	AM, Anzahl der Freunde freigesetzt, emotionale Unterstützung restringiert, Aktivitäten freigesetzt, Bullying restringiert, sonstige freigesetzt (vgl. zu Modell 3)	$\chi^2 = 51{,}4/22$ χ^2-Test$=0{,}02/$n.s.
Nr. 6	AM, Anzahl der Freunde freigesetzt, emotionale Unterstützung restringiert, Aktivitäten freigesetzt, Bullying restringiert, Zufriedenheit restringiert (vgl. zu Modell 5)	$\chi^2 = 69{,}3/23$ χ^2-Test$=17{,}90^{***}$

*=p<0,05; **=p<0,01; ***=p<0,001

Tabelle 14: Modellanpassungen für den Kontext Freundschaft und der abhängigen Variablen Internalisierung

Modell		Internalisierung
Nr. 1	Ausgangsmodell (AM)/Freiheitsgrade; alle freigesetzt	χ^2= 92,9/26
Nr. 2	AM, Anzahl der Freunde restringiert, sonstige freigesetzt (vgl. zu Modell 1)	χ^2= 103,8/27 χ^2-Test=10,90[***]
Nr. 3	AM, Anzahl der Freunde freigesetzt, emotionale Unterstützung restringiert, sonstige freigesetzt (vgl. zu Modell 1)	χ^2= 93,3/27 χ^2-Test=0,40/n.s
Nr. 4	AM, Anzahl der Freunde freigesetzt, emotionale Unterstützung restringiert, Aktivitäten restringiert, sonstige freigesetzt (vgl. zu Modell 3)	χ^2= 98,5/28 χ^2-Test=5,20[*]
Nr. 5	AM, Anzahl der Freunde freigesetzt, emotionale Unterstützung restringiert, Aktivitäten freigesetzt, Bullying restringiert, sonstige freigesetzt (vgl. zu Modell 4)	χ^2= 97,7/28 χ^2-Test=5,40[*].
Nr. 6	AM, Anzahl der Freunde freigesetzt, emotionale Unterstützung restringiert, Aktivitäten freigesetzt, Bullying freigesetzt, Zufriedenheit restringiert (vgl. zu Modell 3)	χ^2= 99,5/28 χ^2-Test=6,20[*]

[*]=p<0,05; [**]=p<0,01; [***]=p<0,001

Tabelle 15: Modellanpassungen für den Kontext Freundschaft und der abhängigen Variablen Externalisierung

Modell		Externalisierung
Nr. 1	Ausgangsmodell (AM)/Freiheitsgrade; alle freigesetzt	χ^2= 59,3/27
Nr. 2	AM, Anzahl der Freunde restringiert, sonstige freigesetzt (vgl. zu Modell 1)	χ^2= 59,6/28 χ^2-Test=0,30/n.s
Nr. 3	AM, Anzahl der Freunde restringiert, emotionale Unterstützung restringiert, sonstige freigesetzt (vgl. zu Modell 2)	χ^2= 60,8/29 χ^2-Test=1,20/n.s
Nr. 4	AM, Anzahl der Freunde restringiert, emotionale Unterstützung restringiert, Aktivitäten restringiert, sonstige freigesetzt (vgl. zu Modell 3)	χ^2= 63,1/30 χ^2-Test=2,30/n.s
Nr. 5	AM, Anzahl der Freunde restringiert, emotionale Unterstützung restringiert, Aktivitäten restringiert, Bullying restringiert, sonstige freigesetzt (vgl. zu Modell 4)	χ^2= 73,3/31 χ^2-Test=10,20[***].
Nr. 6	AM, Anzahl der Freunde restringiert, emotionale Unterstützung restringiert, Aktivitäten restringiert, Bullying freigesetzt, Zufriedenheit restringiert (vgl. zu Modell 4)	χ^2= 107,0/31 χ^2-Test=43,90[***]

[*]=p<0,05; [**]=p<0,01; [***]=p<0,001

FAMILIE UND GESELLSCHAFT

ISSN 1863-9127

Herausgegeben von
Friedrich W. Busch – Karsten Hank – Johannes Huinink
Bernhard Nauck – Rosemarie Nave-Herz –
Norbert F. Schneider – Heike Trappe

*Eine stets aktualisierte Liste der in dieser Reihe
erscheinenden Titel finden Sie auf unserer Homepage* http://www.ergon-verlag.de

*Die Unterreihe Schriften des Beziehungs-
und Familienpanels (pairfam) wird
koordiniert von
Brüderl, Josef – Huinink, Johannes –
Nauck, Bernhard – Walper, Sabine*

Band 1
Busch, Friedrich W. (Hrsg.)
**Aktuelle Forschungsfelder der
Familienwissenschaft**
(vergriffen) 978-3-933563-16-3

Band 2
Klein, Thomas – Kopp, Johannes (Hrsg.)
**Scheidungsursachen aus soziologischer
Sicht**
(vergriffen) 978-3-933563-30-9

Band 3
Supper, Sylvia – Richter, Rudolf (Hrsg.)
New Qualities in the Lifecourse
Intercultural Aspects
1999. 236 S. Kt.
€ 32,00 978-3-933563-09-5

Band 4
Diefenbach, Heike
**Intergenerationale
Scheidungstransmission
in Deutschland**
Die Suche nach dem „missing link"
zwischen Ehescheidung in der
Elterngeneration und Ehescheidung in
der Kindergeneration
2000. 292 S. Kt.
€ 38,00 978-3-933563-62-0

Band 5
Noack, Britt
**Zeitgeschichtlicher Wandel und
aktuelle Probleme der Ehe-
partnerinnen-Wahl bei Hoferben**
2001. 211 S. Kt.
€ 27,00 978-3-933563-96-5

Band 6
Logemann, Niels
Konfessionsverschiedene Familien
Eine empirische Untersuchung von
unterschiedlichen Entscheidungs-
bereichen und ihre theoretische Erklärung unter Verwendung des Bourdieu-
schen Kapitalkonzepts
2001. 316 S. 92 Tab. 34 Abb. Kt.
€ 39,00 978-3-935556-00-2

Band 7
*Huinink, Johannes – Strohmeier, Klaus Peter –
Wagner, Michael (Hrsg.)*
Solidarität in Partnerschaft und Familie
Zum Stand familiensoziologischer
Theoriebildung
(vergriffen) 978-3-89913-219-9

Band 8
Stauder, Johannes
**Eheliche Arbeitsteilung und
Ehestabilität**
Eine Untersuchung mit den Daten der
Mannheimer Scheidungsstudie 1996
unter Verwendung ereignisanalytischer
Verfahren
2002. 252 S. Kt.
€ 34,00 978-3-89913-240-3

ERGON VERLAG · WÜRZBURG

FAMILIE UND GESELLSCHAFT

ISSN 1863-9127

Herausgegeben von
Friedrich W. Busch – Karsten Hank – Johannes Huinink
Bernhard Nauck – Rosemarie Nave-Herz –
Norbert F. Schneider – Heike Trappe

Band 9
Nave-Herz, Rosemarie (Hrsg.)
**Family Change and Intergenerational
Relations in Different Cultures**
2002. 264 S. Kt.
€ 35,00 978-3-89913-241-0

Band 10
Straßburger, Gaby
**Heiratsverhalten und Partnerwahl im
Einwanderungskontext**
Eheschließungen der zweiten Migranten-
generation türkischer Herkunft
2003. 338 S. Kt.
€ 44,00 978-3-89913-283-0

Band 11
Hartmann, Josef
Ehestabilität und soziale Einbettung
2003. 268 S. Kt.
€ 35,00 978-3-89913-297-7

Band 12
Feldhaus, Michael
**Mobile Kommunikation im
Familiensystem**
Zu den Chancen und Risiken mobiler
Kommunikation für das familiale
Zusammenleben
2004. 215 S. Kt.
€ 29,00 978-3-89913-344-8

Band 13
Lauterbach, Wolfgang
**Die multilokale
Mehrgenerationenfamilie**
Zum Wandel der Familienstruktur
in der zweiten Lebenshälfte
(vergriffen) 978-3-89913-355-4

Band 14
Hirchert, Annette
**Frauen zwischen Kind und Beruf:
Mütterliche Erwerbsarbeit in Familien
mit einem behinderten Kind – Realität
und Selbstverständnis**
2004. 205 S. Kt.
€ 29,00 978-3-89913-380-6

Band 15
Hill, Paul B. (Hrsg.)
Interaktion und Kommunikation
Eine empirische Studie zu Alltagsinter-
aktionen, Konflikten und Zufriedenheit
in Partnerschaften
2004. 262 S. Kt.
€ 34,00 978-3-89913-387-5

Band 16
*Huinink, Johannes –
Röhler, H. Karl Alexander*
Liebe und Arbeit in Paarbeziehungen
Zur Erklärung geschlechtstypischer
Arbeitsteilung in nichtehelichen und
ehelichen Lebensgemeinschaften
(vergriffen) 978-3-89913-435-3

Band 17
Matthias-Bleck, Heike
Jenseits der Institution?
Lebensformen auf dem Weg in die
Normalität
(vergriffen) 978-3-89913-439-1

Band 18
Klein, Michael (Hrsg.)
**Themen und Konzepte in der Familien-
soziologie der Nachkriegszeit**

ERGON VERLAG · WÜRZBURG

FAMILIE UND GESELLSCHAFT

ISSN 1863-9127

Herausgegeben von
Friedrich W. Busch – Karsten Hank – Johannes Huinink
Bernhard Nauck – Rosemarie Nave-Herz –
Norbert F. Schneider – Heike Trappe

Vorträge anlässlich der Veranstaltung der
Sektion Familiensoziologie in der DGS
in Kooperation mit der René-König-
Gesellschaft auf dem 32. Kongress der
Deutschen Gesellschaft für Soziologie im
Oktober 2004 in München
2006. 144 S. Kt.
€ 24,00 978-3-89913-484-1

Band 19
*Busch, Friedrich W. – Scholz, Wolf-Dieter
(Hrsg.)*
**Familienvorstellungen zwischen
Fortschrittlichkeit und Beharrung**
Ergebnisse einer empirischen
Untersuchung von Ehe- und
Familienvorstellungen Jugendlicher
im internationalen Vergleich
2006. 326 S. Kt.
€ 42,00 978-3-89913-504-6

Band 20
Reichart, Elisabeth
**Doppelte Transformation
des Ernährermodells?**
Eine Längsschnittstudie zur
Erwerbsarbeitsteilung bei ost- und
westdeutschen Paaren nach der
Geburt des ersten Kindes
2007. 345 S. Kt.
€ 45,00 978-3-89913-566-4

Band 21
Müller-Burhop, Mareike
Elternwünsche
Eine empirische Studie über Wünsche
und Vorstellungen junger Eltern und
daraus folgende Konsequenzen für
Politik und Gesellschaft
2008. 301 S. Kt.
€ 38,00 978-3-89913-598-5

Band 22
Suckow, Jana
**Fertilität in Israel und Palästina.
Ein Erklärungsbeitrag der Value-of-
Children-Forschung**
2008. 217 S. mehr. Tab. u. Abb. Kt.
€ 28,00 978-3-89913-600-5

Band 23
(Zugl. Schriftenreihe des Beziehungs-
und Familienpanels (pairfam); Band 1)
*Feldhaus, Michael – Huinink, Johannes
(Hrsg.)*
**Neuere Entwicklungen in der
Beziehungs- und Familienforschung**
Vorstudien zum Beziehungs- und
Familienentwicklungspanel (pairfam)
2008. 481 S. zahlr. Tab. u. Schaub. Kt.
€ 59,00 978-3-89913-619-7

Band 24
(Zugl. Schriftenreihe des Beziehungs-
und Familienpanels (pairfam); Band 2)
Walper, Sabine – Wendt, Eva-Verena (Hrsg.)
**Partnerschaften und die Beziehungen
zu Eltern und Kindern**
Befunde zur Beziehungs- und
Familienentwicklung in Deutschland
2010. 346 S. zahlr. Tab. u. Schaub. Fb.
€ 49,00 978-3-89913-717-0

Band 25
Nave-Herz, Rosemarie (Hrsg.)
**Die Geschichte der Familiensoziologie
in Portraits**
2010. 310 S. Fb.
€ 28,00 978-3-89913-718-7

FAMILIE UND GESELLSCHAFT

ISSN 1863-9127

Herausgegeben von
Friedrich W. Busch – Karsten Hank – Johannes Huinink
Bernhard Nauck – Rosemarie Nave-Herz –
Norbert F. Schneider – Heike Trappe

ERGON VERLAG · WÜRZBURG